Susanne Czech-Winkelmann

Der neue Weg zum Kunden:
Vom Trade-Marketing zum Shopper-Marketing

Susanne Czech-Winkelmann

Der neue Weg zum Kunden: Vom Trade-Marketing zum Shopper-Marketing

**Grundlagen
Konzepte
Instrumente**

Deutscher Fachverlag

Bibliografische Information der Deutschen Nationalbibliothek
Die Deutsche Nationalbibliothek verzeichnet diese Publikation in der Deutschen Nationalbibliografie; detaillierte bibliografische Daten sind im Internet über http://dnb.d-nb.de abrufbar.

Wissenschaftliche Mitarbeit: Janis Denne.
ISSN 1436-4336
ISBN 978-3-86641-221-7
© 2011 by Deutscher Fachverlag GmbH, Frankfurt am Main.
Alle Rechte vorbehalten.
Nachdruck, auch auszugsweise, nur mit Genehmigung des Verlages.
Umschlag: Bayerl & Ost, Frankfurt am Main
Satz: TypoDesign Hecker GmbH, Leimen
Druck und Verarbeitung: freiburger graphische betriebe GmbH & Co. KG, 79108 Freiburg

Inhalt

D Instrumente im Trade-Marketing 157

E Efficient Consumer Response (ECR) 215

Vorwort

In der Praxis und in der Lehre ist „Marketing" dominiert vom „Consumer-Marketing", bei dem der private Endverbraucher als Kunde im Mittelpunkt der Gedanken und Überlegungen des Unternehmens steht. Spricht man über „Business-to-Business-Marketing", wird meist automatisch an die Kunden-Lieferanten-Beziehungen in der direkten Distribution von Industriegütern gedacht. Wenig Beachtung finden – zumindest in der wissenschaftlichen Literatur – Marketingüberlegungen, die den Handel als Business-to-Business-Kunde sehen. Dabei ist ohne den Handel indirekte Distribution von Konsum- und Gebrauchsgütern gar nicht möglich. Und alle Lieferanten in allen Branchen wissen, dass der Handel der erste Kunde ist, an den die Produkte verkauft werden müssen.

Ziel von Trade-Marketing ist es, über die in der Praxis unverändert im Mittelpunkt stehenden Konditionen und Werbekostenzuschüsse (WKZ) hinaus einen ganzheitlichen, umfassenderen Ansatz für eine erfolgreiche Zusammenarbeit mit dem Kunden Handel aufzuzeigen. Auch Consumer-Marketing kann nur zusammen mit Trade-Marketing erfolgreich eingesetzt werden. Beide zusammen machen erst das „Marketing" eines Unternehmens aus.

Allerdings – in Zeiten zunehmenden und immer schärferen Wettbewerbs auf der einen Seite und kritischeren und mittlerweile auch „entspannteren" Konsumenten auf der anderen Seite, die wissen, dass sie alles überall kaufen können – stehen Hersteller und auch der Handel vor der Frage, wie sie die „Shopper" zum Kauf motivieren können. „Shopper Insights" und „Shopper-Marketing" sind die neuen Herausforderungen, denen sich Unternehmen stellen müssen, um das Marketing vor Ort, beim Kunden Handel, zu optimieren.

Damit einhergehend müssen Unternehmen sich nicht nur organisatorisch in den Abteilungsbereichen Marktforschung, Marketing und Vertrieb anpassen. Die Mitarbeiter müssen die notwendigen Fähigkeiten und Kompetenzen haben, diese Veränderungen schnell und professionell zu bewältigen. Schnittstellenprobleme zwischen den Abteilungen müssen weitgehend abgebaut sein. Und es müssen die richtigen externen Partner gefunden werden, die die Unternehmen bei diesen vielfältigen neuen Aufgaben effizient unterstützen können.

An wen richtet sich das Buch?

- An Marketing- und Vertriebsstudenten mit der Absicht, diese Themen in ihrer Komplexität kennenzulernen und zu verstehen.
- An Praktiker im Vertrieb, die weitere Anregungen für die Zusammenarbeit mit dem Kunden Handel bekommen möchten.
- An Unternehmensleitungen, insbesondere auch von mittelständischen Lieferanten des Handels, um ihnen Anregungen für oftmals anstehende notwendige Veränderungen in den Marketing- und Vertriebsbereichen sowie für die inhaltliche Gestaltung der Zusammenarbeit mit dem Handel zu geben.
- Trade-Marketing sowie Shopper-Marketing ist auch interessant für Praktiker im Handel, da schlussendlich eine gute und kooperative Zusammenarbeit mit den Lieferanten hilft, die eigene Position im Wettbewerb und bei den Konsumenten zu stärken.

Ich freue mich sehr, dass der Deutsche Fachverlag mich bei der in weiten Teilen überarbeiteten Neuauflage des „Handbuch Trade-Marketing" unterstützt und darin bestärkt hat, das Vorhaben anzugehen. Dabei hatte ich die Unterstützung durch meinen wissenschaftlichen Mitarbeiter, Herrn Janis Denne. Ich danke Herrn Denne sehr für seine tatkräftige Initiative und seine umfangreichen Arbeiten, insbesondere im Kapitel Shopper-Marketing sowie bei den vielfältigen Fallbeispielen und Interviews.

Danken möchte ich auch wieder meinem Mentor und verehrten Freund, Herrn Hans W. Bach, ehemaliger Geschäftsführer Wick Pharma, Groß-Gerau, der meinen beruflichen Weg in Marketing und Vertrieb maßgeblich beeinflusst hat.

Wiesbaden, im Frühjahr 2011   Susanne Czech-Winkelmann

A

Grundlagen des Trade-Marketing

Um Trade-Marketing ergebnisbringend durchzuführen, muss der Handel als Business-to-Business-Kunde verstanden werden. Die Zeiten des passiven Absatzmittlers sind lange vorbei. Die Hersteller haben gelernt, dass sie neben dem Consumer-Marketing, das sie beherrschen, mit Macht auch Trade-Marketing implementieren müssen. Die Spezialisten für den Kunden Handel sitzen in den Vertriebsabteilungen – Trade-Marketing ist die **Herausforderung an das Vertriebsmanagement**, die in der Konsequenz auch organisatorische Veränderungen nach sich zieht.

Trade-Marketing-Konzeptionen sind Bestandteil der Unternehmens- und Marketingplanung. Sie erfordern eine Reihe von vertriebsbezogenen Grundsatzentscheidungen, die durch das Unternehmensmanagement zu treffen sind.

1 Trade-Marketing: Definition und Abgrenzung

Der Begriff „Trade-Marketing" tauchte erstmals Ende der 1980er Jahre auf. „Vor dem Hintergrund veränderter Rahmenbedingungen im Handel gewinnen neue Konzepte des handelsgerichteten Herstellermarketing, das sog. Trade-Marketing, zunehmend an Bedeutung." (*Zentes* 1989, S. 224)

„Trade-Marketing" ist dem Bereich der vertikalen Kooperation zuzuordnen. „Von vertikalen Kooperationen spricht man bei einer Zusammenarbeit zwischen Institutionen auf verschiedenen Wirtschaftsstufen. Aus Sicht der Industrie als Lieferant geht es um eine absatzorientierte vertikale Kooperation, aus Sicht des Handels, als Abnehmer, um eine beschaffungsorientierte, vertikale Kooperation." (*Laurent* 1996, S. 83)

Die gegenseitigen Abhängigkeiten der Ergebnisse, insbesondere der Gewinne jedes Mitglieds im Absatzkanal von den Aktivitäten der vor- bzw. nachgelagerten Wirtschaftsstufe, sind Ursache für vertikale Kooperationen (vgl. *Ahlert* 1985, S. 203). Kooperation ist dabei definiert als „jede auf freiwilliger Basis beruhende, meist vertraglich geregelte Zusammenarbeit rechtlich selbstständig bleibender Unternehmungen zur Absicherung bzw. Verbesserung ihrer Leistungsfähigkeit." (*Ausschuss für Definition zu Handel und Distribution (2006), S. 71*)

Die Strategien der Kooperation im Absatzkanal reichen von losen Formen der Zusammenarbeit, wie z. B. Vereinbarungen im Rahmen von Jahresgesprächen oder schriftlich niedergelegten Rahmenvereinbarungen, bis hin zu vertraglich geregelten, zum Teil sehr straffen Ausprägungen wie z. B. das Vertragshändlersystem oder Franchising (vgl. *Ahlert* 1982, S. 62–93; vgl. *Meffert/Kimmeskamp* 1983, S. 214–231; vgl. *Laurent* 1996, S. 84).

Im Rahmen der vertikalen Kooperationen ist Trade-Marketing dem vertikalen Marketing zuzuordnen. „Strategien des vertikalen Marketing beinhalten den Rahmen, innerhalb dessen sich die langfristige Politik des Industrieunternehmens gegenüber dem Handel bzw. Absatzmittler bewegt bzw. bewegen soll." (*Irrgang* 1992, S. 1)

Der wesentliche Unterschied zwischen Trade-Marketing in dem hier verwendeten Sinne und vertikalem Marketing liegt darin, dass die Hersteller den Bedürfnissen und Anforderungen des Handels, soweit ökonomisch und konzeptionell vertretbar, wesentlich stärker Rechnung tragen (vgl. *Kirsch* 1987, S. 27 ff.).

„Trade-Marketing" beinhaltet den Aspekt einer vorwärtsgerichteten Kooperation, in deren Rahmen der Hersteller gegenüber dem Handel in Bezug auf die Initiierung und Entwicklung von Kooperations- und Marketingprogrammen eine dominierende Stellung einnimmt (vgl. *Laurent* 1996, S. 137). Im Einzelfall, insbesondere bei den prozessorientierten Logistikentwicklungen oder z. B. bei der Konditionsgestaltung, sind es auch Handelsunternehmen, die initiativ Forderungen und kooperative Entwicklungen vorantreiben. Auch solche Einzelfälle, in denen der Handel bei der Ausgestaltung einer Kooperation zwischen Industrie und Handel die Führerschaft übernimmt, sind Bestandteil von Trade-Marketing. „Reverse Marketing" ist hingegen eine entsprechende Bezeichnung für rückwärtsorientierte Kooperationen, in denen der Handel eine offensive Lieferantenpolitik oder -kooperation mit dem Ziel der Beschaffungsoptimierung entwickelt (vgl. *Laurent* 1996, S. 138). Entscheidend für das Vorliegen von Trade-Marketing ist, dass in der Gesamtbetrachtung der Marketingbeziehungen der Hersteller initiativ führend ist und selbst die Beziehungen zum Kunden „Handel" aktiv gestaltet.

Der hier verwendete Trade-Marketing-Begriff impliziert **keine Wertung der Machtposition** des einen oder anderen Partners, wohingegen der Begriff des vertikalen Marketing meist mit einer Machtstellung des Herstellers im Absatzkanal verbunden ist. Verschiedene Machtkonstellationen sind vorstellbar: dominanter Hersteller, gleiche Stärke auf Hersteller- und Handelsseite oder auch dominanter Handel. Diese Konstellationen beeinflussen die Ausprägung des Trade-Marketing-Konzeptes, seine Intensität und die Ausgestaltung des Trade-Marketing-Programms, ändern aber nichts an der aktiven Gestaltungsaufgabe des Herstellers.

Wenn von einer Dominanz im Absatzkanal gesprochen werden soll, dann bezieht sich dies auf den Verbraucher. „Der Verbraucher, und nicht, wie vielfach betont wird, Industrie oder Handel, hat letztlich die ‚Führerschaft' im Absatzkanal inne. Deshalb müssen die Motive der Konsumenten Ausgangspunkt aller marketingpolitischen Überlegungen sein." (*Staudacher* 1993, S. 35)

An dieser Stelle stellt sich natürlich die Frage, welches „Endverbraucher-Kundenbild" zugrunde gelegt werden sollte. Ist es der Verbraucher, den der Hersteller bei der Entwicklung seiner Produkte im Visier hatte, oder sind es die Shopper, die die verschiedenen Handelsorganisationen jeweils für sich gewinnen können – und die sich in bestimmten Ausprägungen ihrer Bedürfnisse durchaus vom Zielkunden des Herstellers unterscheiden können (vgl. *Ahlert/Borchert* 2000, S. 14 f.)? Soweit Handel und Industrie Erkenntnisse über die Shopper in einer Vertriebslinie eines Handelsunternehmens in Erfahrung gebracht haben, ist es im Sinne der Orientierung am Kunden und für die Akzeptanz der eigenen Produkte durch die Shopper notwendig, diese Shopper-Profile zu berücksichtigen. Dies gilt ebenso für die Produktpolitik des Herstellers wie auch für die Produktpolitik des Handelsunternehmens, die sich in der Gestaltung seiner Vertriebsschienen niederschlägt, und es gilt für beide Parteien insbesondere für die Ausgestaltung des POS. Aus diesem Grund gewinnt das Shopper-Marketing in den letzten Jahren eine immer größere Bedeutung.

Das Ziel von Trade-Marketing liegt nicht nur darin, dass der Hersteller seine Produkte erfolgreich, d. h. gewinnbringend an den Handel verkaufen kann. In Zeiten intensivsten horizontalen Wettbewerbs ist es darüber hinaus Ziel von Trade-Marketing, durch eine klare Handelskundenorientierung als **bevorzugter Lieferant** (Preferred Supplier) im Vergleich zur Konkurrenz angesehen zu werden (vgl. *Böhlke* 1995, Sp. 2487). Mit Trade-Marketing wird also ganz eindeutig auch versucht, eine Vormachtstellung beim Handel gegenüber der Konkurrenz in der gleichen Warengruppe einzunehmen.

Der hier verwendete Trade-Marketing-Begriff soll in einem weiteren Sinne verstanden werden. Er beinhaltet keine Aussage über den Umfang der Kooperationsaktivitäten des Herstellers gegenüber dem Handel. Jede Aktivität, die der Hersteller für angemessen hält, um seine Position beim Handel auszubauen, gehört zu Trade-Marketing.

Es handelt sich um Trade-Marketing im engen Sinne, wenn in einer Definition darauf abgestellt wird, dass mit Trade-Marketing „jene Aktionsparameter systematisch abgedeckt werden sollen, in denen sich das Herstellermarketing mit dem Handelsmarketing überlappt" (*Jauschowetz* 1995, S. 13). Zusammenfassend soll hier folgende Definition des Trade-Marketing gelten:
Unter Trade-Marketing sind sämtliche Aktivitäten eines Herstellers zu verstehen, die gegenüber dem Handel das Ziel haben, diesen zu beeinflussen und die eigene Position in der Warengruppe im Absatzkanal zu verbessern.

Abschließend soll festgehalten werden, dass „Trade-Marketing" nicht mit „Handelsmarketing" zu verwechseln ist, auch wenn es sich hier um die englische Übersetzung des Begriffs „Handel" handelt.

So führt die immer noch vorzufindende Praxis von Industrieunternehmen, die Abteilungen, die sich mit Trade-Marketing beschäftigen, als „Abteilung Handelsmarketing" zu bezeichnen, zu Irritationen. Der Begriff „Handelsmarketing" sollte „gemäß allgemeinem Sprachgebrauch aber für die Marketingaktivitäten des Handels reserviert bleiben" (*Schmidt* 2000b, S. 168).

2 Trade-Marketing ist Business-to-Business-Marketing

Trade-Marketing ist Business-to-Business-Marketing! Handelsunternehmen sind gemäß der Begriffsdefinition aus dem Katalog E: „Institutionen, deren wirtschaftliche Tätigkeit ausschließlich oder überwiegend der Beschaffung und dem Absatz von Gütern – in der Regel ohne wesentliche Be- und Verarbeitung – zuzurechnen ist" (vgl. *Ausschuss für Begriffsdefinitionen aus der Handels- und Absatzwirtschaft,* Katalog E). Die Produkte der Industrie werden, wie in Teil B noch ausführlich gezeigt werden wird, nur dann beschafft und in das Sortiment des Handels aufgenommen, wenn sie einen Beitrag zur Erreichung der eigenen Ziele des Handelsunternehmens leisten können. Zu den Zielen gehören Umsatz und Deckungsbeitrag bzw. Spanne. Im Einzelnen können es auch andere Zielvorstellungen des Handels wie z.B. die Erhöhung der Kundenfrequenz oder die Abwehr von Wettbewerbern sein, die zu einer Aufnahme von Industrieprodukten in das Sortiment führen. Ansonsten profilieren sich Handelsunternehmen gegenüber ihren Wettbewerbern im Handel zunehmend durch ein eigenständiges Sortiment, das sich aus Eigenmarken und möglichst exklusiven, nur bei ihnen erhältlichen Marken der Industrie oder nur bei ihnen erhältlichen Produktaufmachungen zusammensetzt.

Die Zeiten, in denen der Handel relativ willenlos die Rolle des „Absatzmittlers" übernahm, sind vorbei und es wäre unrealistisch zu glauben, dass die Industrie den Handel wieder in die Absatzmittlerrolle zurückdrängen könnte. Im Gegenteil, mittlerweile geraten die meisten Hersteller – von wenigen Ausnahmen einmal abgesehen – in den letzten Jahren zunehmend in die Position eines Lieferanten oder Zulieferers des Handels. Die Auswirkungen ähneln den Bedingungen, die für Zulieferer in der Automobilindustrie gelten: Einflussnahmen auf das Produktsortiment, Knebelung bei der Preisgestaltung, Schaffung von Abhängigkeiten.

Trade-Marketing als Business-to-Business-Marketing heißt, dass ein Hersteller heute zwei Marketingansätze beherrschen muss: Business-to-Consumer-Marketing und Business-to-Business-Marketing (siehe Abb.1). Gleichzeitig muss er sich darauf einstellen, dass seine Consumer-Marketing-Maßnahmen zusammen mit den Consumer-Marketing-Maßnahmen des Handels auf den Endverbraucher treffen.

Trade-Marketing als Business-to-Business-Marketing kann von den gleichen charakteristischen Besonderheiten auf der Anbieter- und Nachfragerseite ausgehen wie das Marketing für Industriegüter (vgl. *Backhaus* 2010, S. 9 f.), wie die nachfolgenden Ausführungen zeigen:

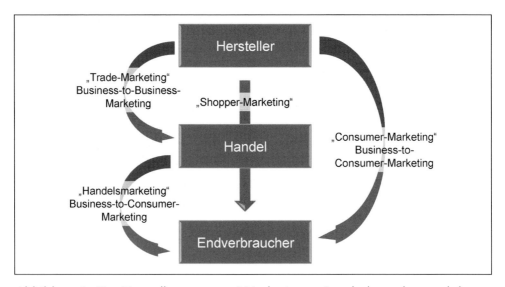

Abbildung 1: Der Hersteller muss zwei Marketingansätze beherrschen und der Handel muss, um erfolgreich zu sein, eine Domäne der Industrie erlernen: Business-to-Consumer-Marketing. Gemeinsames Vorgehen ist beim Shopper-Marketing angesagt.

Besonderheiten auf der Nachfragerseite:

- **Abgeleitete Nachfrage:** Die Nachfrage des Handels nach Produkten der Industrie resultiert aus der Nachfrage seiner eigenen Kunden, den „Shoppern".
- **Organisationen als Nachfrager:** Nicht einzelne Privatpersonen sind Nachfrager, wie dies im Consumer-Marketing der Fall ist.
- **Buying Center:** Es liegt ein multipersonaler Beschaffungsprozess vor (vgl. *Godefroid* 2008, S. 61 ff.). Beteiligt sind das Category Management bzw. Einkauf und Verkauf sowie gegebenenfalls die Geschäftsleitung.
- **Formalisierter Beschaffungsprozess:** Der Beschaffungsprozess ist von der Disposition im einzelnen Ladengeschäft über die Bestellung im Zentrallager oder dezentral beim Lieferanten formalisiert und heute vorwiegend IT-gestützt.
- **Nationale und internationale Ausschreibungen:** Der Beschaffung von Handelsmarken und besonders auch Artikeln aus dem Nonfood-Bereich (vgl. Teil B, Kap. 2.5) liegen oft nationale und internationale Ausschreibungen zugrunde.
- **Art der Kaufentscheidung, wie Erstkauf oder Wiederholungskauf:** Der zeitliche, organisatorische und administrative Aufwand unterscheidet sich wesentlich darin, ob ein Handelsunternehmen einen Erstkauf tätigt und dazu eine Listungsentscheidung fällt oder ob routinemäßig Waren nachgeordert werden.
- **Bedarf an zusätzlichen Dienstleistungen in allen Kaufphasen:** Hier gibt es ein breites Spektrum an Dienstleistungen, die mit dem Produkt verbunden sind und

die der Handel fordert, z. B. Marktforschungsdaten für Listungsentscheidungen, Mitarbeiterschulungen oder Regalservice.

Besonderheiten auf der Anbieterseite:

- **Hohe Bedeutung des persönlichen Verkaufs (Personal Selling):** Das Verkaufsgeschehen ist in vielen Teilen geprägt durch den persönlichen Verkauf. Die Einlistung eines wichtigen neuen Produktes erfolgt auf der Grundlage eines persönlichen Kontaktes zwischen Einkäufer des Handels und Key Account Manager der Industrie. In vielen Branchen ist auch die routinemäßige Bestellung von Waren immer noch an den persönlichen Verkauf durch den Außendienstmitarbeiter gebunden, so z. B. bei der Direktbelieferung der Apotheken durch die Pharmaindustrie.
- **Bildung sog. „Selling Center" oder auch Kundenteams:** Sie setzen sich aus Mitarbeitern aus den Bereichen Marketing, Warenwirtschaft, Produktion, Finanzen, Logistik und Trade-Marketing zusammen und werden durch den zuständigen Key Account Manager geführt.
- **Gute Marktkenntnisse, oft sogar personalisierte Märkte.**

Besonderheiten in der gemeinsamen Beziehung der Marktpartner:

- **Dauerhafte langjährige Geschäftsbeziehungen:** Diese bestehen ohne Zweifel auch in der Beziehung Hersteller-Handel. Allerdings: „In vielen Branchen, vor allem jedoch im Lebensmittelhandel, waren die Hersteller-Handels-Beziehungen lange Zeit weitgehend durch Verhältnisse geprägt, die von ‚gepflegter Distanz' (‚arm's length') bis hin zu Gegnerschaft reichten." (*Laurent* 1996, S. 57) Neue Mitarbeiter im Vertrieb der Industrie werden systematisch in dieses Beziehungsgeflecht eingeführt. Für Außenstehende ist es relativ schwierig, zu den vielen notwendigen Kontakten zu kommen.
- **Einflussnahme des Kunden auf die Gestaltung des Leistungsprogrammes der Anbieter („Customer Integration"):** Um sich gegenüber seinen Mitbewerbern zu differenzieren, nimmt der Handel verstärkt Einfluss auf das Leistungsprogramm der Industrie. Zunehmend werden Produktaufmachungen oder auch Verkaufsförderungsaktivitäten verlangt, die exklusiv nur einem Handelsunternehmen zur Verfügung gestellt werden (vgl. *Becker* 2009, S. 703).
- **Umfassender gegenseitiger Informationsfluss und -austausch:** Der Informationsfluss zwischen Industrie und Handel ist traditionell eher reduziert. Durch vertikale Kooperationen, insbesondere die Anstrengungen im Rahmen von ECR („Efficient Consumer Response") und den gemeinsamen Bemühungen, die Lieferkette („Supply Chain") zu optimieren, hat sich die Situation jedoch positiv verändert.

3 Trade-Marketing: Lösung der Zielkonflikte zwischen Handel und Industrie?

3.1 Entwicklung der Hersteller-Händler-Beziehung

Die Beziehung zwischen Hersteller und Handel war und ist durch die Machtposition gekennzeichnet, die der eine oder andere Partner im Laufe der Zeit im Absatzkanal innehatte.

Bis Anfang der 1960er Jahre war die Situation des Verkäufermarktes in fast allen Branchen vorherrschend. Der Handel hatte die klassische Rolle des Absatzmittlers im Vertriebskanal, die Hersteller hatten eine sehr starke Produktionsorientierung und dominierten den Handel.

Mitte der 1960er Jahre wandelte sich die Situation vom Verkäufermarkt zum Käufermarkt. Eine Orientierung an den Verbraucherbedürfnissen wurde erforderlich, die „Geburtsstunde des Marketing" war gekommen. Marketing wurde in dieser Phase „vor allem als eine operative Beeinflussungstechnik verstanden. Im Mittelpunkt standen die Instrumente des Marketing-Mix." (vgl. *Meffert* 1998, S. 4). Konsumentenorientierte Pull-Maßnahmen und handelsorientierte Push-Maßnahmen kennzeichneten die Situation.

Der Handel verharrte dabei weiterhin in der Rolle des Absatzmittlers. Die bestehende Preisbindung der zweiten Hand, bei der die als Wiederverkäufer auftretenden Abnehmer sich bindend verpflichteten, einen vom Anbieter festgelegten Preis zu verlangen, förderte diese Rolle des Handels, da ihm damit ein wesentlicher Wettbewerbsparameter genommen war.

Allmählich jedoch wurden erste Konzentrationstendenzen sichtbar und das Ladensterben setzte ein. Zudem brachte die Einführung der Selbstbedienung ein ungeheures Potenzial zum Abbau kostenintensiven Personals mit sich, eröffnete erhebliche Rationalisierungspotenziale und führte auch zu einer Ausweitung der Verkaufsfläche pro Outlet (vgl. *Jauschowetz* 1995, S. 19).

Am 31.12.1973 wurde die Preisbindung der zweiten Hand aufgehoben (vgl. § 15 GWB), der Handel erhielt auch offiziell seine Preisautonomie zurück. Betriebstypen wie der Discount mit Markenprodukten wurden möglich. Kleinere Lebensmitteleinzelhandelsunternehmen, die dem schärfer werdenden Wettbewerb nicht standhalten konnten, gaben auf oder wurden gekauft.

Jahr	1950	1971	1990	2009*
Anzahl Geschäfte im LEH*	210.000	160.374	69.000	48.326
Veränderung in %		−23,6	−57,0	−30,1

*Tabelle 1: Veränderung der Anzahl der Geschäfte am Beispiel des Lebensmittel-einzelhandels in Deutschland (vgl. Rehe 1975, o. S.; Nielsen Universen 1985; Nielsen Universen 1990; Nielsen Universen 2009) *LEH ≥ 100 qm inkl. Aldi, Lidl, Norma*

Zusätzlich entwickelte sich **Mitte der 1970er Jahre** das SB-Warenhaus als großflächiger Betriebstyp, dessen erste Vertreter z. B. Massa und Allkauf waren (Massa und Allkauf wurden in den 1990er Jahren unter der Metro-Vertriebsschiene „Real" zusammengefasst). Die Konzentrationsentwicklungen, verbunden mit dem Sterben der LEH-Geschäfte, setzen sich auf diese Weise fort. „Konzentration bedeutet nicht nur die Entwicklung zu immer wenigeren, größeren Geschäften, sondern auch den Prozess, dass immer wenigere, größere Organisationen wenigere und größere Läden kontrollieren." (Vgl. *Jauschowetz* 1995, S. 19)

Handelsmarken gewannen als strategisches Profilierungsinstrument von großen Filialunternehmen verstärkt an Bedeutung (vgl. *Schenk* 1996, S. 40). Unternehmen wie Aldi, die Produkte kostengünstig verkaufen wollten, wurden von der Industrie zunächst nicht beliefert. Aus diesem Grund suchten sich diese Unternehmen eigene Produzenten und verkauften ihre Produkte unter eigenem Label. Eine ähnliche Problematik bestand für den Versandhandel. Der Vertrieb von Produkten über diesen Kanal wurde von der Industrie zunächst abgelehnt. Dies führte u. a. zu der Entstehung der Quelle-Handelsmarke „Privileg". Die Problematik der Handelsmarken, der die Industrie heutzutage gegenübersteht, kann daher auch als „hausgemacht" bezeichnet werden (vgl. *Twardawa* 1/2009, S. 78 f.)!

Zudem setzte der Handel verstärkt sein Handelsmarketing-Instrumentarium ein, um sich gegenüber seinen Kunden und im Wettbewerb mit anderen Handelsunternehmen zu profilieren.

Die Hersteller begannen auf diese Entwicklungen zu reagieren. Als eine der wesentlichen Initiativen wurde in vielen Vertriebsorganisationen als zusätzliche Verkaufsebene das Key Account Management eingeführt. Waren bislang kooperative Beziehungen von der Industrie zum Handel nicht erwünscht oder nicht einmal vorstellbar und war die Einstellung der Industrie von vertikalen Machtstrategien geleitet, wurden nun auch erste Ansätze kooperativer vertikaler Marketingstrategien sichtbar (vgl. *Laurent* 1996, S. 57; vgl. *Oehme* 2001, S. 454 f.).

In den **1980er Jahren** konnten insbesondere die Discounter im LEH-Bereich ihre Position stärken, der restliche Markt stagnierte. Zudem gewannen die Do-it-yourself-Märkte (DIY) an Bedeutung. Die Anzahl der Verkaufsstätten dieser Märkte verdoppelte sich von 1978 bis 1980 (vgl. *Blank* 2004, S.178). Aus technischer bzw. logistischer Sicht waren die 1980er Jahre von besonderer Bedeutung. Die Ende der 1970er Jahre eingeführten Scannerkassen ermöglichten den Einsatz geschlossener Warenwirtschaftssysteme sowie eine effizientere Ressourcenplanung (vgl. *Theis* 2006, S. 26).

Mit **Beginn der 1990er Jahre** kam es zu einer weiteren Entwicklungsphase. Der Konzentrationsprozess im Handel war so weit fortgeschritten, dass 1992 die fünf größten Unternehmen 52 Prozent des Umsatzes auf sich vereinten (vgl. *LZ/ACN/* o. J., S. 55). Diese Situation erforderte den immer größeren Einsatz von Handelsmarketingaktivitäten. Insbesondere der Bereich der Werbung wurde und wird auch heute zu einem großen Teil von der Industrie finanziert. Deren Werbekostenzuschüsse (WKZ) überschreiten bei 206 Marken der deutschen Konsumgüterindustrie bereits in 46 % der Fälle die des endverbraucherbezogenen Marketing, wie eine empirische Studie aus dem Jahr 1991 zeigte (vgl. *Tomczak/Gussek* 1992, S. 796).

Die Ergebnisse der ersten kooperativen Entwicklungen in der Logistikoptimierung kommen aus den USA nach Deutschland. Dort hat Procter & Gamble zusammen mit dem weltgrößten Handelsunternehmen Walmart gemeinsam ein Projekt zur Verbesserung der Logistik bei gleichzeitiger Reduzierung der Kosten und Verbesserung der Warenverfügbarkeit durchgeführt (vgl. *Biehl* 1995, S. 38 f.). **Efficient Consumer Response (ECR)** und **Category Management** werden zu den zentralen Kooperationsthemen für die nächsten Jahre.

Auch in Deutschland werden die ersten Trade-Marketing-Aktivitäten in der Praxis durchgeführt. Sie haben allerdings eine starke Betonung auf fallweisen, operativen Maßnahmen. Es ist gleichzeitig eine Anerkennung der Position des Handels im Absatzkanal bei den Industrieunternehmen (vgl. *Jauschowetz* 1995, S. 251; vgl. *Laurent* 1996, S. 183; vgl. *Zentes* 1989, S. 224–229).

Der **Ausgang der 1990er Jahre** und der Beginn des neuen Jahrhunderts sind gekennzeichnet durch die Entwicklungen in der Informationstechnologie. Der Einfluss des Internets auf die Aktivitäten von Handel und Industrie ist bekanntlich enorm. Für den Handel scheint die Beherrschung des Internets eine Lösung für die Positionierung gegenüber den Kunden und die immer notwendiger werdende Kundenbindung darzustellen. Der Transport der Waren zum Kunden zu vertretbaren Kosten erweist sich aber als neuer großer Problembereich.

Die Industrie auf der anderen Seite probiert aus, inwieweit das Internet als neuer Vertriebsweg geeignet ist, die Bindung vom Handel zu lösen und direkt Kontakt mit den Kunden aufzunehmen.

Das Internet verändert aber auch die Prozesse zwischen Handel und Industrie. Über händlereigene Extranets verändert sich der Datenfluss. Und sehr schnell rücken das standardisierte Informationsaustauschsystem CPFR (Collaborate Planning, Forecasting and Replenishment) sowie händlergegründete Marktplätze wie WWRE oder herstellergegründete wie GNX ins Zentrum des Interesses (vgl. Teil E).

Die Konzentration scheint sich ihrem Höhepunkt zu nähern, wenn im Jahr 2009 die Top 5 der Handelsunternehmen ca. 77 % des Gesamtumsatzes im LEH (von 210,2 Mrd. Euro von 30 Unternehmen) auf sich vereinen (vgl. lz-net.de).

Auf internationaler Ebene werden Positionen verändert. Die Nummer 1 im Welthandel ist unverändert Walmart mit 287 Mrd. Euro Umsatz, während die wirtschaftliche Macht deutscher Handelsunternehmen nachlässt. So liegt der Konzern Metro mit 75 Mrd. Euro Umsatz nur noch auf Platz 4 und nicht mehr, wie vorher, auf Platz 2 (vgl. *EHI* 2008/09).

Internationale Großkonzerne auf Herstellerseite starten massiv die Bereinigung ihrer Markenportfolios, um den internationalen Entwicklungen auf Handelsseite zu folgen (vgl. *Biester* 2000a, S. 41 f.).

Der Eintritt in das neue Jahrhundert ist in Anbetracht dieser internationalen Entwicklungen und der gesellschaftlichen Veränderungen auch dadurch gekennzeichnet, dass es neuen Raum für kluge, zielgruppenorientierte regionale und nationale Konzepte sowohl auf Handels- als auch auf Herstellerseite geben kann. Die Explosion der „Onkel-Ali-Geschäfte", Convenience auf Produkt- und Handelsseite oder der emotionale Erlebniskauf sind nur einige Stichworte, die viel Potenzial für eine weitere kooperative Zusammenarbeit zwischen Handel und Industrie bieten.

Mit **Eintritt in das neue Jahrhundert** schritt die Konzentrationsbewegung weiter fort. Konzerne wie Edeka, Metro, Rewe, Lidl und Aldi konnten ihre Positionen im Handel weiter ausbauen und kleinere Unternehmen zunehmend zurückdrängen. Zudem fand in diesem Zeitraum eine massive Expansion ins Ausland statt. Aktuell verzeichnet der Discounter Aldi Süd beispielsweise Rekordgewinne in den USA. In Deutschland entwickelten sich die Vertriebsschienen unterschiedlich. Während Drogeriemärkte und Discounter deutliche Gewinne einfahren konnten, waren die großen SB-Warenhäuser von Umsatzverlusten betroffen.

Zudem gewann Convenience weiter an Bedeutung. Auf der Suche nach Nahrungs-mitteln, die sich schnell zubereiten lassen, griffen Konsumenten immer öfter zu Convenience-Produkten. Dies förderte auch den Impulskanal, dessen Optimierung in letzter Zeit immer stärker in das Blickfeld rückt.

Die weltweite Wirtschaftskrise konnte die FMCG-Branche (FMCG = Fast Moving Consumer Goods) weitgehend unbeschadet überstehen. Die FMCG-Nachfrage entwickelte sich positiv – trotz des massiven Ungleichgewichts auf den Märkten, der Kreditrisiken und der volatilen Rohstoffmärkte (GfK Consumer Index 2009, S. 1 ff.). Es bleibt abzuwarten, wie sich der Einzelhandel in der aktuell angekündig-ten Hochkonjunktur entwickeln wird.

3.2 Zielkonflikte im Absatzkanal

Den aufgezeigten konfliktären Hersteller-Händler-Beziehungen liegen innere **sys-temimmanente Konflikte** zugrunde. Es geht dabei darum, welcher der Beteiligten im Absatzkanal bei den Bemühungen um den gleichen Kunden/Endverbraucher welche Entscheidungen trägt, wer welche Funktionen übernimmt und wie schluss-endlich die Gewinnaufteilung erfolgt.

Mit der **Handelsspanne** wird die Gegenleistung für die Übernahme mehr oder we-niger scharf definierbarer und abgrenzbarer Handelsfunktionen festgelegt (zu den Handelsfunktionen vgl. z. B. *Haller* 1997, S. 20 ff.). Die Höhe dieser Spanne redu-ziert der Handel selbst durch immer weiter sinkende Endverbraucherpreise. Der Ausgleich des Spannenverlustes erfolgt durch kontinuierlich steigende Konditions-und sonstige entgeltliche oder geldwerte Forderungen an die Industrie (vgl. Teil D, Kap. 2). Insbesondere auch der Aspekt der Gewinnsituation gibt immer wieder An-lass für Forderungen des Handels. Die Gewinne der großen Industriekonzerne sind überragend im Vergleich zu denen des Handels, die in Deutschland im Schnitt bei 0,5 % liegen. Aktuell bezogen auf die Ergebnisse im Jahr 2010 wird in der Presse fast nur von erheblichen (zum Teil zweistelligen) Steigerungen der Umsätze und Ge-winne der Industrie berichtet. So sind folgende Schlagzeilen zu lesen: „Beiersdorf erzielt Rekordergebnis" (*o. V.* 01/2009, lebensmittelzeitung.net), „Henkel steigert Gewinn und Umsatz" (*o. V.* 08/2010a, lebensmittelzeitung.net) und „Nestlé legt bei Umsatz und Gewinn zu" (*o. V.* 08/2010, lebensmittelzeitung.net). Auch die weltweite Finanzkrise wirkte sich nur in geringem Maße auf die Ergebnisse der Hersteller aus.

Diese positiven Meldungen dürfen nicht darüber hinwegtäuschen, dass mittelstän-dische Unternehmen mit z. T. ganz anderen Umsatz- und Gewinnsituationen kämp-

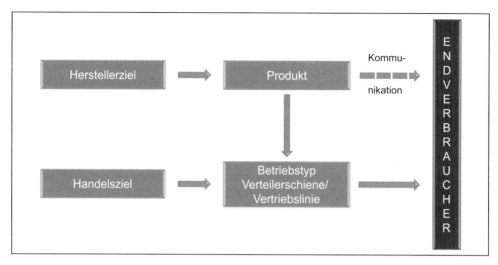

Abbildung 2: Das Produkt des Herstellers fließt als Rohstoff in die Betriebstypen-gestaltung des Händlers

fen müssen und sie den Forderungen des Handels oft nahezu ohnmächtig gegen-überstehen.

Ein weiterer systemimmanenter Konflikt liegt in der **Verfolgung unterschiedlicher Ziele in den Marketing-Mix-Instrumenten**. Bei den Herstellern sind es produktbe-zogene Ziele und bei den Händlern betriebsstättenbezogene Ziele (vgl. *Meffert* 1994, S. 165 f.).

So spielt z. B. bei der Sortimentsgestaltung des Handels das einzelne Produkt des Herstellers nur eine unbedeutende Rolle. Es ist gewissermaßen wie ein Rohstoff, der in die Gestaltung eines Betriebstyps eingeht (siehe Abb. 2; vgl. *Jauschowetz* 1995, S. 36).

Tabelle 2 zeigt die Ziele des Handels in den verschiedenen Marketing-Mix-Instru-menten und die Ziele der Industrie, die diese im Rahmen eines zielführenden „Channel Management" durchsetzen würde (vgl. *Jauschowetz* 1995, S. 236; vgl. *Thies* 1976, S. 41; vgl. *Hambuch* 1993, S. 419).

Trade-Marketing wurde vor mehr als 30 Jahren von den ersten Unternehmen ein-geführt. Die Zielkonflikte waren damals, wie aufgezeigt, vergleichsweise gering. Es ging darum, „adäquate Rein- und Rausverkaufsinstrumente zu entwickeln, um beim Einzelhändler wirtschaftliche und dauerhafte Produktpräsentationen zu erreichen" (vgl. *Fuchs/Unger* 1999, S. 118).

Mit Zunahme der Probleme wurde Trade-Marketing von den internationalen Großkonzernen, wie z. B. Procter & Gamble, Kraft Foods, Nestlé, Unilever oder Henkel weiterentwickelt, um eine Abschwächung der Zielkonflikte durchzusetzen.

Ziele des Handels	Ziele der Industrie
Sortimentspolitik/Category Management	
• Klares Image der Vertriebsschiene/ Vertriebslinie über Sortimentsschwerpunkte (Category Management) • Sortimentsprofilierung durch Schlüsselmarken der Hersteller oder durch eigene Handelsmarken • Umschlagsstarke Artikel • Neue Produkte nur bei hoher Spanne und Aussicht auf Zusatzumsatz • Produkt- und sortimentsbezogene Aktivitäten	• Aufbau von Produkt- und Markenimage • Listung des gesamten Sortiments • Aktive Neuproduktpolitik, kontinuierliche Aufnahme sämtlicher Innovationen • Nur Herstellermarken • Priorität Produkt- und Kategoriewachstum
Preispolitik	
• Profilierung gegenüber den Wettbewerbern durch immer günstigeres Preis-Leistungs-Verhältnis • Betriebstypenbezogene Preispolitik • Untermauerung der Preiskompetenz durch Markenartikel • Lockvogelangebote, Sonderpreise ("Every day low price"...) • Angebot verschiedener Preislagen innerhalb eines Sortiments mittels konkurrierender Hersteller- und Handelsmarken • Einkaufspreise so niedrig wie möglich; jährliche Konditionserhöhungen • Warengruppen- und herstellerbezogene Ertragsrechnungen	• Festsetzung des Endverbraucherpreises im Rahmen der Positionierung des Produktes/der Marke • Durchsetzung eines stabilen Endverbraucherpreisniveaus • Kurzfristige Reaktion auf Preisänderungen von Wettbewerbsprodukten • Aufhalten/Bremsen kontinuierlich steigender Konditionsforderungen

Ziele des Handels	Ziele der Industrie
Distributionspolitik	
• Listung von Artikeln berücksichtigt die Größe der Geschäfte • Reduzierung bzw. Optimierung der Logistikkosten • Regalplatz und -breite nach Preislage, Rohertrag und Umschlagsgeschwindigkeit • Mehrfachplatzierung nur bei besonders hohen Ertragsaussichten • Aufwandssenkende Transportverpackungen	• Hohe (gewichtete) Distribution möglichst für das ganze Sortiment • Reduzierung bzw. Optimierung der Logistikkosten • Bevorzugte Regalplatzierung möglichst mit mehreren Facings in Augen- und Griffhöhe • Dauerhafte Mehrfachplatzierungen • Lagerdruck
Kommunikationspolitik	
• Herstellerwerbung in den Medien des Handelsunternehmens • Abverkaufsunterstützende POS-Aktivitäten individuell auf das Handelsunternehmen abgestimmt	• Produktwerbung möglichst in Massenmedien • Produktbezogene, herstellerindividuelle verkaufsfördernde Aktivitäten nach inhaltlicher und zeitlicher Vorgabe des Herstellers • Werbewirksame Verpackung

Tabelle 2: Die wichtigsten Ziele des Handels und der Industrie im Marketing-Mix im Vergleich

Die Frage, ob Trade-Marketing zu einer Lösung dieser systemimmanenten Konflikte führt, ist mit „Nein" zu beantworten. Trade-Marketing kann allerdings einen Beitrag leisten, die finanziellen und zwischenmenschlichen Reibungsverluste zu reduzieren und insgesamt bessere Ergebnisse für beide Beteiligten im Absatzkanal zu produzieren.

Trade-Marketing kann zudem kein Ersatz oder Ausgleich für unzureichendes oder fehlerhaftes Consumer-Marketing sein. In der Praxis werden auch heute noch Instrumente des Trade-Marketing dazu genutzt, kurzfristig nicht lösbare Probleme des Consumer-Marketing auszugleichen. Eine bei den Herstellern gern und oft geübte Praxis ist es, auf sinkende Absätze von Produkten mit zusätzlichen Vorteilen für den Handel zu reagieren. Dieses Verhalten entzieht aber dem Unternehmen Mittel, die es zur Lösung der Markenprobleme dringend benötigt.

4 Trade-Marketing: Aufgabe des Vertriebs von heute

4.1 Verantwortlichkeiten für die Marketing-Mix-Instrumente

Die Verantwortung für die Steuerung der Marketing-Mix-Instrumente sollte in den Händen der Marketingverantwortlichen liegen (vgl. *Kotler/Bliemel* 2001, S. 22 f.). In den meisten Unternehmen ist das Marketing ein Consumer-Marketing. Zu den Marketingverantwortlichen gehören neben den Marktforschern natürlich die Abteilungen „Marketing" und „Vertrieb".

Wie sich in der Praxis die Aufgaben, die aus den vier Marketing-Mix-Elementen resultieren, zwischen „Marketing" (oft auch richtigerweise als „Produktmanagement" bezeichnet) und „Vertrieb" differenzieren, zeigt Abbildung 3. Es gibt keine klaren Kompetenzgrenzen zwischen beiden Bereichen, die Übergänge im Umfang der Verantwortlichkeiten sind fließend.

Das Produktmanagement ist verantwortlich für die Produktpolitik, wobei zunehmend Wünsche der Handelskunden bezüglich differenzierender Produktaufmachungen vom Vertrieb an das Produktmanagement herangetragen werden.

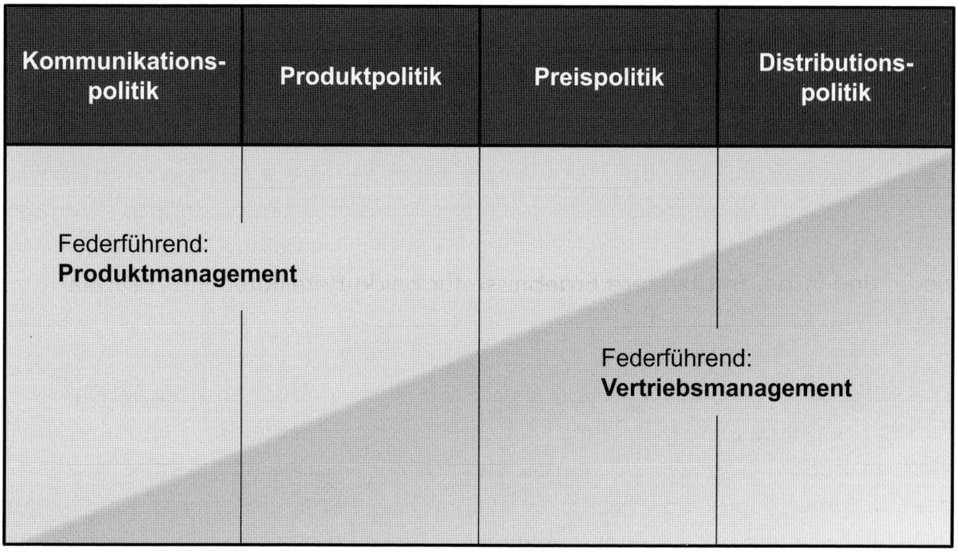

Kommunikations- politik	Produktpolitik	Preispolitik	Distributions- politik
Federführend: **Produktmanagement**			
		Federführend: **Vertriebsmanagement**	

Abbildung 3: Produktmanagement und Vertriebsmanagement sind beide verantwortlich für die Gestaltung des Consumer-Marketing.

Die Kommunikationsaktivitäten müssen unterschieden werden: in endverbraucherbezogene Kommunikation, für die das Produktmanagement zuständig ist, und handelsbezogene Kommunikation, die in vielen Unternehmen in der Verantwortlichkeit der Abteilung „Handelsmarketing" bzw. „Trade-Marketing" liegt.

Auch Promotionaktivitäten werden oftmals im Produktmanagement angesiedelt, wenn sie endverbraucherbezogen sind. Für POS-Aktivitäten und Aktivitäten gegenüber den Mitarbeitern im Handel ist dagegen das Handelsmarketing verantwortlich. Die Abteilung Handelsmarketing/Trade-Marketing arbeitet eng mit dem Produktmanagement zusammen. Das Handelsmarketing ist üblicherweise der Vertriebsleitung unterstellt.

Beide Abteilungen stimmen die Preisgestaltung unter verschiedenen Gesichtspunkten ab. Das Produktmanagement tut dies unter Kosten-, Wettbewerbs- und Endverbraucher-Nachfragegesichtspunkten, der Vertrieb unter Handels-Nachfragegesichtspunkten. Die Konditionenpolitik, als Bestandteil der Preispolitik, wird in der Praxis vollständig vom Vertrieb bestimmt.

Die operativen Entscheidungen zur Distributionspolitik liegen allein in den Händen der Vertriebsabteilung, während grundsätzliche strategische Entscheidungen mit dem Produktmanagement und natürlich der Unternehmensleitung abgestimmt werden. Das betrifft beispielsweise die Entscheidung für direkte oder indirekte Distribution oder Entscheidungen zu vertraglichen Bindungen im vertikalen Absatzkanal oder auch die Entscheidung, eigene Reisende oder selbstständige Handelsvertreter für die Außendienstarbeit einzustellen.

Die Anforderungen an die Distribution, die sich aus der Positionierung eines Produktes ergeben und die vom Produktmanagement vorgegeben sind, werden vom Vertrieb befolgt. So wird der Vertrieb ein exklusives Produkt, mit entsprechend hoher Preislage, nur ausgewählten Vertriebspartnern anbieten. Alle operativen vertriebsbezogenen Entscheidungen aber trifft das Vertriebsmanagement unabhängig.

Die Aufgaben im Marketing, die stark endverbraucherbezogen sind, liegen daher mit Schwerpunkt in den Händen des Produktmanagements, diejenigen, die auch stark handelsbezogen sind, in den Händen des Vertriebsmanagements.

In vielen Konsumgüterunternehmungen werden außerdem dem Bereich Marketing vor allem strategische Aufgaben zugeordnet, „während sich der Vertrieb mit der operativen Umsetzung vorgegebener Konzepte, dem Verkauf fertiger Produkte und bestenfalls noch mit der Verkaufsförderung, der Logistik und dem Kundendienst (also Tätigkeiten des sog. Außendienstes) zu befassen hat" (*Ahlert/Borchert* 2000, S. 13).

Besonders im Rahmen der Produktpolitik wird deutlich, dass das Produktmanagement „plant und denkt" und der Vertrieb „umsetzt und handelt". Es besteht daher heute noch in den meisten Firmen eine Trennung zwischen „nicht betroffenen Entscheidern" und „nicht entscheidenden Betroffenen" (*Ahlert/Borchert* 2000, S. 13). Um die Konflikte, die sich daraus ergeben, weiß jeder Bescheid, der die Praxis erlebt hat. Das Gehaltssystem, das in den Unternehmen anzutreffen ist, intensiviert diesen Konflikt oft noch. Der Vertrieb als „nicht entscheidender Betroffener" wird leistungsabhängig bezahlt, während Marketingmitarbeiter als „nicht betroffene Entscheidende" Festgehalt bekommen.

4.2 Organisatorische Implikationen von Trade-Marketing

Für Unternehmen, die von der Notwendigkeit einer Trade-Marketing-Abteilung überzeugt sind, stellt sich die Frage, wie eine Implementierung von Trade-Marketing und die Integration von Consumer-Marketing und Trade-Marketing erfolgen kann.

Ein erster Schritt muss sicherstellen, dass alle Beteiligten eine gedankliche Abkehr von den tradierten Vorstellungen über die „Macht" des Herstellers im vertikalen Marketing vollzogen haben. Im nächsten Schritt muss sich, angefangen von der Geschäftsleitung der herstellenden Unternehmen, in sämtlichen Unternehmensbereichen ein festes Bewusstsein dafür entwickeln, dass der Handel als Kunde betrachtet werden muss, der zukünftig im Rahmen des Trade-Marketing mit einem eigenständigen Marketingkonzept bearbeitet werden wird. Weiterhin muss von allen im Unternehmen das Commitment vorhanden sein, die jetzt notwendigen Veränderungen auch mitzutragen.

Natürlich sollte auch eine Integration von Consumer-Marketing und Trade-Marketing erreicht werden. Wie diese Integration für ein Unternehmen erfolgen muss, wird von individuellen Faktoren beeinflusst. Diese Faktoren sind beispielsweise: Anzahl der Produkte/Marken, Marktbedeutung, Struktur der Kunden, finanzielle Situation, Organisationsstrukturen im Unternehmen selbst, Kompetenz und Know-how der Mitarbeiter. Entsprechend wird sich für jedes Unternehmen eine individuelle organisatorische Lösung anbieten. Der Teamgedanke und eine kundenbe-

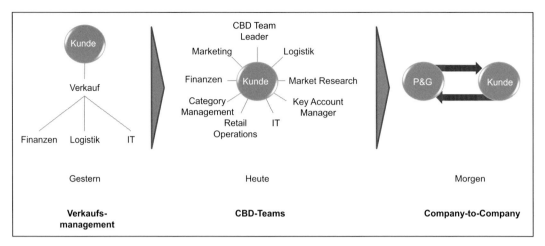

Abbildung 4: Evolution in der Zusammenarbeit zwischen Procter & Gamble und den Handelskunden (Quelle: Leitz/Ney 2000, S. 28)

zogene Vernetzung verschiedener Funktionsbereiche wird dabei eine tragende Rolle spielen.

Beispielhaft sei hier auf die organisatorischen Veränderungen hingewiesen, die Procter & Gamble durchgeführt hat (vgl. *Leitz/Ney* 2000, S. 26 ff.). Die Betreuung der Handelskunden erfolgt durch sog. „Customer Business Development Teams" (CBT) unter der Leitung eines CBT-Teamleaders.

Die Aufgaben des Marketing-/Brand-Managements konzentrieren sich auf Markenführung, Marktforschung, Neuproduktentwicklung und endverbrauchergerichtete Kommunikation.

4.3 Verantwortungsbereiche des Vertriebsmanagements

Untersucht man die vielfältigen Aufgaben, für die das Vertriebsmanagement im Trade-Marketing verantwortlich ist, so kristallisieren sich drei übergeordnete Verantwortungsbereiche heraus: **Kunden und Vertriebsschienen**, **Vertriebsabteilung** und **Mitarbeiter** und **Ergebnis**. „Kunden und Vertriebsschienen" sind die „Objekte", auf die das Trade-Marketing abzielt. „Vertriebsabteilung und Mitarbeiter" bilden die organisatorischen und personellen Voraussetzungen. „Ergebnis" spricht die wirtschaftlichen Erfolge von Trade-Marketing an.

Abbildung 5: Verantwortungsbereiche des Vertriebs im Trade-Marketing

4.3.1 Kunden und Vertriebsschienen

Das Vertriebsmanagement ist verantwortlich für die Erstellung von Trade-Marketing-Konzeptionen für einzelne Kunden und einzelne Vertriebsschienen (vgl. zu den Vertriebsschienen Teil B Kap. 1.3.2 und Kap. 2.3).

Bei der enormen Umsatzbedeutung und breit gefächerten Struktur der Vertriebsschienen von A-Kunden wie beispielsweise Metro, Rewe oder Edeka ist es notwendig, eine individuelle Planung nach einzelnen Vertriebsschienen innerhalb dieser Organisationen vorzunehmen und diese in einen Kunden-Gesamtplan zu integrieren.

Kleinere B- und C-Kunden können nach Art der Vertriebsschiene zusammengefasst werden. Im Ergebnis könnte z. B. ein Trade-Marketing-Plan für die Kunden mit der Vertriebsschiene SB-Warenhäuser/Verbrauchermärkte und ein weiterer z. B. für die Kunden mit der Vertriebsschiene (große) Supermärkte erstellt werden. Obwohl hier eine vertriebsschienenbezogene Planung sinnvoll ist, können trotzdem kundenindividuelle Ziele berücksichtigt werden.

Wie eine solche Trade-Marketing-Konzeption entwickelt wird, ist Inhalt von Teil C dieses Buches. Dort werden die einzelnen Schritte im Trade-Marketing-Prozess erläutert bis hin zu der Erstellung eines Trade-Marketing-Plans. Welche Instrumente dem Vertrieb in der Praxis zur Verfügung stehen, um seine Ziele bei Kunden zu erreichen, ist Inhalt von Teil D: Instrumente im Trade-Marketing.

4.3.2 Vertriebsabteilung

Struktur und Organisation der Vertriebsabteilung müssen den Anforderungen der Kunden genügen, insbesondere aber denjenigen, die sich aus der Erfüllung der Trade-Marketing-Pläne ergeben.

Ausgehend vom Kunden ist es Aufgabe der Vertriebsabteilung, sich mit der Organisation der Kundenbearbeitung zu beschäftigen, also z.B. mit der Organisation der Betreuung von Großkunden oder mit der Kundenbetreuung in der Fläche. Weiterhin sind innerhalb einer Vertriebsabteilung durch das Vertriebsmanagement Fragen der Mitarbeiterorganisation zu verantworten. Welcher quantitative und qualitative Mitarbeiterbedarf besteht eigentlich? Welche Aufgaben haben die Mitarbeiter zu erledigen? Wie erfolgt die Mitarbeiterbeschaffung? Welche Kriterien werden bei der Mitarbeiterauswahl zugrunde gelegt? Wie erfolgt der Einsatz neuer Mitarbeiter?

Ein weiterer Aufgabenbereich des Vertriebsmanagements ist die Förderung der Kundenbearbeitung. Es geht hier sowohl um Fördermaßnahmen für die Mitarbeiter durch geeignete Motivationssysteme oder Trainings- und Schulungsprogramme als auch um Maßnahmen, durch deren Einsatz die Arbeit beim Kunden unterstützt und erleichtert werden soll. Diese Maßnahmen reichen vom Sales Folder bis hin zum Einsatz von CRM-Systemen.

4.3.3 Ergebnis

Der dritte Bereich, für den das Vertriebsmanagement verantwortlich ist, ist das Erreichen der verabschiedeten Ergebnisse bzw. Ziele, wie Distributionsziele, Platzierungsziele, Ziele bezüglich Umschlagsgeschwindigkeiten usw. Hinzu kommt das Erreichen von Absatz- und Umsatzzielen, Zielen bezüglich Erlösschmälerungen oder Retouren und Shopper-Ziele usw. In Teil C, Kapitel 4 werden die Zielbereiche im Trade-Marketing aufgeführt.

5 Trade-Marketing: Stellung in der Unternehmens- und Marketingplanung

Basis für die strategische Marketingplanung ist die strategische Unternehmensplanung, der folgende Teilaufgaben zuzuordnen sind (vgl. *Meffert* 1994, S. 25):

- Formulierung der Mission/Vision des Unternehmens
- Marktabgrenzung sowie Definition der strategischen Geschäftsfelder
- Bestimmung der strategischen Stoßrichtung und Festlegung der für die einzelnen strategischen Geschäftsfelder verfügbaren Ressourcen.

Die nachgelagerte strategische Marketingplanung befasst sich mit:

- der Festlegung der Geschäftsfeldziele und Geschäftsfeldstrategien,
- den Strategien gegenüber den verschiedenen Marktteilnehmern,
- der Festlegung der notwendigen Marketingbudgets.

Zu den Geschäftsfeldstrategien gehört z. B. die Entscheidung, ob das Unternehmen in einem Geschäftsfeld Neuprodukte entwickelt und als „Pionier" auftritt, oder ob es führende Wettbewerber imitiert und die Rolle eines „Folgers" einnimmt. Eine weitere wichtige Entscheidung ist die Frage, welche Wettbewerbsvorteile angestrebt werden sollen. Sind es Kostenvorteile, Qualitätsvorteile, Programmbreitenvorteile usw. (vgl. *Meffert* 1994, S. 126 ff.)?

Abbildung 6 zeigt die Position von Trade-Marketing in der Unternehmens- und Marketingplanung. Zu den Marktteilnehmern zählen die Endabnehmer, die Wettbewerber und weitere Stakeholder, wie beispielsweise Mitarbeiter, Verbraucherorganisationen, Eigenkapitalgeber (vgl. *Meffert* 1994, S. 188 ff.) und die Absatzmittler, sofern sie in den Distributionsprozess eingeschaltet sind.

Hat sich ein Unternehmen für den Einsatz von Absatzmittlern, also die sog. indirekte Distribution entschieden, ist in der Folge eine Reihe von weiteren vertriebsbezogenen Grundsatzentscheidungen zu treffen.

Folgendes muss geklärt werden:

- die horizontale Strategie innerhalb der Absatzwege, d. h. die Art und die Anzahl der Absatzmittler (Tiefe), mit denen innerhalb der ausgewählten „Channel" gearbeitet wird (Selektionsstrategie). Dazu gehört auch die Entscheidung, ob und

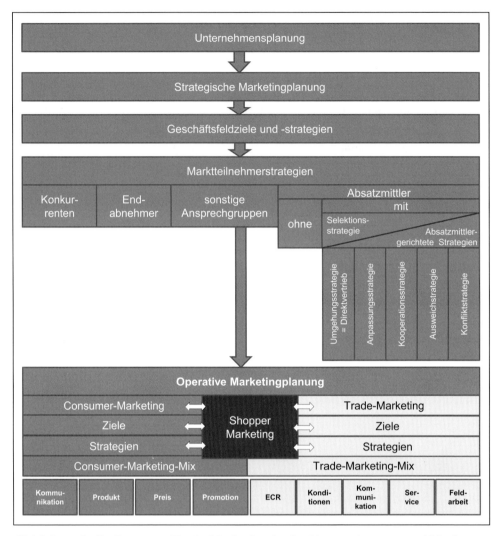

Abbildung 6: Stellung von Trade-Marketing in der Unternehmens- und Marketingplanung

in welcher Form vertragliche Regelungen mit den am Absatz beteiligten Organisationen getroffen werden sollen (Strategie vertikaler Vertriebssysteme),

- die vertikale Strategie zwischen den Absatzwegen (Breite: Einweg- oder Mehrwegabsatz/„Multichannel Distribution") und innerhalb der Absatzwege (Länge: Anzahl der Distributionsstufen d. h. der Anzahl der zwischen Hersteller und Endabnehmer eingeschalteten Weiterverkaufsstufen – Einstufen-, Zweistufen- oder Mehrstufenabsatz),

- weiterhin, welche grundsätzliche Art des Verhaltens gegenüber dem Handel bzw. gegenüber einzelnen Handelsorganisationen festzulegen ist (absatzmittlergerichtete Strategie).

Auf die strategische Marketingplanung folgt die operative Marketingplanung. Das ist die Erstellung einer Consumer-Marketing-Konzeption durch das Produktmanagement und die Erstellung einer Trade-Marketing- und Shopper-Konzeption durch das Vertriebsmanagement (ggf. in Zusammenarbeit mit der Marketingabteilung).

6 Vertriebsbezogene Grundsatzentscheidungen als Basis des Trade-Marketing

Die strategische Marketingplanung verlangt eine Reihe von Grundsatzentscheidungen zum vertikalen Marketing, die von der Unternehmensleitung zu treffen sind.

Das ist die Entscheidung über:

- direkte/indirekte Distribution,
- Einweg- oder Mehrwegabsatz („Multichannel Distribution"),
- Art und Anzahl der Handelspartner,
- vertikale Vertriebssysteme,
- absatzmittlergerichteten Verhaltensstil.

Diese strategischen Entscheidungen (siehe Abb. 7) sind der Konzipierung und Realisierung von Trade-Marketing vorgelagert. Im Rahmen der Grundlagen zum Trade-Marketing wird nachfolgend eine kurze Einführung dazu gegeben. Zunächst jedoch werden Faktoren aufgeführt, die die Auswahl von Distributionssystemen beeinflussen.

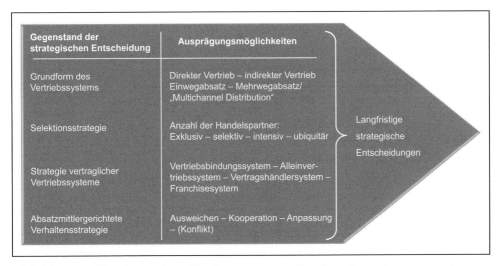

Abbildung 7: Überblick über die distributionspolitischen Grundsatzentscheidungen und ihre strategischen Ausprägungsmöglichkeiten

6.1 Einflussgrößen des Distributionssystems

Eine Vielzahl von Faktoren beeinflusst die Wahl des unternehmensspezifischen Distributions- oder Vertriebssystems. Diese Faktoren können systematisiert werden in:

- produktbezogene Determinanten,
- unternehmensinterne Determinanten und
- externe Determinanten.

(Vgl. dazu die Ausführungen bei: *Ahlert* 1996, S.178; *Ammann* 2000, S. 50 ff.; *Bruhn* 2010, S. 257 f.; *Schmid* 2000a, S. 115 ff.)

Produktbezogene Determinanten
Die Verderblichkeit von Frischeprodukten wie Gemüse erfordert eine indirekte Distribution über den Lebensmittelhandel; die Sperrigkeit von Fertiggaragen verlangt, dass diese vom Hersteller direkt beim Kunden angeliefert werden, wobei in den Verkaufsprozess Absatzhelfer wie Ingenieure oder Architekten eingeschaltet sein werden.

Die Wartungsanfälligkeit und Erklärungsbedürftigkeit beispielsweise von Rasenmähern führt in der Regel zu einem Vertrieb über den Gartenfachhandel. Beratungsbedarf und Stückwert von Küchenmöbeln führt in der Regel zu einem Vertrieb über den Möbelfachhandel; aber auch die direkte Distribution ist problematisch, wie das Beispiel der Firma Vorwerk zeigt, die 2008 den direkten Küchenverkauf einstellte.

Hochwertige und exklusive Produkte werden meist selektiv über den Fachhandel vertrieben. Direkter Vertrieb über eigene Filialen wird immer häufiger. Haute-Couture-Mode wird in eigenen Filialen angeboten, ebenso wie Modeschmuck (z. B. Bijou Brigitte) oder Kosmetik (z. B. Body Shop).

Unternehmensinterne Determinanten
Einflussgrößen hier sind Unternehmensziele und -strategien, Größe des Unternehmens, Finanzkraft, Produktsortiment und Art der vorhandenen Distributionssysteme. Kleinere Unternehmen werden beispielsweise eher erfolgreich mit entsprechend kleinen Handelspartnern zusammenarbeiten als mit großen, deren Forderungen sie gegebenenfalls nicht gewachsen sind.

Ein breites, in sich geschlossenes Produktsortiment etwa kann zu der Überlegung führen, die Produkte selbst direkt zu vertreiben. Ein solches breites Sortiment unterhält zum Beispiel die Firma Hakawerk W. Schlotz, Waldenbuch.

Externe Determinanten

Zu den externen Determinanten, die den Absatzweg beeinflussen, zählen Kunden, Distributionspartner, Wettbewerber und Umfeldfaktoren.

Kunden
- Wie hoch ist die Bereitschaft zu Warte- oder Lieferzeiten?
- Wollen die Kunden das Produkt in einer Verkaufsstelle in räumlicher Nähe kaufen können?
- Haben die Kunden den Wunsch nach Angebotsvielfalt und auch nach komplementären Produkten?
- Wie hoch sind die üblichen Abnahmemengen?
- Führen zusätzliche Dienstleistungen zu einer Steigerung der Kundenzufriedenheit und Kundenbindung?

Distributionspartner
- Welche Handelsunternehmen stehen überhaupt zur Verfügung?
- Welche demographischen Merkmale liegen vor bezüglich: Anzahl, Standort, Art und Größe des durch sie erreichten Marktes, Fähigkeit zur Übernahme der notwendigen Handelsfunktionen?
- Welche psychographischen Merkmale haben potenzielle Absatzmittler – beispielsweise in Bezug auf die Einstellung gegenüber den zu verkaufenden Produkten, die Bereitschaft zur Kooperation, Lieferantentreue usw.?
- Die Frage nach den Distributionspartnern zielt nicht nur auf die Handelsunternehmen, sondern auch auf die Überlegung, inwieweit eigene oder fremde Absatzhelfer wie eigene Außendienstmitarbeiter, Handelsvertreter oder beispielsweise Promotionagenturen die Distributionsaufgaben unterstützen.
- Wie ist das Leistungsspektrum solcher Absatzhelfer, bei welcher Qualität und zu welchen Kosten?

Wettbewerber
- Soll ganz bewusst Abstand von den Wettbewerbern genommen werden oder will man sich direkt neben ihnen positionieren? So ist Burger King oft direkt neben McDonald's zu finden. Avon hingegen verkauft seine Kosmetikprodukte in den meisten Ländern der Welt im Direktvertrieb, um sich bewusst nicht neben andere Kosmetikprodukte zu stellen.
- Welche Stellung haben die Wettbewerber in ihrem Absatzkanal und welche Stellung (bei welchem Aufwand) kann das eigene Unternehmen dort einnehmen?
- Welches Verhalten werden die Wettbewerber zeigen, wenn der Hersteller versucht, den Vertrieb über den gleichen Absatzkanal aufzubauen? Wird der Wettbewerber versuchen, vertragliche Vereinbarungen mit dem Handel abzuschlie-

ßen, um zumindest für eine gewisse Zeit Exklusivität im Regal oder z.B. für Promotionaktivitäten zu erhalten?

Umfeldfaktoren

- **Allgemeine Wirtschaftslage:** Die Attraktivität der preisaggressiven Betriebsform „Discountgeschäft" in den letzten Jahren ist sicherlich auch auf das verlangsamte Wirtschaftswachstum und damit verbunden auf das geringere verfügbare Einkommen vieler privater Haushalte zurückzuführen
- **Ökologiebewusstsein:** Direktbezug beim Landwirt, besonders wenn es sich um einen Biobauern handelt, wird für viele Verbraucher immer interessanter. Auch Betriebsformen wie das Reformhaus oder der Bioladen gewinnen zunehmend an Akzeptanz.
- **Technische Veränderungen:** Durch das Fernsehen entstehen neue Verkaufsmöglichkeiten für Hersteller und für den Handel wie z.B. Teleshopping oder Transaktions-TV. Und durch das Internet wurde die Welt des Einkaufens in praktisch allen Branchen völlig revolutioniert.
- **Rechtliche Vorschriften und Einschränkungen:** Der Gesetzgeber schreibt beispielsweise in Bezug auf Arzneimittel (vgl. Arzneimittelgesetz) und auch Waffen (vgl. Waffengesetz) die Form des indirekten Vertriebs vor.
  Der Gesetzgeber betreibt eine qualitative Absatzmittlerselektion, wenn er vorschreibt, dass Sach- und Fachkunde des Handels z. B. beim Vertrieb von Milch, dem Vertrieb von Arzneimitteln und Drogeriewaren, dem Verkauf von Hackfleisch und auch beim Verkauf von Waffen vorgeschrieben ist. Letztlich betreibt der Gesetzgeber auch eine quantitative Absatzmittlerselektion, wenn er weiterhin vorschreibt, dass alle interessierten Absatzmittler beliefert werden müssen, wenn es sich um ein Produkt handelt, das eine absolute oder relative marktführende Stellung hat (vgl. § 26 Gesetz gegen Wettbewerbsbeschränkungen/GWB).

6.2 Direkter oder indirekter Absatz

Der Hersteller muss festlegen, ob er selbst den Absatzweg seiner Produkte gestaltet und sich direkt an seine Kunden wendet oder ob er Handelsunternehmen einschaltet, die für ihn seine Produkte verkaufen. Das heißt, er muss sich zwischen indirekter Distribution und direkter Distribution, den beiden Grundformen des Vertriebs, entscheiden.

6.2.1 Formen der direkten Distribution

Bei der direkten Distribution an private Endverbraucher gibt es vielfältigste Ausprägungsformen. Je nachdem, ob man den Direktvertrieb aus der Perspektive des Anbieters oder des Nachfragers betrachtet, ergeben sich unterschiedliche Aussagen darüber, welche Vertriebsformen dem direkten Vertrieb zuzurechnen sind (vgl. *Holland* 1998, S. 60f.). Im Folgenden wird eine anbieterorientierte Sichtweise zugrunde gelegt.

Bei der Auflistung der verschiedenen Formen des Direktvertriebs bietet es sich an, der Systematisierung von *Boy* zu folgen, der in die drei Basisvarianten „stationärer Vertrieb", „mobiler Vertrieb" und „Vertrieb durch Medien" unterscheidet (vgl. *Boy* 1986, zitiert in *Meffert* 1994, S. 169).

Stationärer Vertrieb
Unter „stationärem Vertrieb" werden alle die Formen des direkten Vertriebs verstanden, bei denen der Hersteller stationär gebunden den Verbrauchern seine Produkte anbietet. Die Verbraucher müssen also die Verkaufsstellen des Herstellers aufsuchen, um die Waren zu erhalten. Die wichtigsten Formen des stationären Vertriebs zeigt Tabelle 3.

Filialverkauf Filialen sind räumlich voneinander getrennte Verkaufsstellen, die unter gemeinsamem Eigentum und gemeinsamer Leitung stehen.	Bsp.: WMF, Rosenthal, Betty Barclay, Bijou Brigitte, Bally
Verkaufsniederlassungen Ausgliederung der Verkaufsabteilung, um räumlich näher beim Kunden zu sein.	Bsp.: im Automobilbereich Mercedes, BMW
Fabrikverkauf Verkauf der Waren in räumlicher Nähe zur Fabrik des Herstellers.	Bekanntester Fabrikverkauf ist Boss in Metzingen (vgl. zum Fabrikverkauf *Drews* 1998)

Factory-Outlet-Center (FOC) Waren mehrerer Hersteller werden auf einer Fläche von mehr als 1.000 qm durch Betreibergesellschaften angeboten.	FOCs sind in Deutschland im Vergleich zu anderen Ländern nicht so stark verbreitet. Beispiele für FOCs sind B 5 Designer Outlet Center in Wustermark (eröffnet 5/2000), OCI Designer Outlet Zweibrücken (eröffnet 3/2001) oder das FOC Wertheim Village (eröffnet 11/2003). (Vgl. zu der Bedeutung der FOCs in den USA: *Ruda* 1998, S. 38 ff.; vgl. zu der Bedeutung der FOCs in England: *Puhlmann* 1997, S. 36 ff.)
Shop-in-Shop-Systeme Untervermietung von meist exponierten Geschäftsflächen im Handel an den Hersteller.	z. B. Wolford (Strumpfmoden), Esprit Sportware, Mister Minit

Tabelle 3: Formen des stationären Direktvertriebs

Mobiler Vertrieb

Der mobile Vertrieb kennzeichnet im Gegensatz zum stationären Vertrieb solche Vertriebsformen, in denen der Hersteller bzw. seine Mitarbeiter „mobil" sind und sich mit den Kunden an bestimmten Orten treffen. So werden beispielsweise die Kunden zu Hause aufgesucht oder der Hersteller trifft sich mit ihnen in einer bestimmten Räumlichkeit, z. B. im Hotel, oder man begibt sich gemeinsam an einen bestimmten Ort (Kaffeefahrten).

Vertreterverkauf Zum Vertreterverkauf zählen alle Formen, in denen ein Außendienstmitarbeiter auf Bestellung oder aus eigener Initiative den potenziellen Kunden zu Hause aufsucht.	Bsp.: Avon mit Kosmetik; Vorwerk mit Staubsaugern und Küchengeräten; Hakawerk W. Schlotz mit Wasch- und Reinigungsmittel sowie Kosmetik; Versicherungen und Bausparverträge werden in bedeutendem Umfang direkt vertrieben sowie Bücher, Lexika, Zeitschriften; Textilien-Sammelbesteller usw. Der Vorwerk-Konzern erreichte 2009 mit Direktverkäufen einen Umsatz von rund 2,3 Mrd. Euro, mit Raumpflegegeräten allein in Deutschland 695 Mio. Euro und mit Küchengeräten 420 Mio. Euro.

	Weltweit sind rund 31.500 Vorwerk-Berater im Bereich Haushaltsgeräte und ca. 558.000 für den Geschäftsbereich Jafra Cosmetics im Einsatz (vgl. *o. V.* www.vorwerk.de).
Verkaufsfahrer Verkaufsfahrer beliefern ihre Kunden in einem bestimmten Rhythmus direkt zu Hause. Bestellungen erfolgen schriftlich oder telefonisch.	Bsp.: Eismann und Bofrost als Lieferanten von Tiefkühlkost. Das Unternehmen Eismann, welches nach der Trennung von Nestlé im Jahre 2004 wieder selbstständig ist, beschäftigt in Europa 6.500 Mitarbeiter und 1.500 Mitarbeiter beim Tochterunternehmen Family Frost. Der Umsatz des Unternehmens Eismann lag 2007 bei 530 Mio. Euro. (Quelle: *o. V.* www.eismann.de) Bofrost informierte im Wirtschaftsjahr 2008 über 1,1 Mrd. Euro Umsatz in Deutschland mit 240 Niederlassungen und insgesamt 9.754 Mitarbeitern.
Mobile Verkaufsstellen/ Verkaufswagen Waren werden an wohnortnahen Halteplätzen (in Gebieten mit geringfügig ausgeprägten Ladennetzen) in Wagen angeboten.	Bekanntestes Beispiel ist Family Frost, ein Tochterunternehmen der Eismann GmbH, das in den neuen Bundesländern und 7 europäischen Ländern (Spanien, Portugal, Tschechien, Polen, Ungarn, Slowenien, Kroatien) zum Einsatz kommt. Umsatz 2007: 117 Mio. Euro (Quelle: *o. V.* www.eismann.de).
Homepartys/Partyverkauf Produkte werden in der Wohnung des Kunden durch eine(n) Berater(in) und in Anwesenheit von mehreren Teilnehmern vorgestellt und verkauft.	Vertriebsform, die sich besonders für Waren wie Kosmetika, Körperpflegeprodukte, Textilien, Schmuck und Haushaltswaren durchgesetzt hat. Erster und bekanntester Veranstalter von solchen Homepartys ist Tupperware, andere sind z. B. Amway (Hersteller von Wasch- und Reinigungsprodukten), Pierre Lang (Modeschmuck); Jafra Cosmetic, Mary Kay Cosmetics, AMC (Haushaltswaren insb. Kochtopfsets).

	Die Tupperware Corporation verfügt weltweit über 2,4 Millionen Berater und realisierte 2009 einen Umsatz von 2,1 Mrd. US-Dollar (Quelle: *o. V.* www.tupperware.com).
Kaffeefahrten Kombination von Werbe- und Verkaufsveranstaltungen mit Omnibusfahrten als Kurzfahrten, verbunden mit einer Einladung zu Kaffee und Kuchen.	Das Umsatzvolumen von Kaffeefahrten wird auf jährlich mehr als 250 Mio. Euro geschätzt. Der BDV (Bundesverband Deutscher Vertriebsfirmen) wurde 1967 von 25 Firmen des Direktvertriebs gegründet. Nach Studien bzw. Angaben des BDV nahmen 2008 ca. 4,5 Mio. Personen an Verkaufsfahrten teil. Das Durchschnittsalter der Teilnehmer liegt bei 66 Jahren; 85 Prozent der Teilnehmer sind „Stammkunden" (vgl. *o. V.* www.bdv-aktuell.de).
Sonstige Formen Märkte, Messeverkauf, Hotelverkauf	z. B. Wochenmärkte für den Verkauf von landwirtschaftlichen Erzeugnissen.

Tabelle 4: *Formen des mobilen Direktvertriebs*

Vertrieb durch Medien
Zum Vertrieb durch Medien zählen solche Direktvertriebsformen, in denen der Hersteller mittels eines Mediums Kontakt zu seinem Kunden aufnimmt, seine Waren präsentiert und den Verkaufsabschluss konkretisiert, d. h., der Kunde bestellt die Ware.

Direct-Mail-Verkauf Verkauf von Produkten an Konsumenten durch adressierte bzw. auch nicht adressierte Werbesendungen.	Hersteller verschiedener Branchen setzen für den Verkauf ihrer Waren Direct Mails im B-to-B-Bereich ein. Durch den Versand von Mails über das Internet wird dieses Mittel auch im B-to-C-Bereich verstärkt eingesetzt, wobei man hierbei immer mehr versucht, die Mails zu personalisieren, d. h. auf die spezifischen Bedürfnisses des Kunden zuzuschneiden. Direct Mails unterliegen im Gegensatz zum Telefonverkauf nur wenigen rechtlichen Einschränkungen.

Telefonverkauf Verkauf von Waren per Telefon.	Aktive telefonische Werbung und Verkauf, d. h., der Hersteller ruft den Kunden (B-to-C) an, ohne dass ein konkreter Grund bzw. vorheriger Kontakt zum Kunden besteht. Kaltakquise/Cold Call gilt als unzulässig und ist seit 1970 nach § 1 UWG als sittenwidrig einzustufen. Im B-to-B-Bereich ist ein Cold Call nur dann erlaubt, wenn der Anrufer ein konkretes Geschäftsinteresse nachweisen kann.
Teleshopping/DRTV **Direct-Response-TV** Produkte und Dienstleistungen werden im Fernsehen präsentiert und können über eine Bestelloption, in der Regel über eine eingeblendete Telefonnummer, durch den Verbraucher direkt geordert werden.	Diese Form des Direktvertriebs wird zunehmend genutzt. Eigene Programme, die sich durch die Übertragung von Produktpräsentationen definieren, sind etabliert; wie HSE24 (Ausstrahlung in 3 Ländern, 2 Millionen Kunden, Umsatz 2009: 394 Mio. Euro), QVC und RTL-Shop. Nach einer Studie der Unternehmensberatung Goldmedia GmbH hat sich das Marktvolumen im deutschen DRTV-Markt von ca. 2,5 Mrd. Euro im Jahr 2003 auf ca. 5 Mrd. Euro im Jahr 2009 erhöht.
E-Commerce „Transaktionen,… durch die ein Kaufvorgang von Waren und Dienstleistungen online initiiert wird oder eine kostenpflichtige Onlinedienstleistung in Anspruch genommen wird" (vgl. *Barowski/ Müller* 2000, S. 60).	Der E-Commerce-Markt hat sich zu einem bedeutenden Absatzmarkt entwickelt. Während E-Commerce noch im Jahr 2000 insbesondere im B-to-B-Bereich genutzt wurde und im B-to-C-Bereich nur eine begrenzte Auswahl von Produkten geordert werden konnte, erstreckt sich nun das Angebot von Textilien und Freizeitartikeln über Unterhaltungselektronik, Haushaltswaren, Lebensmittel und Tonträger bis hin zu Medikamenten. Die Zahl der Onlinekäufer stieg von 9,7 Mio. im Jahr 2000 auf 58,8 Mio. im Jahr 2007 (vgl. EHI, S. 248 f.).
Faxverkauf Verkauf von Waren per Faxmailings.	Wie der Telefonverkauf ist diese Form des medialen Verkaufs ebenfalls verboten.

Tabelle 5: Formen des Direktvertriebs durch Medien

Werden Medien eingesetzt, durch die der Hersteller Kontakt mit dem Kunden aufnimmt und seine Waren präsentiert (es aber nicht vorgesehen ist, dass der Kunde die Ware direkt bestellen kann oder bestellen soll), wird das nicht dem Bereich des Vertriebs durch Medien zugerechnet. In diesen Fällen handelt es sich um Dialogmarketing!

6.2.2 Formen der indirekten Distribution

Indirekte Distribution liegt vor, wenn in den Absatzweg Absatzmittler eingeschaltet sind.

„Absatzmittler sind wirtschaftlich und rechtlich selbstständige Betriebe, deren Tätigkeitsschwerpunkt bzw. Hauptzweck die Übertragung wirtschaftlicher Verfügungsmacht über wirtschaftliche Güter gegen Entgelt ist" (vgl. *Specht* 1998, S. 14). Oder, wie es in einer anderen Definition formuliert ist, Absatzmittler sind Institutionen, die im eigenen Namen und auf eigene Rechnung Güter kaufen und weiterverkaufen (vgl. *Nieschlag/Dichtl/Hörschgen* 2002, S. 888). Absatzmittler sind der Definition nach also Handelsunternehmen.

Die Zahl der Stufen, d. h. die Zahl der eingeschalteten Absatzmittler, bestimmt die „Länge" des Absatzkanals (vgl. *Meffert* 1998, S. 597; vgl. *Kotler/Keller/Bliemel* 2007, S. 855 f.).

Ein „Nullstufenkanal" bedeutet damit direkte Distribution; es sind keine Handelsstufen eingeschaltet. „Einstufenkanal" heißt, dass eine Handels-Zwischenstufe eingeschaltet ist. Da private Endverbraucher nur im Einzelhandel und nicht im Großhandel einkaufen können, muss es sich bei dieser Stufe um einen Einzelhändler handeln. Dieser Einzelhändler wird vom Hersteller direkt, ohne Einschaltung des Großhandels beliefert. Bei einem „Zweistufenkanal" ist sowohl ein Großhändler als auch ein Einzelhändler eingeschaltet. Je nach Branche und Land gibt es Distributionsformen, in denen die Anzahl der Stufen über drei und mehr Stufen hinausgeht (vgl. *Kotler/Keller/Bliemel* 2001, S. 856).

6.3 Einwegabsatz/Mehrwegabsatz – „Multichannel Distribution"

„Einwegabsatz" und „Mehrwegabsatz" unterscheidet man nach der „Zahl der von einem Produzenten für eine Produktgruppe gleichzeitig benutzten Distributionskanäle ..." (*Specht* 1998, S. 15).

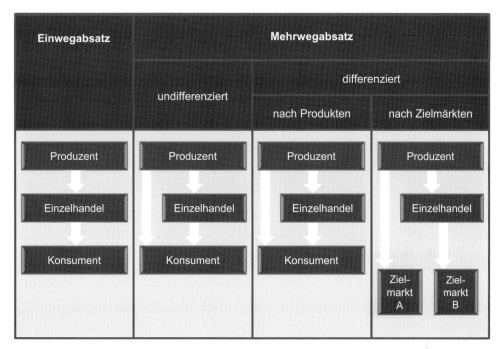

Abbildung 8: Einweg- und Mehrwegsysteme der Distribution (nach Specht 1998, S. 17)

Benutzt der Hersteller nur einen Distributionskanal, liegt Einwegabsatz vor. Kombiniert der Hersteller dagegen mehrere Distributionskanäle wird von „Mehrwegabsatz" oder „Multichannel Distribution" gesprochen. „Mit dem Instrument des Mehrwegabsatzes zielen die Herstellerbetriebe darauf ab, die heute immer stärker segmentierten Märkte auch distributionspolitisch besser abdecken zu können." (Vgl. *Schmid* 2000a, S. 110; vgl. dazu auch die Ausführungen bei *Kotler/Keller/Bliemel* 2007, S. 883 ff.).

Neben der erhöhten Marktabdeckung kann der Mehrwegabsatz auch kundengerechter sein, da einzelne Absatzkanäle bestimmten Kundengruppen spezifische Leistungen anbieten können und sie damit den Kundennutzen erhöhen. Weiterhin können Wirtschaftlichkeitsüberlegungen eine Rolle für Mehrwegabsatz spielen und es kann ein Risikoausgleich stattfinden. „Werden verschiedene Absatzkanäle eingesetzt, lassen sich Abhängigkeiten im vertikalen Marketing reduzieren." (*Schögel* 2001, o. S.).

Diesen Chancen stehen eine Reihe von Risiken gegenüber: Verwirrung der Kunden, Kontrollverlust durch zunehmende Komplexität und Suboptimierung, wenn auf der

Suche nach einer Lösung, die allen Vertriebskanälen gerecht wird, die Unterschiede der Kanäle nicht beachtet und nivelliert werden.

Das zentrale Problem sind jedoch die Konflikte zwischen den Absatzkanälen. „Bereits die Einführung einer neuen Leistung in nur einem Absatzkanal kann Konflikte verursachen. Die Umgestaltung der Distribution oder die Aufnahme eines neuen Kanals wirken noch weitreichender. Vor diesem Hintergrund kann es im Management von Mehrkanalsystemen nicht darum gehen, Konflikte von vornherein zu vermeiden. Vielmehr muss es das Ziel sein, ein ,optimales Konfliktniveau' und eine situative ,Systemhygiene' zwischen den Absatzkanälen zu realisieren." (Vgl. *Schögel* 2001, o. S.)

Um Konflikte zu reduzieren, erfolgt im Rahmen von Mehrwegsystemen fast immer eine Differenzierung der Absatzwege nach Produkten oder nach Zielmärkten. Auch undifferenzierter Mehrwegabsatz ist grundsätzlich möglich, wenn auch in der Praxis nicht häufig anzutreffen (vgl. *Schmid* 2000a, S. 110 ff.).

Im IT-Bereich z. B. ist aufgrund der verschiedenen Abnehmer (gewerbliche und private) und der verschiedenen Produkte ein Mehrwegabsatz von Anfang an üblich und im Prinzip unproblematisch gewesen.

Im Falle kurzlebiger Gebrauchsgüter (z. B. Textilien, Lederwaren, Porzellan) und auch bei Konsumgütern besteht die große Gefahr, dass sich der Handel benachteiligt fühlt und mit Auslistung droht, wenn die Produkte ein und derselben Marke dem Zielmarkt privater Endverbraucher direkt in eigener Regie und parallel dazu indirekt angeboten werden. Mehrwegabsatzsysteme kommen bei diesen Gütern relativ selten vor. Es gibt aber auch hier mittlerweile einige wenige Beispiele:

- Direkte Distribution in eigenen Filialen und gleichzeitig Verkauf über den Fachhandel einschließlich Warenhäusern z. B. bei Rosenthal, WMF, Betty Barclay.
- Direkte Distribution in eigenen Filialen und gleichzeitig Verkauf über den Lebensmittelhandel z. B. bei Maggi und Nescafé.

Akzeptiert werden diese Formen des Mehrwegabsatzes, wenn die Preisstellung im direkten Absatzkanal der Preisstellung durch den Handel entspricht oder darüber liegt. Auch sind gewisse Unterschiede im Produktsortiment zu beobachten.

Im Falle direkter Distribution in Factory-Outlet-Centern und gleichzeitigem Verkauf über den Fachhandel ist zwischen den beiden Absatzkanälen ein erheblicher Preisunterschied von bis zu 80 % zu beobachten. Diese Form wird durch den Fachhan-

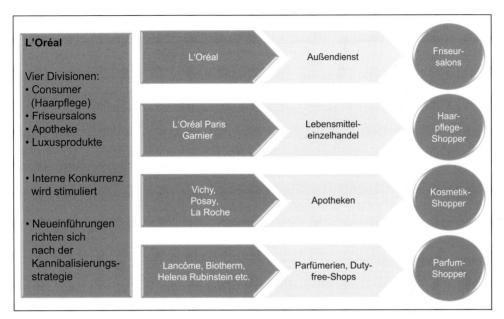

Abbildung 9: Trennung der Leistung nach Kundengruppen und Absatzkanälen bei L'Oréal (vgl. Schögel 2001)

del, wenn überhaupt, nur dann akzeptiert, wenn der Hersteller im FOC ein zum Fachhandel unterschiedliches Produktsortiment anbietet (2b-Ware, Ware aus vergangener Saison usw.).

Ein paralleler Vertrieb in Form direkter Distribution über das Internet/E-Commerce bei gleichzeitigem Verkauf über den Handel konnte sich bislang nur in wenigen Branchen durchsetzen, wie z. B. in der IT-Branche, Reisebranche, im Verlagswesen oder der Musikbranche. Hier ist der Handel federführend, das Internet als Distributionskanal neben den stationären Outlets zu erproben und für sich zu nutzen.

Abbildung 9 zeigt, wie L'Oréal seine Marken und Leistungen nach einzelnen Kundengruppen differenziert und über getrennte Absatzkanäle distribuiert.

6.4 Anzahl der Handelspartner

Im Rahmen der Grundsatzentscheidung über die Gestaltung des Vertriebssystems ist eine weitere Dimension die sog. Selektionsstrategie (vgl. *Specht* 1992, S. 139 f., vgl. *Bruhn* 2010, S. 260 f.), d.h. die Festlegung der Anzahl der eingeschalteten (Einzel-)Handelsbetriebe.

Folgende vier Varianten bzgl. der Distributionsdichte werden unterschieden:

Exklusive Distribution

Im Falle exklusiver Distribution vertreibt der Hersteller seine Produkte über wenige ausgewählte Handelsbetriebe „mit überdurchschnittlichem Niveau" (*Becker* 2009, S. 534), oft an exponierten Standorten in Innenstadtlage. Die ausgewählten Partner erhalten das alleinige Recht, die Produkte in einer bestimmten Region exklusiv zu vertreiben (= Gebietsschutz). Der Hersteller fordert im Gegenzug oft, dass der Händler keine anderen Waren zumindest in der Warengruppe des betreffenden Herstellers führt.

Mit exklusiver Distribution verfolgt ein Hersteller das Ziel, dass seine Produkte im Handelsgeschäft bestens präsentiert werden und sich das Handelspersonal voll auf die Beratung und den Verkauf seiner Waren konzentrieren kann. Der Hersteller hat große Kontroll- und Steuerungsmöglichkeiten in Bezug auf Preisstellung der Produkte, verkaufsfördernde Maßnahmen sowie sonstige Serviceleistungen.

Distribution über wenige ausgewählte Händler findet sich häufig im Segment hochpreisiger Güter des „aperiodischen, teilweise des einmaligen Bedarfs" (*Schmid* 2000a, S. 118), die auch als „Speciality Goods" bezeichnet werden (vgl. *Kotler/Keller/Bliemel* 2007, S. 496). Beispiele sind: Damenoberbekleidung (DOB) (z. B. Escada), Kosmetik (z. B. Vichy), Möbel (z. B. Rolf Benz oder Marktex) und Friseurprodukte (z. B. Biostetique oder Vidal Sassoon).

Die exklusive Distribution (und meist auch die selektive Distribution) ist vertraglich zwischen Hersteller und Händler abgesichert. In der Kosmetikindustrie sind es die sog. „Depotverträge", durch die ein Handelsunternehmen autorisiert wird, das Kosmetikdepot zu führen.

Selektive Distribution

Selektive Distribution erfolgt auf der Grundlage bestimmter meist qualitativer Kriterien, die der Händler zu erfüllen hat (z. B. Standort, Einzugsgebiet, Ladengestaltung, Wettbewerbsprodukte, fachliche Qualifikation des Verkaufspersonals – aber auch Abnahmemenge und Umsatz als quantitative Kriterien). Wichtiges Selektionskriterium sind auch Marketingaktivitäten, wie z. B. Kooperationsbereitschaft oder werbliche Maßnahmen. Der Hersteller hat somit relativ gute Einfluss- und Kontrollmöglichkeiten auf den Händler.

Selektive Distribution ist zu finden bei relativ hochwertigen Produkten wie z. B. Textilien (Boss-Herrenmoden), Uhren/Schmuck (Swatch), Elektrohaushaltsgeräten (Braun) und Haushaltswaren (Alessi).

Intensive Distribution
Die intensive Distribution hat eine hohe Marktabdeckung zum Ziel. Dabei ist eine qualitative oder quantitative Beschränkung auf Seiten der Absatzmittler nicht angezeigt. Intensive Distribution ist üblich bei Produkten des täglichen Bedarfs (Convenience Products). „Damit versucht der Hersteller, dem Wunsch der Kunden nach mühelosem Einkauf entgegenzukommen und die Streuverluste seiner Massenwerbung zu verringern." (*Schmid* 2000a, S. 112).

Ubiquitäre Distribution
Die ubiquitäre Distribution geht in der Anzahl der Distributionspunkte über die intensive Distribution hinaus. Eine „Überall-Erhältlichkeit" ist hier das Ziel. Beispiele für Produkte mit ubiquitärer Distribution sind bei einigen der bekanntesten Markenartikel zu finden z. B. Coca-Cola, Marlboro oder Tempo-Taschentücher. Sie sind nicht nur im Lebensmittelhandel oder in Drogeriemärkten, Warenhäusern oder Tankstellen erhältlich. Man findet sie auch in Automaten, Hotels, Diskotheken, Kiosken oder Kinos, usw..

6.5 Strategie vertraglicher Vertriebssysteme

„Zur Realisierung herstellereigener Marketingkonzeptionen sowie zur Stabilisierung und Rationalisierung der Absatzwege setzen die Produzenten häufig vertragliche Vertriebssysteme ein." (*Specht* 1998, S. 177)

Die Bandbreite möglicher vertraglicher Bindungen ist sehr groß. „Sie können auf einzelne Betriebsprozesse beschränkt sein, wie z. B. die Verpflichtung, bestimmte Konkurrenzprodukte nicht zu führen, bestimmte Teile oder das gesamte Produktionsprogramm des Herstellers zu listen, sich an bestimmten Werbemaßnahmen zu beteiligen oder sie können sich auf die Einräumung bestimmter exklusiver regionaler Vertriebsrechte erstrecken." (*Schmid* 2000b, S. 174) Zu den vertraglichen Vertriebsbindungssystemen mit Absatzmittlern zählen: Vertriebsbindungssystem, Alleinvertriebssystem, Vertragshändlersystem und Franchisesystem.

Vertriebsbindungssystem
Das Vertriebsbindungssystem weist das vergleichsweise geringste Maß an vertraglichen Regelungen auf. Im Gegensatz zum Selektivvertrieb, bei dem der Hersteller

seine Geschäftspartner nach bestimmten Kriterien aussucht, ist ein Vertriebsbindungssystem dadurch gekennzeichnet, „dass bestimmte Wirtschaftssubjekte von der Belieferung mit den Produkten des Herstellers, auch durch Dritte, ausgeschlossen werden sollen" (*Brauer* 1989, S. 167). „Im Mittelpunkt steht die Absicherung eines bestimmten Status in der Ausprägung der festgelegten Selektionskriterien, etwa eine räumliche Begrenzung des Absatzgebietes, eine Bindung an bestimmte Gruppen von Abnehmern oder die Sicherstellung von Leistungsmerkmalen wie Beratung und Service." (*Bruhn* 1997, S. 256) Eine Kombination verschiedener Selektionsklauseln sichert ab, dass nur solche Händler eingeschaltet werden, die die verlangten Anforderungen erfüllen (vgl. *Specht* 1998, S. 179 f.).

Alleinvertriebssystem

„Werden im Rahmen einer derartigen Bindung den Absatzmittlern (also z. B. Groß- und Einzelhändlern) bestimmte Gebiete oder Kundengruppen ausdrücklich vorbehalten, spricht man von Alleinvertriebssystem." (*Meffert/Kimmeskamp* 1983, S. 226) Das heißt, beim Alleinvertriebssystem tritt neben die qualitative Selektion die quantitative Begrenzung der Verkaufsstellen. Der Handel teilt das gesamte Absatzgebiet in Bezirke auf und räumt in jedem Bezirk nur jeweils einem Absatzmittler – unter möglicherweise mehreren qualitativ geeigneten – das Alleinvertriebsrecht ein (vgl. *Ahlert* 1981, S. 81).

Im Gegenzug dazu verpflichtet sich der Handel in großem Umfang gegenüber dem Hersteller: umfassende Sortimentslistung und Lagerhaltung, Abstimmung des Handelsmarketing mit dem Hersteller und Ablehnung von Konkurrenzprodukten (vgl. *Bruhn* 2010, S. 264).

Vertragshändlersystem

Die Vertragshändlerschaft ist ebenfalls eine auf Dauer angelegte vertragliche Kooperation, mit der allerdings eine weitgehende Beeinflussung aller absatzpolitischen Instrumente des Händlers durch den Hersteller verbunden ist. Vielfältige Bezeichnungen lassen sich in der Literatur und in der Praxis für den Vertragshändler finden. Sie reichen von: „Alleinvertreter" über „Werksvertreter" und „Händlervertreter" über „Generalvertreter" bis hin zum „Eigenhändler" usw. (vgl. *Brauer* 1989, S. 178).

Ebenso vielfältig sind auch die Definitionen, was genau unter einem Vertragshändler zu verstehen ist. Nach *Ulmer* ist ein Vertragshändler ein Kaufmann, dessen Unternehmen in die Vertriebsorganisation eines Herstellers von Markenwaren folgendermaßen eingegliedert ist:

Auf Basis eines auf Dauer gerichteten Vertrages mit dem Hersteller von Markenwaren oder mit einem von diesem eingesetzten Zwischenhändler verpflichtet sich
der Händler, im eigenen Namen und auf eigene Rechnung die Vertragswaren im
Vertragsgebiet ständig zu vertreiben und ihren Absatz zu fördern, die Funktionen
und Risiken seiner Handelstätigkeit hieran auszurichten und im Geschäftsverkehr
das Herstellerzeichen neben der eigenen Firma herauszustellen. Dadurch nimmt er
am Goodwill des Herstellers teil und bringt seine Zugehörigkeit zum Vertriebsnetz
des Herstellers zum Ausdruck.

Vertragshändler finden sich häufig im Automobilbereich, so arbeiten beispielsweise
VW/Audi und BMW mit Vertragshändlern (vgl. *Thurow* 1993, S. 314 ff.).

Solche Vertragshändlersysteme können auch als Unterfall des Franchisings bewertet werden (vgl. *Specht* 1998, S.182).

Franchising

Franchising stellt die engste Form der möglichen vertraglichen Bindung zwischen
Hersteller und Händlern dar (vgl. *Meffert/Kimmeskamp* 1983, S. 226 ff.). Franchising
wird durch den Deutschen Franchise-Verband folgendermaßen definiert: „Franchising ist ein vertikal-kooperativ organisiertes Absatzsystem rechtlich selbstständiger
Unternehmen auf der Basis eines vertraglichen Dauerschuldverhältnisses. Dieses
System tritt am Markt einheitlich auf und wird geprägt durch das arbeitsteilige Leistungsprogramm der Systempartner sowie durch ein Weisungs- und Kontrollsystem
zur Sicherstellung eines systemkonformen Verhaltens." (Vgl. *o. V.* 1997a, S. 241 f.)

Im Gegensatz zum Vertragshändler hat der Händler im Franchising keine eigene
Firma, die neben der Firma des Franchisegebers im Namen erscheinen könnte (vgl.
zu weiteren Unterschieden zwischen diesen beiden Formen eines vertraglichen
Vertriebssystems: *Brauer* 1989, S. 177). In dem arbeitsteiligen Leistungsprogramm
des Franchisings gehört es zu den wichtigsten Aufgaben des Franchisegebers, Pro-
dukt-, Firmen- bzw. Markenzeichen zur Verfügung zu stellen und die Nutzungs-
rechte an diesen zu gewähren. Auch werden die Werbemaßnahmen zentral durch
den Franchisegeber erbracht. Darüber hinaus soll dem Franchisenehmer beim Be-
triebsaufbau geholfen werden und er soll laufend auf allen Unternehmensgebieten
beraten werden. Der Franchisenehmer führt das Geschäft nach vorgegebenen
Richtlinien. Zu seinen Pflichten gehören darüber hinaus z. B. die Wahrung der Be-
triebs- und Geschäftsgeheimnisse, die regelmäßige Meldung von Daten und wirtschaftlichen Ergebnissen und die Abführung der Franchisegebühr (vgl. *Meffert*
1998, S. 621 ff.).

Das bekannteste und umsatzmäßig bedeutendste Franchisesystem sind die Fast-Food-Restaurants von McDonald's. Nach der Anzahl der vergebenen Verträge hat Tui/First Reisebüros mit 1.405, gefolgt von McDonald's mit 1.276 und der Schülerhilfe mit 1.090 die meisten Franchisebetriebe in Deutschland (vgl. *Sondermann* 1997, S. 13; EHI 2008, S. 245).

6.6 Absatzmittlergerichtete Strategie

Ein Hersteller kann entscheiden, mit großen, mächtigen Handelspartnern zusammenzuarbeiten oder aber diesen ganz bewusst auszuweichen. Weiterhin muss er entscheiden, welches Verhalten er gegenüber dem Handel zeigt.

Die möglichen absatzmittlergerichteten Strategien sind:

- Ausweichstrategie,
- Kooperationsstrategie,
- Anpassungsstrategie und
- Konfliktstrategie.

Welche absatzmittlergerichtete Strategie ein Hersteller wählt, hängt in der Regel von der eigenen Unternehmensgröße und der Marktbedeutung seiner Produkte ab.

Ausweichstrategie
Hersteller, die diese Strategie verfolgen, haben das Ziel, großen mächtigen Handelsorganisationen auszuweichen. Sie wollen oder können aus Machtgründen nicht mit ihnen zusammenarbeiten. Es handelt sich meist um kleinere Firmen mit Nischenprodukten oder Firmen mit Produkten, die in der Marktbedeutung nur einen mittleren Platz einnehmen. Diese Hersteller sehen große Chancen im Verkauf ihrer Produkte über den Fachhandel und über kleinere Handelsorganisationen. Meist ist die sog. „Fachhandelstreue" mit dieser Strategie verbunden. Wenn es zu einer Zusammenarbeit mit kleineren Handelsorganisationen z. B. des Lebensmittelhandels kommt, kann ein solches Unternehmen eher ein Gleichgewicht der Kräfte erreichen.

Aber auch im Verkauf ihrer Produkte im Ausland oder über die verschiedenen Möglichkeiten, die der Direktvertrieb bietet, ergibt sich für solche Unternehmen meist ein beachtliches Umsatzpotenzial (vgl. *Staudacher* 1993, S. 36). Für viele Hersteller in der Kosmetikindustrie beispielsweise ist die Ausweichstrategie ein valides Vorgehen.

Kooperationsstrategie

Im Rahmen dieser Strategie streben beide, Hersteller und Handelsunternehmen, eine Zusammenarbeit an. „Die Kooperationsstrategie basiert auf der Überlegung, dass Industrie und Handel trotz des systemimmanenten Konfliktpotenzials teilweise identische Zielvorstellungen verfolgen." (*Staudacher* 1993, S. 36)

Kooperationsstrategie ist möglich bei kleineren Herstellern, die im Sinne der zuvor aufgezeigten Ausweichstrategie mit kleineren Handelsorganisationen oder dem Fachhandel zusammenarbeiten.

Bei den umsatzstarken Herstellern handelt es sich um solche, die durch ihre starken Marken für den Handel und dessen Sortimentsgestaltung unabkömmlich sind (z. B. Beiersdorf, Procter & Gamble, Henkel, Nestlé, Unilever, Ferrero, KJS usw.). Auch für kleinere, nationale Hersteller ist diese Strategie gegenüber den führenden Handelsunternehmen geeignet, wenn ihre Marken in einem Segment oder in einer Nische führend sind (z. B. Hipp oder Haribo).

Für das Gelingen dieser Strategie ist es unabdingbar, dass beide, Hersteller und Handel, wirklich den Willen zu einer Kooperation haben. In der Praxis erstreckt sich kooperative Zusammenarbeit auf definierte Teilgebiete, wie z. B. Supply Chain Management oder Co-Marketingaktionen. Erfolgreiche Kooperationsprojekte bringen beide Partner in eine Win-win-Situation, wie dies bei den ECR-Projekten sichtbar wird.

Die Bezeichnung „Kooperationsstrategie" lässt fälschlicherweise den Eindruck aufkommen, dass „Kooperation" in wesentlichen Bereichen der geschäftlichen Zusammenarbeit und über längere Zeiträume erfolgt. Dies ist in der Praxis nicht der Fall. Spätestens bei den Konditionsforderungen wird jährlich neu gerungen. An diesem entscheidenden Punkt in der Geschäftsbeziehung kann kaum von einer Kooperation die Rede sein.

Es käme dem Sachverhalt in der Praxis gegebenenfalls näher, insgesamt von einer „Akzeptanzstrategie" zu sprechen. Gegenseitige Akzeptanz ist die Voraussetzung, dass auf definierten Gebieten kooperativ Projekte bearbeitet werden. Akzeptanz ist auch die Voraussetzung dafür, die Konditionskonflikte zu einer Lösung zu bringen.

Anpassungsstrategie

Wie der Name schon sagt, passt sich der Hersteller den Wünschen und Forderungen des Handels an, insbesondere was die Konditionen anbelangt. Die eigenen Marketingziele des Herstellers verlieren mehr und mehr an Bedeutung. Investitionen in Werbung zur Aufrechterhaltung und Ausbau der Marke werden unmöglich oder erfolgen auf einem zu niedrigen Niveau, um im Wettbewerb erfolgreich zu sein.

Die Konsequenz einer Anpassungsstrategie ist meist die Auslistung von Produktprogrammteilen. Diese Situation kann schlussendlich in einer völligen Abhängigkeit des Herstellers von (einzelnen) Handelsunternehmen münden, um die endgültige Auslistung zu vermeiden.

Mittlere und kleine Hersteller können zu dieser Strategie gezwungen werden. Aber auch große Hersteller müssen sich anpassen, soweit es sich um kleine und unbedeutende Marken in ihrem Portfolio handelt.

Konfliktstrategie

Im Rahmen dieser Strategie versucht ein herstellendes Unternehmen gegenüber dem Handel, einseitig seine Ziele – meist Konditionsziele – durchzusetzen. Es ist „der Kampf um die Führerschaft im Absatzkanal" (*Staudacher* 1993, S. 37). So hatte Procter & Gamble gegenüber dem Handel auf spektakuläre Weise eine neue Preisstrategie durchgesetzt, auch unter Inkaufnahme von temporären Auslistungen (vgl. *Schobert* 1996, S. 264 ff.).

Selbst für Großkonzerne ist diese Strategie nur zeitlich begrenzt einsetzbar. Kleinere Hersteller können sich aus finanziellen Gründen einen Konflikt mit dem Absatzmittler kaum leisten. Konfliktstrategie ist grundsätzlich möglich, bleibt aber für die meisten Unternehmen ein, wenn überhaupt, sehr kurzfristig einsetzbarer und eher theoretischer Ansatz.

Daher ist die Konfliktstrategie nicht den strategischen Marketingentscheidungen zuzuordnen, sondern gehört zu den operativ-taktischen Maßnahmen. (Sie wird an dieser Stelle erwähnt, da sie üblicherweise zusammen mit den anderen strategischen Ansätzen erörtert wird.)

Oftmals gilt jedoch, dass aufgrund des Machtgefüges im Handel die Hersteller die verschiedenen Strategien nicht frei wählen können.

Aldi setzt Nachzügler auf die Strafbank

27.05.2010 – Tissue-Lieferant wegen fehlendem Nachhaltigkeitszertifikat in Essen vorerst ausgelistet – Warnsignal für alle Hersteller

Der Discounter Aldi Nord hat seinen langjährigen Tissue-Lieferanten Tronchetti vorerst ausgelistet. Das Unternehmen konnte der Forderung einer Nachhaltigkeitszertifizierung nicht schnell genug folgen. Für alle anderen Lieferanten ist dies ein Warnschuss.

Die Forderung hat in den vergangenen Monaten die gesamte Tissue-Branche ins Schwitzen gebracht: Aldi postulierte eine möglichst schnelle Zertifizierung von WC-Papier, Küchenrollen und Taschentüchern nach einem der Labels für nachhaltige Forstwirtschaft, FSC oder PEFC.

War die Umsetzung zunächst bis Ende 2010 gefordert, verkürzte Aldi die Frist zunächst auf die Jahresmitte, dann auf Anfang April. Lieferanten wie SCA, Metsä, Wepa, Sofidel oder Kimberly-Clark setzten alle Hebel in Bewegung, um der Forderung schnellstmöglich Folge zu leisten. Mit Erfolg: In den Aldi-Regalen sind heute ausschließlich zertifizierte Produkte zu finden.

Der einzige Nachzügler muss nun harte Konsequenzen tragen: Der italienische Hersteller Industrie Cartarie Tronchetti Spa., dessen Produkte in Deutschland durch die Pantos Produktions- und Vertriebsgesellschaft mbH & Co. KG vertrieben werden, wurde bei Aldi Nord ausgelistet. Das Unternehmen wollte dazu auf LZ-Anfrage keine Stellung nehmen. (…)

Quelle: www.lebensmittelzeitung.net

B

Der Handel als B2B-Kunde im Trade-Marketing

Die im Marketing geforderte Orientierung am Kunden setzt voraus, dass umfangreiche Kenntnisse über die Situation des Kunden, seine Bedeutung und seine Bedürfnisse vorhanden sind.

Als umsatzstärkster unter allen Handelsbereichen wird der Lebensmittelhandel (LEH) beispielhaft genauer dargestellt. Durch Fusionen und Aufkäufe haben sich Handelsunternehmen von regionalen, im einzelnen wirtschaftlich unbedeutenden Unternehmen zu national- und international tätigen Wirtschaftskonzernen entwickelt. Die volkswirtschaftliche Bedeutung ist erheblich. Auch im internationalen Vergleich hat der deutsche LEH eine herausragende Stellung.

Kernthemen des LEH, die Einfluss auf Trade-Marketing-Konzeptionen nehmen, werden skizziert. Herausforderungen an den LEH, bei denen er auch Unterstützung durch die herstellende Industrie erwartet, werden aufgezeigt.

1 Bedeutung und Struktur des Handels in Deutschland

1.1 Daten zur wirtschaftlichen Bedeutung

Die folgenden Ausführungen sollen anhand der Umsatzentwicklung und der Beschäftigtenzahlen einen Überblick über die volkswirtschaftliche Bedeutung des Handels geben. Die Stellung des Lebensmittelhandels wird beispielhaft genauer dargestellt, da er innerhalb der verschiedenen Handelsbereiche der umsatzstärkste ist.

Der Einzelhandelsumsatz in Deutschland nahm in vier Jahrzehnten von 1960 bis 2000 einen fast explosionsartigen Verlauf. Nach der Jahrtausendwende stieß der Markt erstmals an seine Grenzen. Es konnten zwar weiterhin Wachstumsraten verzeichnet werden (siehe Tabelle 6), insgesamt wurde die Entwicklung jedoch deutlich entschleunigt.

Die Bedeutung des Handels in der deutschen Wirtschaftslandschaft ist jedoch ungebrochen. Der im gesamten Einzelhandel getätigte Umsatz liegt über 400 Milliar-

Jahr*	Umsatzentwicklung des Einzelhandels in der BRD in Mrd. Euro	Index 1960 = 100	Umsatz in % vom jeweiligen BIP
1960	44,78	100	30,7 %
1970	95,53	213	27,7 %
1980	213,04	476	28,3 %
1990	363,59	812	29,3 %
2000	398,2	869	19,3 %
2005	399,9	893	17,8 %
2006	402,3	898	17,5 %
2007	404,8	904	16,7 %
2008	409,2	914	16,4 %
2009	401,0	896	17,0 %
2010**	407,0	909	n.a.

Tabelle 6: Entwicklung des Einzelhandelsumsatzes 1960 bis 2010 (Quellen: EHI 2000, S. 79; o. V. www.destatis.de / EHI 2008 BRD Gesamt)
  *Die Daten der Jahre 1960 bis 1990 basieren auf den Zahlen der alten Bundesländer und wurden von DM in EUR umgerechnet.
**Prognose

den Euro und entspricht damit einem Sechstel des Bruttoinlandsproduktes. Die Anzahl der Beschäftigten im Handel ist ebenfalls erheblich. Von insgesamt rund 40,4 Mio. Erwerbstätigen im Dezember 2009 in der Bundesrepublik Deutschland waren mehr als 4,2 Mio. Menschen im Handel beschäftigt. Tabelle 7 zeigt die Anzahl der im Handel Beschäftigten in den Bereichen Einzelhandel und Großhandel. Zum Vergleich sind die Beschäftigten einiger ausgewählter Wirtschaftszweige der Industrie und des Baugewerbes bzw. des Handwerks aufgeführt.

Branche	Beschäftigte in Tausend	
Einzelhandel	2.909	(Stand Ende 2009) (Quelle: HDE)
Großhandel	1.280	(Stand Ende 2006) (Quelle: http://de.statista. com/)
Ernährungsindustrie	550,5	(Stand 2005)
Textil- und Bekleidungsindustrie	197,5	(Stand 2005)
Papier, Verlag, Druck	407,2	(Stand 2005)
Chemieindustrie	477,5	(Stand 2005)
Metallindustrie	855,0	(Stand 2005)
Maschinenbau	981,2	(Stand 2005)
Fahrzeugbau	903,1	(Stand 2005)
Dienstleistungen	66,4	(Stand 2005)
Handwerk	6.372,4	(Stand 2005)
Bauhauptgewerbe	1.110,0	(Stand 2005)

Tabelle 7: Anzahl der Beschäftigten in ausgewählten Bereichen (Quelle: EHI 2008 S. 182)

Betrachtet man die verschiedenen Warenbereiche im Einzelhandel, ist der Nahrungs- und Genussmittelhandel der mit Abstand bedeutendste (siehe Abb. 10).

Nahezu die Hälfte aller Handelsumsätze im Einzelhandel wird mit Nahrungs- und Genussmitteln sowie Gesundheits- und Körperpflegeprodukten erzielt. Artikel, die dem Baumarktsortiment zugerechnet werden können, sind der zweitwichtigste Warenbereich im Einzelhandel – allerdings mit weitem Abstand.

Die Warenbereiche Bekleidung, Schuhe, Lederwaren, sowie Haushalts- und persönlicher Bedarf und Technik sind die weiteren wichtigen Ausgabenbereiche der Konsumenten im Einzelhandel, alle mit leicht positiven Tendenzen im Vergleich 2007 zu 2008. Negativ entwickelt sich der Bereich Möbel, Haus- und Heimtextilien. Er ist mit 37,9 Mrd. € Umsatz der kleinste Ausgabenbereich.

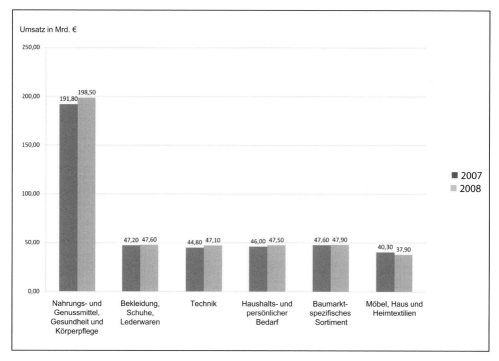

Abbildung 10: Warenbereiche im Einzelhandel (Quelle: EHI 2009, S. 175)

Einen Überblick über weitere wichtige Strukturdaten des Einzelhandels gibt Tabelle 8 mit Daten aus dem Jahr 2005.

Wirtschaftsklassen	Anzahl Unternehmen	Beschäftigte insgesamt	Beschäftigte pro Unternehmen Ø	Umsatz 2005 insgesamt in Mio. €
Einzelhandel mit Waren verschied. Art	29.015	868.351	30	143.108
Fach-Einzelhandel mit Nahrungsmitteln usw.	27.329	159.625	5,8	13.439
Apotheken, Fach-, Einzelhandel mit med. Artikeln usw.	24.569	307.847	12,5	44.754

Wirtschaftsklassen	Anzahl Unternehmen	Beschäftigte insgesamt	Beschäftigte pro Unternehmen Ø	Umsatz 2005 insgesamt in Mio. €
Sonst. Fach-EH	140.808	1.043.249	7,4	115.792
☐ EH m. Textilien, Bekleidung, Schuhe, Lederwaren	32.980	355.267	10,8	32.646
☐ EH mit Möbeln, Einrichtungsgegenständen u. Hausrat	13.166	140.826	10,7	20.175
☐ EH mit elektr. Haush.- u. UE-Geräten usw.	15.185	80.912	5,3	12.698
☐ EH mit Metallwaren, Anstrichm., Bau und Heimwerkerbedarf	9.305	106.826	11,5	16.328
☐ EH mit Büchern, Zeitungen, Zeitschriften, Schreibwaren u.a.	10.200	61.832	6,0	6.088
EH mit Antiquitäten und Gebrauchtwaren	4.192	11.594	2,8	793
EH (nicht in Verkaufsräumen) davon:	19.417	128.416	6,6	28.730
Versandhandel	2.704	69.512	25,7	17.784
Einzelhandel insgesamt	**253.597**	**2.547.141**	**11,3**	**348.186**

Tabelle 8: Strukturdaten des Einzelhandels in Deutschland (Quelle: EHI 2008, S. 182)

Eine Darstellung der wirtschaftlichen Bedeutung des Handels darf natürlich den Großhandel, der an Wiederverkäufer und Weiterverarbeiter verkauft, nicht außer Acht lassen.

Einen Eindruck über Strukturdaten des Großhandels vermitteln die Tabellen 9 und 10.

	Großhandel	Einzelhandel
Umsatz Mrd. €	686,0	348,2
Anzahl der Unternehmen	68.259	253.597
Beschäftigte in Tsd.	1.159	2.547

Tabelle 9: Daten zum Groß- und Einzelhandel im Vergleich, Stand 2005
(Quelle: EHI 2008 S. 174/S.182)

Branchen des Großhandels	Unter- nehmen Anzahl	Beschäf- tigte insgesamt	Beschäf- tigte pro Unter- nehmen Ø	Umsatz 2005 insge- samt in Mio. €
Großhandel mit landwirtschaft- lichen Grundstoffen	5.649	51.666	9.2	36.468
Großhandel mit Nahrungs- mitteln, Getränken und Tabak- waren	10.188	211.876	20.8	127.038
Großhandel mit Gebrauchs- und Verbrauchsgütern, davon:	18.430	327.256	17.8	161.946
☐ mit Textilien, Bekleidung und Schuhen	3.285	40.756	12.4	14.114
☐ mit elektr. Haushalts-, Rund- funk- und Fernsehgeräten	3.635	68.359	18.8	43.826
☐ mit Haushaltswaren, keram. Erzeugnissen	1.107	12.341	11.2	4.062
☐ mit kosmetischen Erzeugnis- sen und Körperpflegemitteln	732	19.761	27	6.741
☐ mit pharmazeutischen, medizin. und orthopädischen Erzeugnissen	2.625	82.042	31.3	51.085

Branchen des Großhandels	Unternehmen Anzahl	Beschäftigte insgesamt	Beschäftigte pro Unternehmen Ø	Umsatz 2005 insgesamt in Mio. €
☐ mit Papier, Pappe, Büroartikeln u. Ä.	2.030	43.873	21.6	17.464
GH mit nicht landwirtschaftlichen Halbwaren, Altmaterial, Reststoffen	17.024	300.867	17.7	234.684
GH mit Maschinen, Ausrüstung und Zubehör	15.449	196.711	12.7	84.241
Großhandel insgesamt	**68.259**	**1.159.252**	**17**	**686.041**

Tabelle 10: Strukturdaten des Großhandels in Deutschland (Quelle: EHI 2008, S. 174)

1.2 Die Struktur des Handels

Die Struktur des Handels lässt sich in folgende drei Handelsbereiche systematisieren (vgl. *Laurent* 1996, S. 47 f.):

- Konzentrierte Handelssysteme: Filialbetriebe, Waren- und Versandhäuser
- Kooperative Handelssysteme: freiwillige Ketten, Einkaufsverbände, Kooperationen und sonstige organisierte Betriebsverbünde
- Nicht organisierter selbstständiger Handel

Zu den „Filialbetrieben" oder „Filialsystemen" werden z. B. die Metro-Gruppe oder die Lidl & Schwarz-Gruppe gerechnet. Als „Filialsystem" werden Handelsunternehmen bezeichnet, die mindestens fünf unter einheitlicher Leitung stehende Verkaufsfilialen an unterschiedlichen Standorten haben.

„Freiwillige Ketten" stellen eine Form der vertikalen Kooperation dar, bei der Groß- und Einzelhandelsunternehmen meist gleichartiger Branchen zur gemeinsamen Durchführung unternehmerischer Aufgaben zusammenarbeiten; das geschieht vorwiegend unter einheitlichem Organisationszeichen. „Freiwillige Ketten" werden auch als „freiwillige Gruppe" oder als „Handelskette" bezeichnet. Beispiele für eine freiwillige Kette sind die Markant AG oder die frühere Spar-Gruppe, die seit 2005 eine Tochtergesellschaft der Edeka ist.

„Einkaufsverbände" oder „Einkaufsgemeinschaften" bezeichnen horizontale Zusammenschlüsse im Groß- bzw. im Einzelhandel. Unternehmen bündeln auf freiwilliger Basis bestimmte Aktivitäten. Zunächst ist es die Bündelung der Einkaufsmengen, später wird die Kooperation ggf. auf weitere Aktionsfelder ausgeweitet. Die Edeka-Gruppe und die Rewe-Gruppe sind Vertreter solcher Einkaufsgemeinschaften.

Beide, „freiwillige Ketten" und „Einkaufsgemeinschaften", werden auch als „Verbundgruppen" bezeichnet. Unter einer „Verbundgruppe" wird der Zusammenschluss rechtlich und wirtschaftlich selbstständig bleibender Handelsunternehmen zum Zweck der zwischenbetrieblichen Kooperation, vor allem in den Bereichen Beschaffung, Absatz, Investition, Finanzierung und Verwaltung, verstanden.

Verbundgruppen bestehen in allen Branchen und haben eine erhebliche Bedeutung für die Umsätze in der jeweiligen Warengruppe. Einzelne Verbundgruppen haben ihre Mitglieder über Deutschland hinaus im europäischen und auch bereits im außereuropäischen Raum.

Tabelle 11 gibt einen Überblick über wichtige Verbundgruppen in verschiedenen Branchen.

Verbund-gruppe	Mitgl./ Geschäfte	Umsatz-angaben	Sonstiges	Internet-Quellen
Edeka, Hamburg	4.500 Mitgl. 12.000 Märkte (inkl. Netto)	42,1 Mrd. Euro (nat.) *davon:* 17,1 Mrd. Euro durch Selbst- ständige	Übernahme der Plus-Märkte 2009 – Stärkung des Netto-Ver-triebsnetzes	o. V. www. edeka.de
Rewe, Köln	15.455 Märkte (int.) 10.893 Märkte (nat.)	50,9 Mrd. Euro (int.) 34,89 Mrd. Euro (nat.)		o. V. www.rewe-group.de

Verbund-gruppe	Mitgl./ Geschäfte	Umsatz-angaben	Sonstiges	Internet-Quellen
Katag, Bielefeld	368 Mitgl. 1.200 VK-Stellen	711 Mio. Euro 3,3 Mrd. Euro (Außen-umsatz)		o. V. www.katag.net
Ariston Nord West Ring eG (ANWR), Mainhausen	1.500 Mitgl. 4.500 VK-Stellen	847,9 Mio. Euro 2,0 Mrd. Euro (Außen-umsatz)		o. V. www.anwr.de
Garant Schuh + Mode AG, Düsseldorf	3.460 VK-Stellen	741,4 Mio. Euro	Branchen: Schuhe, Sport und Freizeit, Lederwaren + Accessoires	o. V. www.garantschuh.com
Rexor Schuh Einkaufs-vereinigungs-gesellschaft mbH	550 VK-Stellen	160,0 Mio. Euro	In Koopera-tion mit Garant Schuh + Mode AG	o. V. www.rexor.de
Intersport, Heilbronn	1.400 VK-Stellen (nat.) 5.200 VK-Stellen (int.)	2,6 Mrd. Euro (nat.) 9,3 Mrd. Euro (int.)		o. V. www.intersport.de
Idee+ Spiel, Hildesheim	> 1.000 Fach-geschäfte	485 Mio. Euro		o. V. www.ideeundspiel.de
Vedes	1.100 Fach-geschäfte	526 Mio. Euro		o. V. www.vedes.de
EK Service-group, Bielefeld	2.133 Mitgl.	1,5 Mrd. Euro 4,0 Mrd. Euro (Außen-umsatz)	Geschäfts-felder: Living, hobby, comfort, fami-ly and fashion	o. V. www.ek-servicegroup.de

Verbund-gruppe	Mitgl./ Geschäfte	Umsatz-angaben	Sonstiges	Internet-Quellen
E/D/E Wuppertal	1.400 Mitgl.	4,6 Mrd. Euro (2008)	Europas größ-ter Einkaufs-verbund in der Branche	o. V. www.ede.de
Europa-Möbel, Fahrenz-hausen	600 Mitgl. 2000 VK-Stellen	n. b.	n. b.	o. V. www.emv.de
MHK Group, Dreieich	2.020 Mitgl. (national) 677 Mitgl. (Ausland)	3,24 Mrd. Euro	Erfolgreichste Gemeinschaft für mittelstän-dischen Kü-chen- und Mö-belfachhandel in Europa	o. V. www.mhk.de
Büroring e. G.	349 Mitgl.	147,7 Mio. Euro 500 Mio. Euro (Außen-umsatz)	n. b.	o. V. www. bueroring.de
Europafoto, Eschborn	250 Mitgl. 500 Verkaufs-stellen	n. b.	Außenumsatz 500 Mio. Euro	o. V. www. europafoto.de
Ringfoto, Fürth	1.750 Mitgl. 2.300 VK-Stellen	n. b.	Größter Foto-verbund Euro-pas	o. V. www. ringfoto.de

Tabelle 11: Verbundgruppen in Deutschland mit nationaler und z. T. internationa-ler Bedeutung, Stand 2008

1.3 Betriebstypen des Handels

Innerhalb der drei dargestellten Handelsbereiche – konzentrierte Handelssysteme, kooperative Handelssysteme und nicht organisierter selbstständiger Handel – lassen sich die verschiedenen Betriebstypen unterscheiden.

Unter einem „Betriebstyp" oder einer „Betriebsform" wird eine Kategorie von Handelsbetrieben verstanden, die über eine gleiche oder ähnliche Kombination von Merkmalen verfügt, die über einen längeren Zeitraum beibehalten werden (vgl. *Ausschuss für Begriffsdefinitionen*, Katalog E 1995). „Mit der Wahl der Betriebsform legt der Handelsbetrieb seine Struktur, sein Leistungsspektrum und seinen Auftritt am Markt fest. Durch Veränderungen im Umfeld entsteht im Zeitablauf eine Dynamik der Betriebsformen. Dies bedeutet, dass permanent neue Typen entstehen, die bestehenden Anpassungen unterworfen werden. Obsolete Betriebstypen scheiden aus dem Markt aus." (*Haller* 1997, S. 35)

1.3.1 Betriebstypen des Großhandels

Die Merkmale, durch die ein Betriebstyp des Großhandels charakterisiert wird, sind die Art der gehandelten Waren, der Umfang des Warensortiments, die Bedienungsform und die Absatzform.

Nach der **Art der gehandelten Waren** (Konsumgüter oder Produktionsgüter) werden der **Konsumgütergroßhandel** und der **Produktionsverbindungshandel (PVH)** unterschieden. Der Produktionsverbindungshandel liefert Güter an Organisationen, „die damit ihrerseits Güter für die Fremdbedarfsdeckung erstellen oder die sie selbst wiederum unverändert bzw. nach 'handelsüblichen' Manipulationen an solche Organisationen verkaufen" (*Engelhardt/Kleinaltenkamp* 1988, S. 5). Die gelieferten Güter sind Roh- Hilfs- und Betriebsstoffe, Halbfabrikate, Betriebsmittel und Investitionsgüter. Die Bedeutung des PVH ist erheblich. Von rund 860 Mrd. Euro Großhandelsumsatz im Jahr 2008 entfielen 463 Mrd. Euro auf den PVH (inkl. baunaher Handel) und 395 Mrd. Euro auf die Konsumgüterindustrie. Wie in den vorhergehenden Jahren konnte somit der Produktionsverbindungshandel stärker wachsen als die Konsumgüterindustrie (vgl. Bundesverband Großhandel, Außenhandel, Dienstleistungen e. V., 01/2009, S. 11).

Nach **Art und Umfang des Warensortiments** wird der Großhandel unterschieden in

- **Sortimentsgroßhandel** – Großhandelsbetriebe mit eher breitem und flachem Sortiment und

- **Spezialgroßhandel** – Großhandelsbetriebe mit eher schmalem und tiefem Sortiment.

Nach der **Bedienungsform** des Großhandels ist zwischen Selbstbedienungsgroßhandel (Cash & Carry) und Liefer- bzw. Zustellgroßhandel zu unterscheiden.

- In **Cash + Carry-Betrieben,** die auch als Selbstbedienungsgroßhandel bezeichnet werden, kommissioniert der Käufer die Ware selbst, zahlt an der Kasse und übernimmt den Transport der Ware. Im Jahr 2008 gab es 379 C + C-Märkte mit einem Umsatz von 11,4 Mrd. Euro (vgl. *EHI* 2008, S. 176). Branchenprimus ist Metro mit 122 Märkten, gefolgt von Rewe (Fegro/Selgros) mit 44 Märkten, (Stand 1.1.2008), vgl. *EHI* 2008, S. 178).
- Der **Zustellgroßhandel** beliefert die angeschlossenen Einzelhandelsgeschäfte.

Nach der **Absatzform** werden der Streckengroßhandel und der Lagergroßhandel unterschieden.

- „Beim **Streckengroßhandel** (siehe Abb. 11) entfallen mehr als 50 Prozent von den Großhandelsumsätzen auf Streckengeschäfte (Eigengeschäfte), bei denen die Ware vom Vorlieferanten zum Abnehmer befördert wird, ohne dass sie – obgleich vom Handelsunternehmen als Wareneingang verbucht – von diesem eingelagert wurde." (*Stat. Bundesamt* 2001, o. S.)
- Soweit es die Erfassung durch das Statistische Bundesamt anbelangt, werden unter **Lagergroßhandel** solche Unternehmen verstanden, bei denen von den Großhandelsumsätzen höchstens 50 % auf Streckengeschäfte entfallen.

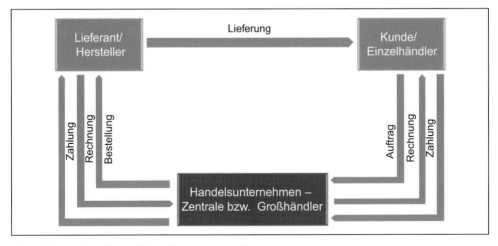

Abbildung 11: Ablauf des Streckengroßhandels

Aus den USA kommend, gibt es als weitere Form des Großhandels den sog. **Rack-Jobber** oder **Regalgroßhändler**. Rack-Jobber sind Hersteller oder Großhändler, „denen in Handelsbetrieben Verkaufsraum oder Regalflächen zur Verfügung gestellt werden und die dort für eigene Rechnung Waren anbieten, die das vorhandene Sortiment ergänzen" (*Haller* 1997, S. 35). Der dabei erbrachte Leistungsumfang ist unterschiedlich und reicht vom Einkauf bis zur Preisauszeichnung. Das Handelsunternehmen erhält dabei eine Provision. Rack-Jobber-Funktionen übernehmen beispielsweise Pressegrossisten, Spielwaren- und Buchhersteller bzw. -großhändler.

Betrachtet man den Leistungsumfang, der von den verschiedenen Betriebstypen des Großhandels erbracht wird, ergibt sich das in Abbildung 12 dargestellte Bild.

Distributionsfunktion / Betriebsform	Transaktions-funktion	Lagerung	Transport	Finanzierung	Sortiments-bildung	Qualitäts-kontrolle	Informations-funktion
Sortimentsgroßhandel	⊙	+	+	+	+	+	+
Spezialgroßhandel	⊙	+	+	+	⊙	+	+
Streckengroßhandel	⊙	-	-	-	+	-	+
Zustellgroßhandel	⊙	⊙	⊙	+	+	+	+
Cash & Carry-Großhandel	⊙	⊙	-	-	+	+	+
Rack-Jobber	⊙	⊙	⊙	⊙	⊙	⊙	+

Abbildung 12: Betriebsformen des Großhandels mit Funktionen
(Quelle: Scharf/Schubert 2001, S. 303)
⊙ = spezifisches Betriebsmerkmal
+ = Funktion kann übernommen werden
− = Funktion wird nicht übernommen

1.3.2 Betriebstypen des Einzelhandels

Im Einzelhandel gibt es die vielfältigsten Betriebstypen. Für eine bessere Übersichtlichkeit bietet es sich an, diese nach Betriebsform-Grundtypen mit ihren verschiedenen Betriebstypen-Ausprägungen zu unterscheiden.

Soweit es den stationären Einzelhandel anbelangt, hat es sich eingebürgert, die Betriebstypen auch als „Vertriebsschiene" oder „Vertriebsform" zu bezeichnen. Auch von „Vertriebslinie" wird gesprochen. Dieser Begriff soll jedoch, wie in Teil B, Kap. 2.3 ausgeführt wird, der Händlermarke zugeordnet werden.

Betriebsform-Grundtypen	Betriebstypen-Ausprägungen
Stationärer Einzelhandel	Fachgeschäft, Fachmarkt, Fachdiscounter, Spezialgeschäft, Boutique, Gemischtwarengeschäft, Warenhaus, Kaufhaus, Verbrauchermarkt, SB-Warenhaus, Supermarkt, Kiosk, Tankstelle, Nachbarschaftsgeschäft (früher: „Tante-Emma-Laden"; heute: „Onkel-Ali-Laden"), Restpostengeschäft usw.
Ambulanter Einzelhandel	Hausierer, Markthandel, Straßenhändler, Verkaufswagen
Virtueller Einzelhandel	E-Commerce
Versandhandel	Spezialversandhandel, Sortimentsversandhandel; Kombination von beidem
Handwerkshandel	Handel mit Fertigwaren in Bäckereien, Frisörgeschäften, Fleischereien usw.

Tabelle 12: Betriebstypen im Einzelhandel: Grundtypen und Ausprägungen

Die Merkmale, die einen Betriebstyp im Einzelhandel, d. h., eine Vertriebsschiene kennzeichnen, sind:

- **Standort** bezüglich Lage und Zugänglichkeit
- **Verkaufsfläche** bezogen auf die Größe
- **Sortiment** in
  - Anzahl Produktlinien = Kategorien,
  - Umfang der Kategorien = Breite und
  - Zusammensetzung = Länge und Tiefe
- **Art des Kundenkontaktes**, d. h. Bedienung, Selbstbedienung, Kombination dieser beiden Formen, virtuell im Internet
- **Preislage:** hoch, mittel oder diskontierend
- **Serviceangebot**, wobei dies meist in Verbindung mit der Preislage zu sehen ist; auch die Ladengestaltung kann zu den Serviceangeboten gerechnet werden oder auch die Heimlieferung
- **Zielgruppe:** gewerbliche oder private Kunden

Zur Bildung eines Betriebstyps müssen mehrere dieser Merkmale dauerhaft miteinander kombiniert werden.

Da die Vertriebsschienen des Lebensmittelhandels (LEH) besonders ausdifferenziert sind, werden sie nachfolgend beispielhaft vorgestellt. Vergleicht man die verschiedenen Publikationen mit Definitionen zu den Betriebstypen, so sind zum Teil beachtliche Unterschiede festzustellen. So liegt z. B. die Verkaufsfläche für ein SB-Warenhaus nach der amtlichen Statistik bei mindestens 3.000 qm; nach internationalen Vereinbarungen, denen z. B. das Europäische Handelsinstitut oder das Marktforschungsinstitut AC Nielsen folgt, liegt die Mindestgröße dagegen bei 5.000 qm.

Nachfolgend eine **Kurzbeschreibung der Betriebstypen des LEH** (vgl.: „Betriebsformen-Definitionen" in: EHI 2000, S. 302 f.; „Definition der Vertriebslinien" in: LZ 2000, S. 58; vgl. „Sortimentsdistribution" in: EHI 2000, S. 235 ff.).

Supermarkt: Einzelhandelsgeschäft mit einer Verkaufsfläche zwischen 400 und 2.500 qm, das ein Lebensmittelvollsortiment sowie Nonfood I-Artikel führt und einen geringen Verkaufsflächenanteil an Nonfood II aufweist.

Großer Supermarkt: Einzelhandelsgeschäft mit einer Verkaufsfläche zwischen 2.500 und 5.000 qm, das ein Lebensmittelvollsortiment sowie Nonfood I und Nonfood II-Artikel führt.

SB-Warenhaus: Einzelhandelsgeschäft mit einer Verkaufsfläche von mindestens 5.000 qm, das ein Lebensmittelvollsortiment und Nonfood I-Artikel sowie ein umfangreiches Nonfood II-Angebot führt.

Discounter: Einzelhandelsgeschäft mit einer üblichen Verkaufsfläche unter 1.000 qm, das ausschließlich in Selbstbedienung ein begrenztes, auf umschlagsstarke Artikel konzentriertes Lebensmittelangebot und Nonfood I-Sortiment sowie ein regelmäßig wechselndes Aktionsangebot mit Schwerpunkt Nonfood II führt.

LEH-Fachgeschäft: Einzelhandelsgeschäft, das auf eine Warengruppe spezialisiert ist und ein tiefes Sortiment führt. Dazu zählen u. a. Spezialitäten-Fachgeschäfte, Getränkeabholmärkte, Obst und Gemüse, Süßwarenläden sowie handwerklich orientierte Einzelhandelsgeschäfte wie Feinkostgeschäfte, Bäckereien und Fleischereien.

Convenience Store: Einzelhandelsgeschäft mit einer Verkaufsfläche unter 400qm, das ein begrenztes Sortiment aus den Warenbereich Tabakwaren, Süßwaren, Getränke, Presseartikel sowie frische Snacks und Fertiggerichte anbietet und sich durch seine bequeme Erreichbarkeit und übliche Sonntagsöffnung auszeichnet. Zu den Convenience Stores gehören Kioske und Tankstellenshops.

Kleines Lebensmittelgeschäft: Einzelhandelsgeschäft mit weniger als 400 qm Verkaufsfläche, das ein begrenztes Lebensmittel- und Nonfood I-Sortiment anbietet.

Cash + Cary: Großhandelsbetrieb, der Einzelhändlern und gewerblichen Kunden ein breites Sortiment an Nahrungs-/Genussmitteln und Gebrauchsartikeln anbietet.

Der Begriff Cash + Carry weist darauf hin, dass der Kunde die Ware sofort bezahlt und abtransportiert.

Drogeriemarkt: Mittelflächiger Einzelhandelsbetrieb mit Selbstbedienung, der ein sowohl breites wie tiefes Sortiment an Kosmetik, Körperpflege- und Reinigungsmitteln anbietet. Zu den weiteren Sortimentsbausteinen gehören freiverkäufliche Arzneimittel, Reformwaren und Nahrungsmittel, vor allem aus dem Biobereich.

Nonfood-Discounter: Selbstbedienungsgeschäft, das ein auf umschlagsstarke Artikel aus dem Hartwaren- und/oder Textilbereich konzentriertes Angebot führt und den Verbraucher insbesondere über seine Niedrigpreispolitik anspricht.

Kauf- und Warenhaus: Einzelhandelsgroßbetrieb in zentraler Lage mit breitem Sortiment, vor allem der Bereiche Bekleidung, Textilien, Haushaltswaren und Lebensmittel einschließlich Gastronomie. Das Angebot wird überwiegend in Kundenvorwahl verkauft. Der Begriff Kaufhaus betont die branchenbetonte Orientierung.

Fachgeschäft: Branchengebundener Einzelhandelsbetrieb, der ein tiefes Sortiment sowie Beratung und Service bietet.

Fachmarkt: Großflächiges Fachgeschäft, das ein branchenbestimmtes breites und tiefes Angebot weitestgehend in Selbstbedienung führt, dem Kunden jedoch auch Beratung und Service anbietet. Um ihre Zugehörigkeit zu einer bestimmten Branche erkennbar zu machen, bezeichnen sich die Fachmärkte als Drogeriemarkt, Baumarkt, Tapetenmarkt etc..

Factory Outlet: Mittel- bis großflächiger Einzelhandelsbetrieb in einfacher Ausstattung, über den ein Hersteller im Direktvertrieb insbesondere Ware zweiter Wahl, Überbestände und Retouren vorrangig in Selbstbedienung an fabriknahen oder verkehrsorientierten Standorten absetzt.

Galerien und Passagen: Bauliche Einheiten in Citylagen, in denen vorwiegend mittlere und kleine Handels-, Gastronomie- und sonstige Dienstleistungsbetriebe angesiedelt sind, deren Sortiment und Einrichtung gehobenen Ansprüchen gerecht wird. Bei einer Passage handelt es sich um eine für Fußgänger geschaffene Verbindung von zwei Verkehrszonen; bei einer Galerie liegen die Betriebe gewöhnlich auf zwei oder mehr Verkaufsebenen.

Shopping Center: Zentral geplante, großflächige Einrichtungen, die kurz-, mittel- und langfristigen Bedarf decken. Sie sind charakterisiert durch:
* räumliche Konzentration von Einzelhandels-, Gastronomie- und Dienstleistungsbetrieben unterschiedlicher Größe,
* eine Vielzahl von Fachgeschäften unterschiedlicher Branchen, in der Regel in Kombination mit einem oder mehreren dominanten Anbietern (Warenhaus/Kaufhaus/SB-Warenhaus),
* ein großzügig bemessenes Angebot an PKW-Stellplätzen,
* zentrales Management bzw. zentrale Verwaltung,
* Wahrnehmung bestimmter Funktionen durch alle Mieter (z.B. Werbung)

und verfügen im Allgemeinen über eine Einzelhandels-(geschäfts-)fläche von mindestens 10.000 qm. Soweit ein großflächiger Einzelhandelsbetreib baulich und/oder rechtlich nicht in das Center integriert ist, aus Sicht der Verbraucher mit diesem jedoch eine Einheit bildet, gilt er als Teil des Shopping-Centers. Hotels, Wohnungen und neutrale Büroflächen werden nicht als Bestandteile des Shopping-Centers betrachtet. Außer den vom Einzelhandel belegten Geschäftsflächen verfügt ein Einkaufszentrum über weitere von gewerblichen Nutzern angemietete Flächen. Zu unterscheiden ist dabei insbesondere zwischen Flächen

• für gastronomische Einrichtungen,
• für Dienstleistungsbetriebe aller Art (Bank, Reisebüro, Kino, Fitness-Studie u. a.).

Die Gesamtfläche eins Shopping-Centers umfasst neben der Geschäftsfläche die allgemeine Verkehrsfläche, die Fläche der Centerverwaltung und die Sanitärräume. Der Vollständigkeit sei darauf hingewiesen, dass weitere gebräuchliche Definition der Betriebstypen des Einzelhandels von Nielsen oder der GfK existieren.

Tabelle 13 zeigt die Entwicklung der umsatzstärksten Betriebstypen des Lebensmitteleinzelhandels in den letzten Jahren.

Umsatz in Mio. €						
	2004	2005	2006	2007	2008	2009
Verbrauchermärkte	55.162	55.267	56.980	58.765	59.925	61.005
VM groß	36.411	36.282	36.998	37.595	38.920	39.400
VM klein	18.751	18.985	19.982	21.170	21.005	21.605
Discounter	47.860	49.700	51.095	55.155	59.025	58.645
Supermärkte	26.158	24.533	23.296	22.195	21.885	21.275
SM groß	17.613	16.598	15.833	15.545	15.695	15.505
SM klein	8.545	7.935	7.463	6.650	6.190	5.770
Drogeriemärkte	10.850	11.015	11.535	12.035	12.285	12.670
Total	**140.030**	**140.515**	**143.716**	**148.150**	**153.120**	**153.595**

Tabelle 13: Umsätze im LEH 2004 – 2009 (Quelle: AC Nielsen Universen 2010)

2 Beispiel Lebensmittelhandel

2.1 Fakten zum Lebensmittelhandel in Deutschland

Der Lebensmittelhandel in der BRD ist geprägt durch einen besonders hohen Konzentrationsgrad. Mehr als die Hälfte des Umsatzes ist seit Anfang der 1990er Jahre in den Händen von fünf Handelsunternehmen. Mit zehn Unternehmen sind mehr als 80% und mit 20 Unternehmen sind 94% der Umsätze abgedeckt.

Marktanteil	1992	1996	2000	2007	2008	2009
Top 5	52%	59%	61%	69%	70%	73%
Top 10	70%	81%	84%	86%	86%	86%
Top 20	81%	92%	94%	95%	95%	95%
Top 30	87%	96%	98%	97%	97%	98%
Top 40	91%	99%	99%	~ 99%	~ 99%	~ 99%
Gesamtumsatz LEH in Mrd. Euro	163,6	176,9	193,6	217,5	222,2	223,4

Tabelle 14: Entwicklung des Konzentrationsgrades des Lebensmittelhandels in Deutschland 1992 bis 2009 (Quellen: Laurent 1996, S. 46; LZ/ACN o. J. S. 50; LZ/ACN 1997, S. 48; LZ 1999, S. 12; LZ 2000, S. 12; LZ 2001, S. 12; o. V. Trade Dimensions 2010, S. 4; o. V. Trade Dimensions 2009, S. 4; o. V. Trade Dimensions 2008, S. 4)

Die 20 größten Organisationen des Lebensmittelhandels in Deutschland im Jahr 2010 zeigt Tabelle 15.

Die Stärkung der Marktbedeutung durch Zukauf von Unternehmen und die Bereinigung des Portfolios durch Verkauf von weniger interessanten Unternehmensteilen kennzeichnet alle großen und größeren Handelsorganisationen. Zu den „Highlights" bei den Fusionen und Unternehmensübernahmen bzw. -käufen zählen, soweit deutsche Unternehmen involviert sind:

- Übernahme von Teilen des Versandhandelsunternehmens Quelle durch die Otto-Group 2009,
- Übernahme der Märkte der Tengelmann-Tochter Plus durch die Edeka-Gruppe mit anschließender Umfirmierung in Netto-Märkte im Jahr 2008,
- Übernahme von Karstadt – nach langwierigen Verhandlungen – durch die Berggruen-Holding in September 2010.

Handels-unternehmen	Umsatz Mio. €	z. VJ in %	Handels-unternehmen	Umsatz Mio. €	z. VJ in %
Edeka-Gruppe	43.644	+16,1%	Rossmann	3.125	+7,7%
Rewe-Gruppe	36.273	+6,7%	Bartels-Langness	2.710	+0,7%
Metro-Gruppe	30.690	-2,8%	Norma	2.400	+1,9%
Schwarz-Gruppe	27.375	+3,3%	Müller	2.205	+9,3%
Aldi-Gruppe	25.450	+3,9%	Bünting	1.800	+12,5%
Lekkerland	7.900	+0,3%	Dohle-Gruppe	1.498	+9,7%
Tengelmann-Gruppe	7.237	-48,3%	Coop	1.348	-1,3%
Schlecker	4.700	-8,1%	Tegut	1.118	+0,4%
Globus	4.179	+6,0%	Netto Nord	1.097	+2,6%
dm-Drogeriemarkt	3.748	+11,5%	Ratio	815	-6,8%

Tabelle 15: Top-20-Unternehmen des Lebensmittelhandels im Jahr 2010
(Quelle: www.lebensmittelzeitung.de/business/handel/Rankings)

Tabelle 16 zeigt die Bedeutung der wichtigsten Vertriebsschienen des LEH nach Anzahl Outlets (abs. und prozentual) sowie Umsatz.

Vertriebs-schiene		2006	2007	2008	2009	2010
Discounter	Anzahl (abs.)	14.785	15.154	15.468	15.573	15.951
	Anzahl (%)	28,9	30,0	31,1	32,2	33,6
	Umsatz (Mio.)	49.700	51.905	55.155	59.025	n. b.
Drogerien	Anzahl (abs.)	14.098	14.072	14.005	13.492	12.774
	Anzahl (%)	27,6	27,8	28,2	27,9	26,9
	Umsatz (Mio.)	11.015	11.535	12.035	12.285	12.670
Supermärkte (groß)	Anzahl (abs.)	5.770	5.396	5.225	5.090	4.922
	Anzahl (%)	11,3	10,7	10,5	10,5	10,4
	Umsatz (Mio.)	15.833	15.545	15.695	15.505	n. b.
Supermärkte (klein)	Anzahl (abs.)	10.670	9.991	8.857	8.008	7.463
	Anzahl (%)	20,9	19,8	17,8	16,5	15,7
	Umsatz (Mio.)	11.535	12.035	12.285	12.670	n. b.
Verbraucher-märkte (groß)	Anzahl (abs.)	1.801	1.826	1.829	1.855	1.891
	Anzahl (%)	3,5	3,6	3,6	3,8	3,9
	Umsatz (Mio.)	36.998	37.595	38.920	39.400	n. b.

Vertriebs-schiene		2006	2007	2008	2009	2010
Verbraucher-märkte (klein)	Anzahl (abs.)	4.021	4.114	4.289	4.308	4.533
	Anzahl (%)	7,8	8,1	8,6	8,9	9,5
	Umsatz (Mio.)	*19.982*	*21.170*	*21.005*	*21.605*	*n. b.*
Gesamt (Anzahl)		**51.145**	**50.553**	**49.673**	**48.436**	**47.534**
Gesamt (Umsatz)		**143.716**	**148.150**	**153.120**	**153.595**	**n. b.**

Tabelle 16: Entwicklung der Anzahl der Geschäfte in ausgewählten Vertriebs-schienen 2006 bis 2010 (Quelle: AC Nielsen Universen 2010)

Die umsatzmäßig wichtigste Vertriebsschiene ist der Verbrauchermarkt (VM) groß und klein, gefolgt vom Discount, der bereits für fast ein Drittel aller Umsätze im Lebensmittelhandel steht. Supermärkte klein und groß stehen umsatzmäßig an dritter Stelle. Die Umsatzbedeutung der Drogeriemärkte ist unterproportional im Verhältnis zu der Anzahl der Geschäfte. Der Vergleich der Umsatzentwicklung mit der Entwicklung der Geschäftsanzahl zeigt, dass das Umsatzwachstum über Wachstum auf bestehender Fläche, sowie über Expansion erreicht würde.

2.2 Bedeutung des Lebensmittelhandels im internationalen Vergleich

Die Umsätze, die von den größten Unternehmen des deutschen Lebensmittelhandels getätigt werden, nehmen im internationalen Vergleich der Handelsunternehmen eine Spitzenstellung ein. Allerdings verliert der deutsche Handel zunehmend an Bedeutung im internationalen Ranking (vgl. Tabelle 17).

Im Gegensatz zu den deutschen Unternehmen zeichnen sich die meisten ausländischen Handelsorganisationen durch eine wesentlich höhere Profitabilität aus. So erzielte Walmart im Geschäftsjahr 2009/10 einen EBIT (Earnings before interest and taxes) von rund 5,9 %, bezogen auf die Umsatzerlöse. Die französische Carrefour-Gruppe erreichte im Geschäftsjahr 2009 einen EBIT von 1,9 % und die Metro Group erzielte im gleichen Geschäftsjahr einen EBIT von 1,6 %. Tesco als weltweit drittgrößtes Unternehmen erzielte einen EBIT von 5,5 % (vgl. zu allen Daten: walmart.com; carrefour.com; metrogroup.de; tescoplc.com).

Rang	Unternehmen	Land	LEH-Umsatz 2009 in Mrd. Euro	Gesamt-Umsatz 2009 in Mrd. Euro
1	Walmart Stores Inc.	USA	182.827	305.990
2	Carrefour S.A.	FR	84.258	107.561
3	Tesco Plc	GB	52.374	68.130
4	The Kroger Co.	USA	51.347	59.353
5	**Schwarz-Gruppe**	**DE**	**50.284**	**59.020**
6	**Aldi-Gruppe**	**DE**	**47.650**	**52.835**
7	Aeon Co. Ltd.	JP	43.095	53.621
8	Walgreen Co.	USA	42.914	46.330
9	Rewe Group	DE	41.656	47.023
10	Seven & I Holdings Co. Ltd.	JP	41.618	57.577
11	**Edeka-Gruppe**	**DE**	**39.364**	**42.499**
12	Ahold N.V.	NL	38.825	43.632
13	CVS Caremark Corp.	USA	37.842	40.359
14	Groupe Auchan	USA	36.559	52.310
15	Casino Guichard-P.S.A.	FR	35.652	46.470
16	Costco Wholesale Corp.	USA	35.099	53.932
17	**Metro Group**	**DE**	**33.228**	**50.639**
18	Safeway Inc.	USA	29.118	32.121
19	ITM Entreprises S.A. (Intermarché)	FR	25.967	28.812
20	Woolworths Ltd.	AU	25.443	29.877
21	E. Leclerc	FR	25.189	34.902
22	SuperValu Inc.	USA	23.644	26.005
23	Target Corp.	USA	21.261	47.992
24	Delhaize Group	BE	19.229	21.284
25	WM Morrisons Supermarkets Plc	GB	17.591	18.332

Tabelle 17: Die 25 größten Handelsunternehmen der Welt 2008 (Quelle: o. V. 03.2011, lebensmittelzeitung.net – Rankings)

Was den Konzentrationsgrad anbelangt, ist die Situation in Deutschland weder einmalig noch im Vergleich mit anderen Ländern besonders außergewöhnlich.

In Europa ist sowohl in Skandinavien als auch in Ländern wie Frankreich, Belgien, Irland und weiteren der Konzentrationsgrad der Top-5-Handelsgruppen höher als in Deutschland. Der LEH in Portugal und den Niederlanden befindet sich praktisch auf dem deutschen Konzentrationsniveau. Den niedrigsten Konzentrationsgrad weist Russland auf, bei dem die größten Händler gerade einmal 12,5 % des Marktes ausmachen (siehe Abbildung 13).

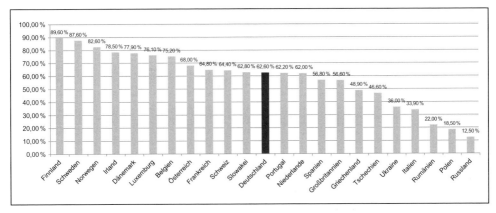

Abbildung 13: Marktanteil der TOP-5-Handelskonzerne in ausgewählten Ländern 2007 (Quelle: o. V., www.statista.de)

Ein Ende der Konzentrationsbewegung in Deutschland ist aufgrund dieses internationalen Vergleichs nicht unbedingt abzusehen. Dies zeigt auch die Entwicklung der letzten Jahre, die eine kontinuierliche Zunahme des Konzentrationsgrades dokumentiert.

Inwieweit sind deutsche Handelsunternehmen **globale Unternehmen** oder nationale Unternehmen? Und welche Unternehmen des Auslands kann man als global und welche eher als national bewerten?

Als globale Handelsunternehmen können solche bezeichnet werden, die in zehn oder mehr Ländern tätig sind und mindestens 25 % ihrer Umsätze außerhalb ihres Heimatmarktes haben. Nationale Unternehmen sind gekennzeichnet durch Aktivitäten in ca. fünf Auslandsmärkten, weniger als 20 % ihrer Umsätze kommen aus dem internationalen Geschäft (vgl. zur Problematik der Messung des Internationalisierungsgrades *Oesterle/Laudien*, 2008, S. 25 ff.).

Tabelle 18 zeigt die international aktivsten und bedeutendsten Handelsunternehmen im LEH.

Globale Handels- organisationen	Stammsitz	Umsatz in Mrd. EUR 2007	Anzahl Auslands- märkte	Umsatz- anteil im Ausland in %
Walmart	USA	253	13	24
Carrefour	FR	82	29	54
Metro Group	DE	64	30	59
Tesco	GB	63	12	27
Schwarz-Gruppe	DE	50	23	45
Costco	USA	46	7	20
Rewe	DE	43	13	28
Aldi	DE	40	17	40

Tabelle 18: International aktivste Unternehmen im LEH (Quelle: Swoboda et al. 2009, S. 18)

METRO Group	AT, BE, BG, CH, CN, CS, CZ, DE, DK, EG, ES, FR, GB, GR, HR, HU, IN, IT, JP, KZ, LU, MD, NL, PK, PL, PT, RO, RU, SE, SK, SRB, TR, UA, VN
SCHWARZ Gruppe	AT, BE, BG, CH, CZ, DE, DK, ES, FIN, FR, GB, GR, HR, HU, IT, IRL, LU, MT, NL, PL, PT, SE, SK, SLO
ALDI	AT, AU, BE, CH, DE, DK, ES, FR, GB, GR, HU, IE, LU, NL, PL, PT, SLO, US
REWE Group	AT, BG, CH, CZ, DE, FR, GB, HR, HU, IT, LT, LV, PL, RO, RU, SRB, UA
EDEKA	DE

Tabelle 19: National agierende Handelsorganisationen (Quelle: Seminara 2000, o. S.)

Welche Implikationen hat eine verstärkte Globalisierung des Handels?

- Die Sortimente des Handels werden sich aus internationalen Marken, nationalen/lokalen Marken und nationalen sowie internationalen Handelsmarken zusammensetzen.
- Die Preisgestaltung von Industrie und Handel für internationale Marken wird transparenter und vergleichbarer über die Märkte hinweg.
- Ebenso wird die Konditionsgewährung der Hersteller von internationalen Marken transparenter und wird sich zwischen den Ländermärkten vereinheitlichen.
- Kooperationen, wie sie im Rahmen von ECR zwischen Handel und Industrie bestehen, werden unter Rahmenbedingungen akzeptiert, die international einsetzbar sind.
- Servicepartner von Handel und Industrie müssen international ausgerichtet sein.
- Hersteller mit internationalen und nationalen Marken müssen die Marketingorganisation und die Vertriebsorganisation auf diese internationale Ausrichtung des Handels einstellen.
- Die Internationalisierung des Handels wird dann erfolgreich werden, wenn ein unverändert gültiger Leitsatz des Handels beachtet wird: „Think global, act local."

2.3 Die Vertriebslinie: Die „Marke" des Lebensmittelhandels

Mit dem Begriff **Vertriebsschiene**, der heute ein gebräuchliches Synonym für den Begriff **Betriebstyp** ist, wird die grundsätzliche Art eines Verkaufsgeschäftes gekennzeichnet. Von der Vertriebsschiene ist die **Vertriebslinie** zu unterscheiden.

Mit **Vertriebslinie** soll die durch eine Firmenbezeichnung markierte Vertriebsschiene eines bestimmten Handelsunternehmens bezeichnet werden, also die sog. **Händlermarke**. So ist beispielsweise **Toom** eine Vertriebslinie der Rewe-Gruppe in der Vertriebsschiene Baumarkt. **Famila** wiederum ist eine Vertriebslinie der Bartels-Langness-Gruppe in der Vertriebsschiene Verbrauchermarkt.

Vergleicht man ein Handelsunternehmen mit einem Hersteller von Konsumgütern, so ist die Vertriebsschiene vergleichsweise das generische Produkt, das der Handel erzeugt und vermarkten will (vgl. *Haller 1997*, S. 415). Die Vertriebslinie dagegen ist die „Marke" des Händlers. Durch sie kann er sich bei seinen Shoppern innerhalb des Gesamtangebots der Wettbewerber in der Vertriebsschiene profilieren.

Durch Aufkäufe regionaler Handelsorganisationen haben viele Unternehmen des LEH mehrere Vertriebsschienen und innerhalb der Vertriebsschienen meist auch mehrere „Vertriebslinien" oder Händlermarken.

Vertriebs-schiene	Edeka	Metro	Rewe	Dohle
Super-märkte (groß)	Aktiv Markt, Edeka, Neukauf, Edeka Reichelt		Rewe, Akzenta, Temma Billa, Bipa, Merkur, Adeg (internat.)	
Supermarkt (klein)	Nah und gut, Frischemarkt, Edeka Friedrichsen, Kupsch (Premium LEH)		Nahkauf, Rewe-City	
Verbraucher-markt	E-Center, comet		Rewe	Hit, Heros, Ullrich
SB-Waren-haus	Marktkauf	Real	Rewe-Center, Toom	Hit
Warenhaus/ Kaufhaus		Galeria Kaufhof		Kaufhaus Groß
Discounter	Netto, Treff 3000, Aktiv-Discount, NP-Niedrig Preis, Diska, Kondi		Penny	
Cash & Carry	C+C Großmarkt, Handelshof und Stroetmann (Kooperation)	Metro/ Makro C+C	Fegro/Selgros	List, 3c
Drogerie-markt	Edeka 24			
Bäckerei	K&U, Thürmann, Wünsche, Schäfers		Glocken Bäckerei	
Elektrofach-markt		Media Markt/Saturn	ProMarkt (Kooperation)	

Vertriebs-schiene	Edeka	Metro	Rewe	Dohle
Baumarkt; Gartencenter			Toom; Klee	
Getränke-fachmarkt	Profi Getränke Shop			
Touristik	Neukauf Reisen		ITS, Jahn Reisen; Tjaereborg, Dertour, Meier's Weltreisen, ADAC-Reisen, Atlas Reisen, DER, Derpart, Dr. Holiday, RSG, clevertours.com, FCm travel	

Tabelle 20: Vertriebslinien von LEH-Organisationen in ausgewählten Vertriebs-schienen (Quelle: lz-net.de; rewe-group.de; edeka.de; metro-group.de)

Nur relativ wenige Vertriebslinien/Marken sind national mit „guter" Distribution „verfügbar". Dazu gehören (vgl. zu den Angaben über die Anzahl der Filialen/ Märkte: www.lz-net.de 2010):

- **Vertriebsschiene Discount**: Aldi (4.360 Filialen), Netto (ca. 4.000 Filialen), Lidl (> 3.000 Filialen) und Penny (2.400 Filialen)
- **Vertriebsschiene Drogeriemarkt:** Schlecker (10.800 Filialen), dm (2.221 Filialen)
- **Vertriebsschiene Warenhaus:** Galeria Kaufhof (123 Häuser)
- **Vertriebsschiene SB-Warenhaus:** Real (250 Filialen)

Einige Marken sind im Ausland distribuiert, d. h. international verfügbar (vgl. dazu auch die Übersicht der Handelsunternehmen, die im Ausland tätig sind, in Tabelle 18). Zu den nationalen Marken, die auch im Ausland vertrieben werden, gehören:

- Vertriebsschiene Discount: Aldi, Lidl
- Vertriebsschiene Drogeriemarkt: Schlecker
- Vertriebsschiene C + C: Metro

Einige weitere Marken sind ebenfalls im Ausland distribuiert, haben aber in Deutschland selbst noch keine nationale Verfügbarkeit:

- Vertriebsschiene Discount: Norma (mehr als 1.300 Filialen)
- Vertriebsschiene SB-Warenhaus: Globus (129 Märkte einschl. der Marke Alpha-Tecc).

Die meisten Vertriebslinien oder „Marken" des Handels haben keine flächendeckende Distribution und sind regional begrenzt „erhältlich", wie nachfolgende Beispiele zeigen:

- Die Marktkauf Holding GmbH (früher AVA-Gruppe), die zur Edeka-Gruppe gehört, ist mit ihrer Vertriebslinie Marktkauf (180 SB-Warenhäuser) bundesweit vertreten. Bei genauerer Betrachtung zeigen sich starke regionale Schwerpunkte in Nordrhein-Westfalen und in Baden-Württemberg.
- Die 34 Warenhäuser der Globus-Gruppe (umsatzmäßig Nr. 8 im LEH) sind im Schwerpunkt im Saarland und in Rheinland-Pfalz zu finden. Ein weiterer neuer Schwerpunkt hat sich in den neuen Bundesländern im Grenzbereich Thüringen, Sachsen, Sachsen-Anhalt gebildet. Hier betreibt die Globus-Gruppe mehr als 80 Hela- und Globus-Baumärkte, 40 SB-Warenhäuser und 9 Alpha Tecc-Elektrofachmärkte (vgl. zu der Anzahl der Märkte: lz-net.de).
- Die rund 90 Hit-Märkte, SB-Warenhäuser und Verbrauchermärkte der Dohle-Handelsgruppe (umsatzmäßig Nr. 16 im LEH) sind im Schwerpunkt in Nordrhein-Westfalen zu finden. Doch auch in Bayern, Rheinland-Pfalz und Hessen ist Dohle mit Standorten vertreten.

Zusammenfassend kann gesagt werden, dass die Art und Anzahl von Vertriebsschienen, in denen Handelsorganisationen tätig sind, sehr verschieden organisiert sind.

Weiterhin lässt sich feststellen, dass die Distribution der Vertriebslinien sehr unterschiedlich ist. Es lassen sich vier Distributionsformen unterscheiden:

1. Die Mehrheit der Vertriebslinien/Marken ist regional distribuiert.
2. Einige Marken haben eine nationale Distribution.
3. Einige nationale Marken sind auch im Ausland verfügbar.
4. Einige regionale Marken sind im Ausland verfügbar.

Aus Konsumentensicht werden die Vertriebslinien eher profillos und austauschbar erlebt, wie eine repräsentative Studie der GfK, Nürnberg, zeigt (vgl. o. V. 16/2000, S. 34). Die Verbraucher sind zwar sehr wohl in der Lage, zwischen den einzelnen Ladentypen Discounter, Supermarkt oder SB-Warenhaus zu unterscheiden, die Handelsketten innerhalb ihres Segmentes werden aber als ähnlich und somit aus-

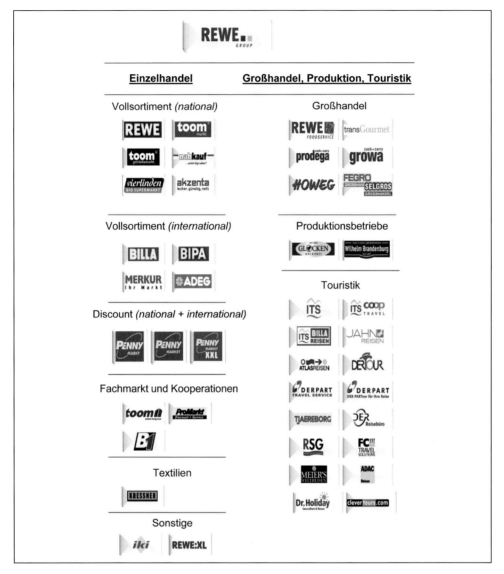

Abbildung 14: Vielfalt von Vertriebsschienen und „Marken"-Vertriebslinien: Die REWE-Handelsgruppe (Quelle: o. V. www.rewe.de)

tauschbar betrachtet. „Generell werden also Discounter als preisgünstig, SB-Verbrauchermärkte als besonders gut im Sortiment und Supermärkte als teuer (allerdings mit gutem Sortiment und guter Einkaufsatmosphäre) eingeordnet. Problematisch ist, dass sich ähnlich positionierte Handelsketten nicht als Marke etabliert haben ... Nur bei den Discountern kann sich mit Aldi eine Kette von der Konkurrenz abgrenzen" (W & V 16/2000, S. 34).

Wettbewerb wird zwischen den Handelsunternehmen seit vielen Jahren im Schwerpunkt über den Parameter „Preis" betrieben. Systematisch wurden die Verbraucher erzogen, „ihre Einkaufsstätten auf der Suche nach dem günstigsten Preis ständig zu wechseln" (W & V, 16/2000, S. 34).

Die Profilierung von Vertriebslinien als unverwechselbare, nicht austauschbare Marken und die Bereinigung des Markenportfolios von unrentablen, national nicht ausbaubaren Vertriebslinien/Marken, das sind mithin die dinglichsten Aufgaben des Handels.

2.4 „Food"- und „Nonfood"-Sortimente

Die Sortimente, die der Lebensmittelhandel anbietet, werden in „Food" und „Nonfood" unterschieden. „Food"-Produkte sind Nahrungs- und Genussmittel. Dazu gehören z. B. Frischwaren (Fleisch, Wurst, Wild und Geflügel, Fisch, Obst und Gemüse, Brot und Backwaren, Molkereiprodukte), Tiefkühlkost, Eis, Konserven, Getränke und Genussmittel und das sog. Trockensortiment (Nährmittel, Suppen/Soßen, Gewürze, Konfitüren/Marmeladen/sonst. Brotaufstriche, Zucker, Süßwaren, Dauerbackwaren, Cerealien, Reform- und Diätkost, Babykost usw.).

„Nonfood" wird in Nonfood 1 (NF1) und Nonfood 2 (NF2) differenziert. Die Grenzen zwischen beiden Bereichen sind allerdings fließend und können nicht exakt gezogen werden:

- **Nonfood 1** sind Wasch-, Putz- und Reinigungsmittel, Hygiene- und Kosmetikartikel sowie Pflanzen und Tierprodukte.
- Zu **Nonfood 2** zählen Hartwaren und Textilien. Zu den Hartwaren gehören: Haushaltswaren, Porzellan, Glas, Keramik, Geschenkartikel, Uhren, Schmuck, Schirme, Artikel aus dem Do-it-yourself-Bereich (DIY), Radio, Fernsehen, Video, Computer, Schallplatten, CD und Musikkassetten, Haushaltsgeräte, Lampen, Foto, Film und Optikwaren, Bücher, Papier- und Schreibwaren, Zeitungen/Zeitschriften, Sportartikel, Spielwaren, Autozubehör bis hin zu Camping- und Gartenartikeln und Autos. Zu den Textilien gehören: Herren-, Damen- und Kinderoberbekleidung, Tages- und Nachtwäsche, Kurzwaren, Haushalts- und Heimtextilien, Schuhe und Lederwaren.

Der LEH bietet neben den Reformprodukten auch Arzneimittel an, die sog. OTC-Produkte (OTC: Over-the-counter). Damit handelt der LEH praktisch alle Warengruppen, die von der Industrie für den Verbrauch durch den privaten Endverbraucher produziert werden.

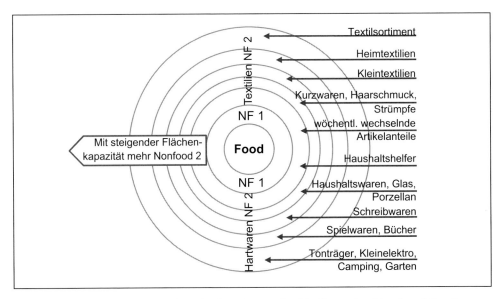

Abbildung 15: Mit steigender Fläche nimmt der Umfang der Nonfood-Sortimente zu (Quelle: Markant AG, Schoch 1999)

Tabelle 21 zeigt für die Vertriebsschiene SB-Warenhaus die durchschnittlichen Artikelzahlen in den einzelnen Sortimentsgruppen, die Artikelanteile in Prozent von der Gesamtartikelanzahl sowie die entsprechenden Umsatzanteile. Dies für die Jahre 2000, 2005 und 2008.

GS1 WG-NR	Warenbereiche – Gruppen	Anzahl Artikel Ø			Anzahl Artikel in %		
		2000	2005	2008	2000	2005	2008
00	Fleisch, Wurst, Fisch, Geflügel	439	611	839	0,9	1,2	1,7
01	Obst und Gemüse	296	322	417	0,6	0,6	0,8
02	Molkereiprodukte, Speiseöle, Eier etc.	1.522	1.726	1.924	3,0	3,3	3,8
13	Brot und Backwaren	354	359	410	0,7	0,7	0,8
14	Frische Convenience-Produkte	114	181	406	0,2	0,3	0,8

GS1 WG-NR	Warenbereiche – Gruppen	Anzahl Artikel Ø			Anzahl Artikel in %		
		2000	2005	2008	2000	2005	2008
A	Summe Frischwaren (SB und Bedienung)	2.779	3.199	3.996	5,4	6,1	7,8
B	Summe Tiefkühlkost/ Eis	677	725	776	1,3	1,4	1,5
04	Nährmittel u. a. Backmisch., Beilagen, Puddingpulver	1.111	1.164	1.195	2,2	2,2	2,3
05	Suppen, Soßen, Gewürze, Zucker Brotaufstrich	1.886	1.934	2.217	3,7	3,7	4,3
06	Fleisch-, Wurst- u. Fischkonserven, Marinaden	438	542	558	0,9	1,0	1,1
07	Obst-, Gemüse- u. Sauerkonserven	571	602	630	1,1	1,1	1,2
08	Dauerbackwaren, Süßwaren, Knabber-artikel	1.583	1.622	1.740	3,1	3,1	3,4
09	Reform- u. Diätkost, Babynahrung	867	832	765	1,7	0,9	1,5
10	Wein/Sekt Spirituosen	991	1.229	1.512	1,9	0,6	3,0
11	Biere, alkoholfreie Getränke	680	712	959	1,3	1,4	1,8
12	Kaffee, Tee, Kakao, Tabakwaren	593	557	674	1,2	1,1	1,3
87	Freiverkäufliche Arzneimittel (OTC)	423	421	428	0,8	0,8	0,8

GS1 WG-NR	Warenbereiche – Gruppen	Anzahl Artikel Ø			Anzahl Artikel in %		
		2000	2005	2008	2000	2005	2008
C	Summe Trockensortiment	9.142	9.614	10.677	17,9	18,3	20,9
A–C	Food insgesamt	12.598	13.538	15.448	24,7	25,8	30,3
15	Wasch-, Putz-, Reinigungsmittel, Schuh- und Kleiderpflege	845	909	912	1,7	1,7	1,8
16	Hygieneartikel, -papiere, Säuglingspflege, Watte, Verbandsstoffe	583	601	750	1,1	1,1	1,5
17	Haar-, Haut-, Mund- u. Körperpflege	2.595	3.095	3.376	5,1	5,9	6,6
18	Sonnen- u. Insektenschutz, Kosmetika, Fußpflegemittel	1.847	1.962	2.098	3,6	3,7	4,1
96	Tiernahrung/ Tierpflege	948	1.063	1.088	1,9 %	2,0 %	2,1 %
D	Summe Nonfood I	6.818	7.269	8.244	13,4	14,5	16,1
19–30	Textilien, Heimtextilien, Kurzwaren	10.967	10.304	6.533	21,6	19,6	12,8
31–34	Schuhe, Lederwaren, Koffer, Schirme	2.279	2.226	1.717	4,5	4,2	3,4
35, 51, 66	Haushaltswaren, Bilderrahmen, Galanteriewaren	4.315	4.344	3.865	8,5	8,3	7,6
36, 44, 46, 64	Camping, Garten, Sport	715	592	1.231	1,4	1,1	2,4

GS1 WG-NR	Warenbereiche – Gruppen	Anzahl Artikel Ø			Anzahl Artikel in %		
		2000	2005	2008	2000	2005	2008
37	Unterhaltungs-elektronik	1.840	1.759	2.390	3,6	3,3	4,7
38, 39, 65	Elektrokleingeräte und -artikel	899	940	1.034	1,8	1,8	2,0
67	Elektrogroßgeräte	21	20	40	0,04	0,06	0,08
40–43	Schmuck, Foto, Uhren, Brillen	244	316	477	0,5	0,6	0,9
45	Spielwaren	2.069	2.568	2.009	4,1	4,9	3,9
52–58	Papier-, Büro-, Schreibwaren, Bücher, Zeitungen/ Zeitschriften	3.707	4.893	5.415	7,3	9,2	10,6
59	EDV, Kommunikation	480	479	482	0,9	0,9	0,9
61–63, 72–76	DIY, u. a. Werkzeuge, Eisenkurzwaren, Farben, Lacke	1.320	1.123	569	2,6	2,1	1,1
77–79	Autozubehör u. sonst. Fahrzeuge, Fahrräder	1.551	1.309	1.166	3,1	2,5	2,3
97–98	Blumen/Pflanzen, Samen, Dünge-mittel, Insektizide	180	239	196	0,4	0,5	0,4
99	Sonst. Nonfood wie Möbel, Sanitär usw.	309	293	186	0,6	0,6	0,4
E	**Summe Nonfood II**	31.437	31.349	27.037	61,8	59,7	53,3
D–E	**Summe Nonfood insgesamt**	38.255	38.978	35.531	75,2	74,2	69,7
A–E	**Gesamtsortiment**	50.853	52.516	50.979	100,0	100,0	100,0

Tabelle 21: Überblick über die Entwicklung der Produktanzahl in den verschiedenen Food-Warengruppen in den Jahren 2000, 2005 und 2008 im SB-Warenhaus (Quelle: EHI 2008)

Die Bedeutung von Food und Nonfood ist in den Handelsunternehmen sehr unterschiedlich. Einige Handelsunternehmen haben ihren Schwerpunkt im Food-Bereich, andere wiederum sind stark auf das Nonfood-Sortiment ausgerichtet. So hat die Metro-Gruppe mit 61 % einen eindeutigen Schwerpunkt im Nonfood-Bereich, während Rewe und Edeka den Hauptanteil ihres Umsatzes mit Food-Produkten erwirtschaften.

Tabelle 22 weist für die 15 größten deutschen Handelsunternehmen die Bedeutung des Food-Umsatzes im Rahmen des Gesamtumsatzes sowie am Marktanteil aus.

2.5 Profil durch Eigenmarken

2.5.1 Phasen der Entwicklung

Handelsmarken – auch als **Eigenmarken** bezeichnet (englisch: Private Brand, Store Brand oder auch Private) – sind, gemäß einer Standarddefinition, „Waren- oder Firmenkennzeichen, mit denen eine **Handelsunternehmung**, eine Verbundgruppe oder eine Franchiseorganisation Waren markiert oder markieren lässt, um die so gekennzeichneten Waren exklusiv und im allgemeinen nur in den eigenen Verkaufsstätten zu vertreiben." (Ausschuss für Definitionen zu Handel und Distribution (2006), S. 130).

Eine Variante zu der Handelsmarke stellt die sog. **Gattungsmarke** dar. Sie wird auch als: No-name, Weiße Ware, Generika, Generic oder Private Label bezeichnet. Die Gattungsmarke hebt sich von der Handelsmarke ab „durch eine einfachere Produktgestaltung und durch einen bewusst sehr niedrigen Preis" (vgl. *Schenk* 1994, S. 62 f.).

Handelsmarken sind keine Erfindung heutiger Handelsunternehmen. Sie existieren seit Jahrhunderten. Im mittelalterlichen Handwerk und Handel war ihre Bedeutung als Haus- und Hofmarken unbestritten (vgl. *Schenk* 1994, S. 58). „Als Reaktion auf den ‚Siegeszug des Markenartikels' gelangten seit den 30er-Jahren des 20. Jahrhunderts wiederum zahlreiche Handelsmarken auf den Markt" (*Schenk* 2001, S. 74). Bedeutung erreichten die Handelsmarken allerdings erst ab Mitte der 1960er Jahre.

Tabelle 23 zeigt die unterschiedlichen Phasen in der Entwicklung von Handelsmarken.

In der **ersten Phase, Mitte der 1960er bis Mitte der 1970er Jahre,** dienten Handelsmarken den sich zunehmend konzentrierenden großen Handelsunternehmen

Handelsunternehmen	Gesamt-umsatz in Mrd. € 2009	Food Umsatz in Mio. Euro	In % vom Gesamt-umsatz	Marktanteil Food am Gesamt-markt
Edeka	43,6	39,59	90,8 %	24,86 %
Rewe	36,3	26,24	72,3 %	16,48 %
Metro	30,7*	11,94	38,9 %	7,50 %
Schwarz-Gruppe	27,4	22,22	81,1 %	13,95 %
Aldi-Gruppe	25,5	20,40	80,0 %	12,81 %
Lekkerland	7,9	7,82	99,0 %	4,91 %
Tengelmann-Gruppe	7,2	2,42	33,6 %	1,52 %
Schlecker	4,7	4,37	93,0 %	2,74 %
Globus	4,2	2,16	51,5 %	1,36 %
dm-Drogeriemarkt	3,8	3,42	90,0 %	2,15 %
Rossmann	3,1	2,33	75,2 %	1,46 %
Bartels-Langness	2,7	2,09	77,3 %	1,31 %
Norma	2,4	2,04	85,0 %	1,28 %
Müller	2,2	0,90	41,0 %	0,57 %
Bünting	1,8	1,53	85,0 %	0,96 %
Gesamtumsatz Top 5	**163,5**	**118,7**	**72,6 %**	**75,6 %**
Gesamtumsatz Top 10	**194,4**	**140,6**	**73,0 %**	**88,3 %**
Gesamtumsatz Top 30	**215,2**	**159,3**	**78,1 %**	**100,00 %**

*Tabelle 22: Die 15 größten Unternehmen des Lebensmitteleinzelhandels und die Bedeutung der Food-Umsätze (Quelle: o.V., TradeDimensions/LebensmittelZeitung online); *Schätzung von TradeDimensions.*
Anmerkungen: Rewe-Gruppe/Rewe AG: inkl. Touristikumsätze, Vj.-Umsatz angepasst. Vollsortiment inkl. Toom und Petz. Norma: Neubewertung aufgrund vorl. Bilanzen, Vj.-Umsatz angepasst. Trinkgut-Umsätze bereits bei Bünting enthalten. Toeller wird nur in den Top 30 der LZ geführt.

	1970er Jahre	1980er Jahre	1990er Jahre	2010
Phase:	Erste Generation	Zweite Generation	Dritte Generation	Vierte Generation
Marke:	No-Name-Marke	„Quasi-Marke"	Dachmarke des Handels	Segment Handelsmarke „Gestaltmarke"
Produkte:	Basisprodukte	Großvolumige Einzelartikel	Große Kategorien	Imagebildende Produkte
Qualität/Image:	Geringer als bei Herstellermarken	Mittlere Qualität, im Vergleich zu Herstellern noch nachteilig	Wie führende Marken, Qualitätsgarantie des Handels	Gleichwertig oder sogar besser als Herstellermarken
Kaufmotivation:	Preis	Preis	Produktqualität/Preis	Besseres Produkt
Hersteller:	National, meist nicht spezialisiert	National, z.T. mit Spezialisierung auf Handelsmarken	National, meist Handelsmarkenspezialist	International, meist Handelsmarkenspezialist

Tabelle 23: Entwicklung der Handelsmarken in Deutschland (in Anlehnung an Olbrich 2006, S. 129, und Busch 1995, S. 9)

und Verbundgruppen als Profilierungsinstrument, vornehmlich um kooperative Zugeständnisse durch die Hersteller und eine höhere Wertschöpfung zu erreichen.

In der **zweiten Phase, Mitte der 1970er bis Anfang der 1980er Jahre,** wurden insbesondere in den Warengruppen des Lebensmittelhandels die preiswerten/billigen Gattungsmarken eingeführt. Primäres Ziel war eine Betriebstypenprofilierung, nämlich die des Betriebstyps Supermarkt gegen den Discounter. Die Qualität dieser Marken sowie deren Image lagen jedoch zu diesem Zeitpunkt unter denen der Herstellermarken.

Die Position der Gattungsmarken verfestigte sich in den **1980er Jahren**, hochpreisig positionierte Markenartikel wurden verstärkt nachgefragt und gleichzeitig wurden die Artikel auf mittlerem Qualitäts- und Preisniveau verdrängt („Verlust-in-der-Mitte-Phänomen", vgl. *Becker* 2009, S. 359).

Seit **Beginn der 1990er Jahre** kommt es durch eine verbesserte Aufmachung und vor allem eine hohe Qualitätsorientierung zur Entwicklung von Dach- und Exklusivmarken als „preiswertere Alternative zu den marktführenden Herstellermarken der jeweiligen Warengruppen unter verstärkter Berücksichtigung von Kosten- und Nutzenaspekten." (*Bruhn* 2001, S. 14)

Das **Wachstum der Handelsmarken** verstärkte sich noch **ab dem Jahr 2001**. Seitdem wuchsen die Handelsmarken pro Jahr durchschnittlich um ca. 7 %. Wesentliche Ursache für diese Entwicklung war die in gleichem Zeitraum stattfindende überpro-

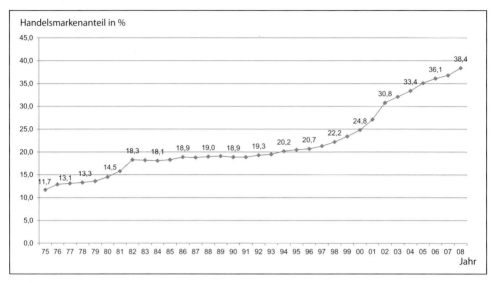

Handelsmarkenanteil in %

Abbildung 16: Entwicklung der Bedeutung von Handelsmarken in Deutschland im LEH von 1975 bis 2008. (Quelle: GfK, 20.000er Haushaltspanel ConsumerScan; Anteil an FMCG ohne Frische)

portionale Verbreitung der Discounter in ganz Deutschland. Da diese Vertriebsschiene hauptsächlich Handelsmarken vertreibt – das Sortiment von Aldi besteht zu etwa 90 % aus Eigenmarken –, wuchsen die Handelsmarken mit. Darüber hinaus bestehen jedoch neben dem günstigen Preis der Private Labels noch weitere Treiber, die für die bisherige Entwicklung der Handelsmarken verantwortlich waren.

2.5.2 Treiber für Handelsmarken

Die wichtigsten Treiber für die Entwicklung von Handelsmarken sind ihre Qualität, eine klare Positionierung, Einfachheit, Platzangebot und der Preisabstand.

Qualität

Nach einer Studie von Metrix Lab sind 87 % der Verbraucher der Meinung, dass Eigenmarken des Handels die gleiche Qualität aufweisen wie Herstellermarken. Lediglich 4 % der Shopper erachten Herstellermarken als qualitativ überlegen. Zudem wird es gesellschaftlich akzeptiert bzw. sogar als vorteilhaft empfunden, Eigenmarken den Herstellermarken vorzuziehen. So sehen 72 % der Verbraucher, die Personen, die Eigenmarken kaufen, als „schlau" an.

Mit zu diesem Ergebnis beigetragen hat die Stiftung Warentest. Das Institut, das regelmäßig Produktranges untereinander vergleicht, attestierte den Handelsmar-

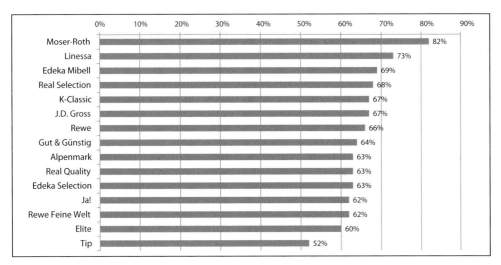

Abbildung 17: Einschätzung der Qualität von Handelsmarken (Quelle: Metrix Lab 2010, S. 8)

ken oftmals Gleichwertigkeit bis hin zur Überlegenheit im Vergleich zu den Marken der Hersteller. Da die Kompetenz der Stiftung in Deutschland weithin akzeptiert ist, half diese Einschätzung dabei, die zum Teil bestehenden subjektiven Qualitätsvorbehalte der Konsumenten gegenüber Eigenmarken zu verringern.

Welche Einzelhandelsmarken als besonders hochwertig angesehen werden, zeigt Abbildung 17.

So suchen sogar Konsumenten für Eigenmarken wie Linessa (27 %) und Moser Roth (25 %) speziell die Einzelhändler auf, um diese Marken zu erwerben.

Klare Positionierung

Handelsmarken haben ihr Image im Lauf der Zeit grundlegend gewandelt. Von dem Image der günstigen Kopie eines Herstellerproduktes, welches insbesondere im Bereich der habitualisierten Kaufentscheidungen angesiedelt ist, wurden in den letzten Jahren zunehmend Trends bedient und hier auch Vorreiterrollen eingenommen. So haben beispielsweise die Top-5-Handelsunternehmen in Deutschland Bio-Eigenmarken eingeführt und Aldi und Lidl engagieren sich dazu noch stark im Fair-Trade-Bereich. Auch das Thema Nachhaltigkeit, beispielsweise in der Fischerei, wurde von den Unternehmen aufgegriffen und umgesetzt. Hinzu kam der Vertrieb von Premium-Handelsmarken. Diese ergaben sich als logische Konsequenz aus dem gesteigerten Vertrauen der Konsumenten in die Qualität in Handelsmarken und dem gleichzeitigen Nachfragen von Premiumprodukten.

Zu den Premiummarken des Handels zählen Rewe Feine Welt, Cucina (Aldi Süd) und Produkte wie Edeka Gold.

Studien von AC Nielsen belegten außerdem, dass die Verbraucher zunehmend zu Handelsmarken eine ähnliche Bindung aufbauen wie zu Herstellermarken – dies gilt insbesondere dann, wenn das Handelsunternehmen bekannt ist und über viele Outlets verfügt. Die Anzahl der Outlets trägt also zur Markenstärke bei. Zudem werden Handelsmarken aus neurologischer Sicht in gleicher Weise „verarbeitet" wie Herstellermarken. Dies alles führt zu einer großen Gefahr für die Herstellermarken.

Den Handelsmarken gelingt jedoch nicht in allen Branchen eine solch rasante Steigerung, wie dies im LEH der Fall war. So zeigte eine Befragung des IfH Köln, dass zwar 60 % der Befragten angaben, in der Kategorie Lebensmittel zur Handelsmarken zu greifen, im Bereich Kosmetik jedoch 75 % der Befragten die Herstellermarken bevorzugten (o. V. 12/2009, Markenartikel, S. 84).

Auch im LEH sind kategoriebedingte Unterschiede zu beobachten. Während Süßwaren und alkoholische Getränke von Markenartikeln dominiert werden, greift der Verbraucher bei „Mopro"(Molkereiprodukten) und „AfG"(nicht alkoholischen Getränken) eher zur Handelsmarke.

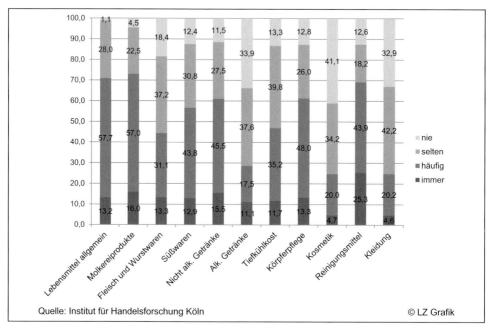

Quelle: Institut für Handelsforschung Köln © LZ Grafik

Abbildung 18: In welchen Kategorien werden Handelsmarken gekauft und wie oft? (Quelle: Institut für Handelsforschung, Köln, in: Unterbusch, 2010, o. S.)

Einfachheit

Die Zeit, die den Menschen für den Einkauf zur Verfügung steht, wird immer geringer. Handelsmarken haben es geschafft, durch eine relativ einfache und einstufige Kommunikation den Konsumenten das zu geben, was sie sich für ihren Einkauf wünschen – Einfachheit. Bemerkenswert ist auch, dass in drei von vier Kategorien, in denen das Wachstum der Handelsmarken zunimmt, die Shopper eher auf funktionale Aspekte des Produkts achteten, als auf emotionale Markenattribute.

Platzangebot

Ein weiterer Grund für die Stärke von Handelsmarken, gerade in kleineren Geschäften unter 800 qm, wird in dem großen Angebot an Handelsmarken der Edeka- und Rewe-Gruppe liegen. Auf gegebener geringer Fläche führen die Einzelhändler dieser Verbundgruppen die Verbund-Eigenmarken. Das Platzangebot für Herstellermarken ist dann natürlich sehr begrenzt, während auf größerer Fläche, wie im SB-Warenhaus, doch noch ein erhebliches Angebot platziert werden kann. So besteht beispielsweise in den von der Edeka-Gruppe unter der Vertriebslinie Spar betriebenen Tankstellenshops der Großteil der angebotenen Artikel aus der Edeka-Preiseinstiegsmarke „Gut und Günstig".

Preisabstand

Der Preisabstand ist oftmals ein weiteres Kriterium, welches von den Verbrauchern geschätzt wird und worin sich die Handelsmarke von der Herstellermarke zu profilieren versucht.

Insbesondere dieser Aspekt ist bemerkenswert, versucht doch der Handel mit Niedrigpreis-Markenartikeln die Shopper in sein Geschäft zu locken und treibt damit gleichzeitig seine Eigenmarken preislich in die Enge. Vergleiche zeigen, dass in Einzelfällen Markenartikel preislich schon unterhalb von vergleichbaren Handelsmarken angeboten werden. Dass die Shopper dann die Herstellermarke bevorzugen, ist nicht verwunderlich.

Das Vertrauen in die Herstellermarken scheint jedoch stark geschwunden zu sein, bedenkt man, dass 2010 lediglich jeder Vierte der Meinung war, ein höherer Preis für Herstellermarken sei gerechtfertigt ist. (AC Nielsen Universen 2010)

2.5.3 Quo vadis Handelsmarke?

Betrachtet man die Arten der Handelsmarken in den einzelnen Unternehmen, lässt sich erkennen, welche Range mittlerweile von diesen abgedeckt wird.

Handels-unternehmen	Handelsmarke
Edeka	Antipasti; Backstube (Gebäck, Kuchen, Backzutaten etc.); Bonbons; Confiserie (Schokoladenspezialitäten und Geleefrüchte); Domino (Tierfutter); España (Spanische Wurstspezialitäten); Italia (Mopro, Teigwaren, Eis etc.); La France (Mopro); Frische Menüs (Fertiggerichte); Fruchtgenuss (Konfitüren); Gärtners Beste (frisches Gemüse); Gemüseküche (TK-Gemüse, Gemüsekonserven); Gutfleisch (Wurst und Fleisch); Ice Tea; Kartoffel-Produkte (Pommes, Kroketten, Bratkartoffeln); Kings Gold (Tee und Snacks); Landgut (TK-Geflügel); Mibell (Mopro); Reisprodukte; Rio Grande (Säfte); Lust auf Leicht (Mopro, Wurst); Bio Wertkost (Mopro, Obst); Elkos (Kosmetika, Hygieneprodukte); Gut & Günstig (Preiseinstiegsmarke); Edeka Schlemmerküche (TK-Fisch, Fertiggerichte etc.), Edeka Soßenbinder
Globus	Tipp; Primamaster
Markant	Küstengold; Gut Weidenhof; Naturwert Bio
Metro	Horeca (Küchenbedarf); H-Linie (Hoteleriebedarf); Rioba (Bar- und Cafébedarf); aro (Preiseinstiegsmarke – Basisprodukte); Fine Food (Kiosk, Tankstellenbedarf sowie für selbstst. LEH); Sigma (Bürobedarf)

Handels-unternehmen	Handelsmarke
Rewe	Rewe Feine Welt (Premiummarke); Rewe Qualitätsmarke; ja! (Preiseinstiegsmarke); Rewe Bio; Wilhelm Brandenburg (Fleisch und Wurstwaren)

Tabelle 24: Ausgewählte Food-Eigenmarken führender Handelsunternehmen

Beurteilt man Handelsmarken aus Sicht des Hersteller, so müssen zwei Positionen unterschieden werden: zum einen die des Herstellers, der, neben der Produktion seiner eigenen Marken, auch für den Handel Handelsmarken produziert; zum anderen die des Herstellers, der sich im Wettbewerb mit Handelsmarken um den Regalplatz im Handel befindet. Das Dilemma ist unausweichlich, wenn er diese Handelsmarken vielleicht sogar selbst produziert hat.

Die Wirkungen von Handelsmarken aus Sicht der Beteiligten Handel, Hersteller und Konsumenten lassen sich, wie in Tabelle 25 dargestellt, kennzeichnen.

Die Marktbedeutung von Handelsmarken ist erheblich. Der Marktanteil beträgt, zieht man Aldi in die Betrachtung mit ein, 35,7% im Jahr 2009. Ohne Aldi betrug der Anteil 24,2%.

Abbildung 19 zeigt für das Jahr 2005 den Marktanteil von Handelsmarken im LEH nach Kategorien.

Für die Zukunft der Handelsmarken wurden, nach der aktuellen Wirtschaftskrise, folgende Prognosen abgegeben. Geschätzt wurde, z. B. vom GfK-Handelsexperten Twardawa, dass die Handelsmarken durch die Krise weiteren Aufwind erhalten würden, verstärkt ins Premiumsegment vorrücken würden und die B- und C-Marken zu den großen Verlierern dieser Entwicklung zählen würden. Grund hierfür sei, dass durch die Krise das disponible Einkommen sinken würde, wodurch die Konsumenten dazu tendieren würden, Handelsmarken zu kaufen und diese so weiter stärkten.

Die Realität sah jedoch anders aus. Erstmals seit 1991 verloren Handelsmarken wieder an Marktanteil: einen Prozentpunkt, wie Abbildung 20 zeigt.

Sicht des Herstellers im Wettbewerb um den Regalplatz im Handel	Sicht des Herstellers, der für den Handel Handelsmarken produziert	Handelssicht	Konsumenten/ Shoppersicht
Verdrängung der eigenen Marke	Intensivierung einer kooperativen Zusammenarbeit mit dem Handel	Profilierung der Vertriebslinie(n) durch eigenständige Sortimentsgestaltung und eigenständiges, attraktives Preisniveau	Möglichkeit der Substitution teurer Markenartikel
Sinkende Anteile an Werbemaßnahmen des Handels	Verstärkung der Bindung zwischen Handel und Hersteller	Geschäftsstättentreue der Konsumenten	Erwerb von Produkten mit gutem Preis-Leistungs-Verhältnis
Intensivierung des Preiswettbewerbs	Voraussetzung für Discountvertrieb	Schnelle Reaktion auf Konsumentenwünsche	Einfachheit beim Einkauf
Abwandern von Käufern	Abbau von Überkapazitäten/Auslastung freier Kapazitäten	Spannensicherung	Höheres Angebot und größere Auswahl
Rückgang der Distributionsdichte	Fixkostendegression	Ertragssteigerung	
Umsatzverluste/ Marktanteilsverluste	Risikoreduzierung	Solidarisierung in der Verbundgruppe	
Kostensteigerung/ Gewinnreduzierung	Gewinn		

Tabelle 25: Wirkung von Handelsmarken auf Hersteller, Händler und Konsumenten

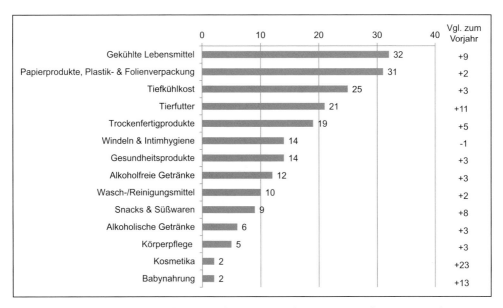

Abbildung 19: Handelsmarkenanteil und Zuwachsraten im Jahr 2005 nach ausgewählten Warengruppen (Quelle: Nielsen 2005, S. 4)

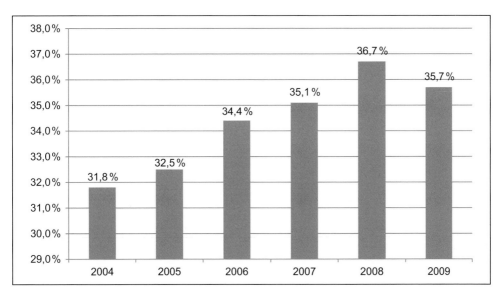

Abbildung 20: Entwicklung des Marktanteils der Handelsmarken in %
(Quelle: GfK ConsumerScan 2009)

Das Verwunderliche hierbei: Die im Mittelpreissegment angesiedelten Hersteller-marken erlebten 2009 eine Renaissance, da sie genau um diesen Prozentpunkt wuchsen. Doch wieso sank der Umsatzanteil von Handelsmarken in der Wirt-

107

schaftskrise ab? Die Antwort findet sich in der Entwicklung der Vertriebsschienen. So stagnierte der Discount in Deutschland im Jahr 2009 und somit der Hauptvertriebskanal der Eigenmarken des Handels. Grund hierfür waren u.a. die 2009 massiv geführten Preisschlachten der Discounter. Trotz aggressiver Preisreduzierungen konnten die Discounter kaum neue Kunden gewinnen.

Zudem verdarb das Aktionsgeschäft mit Herstellermarken den Händlern das Geschäft. So konnten Verbraucher auch Markenprodukte günstig erwerben und es bestand kein Grund, auf die Marken des Handels auszuweichen. Als Begleiterscheinung veränderte sich das Shopper-Verhalten. Die allgemeinen Preisreduzierungen machten es für Verbraucher überflüssig, Preise stärker zu vergleichen. Daher fand immer häufiger ein One-Stop-Shopping statt, anstatt viele Einkaufsmärkte anzufahren und dort stets das Günstigste zu erwerben. (o.V. GfK Consumer Index (2009), S. 1 ff.)

Ein weiterer Grund liegt in der problematischen Drei-Stufen-Politik des Handels, die zunehmend realisiert wird. Das bedeutet, dass drei Arten von Handelsmarken angeboten werden: Preiseinstiegsmarken, Mittelmarken und Premiummarken. Die Problematik, die sich daraus ergibt, kann man gut an folgendem Beispiel nachvollziehen:

Drei-Stufen-Politik am Beispiel Edeka-Käse
Wie andere Unternehmen im LEH verfügt auch Edeka über eine weite Range an Eigenmarken. Diese erstrecken sich von der Preiseinstiegsmarke Edeka Gut und Günstig über Mittelmarken wie die „Mibell" für Mopro bis hin zur Premiummarke Edeka Selection.

Betrachtet man die Auswirkungen dieser Markenpolitik auf den Produktpreis, so zeigen sich immense Unterschiede. Verdeutlichen lässt sich dies gut am Beispiel Käse. Das 400-Gramm-Päckchen Gouda der Edeka-Eigenmarke Gut und Günstig kostet pro 100 Gramm 39 Cent. Der Preis für die als Mittelmarke positionierte Eigenmarke Edeka Mibell beträgt für 100 Gramm Gouda bereits 79 Cent. Dies entspricht einem Aufschlag von 102%.

Ein ähnliches Bild lässt sich bei Rewe beobachten. Gouda der Eigenmarke Ja! kostet hier 49 Cent pro 100 Gramm. Gouda der Eigenmarke „Rewe" kostet allerdings 88 Cent pro 100 Gramm. Für den Verbraucher stellt sich hier die Frage ob zwischen den zwei Produkten ein qualitativer Unterschied besteht und dieser tatsächlich eine 100-prozentige Preissteigerung rechtfertigt. Noch gravierender dürfte diese Politik im direkten Vergleich zwischen Preiseinstiegs- und Premiummarken, d.h. über alle drei Stufen wirken.

An dieser Politik zeigt sich deutlich, dass Verbraucher verwirrt werden und die Glaubwürdigkeit der Handelsmarke leidet. Branchenkenner sind der Auffassung, dass die Verfolgung dieses Konzeptes den Handelsmarken nachhaltig schaden könnte (Quelle: *o. V.* 11/2009, lebensmittelzeitung.net: „Eigenmarken im Strudel der Aktionen", 19.11.2009).

2.5.4 Handelsmarken im Ausland

Der internationale Vergleich zeigt, dass Handelsmarken in Deutschland das vorhandene Potenzial schon bereits sehr gut ausschöpfen. In anderen Ländern bestehen hier jedoch noch erhebliche Steigerungsmöglichkeiten. Dies beflügelt auch die Expansion der deutschen Händler ins Ausland.

Der Vergleich ist besonders mit solchen Ländern interessant, die eine in etwa mit Deutschland vergleichbare Handelsstruktur besitzen, also eine relativ hohe Konzentration aufweisen und nicht, wie z.B. Migros in der Schweiz oder Tesco in Großbritannien, ausschließlich Eigenmarken anbieten.

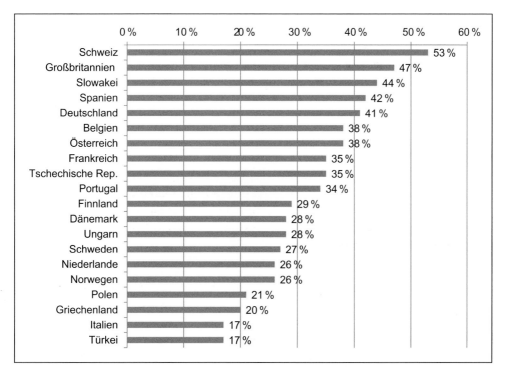

Abbildung 21: Handelsmarkenanteile in Europa im Jahr 2000 (Quelle: AC Nielsen 2007 auf o. V. www.plmainternational.com)

Situation der Handelsmarken in den USA – die Wirtschaftskrise begünstigt die Handelsmarken

In den USA hat sich das Verhältnis von Hersteller- zu Handelsmarken seit Mitte der 1980er Jahre drastisch gewandelt. Lag der Handelsmarkenanteil beim größten Einzelhändler der Welt – Walmart – vor zwei Jahrzehnten noch bei ca. 10 %, so wuchs dieser auf ca. 40 % im Jahr 2009 an. Bis 2020, schätzen Experten, wird sich der Handelsmarkenanteil von aktuell ca. 17 % in den USA auf ca. 30 % erhöhen (o. V. www.statista.de 05/2010). Begünstigt wurde diese Entwicklung u. a. durch das positive Preis-Leistungs-Verhältnis der Handelsmarken. Bereits 1993 stellten *Hoch* und *Banjeri* fest, dass Handelsmarken in den USA insbesondere aufgrund der Qualität gekauft wurden. Die Konsumenten in den USA gelten grundsätzlich als risikoaverser, als dies in Europa der Fall ist (vgl. *Erdem/Valenzuela* 2004, S. 98).

Die Ausläufer der Weltwirtschaftskrise begünstigten diese Entwicklung im Jahr 2010 in den USA noch deutlich spürbar und wirkten sich auf das Einkaufsverhalten der Shopper aus. Eine Studie der GfK North America, die 2010 im Auftrag der PLMA (Private Label Manufacturers Association) durchgeführt wurde, zeigte, dass 69 % der Befragten angaben, infolge der Wirtschaftskrise verstärkt auf die Preise zu achten. Zudem gaben 51 % der Shopper an, Handelsmarken stärker wahrzunehmen als vorher. In Kombination mit der Aussage, dass 97 % der Verbraucher, die in einer bestimmten Kategorie Eigenmarken kaufen, angaben, diese auch weiterhin den früher erworbenen Herstellermarken vorzuziehen, eröffnet dies ein weiteres Wachstumspotenzial für Handelsmarken im US-Markt. (vgl. o. V. Private Label Manufacturers Association (2010), S. 1 ff.).

Die größten Anbieter von Eigenmarken in den USA sind die Sears Holding Corporation sowie Walmart Stores Inc.. Tabelle 26 bietet eine Übersicht über die breite Range an Handelsmarken des größten Händlers der Welt.

Handelsmarken	**Walmart** ›‹ Save money. Live better.
Primärmarken	**Sam's Choice** (Premiummarke – primär im Food-Segment) **Great Value** (div. Produkte, Ziel: gleiche Qualität zu geringerem Preis) **Equate** (Pharmazeutika, Kosmetik und weitere Health-Care-Produkte) **Ol'Roy** (Hundefutter – die Marke Ol'Roy ist Marktführer in den USA)
Bekleidung, Schuhe, Accesoires	• Faded Glory • George • Jesse James Industrial Workwear • No Boundaries • Puritan • Simply Basic • White Stag
Haushaltswaren	• Better Homes and Gardens • Canopy • Hometrends • Mainstays • your zone • Simply Basic
Weitere Marken	@ the office, Best Occasions, Clear American, Color Place, Ever Start, Fire Side Gourmet, Golds Gym, Holiday Time, Kids Connection, George, Market Size, Ozrak Trail, Parents Choice, Protege, Special Kitty, Super Tech

Tabelle 26: Die Eigenmarken von Walmart

C

Trade-Marketing-Konzeption

In einer Trade-Marketing-Konzeption werden die Vorstellungen des Vertriebs darüber niedergelegt, durch welche Aktivitäten und Maßnahmen der Handel beeinflusst und die eigene Position in der Warengruppe im Absatzkanal verbessert werden können. Diese Vorstellungen orientieren sich an angestrebten Zielen, die auf einer sorgfältigen Analyse basieren. Für die Realisierung der Vorstellungen werden geeignete Strategien ausgewählt und die adäquaten Trade-Marketing-Instrumente festgelegt. Festgehalten werden die Ergebnisse der Trade-Marketing-Konzeption in einem Trade-Marketing-Plan.

1 Einleitung

Marketing lässt sich „nur dann konsequent verwirklichen, wenn dem unternehmerischen Handeln eine unternehmensindividuelle und abgesicherte Marketingkonzeption zugrunde liegt" (*Meffert* 1998, S. 59). Eine Marketingkonzeption nun „kann aufgefasst werden als ein schlüssiger, ganzheitlicher Handlungsplan (‚Fahrplan'), der sich an angestrebten Zielen (‚Wunschorten') orientiert, für ihre Realisierung geeignete Strategien (‚Routen') wählt und auf ihrer Grundlage die adäquaten Marketinginstrumente (‚Beförderungsmittel') festlegt" (*Becker* 2009, S. 5). Auch dem Trade-Marketing muss natürlich eine Konzeption zugrunde liegen, die wie ein „Fahrplan" die Arbeit der Vertriebsmitarbeiter bestimmt.

In Anlehnung an die zitierte Marketingdefinition kann eine Trade-Marketing-Konzeption folgendermaßen definiert werden: In einer Trade-Marketing-Konzeption werden die Vorstellungen des Vertriebs niedergelegt, durch welche Aktivitäten und Maßnahmen der Handel beeinflusst und die eigene Position in der Warengruppe im Absatzkanal verbessert werden kann.

Diese Vorstellungen orientieren sich an angestrebten Zielen, die auf der Basis einer sorgfältigen Analyse formuliert wurden. Für die Realisierung der Vorstellungen werden geeignete Strategien ausgewählt und auf ihrer Basis die adäquaten Trade-Marketing-Instrumente festgelegt. Grundlage für die Erarbeitung einer Trade-Marketing-Konzeption ist die sorgfältige Analyse und Beurteilung der Trade-Marketing-Situation. Im Rahmen dieser Analyse werden sowohl die unternehmensinternen als auch die unternehmensexternen Faktoren, die das Trade-Marketing beeinflussen, ermittelt.

Aus den unternehmensexternen Faktoren werden diejenigen herausgefiltert, die eine „Chance" oder auch ein „Risiko" darstellen – aus den unternehmensinternen wiederum diejenigen Faktoren, die als „Stärke" oder als „Schwäche" zu bewerten sind. (Vgl. *Meffert* 1998, S. 63 ff.)

In der sog. SWOT-Analyse (Strengths, Weaknesses, Opportunities, Threats = Stärken, Schwächen, Chancen, Risiken) werden dann die Ergebnisse aus den beiden vorgenannten Analysen verbunden.

Als Resultat erhält das Unternehmen eine Aussage über die wesentlichen zu klärenden kritischen Aufgaben. Sie werden auch als „Problemfragen" oder „Key Issues" bezeichnet. Weiterhin bekommt das Unternehmen Aufschluss über die

Abbildung 22: Die Trade-Marketing-Konzeption entspricht im Aufbau einer Marketingkonzeption (vgl. Becker 2009, S. 4)

Ressourcen, die für die Erledigung dieser Aufgaben zur Verfügung stehen, bzw. darüber, welche Ressourcen noch beschafft werden müssen.

Die Key Issues sind damit die Basis für die Formulierung der Ziele, die mit der Trade-Marketing-Konzeption erreicht werden sollen.

Die Erarbeitung der detaillierten Maßnahmen einschließlich deren Kosten, die Festlegung der für die Durchführung verantwortlichen Personen und die Verabschiedung der Budgets, die zur Verfügung gestellt werden, sind die abschließenden Schritte. Es folgen die Realisation der Maßnahmen und die Kontrolle über die erzielten Ergebnisse.

2 Situationsanalyse

Die Trade-Marketing-Konzeption basiert auf einer ausführlichen Analyse der aktuellen Situation. Die **Situationsanalyse** ist eine Bestandsaufnahme mit dem Ziel, zu einer Beurteilung der Lage des eigenen Unternehmens, aber auch der Lage der unternehmensexternen Umwelt zu kommen und daraus resultierend Chancen und Risiken, aber auch Stärken und Schwächen zu dokumentieren. Daher „ist eine möglichst vollständige und genaue Erfassung der Umweltzustände und Daten (...) für die Präzisierung der Marketingziele und für den Einsatz der Instrumente von entscheidender Bedeutung" (*Meffert* 1998, S. 61). Weiterhin ist es wichtig, nur solche Daten in die Analyse einfließen zu lassen, die wirklich einen Bezug zu der Vertriebsarbeit haben. Es besteht sonst die Gefahr, dass man, angesichts der Flut der Informationen, die wesentlichen Informationen übersieht (vgl. *Fuchs* 2000, S. 61).

Im Rahmen der Situationsanalyse des Vertriebs müssen folgende Bereiche berücksichtigt und untersucht werden:

- Markt, Konsumenten und Shopper
- Handelskunden mit Vertriebsschienen/Vertriebslinien einschl. Warengruppen und Shoppern
- Wettbewerber
- Umwelt
- unternehmensinterne Situation.

Im Zuge der Situationsanalyse für eine Marketingkonzeption ist es üblich, die **Produktsituation** zu analysieren (vgl. *Kotler/Keller/Bliemel* 2001, S. 122 f.). Die Marketingkonzeption obliegt allerdings dem Produktmanagement und die Analyse der Produktsituation muss daher – im Sinne der Aufgabenteilung – nicht in die Analyse für eine Trade-Marketing-Konzeption aufgenommen werden. Soweit es für die Bearbeitung der Handelskunden relevant ist, fließen produktbezogene Informationen in die Analyse der Vertriebsschienen/Vertriebslinien bzw. in die Analyse der Handelskunden ein. Sollte das Unternehmen allerdings Handelsmarken produzieren, so wären diese in die unternehmensinterne Situationsanalyse aufzunehmen.

Wichtigste Informationsquellen für die Situationsanalyse sind die eigenen Vertriebsmitarbeiter, Marktforschungsinstitute wie AC Nielsen und GfK, Informationen, insbesondere auch Daten, die die Kunden zur Verfügung stellen, Fachzeitschriften, das interne Vertriebsinformationssystem (CAS/CRM), die Marketingkollegen und Veröffentlichungen von Industrie- und Handelskunden. Viele der Informationen, die der Vertrieb im Trade-Marketing benötigt, insbesondere Daten und Informationen über den Zielmarkt und die Konsumenten, sind im Produktmanagement für das Consumer-Marketing vorhanden und sollten dem Vertrieb zur Verfügung gestellt werden.

2.1 Markt, Konsumenten und Shopper

In diesem ersten Teil der Situationsanalyse werden Informationen über den Zielmarkt des Unternehmens, wie z.B. Marktgröße, Marktentwicklung oder Marktsegmente, aufgezeigt. Darüber hinaus werden Angaben über Konsumentenstrukturen, Konsumentenbedürfnisse und Konsumentenverhalten gemacht (vgl. *Kotler/Keller/Bliemel* 2007, S. 121).

Die Informationen zu „Markt und Konsumenten" resultieren im Prinzip aus der Situationsanalyse im Consumer-Marketing. Sie sind wichtiger Bestandteil der Situationsanalyse im Trade-Marketing, da sie in die Beurteilung der Entwicklung der Warengruppen des Handels einfließen. So bieten etwa Produkte in wachsenden Märkten mit hohem Bekanntheitsgrad dem Vertrieb und dem Kunden ganz andere Perspektiven für die konzeptionelle Gestaltung von Warengruppen als beispielsweise Produkte in stagnierenden Nischenmärkten mit geringem Bekanntheitsgrad.

Von besonderem Interesse ist jedoch das Kaufverhalten der Konsumenten, der Shopper in den Geschäften des Handels. Welche Vertriebsschienen werden wie oft aufgesucht? Wie gelingt es einer Vertriebsschiene/Vertriebslinie, Kunden zu binden? In welchen Vertriebsschienen und Vertriebslinien kaufen die Konsumenten bevorzugt die Produkte des betrachteten Unternehmens? Welchen Effekt haben Maßnahmen am POS auf das Kaufverhalten? Diese Informationen helfen, dass, gemeinsam mit dem Handel, die Produkte des betrachteten Unternehmens in den Warengruppen des Handels richtig eingesetzt werden, die Nachfrage der Konsumenten bestmöglich erfüllt wird und die Markenführung bis an den POS begleitet werden kann.

2.2 Handelskunden mit Vertriebsschienen/ Vertriebslinien einschließlich Warengruppen und Shopper

Der extrem hohe Konzentrationsgrad im LEH erfordert eine intensive Kenntnis der Handelskunden; man muss sich mit ihren Unternehmensleitungen, Unternehmenszielen und Unternehmensstrategien auseinandersetzen sowie natürlich mit den einzelnen Vertriebsschienen und Vertriebslinien, den Warengruppen-/Kategoriekonzepten und den Shoppern dieser Kunden. Neben den quantitativen Fakten ist eine Vielzahl von **qualitativen** Fragestellungen zu klären:

Organisation
- Wie ist der Kunde organisiert? Welche Schwachstellen ergeben sich daraus in der Zusammenarbeit?
- Zu welcher größeren Organisation/welchem internationalen Einkaufsverbund gehört er? Mit welcher Konsequenz für uns?

Strategie
- Welche Ziele hat der Kunde? Und wie beeinflussen diese die Zusammenarbeit?
- Wie wird er sich national/international weiterentwickeln? Mit welchen Konsequenzen für uns?
- Welche Betriebstypenpolitik verfolgt er?
- Welche Handelsmarketingpolitik verfolgt er?
- Welche Handelsmarkenpolitik verfolgt er?

Ressourcen
- Wie ist die finanzielle Situation des Kunden?
- Wie ist das Know-how des Kunden in den verschiedenen Bereichen – Stärken/Schwächen?

Wettbewerber
- Wie positioniert er sich in seinem Wettbewerbsumfeld?
- Wer sind seine wichtigsten Wettbewerber?
- Welche Stellung hat er im Wettbewerb?

Situation als Lieferant
- Welche Bedeutung haben wir bei dem Kunden?
- Besitzt der Kunde ein Lieferantenmanagement?
- Welche Art von Lieferant sind wir für den Kunden (A, B, C)?
- Wie ist unser persönlicher Kontakt zum Kunden?
- Welche Stärken und Schwächen hat der Kunde in der Zusammenarbeit mit uns?

Supply Chain Management
- Erfüllen wir die Anforderungen an die logistischen Prozesse?
- Welche Veränderungen stehen an im Bereich Supply Chain Management? Mit welchen Konsequenzen für uns?

Die Analyse der Vertriebsschienen und Vertriebslinien einschließlich der relevanten Warengruppen der verschiedenen Kunden stellt aufwandsmäßig den Schwerpunkt der Situationsanalyse dar.

Vertriebsschienen und Vertriebslinien

- Welche Bedeutung und welche Dynamik werden die einzelnen Vertriebsschienen in der Zukunft haben?
- In welche Vertriebsschienen werden unsere Kunden in Zukunft ihre Schwerpunkte legen?
- Welche neuen Entwicklungen – auch aus dem Ausland – zeichnen sich bei den Vertriebsschienen ab?
- Welche bestehenden Vertriebslinien werden sich in den Vertriebsschienen behaupten können?
- Welche Vertriebslinien werden den Besitzer wechseln?
- Welche Shopper-Informationen liegen uns über die Vertriebslinien vor?
- Welche Informationen über die Positionierung, Handelsmarketingstrategie etc. einer Vertriebslinie liegen uns vor?
- Wie können wir unseren Auftritt am POS noch verbessern?
- Welchen Erfolg hatten unsere Co-Marketingmaßnahmen?
- Durch welche Maßnahmen können wir den Handel dabei unterstützen, das Profil seiner Vertriebslinie noch besser herauszustellen?

Category Management

- Welchen Status haben Category-Management-Aktivitäten in unserer Warengruppe in den Vertriebslinien?
- Welche Bedeutung haben wir im Category-Management-Prozess?
- Welche Bedeutung haben die Handelsmarken in unserer Warengruppe in der Vertriebslinie?
- Wie werden sich die Handelsmarken in unserer Warengruppe entwickeln?
- Welche Aktivitäten erwarten wir für die Handelsmarken?
- Welche Erfolge/welche Akzeptanz haben unsere Neuprodukte in den Vertriebslinien?
- Mit welchen Neuprodukten könnten wir uns in den Vertriebslinien profilieren?

Zur Kundenanalyse gehört im **quantitativen** Teil die detaillierte Betrachtung der Vertriebsschienen/Vertriebslinien jedes einzelnen Kunden.

Besonders interessant ist die Antwort auf die Frage, welche Position der Hersteller in den Vertriebslinien hat, die für den Kunden wichtig bzw. weniger bedeutend sind. Daraus wiederum resultiert die Frage nach der Zukunft dieser Vertriebslinien bei dem Kunden und den Konsequenzen für den Hersteller.

Kundenanalyse nach Vertriebsschienen/Vertriebslinien Kunde:	Alle VS/VL	VS: SB-Warenhaus VL:	VS: Verbr.-Markt VL:	Weitere VS: .....
• Positionierung der VL • Shopper-Profil • Shopper-Trends				
• Gesamtumsatz der VS/VL • Umsatzentw. im Dreijahresvergleich • Marktanteilsentwicklung der VS/VL im VS-Portfolio des Kunden • MA-Entw. im VS-Portfolio				
• Umsatz der Warengruppe (WG) • Umsatzentw. der WG vs. Vorjahr				
• eigener Marktanteil (MA) in der WG • MA-Entw. in der WG vs. Vorjahr • MA d. Hauptwettbewerbers in der WG • MA-Entw. des Wettb. vs. Vorjahr • MA d. Handelsmarke in der WG • MA-Entw. der Handelsmarke vs. Vorjahr				
• Anz. gelistete Produkte/geführte Produkte • Anzahl Facings gesamt • durchschnittl. Anzahl Facings pro Produkt • Regalplatzbeschreibung • Out-of-Stocks der wichtigsten Produkte in den letzten 12 Monaten				
• Erlösschmälerungen • Listungsgebühr/Werbekostenzu-schüsse • prozentualer Anteil Werbekostenzu-schuss von Gesamt-WKZ				
• durchschnittl. VK-Preis norm. • durchschnittl. VK-Preis Aktionen				

Kundenanalyse nach Vertriebsschienen/Vertriebslinien Kunde:	Alle VS/VL	VS: SB-Warenhaus VL:	VS: Verbr.-Markt VL:	Weitere VS: .....
• Promotionaktivitäten • Co-Marketingaktionen • Zweitplatzierungen • werbliche Maßnahmen am POS				
• sonst. Maßnahmen im Geschäft • Merchandisingaktivitäten • Aufgaben/Aktivitäten der Feldorganisation • Stand der Zusammenarbeit im Supply Chain Management • direkte Produktrentabilität/Flächenproduktivität • Deckungsbeitrag des Herstellers				

Tabelle 27: Kundenanalyse nach Vertriebsschienen/Vertriebslinien

Bedeutend ist auch

• ein Vergleich der Vertriebsschienen über die verschiedenen Kunden hinweg sowie
• innerhalb einer Vertriebsschiene die vergleichende Betrachtung der wichtigsten Vertriebslinien.

Die nachfolgenden Tabellen sind ein Vorschlag, wie die Fülle an Informationen in eine Übersicht gebracht werden kann.

Vergleich der verschiedenen Vertriebsschienen untereinander
Diese Analyse wird sich auf die wichtigsten wirtschaftlichen Ergebnisse und Kennzahlen konzentrieren. Sie wird zeigen, welche Bedeutung die verschiedenen Vertriebsschienen für den Hersteller haben, welche Vertriebsschienen verstärkt bearbeitet werden müssten, wo Ansatzpunkte für Verbesserungen sind und ggf. auch, ob es Hinweise dafür gibt, dass sich die Bearbeitung bestimmter Vertriebsschienen nicht mehr lohnt.

Vertriebsschiene (VS)	Alle VS	SB-Waren-haus	Discount	Drogerie-markt	Weitere VS
• Umsatz des Herstellers absolut • Umsatzentwicklung vs. Vorjahr • Umsatzentwicklung im Dreijahres-vergleich					
• Off-take/Abverkauf letzte Periode • durchschnittl. Abverkauf in den letzten 12 Monaten					
• aktueller Lagerbestand im Handel • durchschnittl. Lagerbestand in den letzten 12 Monaten • durchschnittl. Bestandslücken im Dreijahresvergleich • Umschlagshäufigkeit/Reichweite					
• eigener Marktanteil (MA) in der VS • Marktanteilsentwicklung vs. Vorjahr • MA-Entw. im Dreijahresvergleich					
• MA des Hauptwettbewerbers in der VS • Marktanteilsentwicklung vs. Vorjahr • MA-Entw. im Dreijahresvergleich					
• MA Handelsmarke in der VS • Marktanteilsentwicklung vs. Vorjahr • MA-Entw. im Dreijahresvergleich					
• Erlösschmälerungen • Listungsgebühren • Werbekostenzuschuss (WKZ)					
• durchschnittl. VK-Preis • durchschnittl. VK-Preis Aktion					
• Deckungsbeitrag des Herstellers					

Tabelle 28: Vergleich wichtiger wirtschaftlicher Ergebnisse/Kennzahlen der belieferten Vertriebsschienen

Betrachtung verschiedener Vertriebslinien innerhalb einer Vertriebsschiene

Die Informationen, die in dieser Analyse erhoben werden, sind detaillierter und beinhalten über wirtschaftliche Ergebnisse und Kennzahlen hinaus auch Maßnahmen und Aktivitäten, die in den Vertriebslinien durchgeführt wurden. Es bietet sich an, die wichtigsten Vertriebslinien, also A-Vertriebslinien, einzeln aufzuführen. Alle anderen Vertriebslinien sollten in einer weiteren Gruppe zusammengefasst werden.

Vertriebslinien (VL) in der Vertriebsschiene (z.B. VS Drogeriemarkt)	Alle Drogeriemärkte	VL Schlecker	VL dm	VL Müller	Weitere Drogeriemärkte
• Umsatz des Herstellers absolut • Umsatzentwicklung vs. Vorjahr in % • Umsatzentw. im Dreijahresvergleich in %					
• Off-take/Abverkauf letzte Periode					
• durchschnittl. Abverkauf in den letzten 12 Monaten					
• Aktueller Lagerbestand im Handel • durchschnittl. Lagerbestand in den letzten 12 Monaten • durchschnittl. Bestandslücken im Dreijahresvergleich • Umschlagshäufigkeit/Reichweite					
• Umsatz der Warengruppe (WG) • Umsatzentw. der WG vs. Vorjahr • Umsatzentw. der WG im Dreijahresvergleich					
• eigener Marktanteil (MA) • Marktanteilsentwicklung vs. Vorjahr Marktanteilsentwicklung im Dreijahresvergleich					
• MA Hauptwettbewerber • MA-Entw. vs. Vorjahr • MA-Entw. im Dreijahresvergleich					
• MA Handelsmarke • MA-Entwicklung vs. Vorjahr • MA-Entwicklung im Dreijahresvergleich					

Vertriebslinien (VL) in der Vertriebsschiene (z.B. VS Drogeriemarkt)	Alle Drogerie-märkte	VL Schlecker	VL dm	VL Müller	Weitere Drogerie-märkte
• Anzahl gelistete Produkte/geführte Produkte • Anzahl Facings gesamt • durchschnittl. Anzahl Facings pro Produkt • Regalplatzbeschreibung • Out-of-Stocks					
• Erlösschmälerung • Listungsgebühr/Werbekostenzu-schuss • prozentualer Anteil WKZ vom Gesamt-WKZ • Kosten für POS-Aktivitäten • Kosten für Feldorganisation/ Merchandising • Kosten für CM/SCM-Projekte					
• durchschnittl. VK-Preis • durchschnitt!. VK-Preis Aktion					
• Shopper-Research durchgeführt • Shopper-Informationen liegen vor – welche? • CM-Projekte Status? • SCM-Projekte Status?					
• Promotionaktivitäten • Co-Marketingaktionen • Zweitplatzierungen • Werbliche Maßnahmen am POS • sonst. Maßnahmen im Geschäft • Merchandisingaktivitäten • Aufgaben/Aktivitäten der Feld-organisation					
• direkte Produktrentabilität (DPR) • Flächenproduktivität					
• Deckungsbeitrag d. Herstellers					

Tabelle 29: Vergleich der Bedeutung verschiedener Vertriebslinien in einer Vertriebsschiene

2.3 Wettbewerber

Für den Hersteller ist – neben anderen Herstellern natürlich – auch der Handel mit seinen Handelsmarken ein Wettbewerber.

Aus **qualitativer** Sicht sind z. B. folgende Fragen zu stellen:

Fragen zur Wettbewerbsanalyse

- Welche Stellung hat der Wettbewerber in der Vertriebsschiene/der Vertriebslinie der Kunden?
- Wie sind die finanziellen Ressourcen einzuschätzen, um Kundenforderungen nachzukommen und Consumer-Marketing zu betreiben?
- Wie ist das Know-how in Bezug auf Trade-Marketing und Shopper-Marketing-Aktionen einzuschätzen?
- Welche Veränderungen stehen bei dem Wettbewerber an, die unsere Vertriebsarbeit und unser Trade-Marketing beeinflussen?

Vertrieb

- Wie ist der Vertrieb des Wettbewerbers organisiert? Und wie ist die Qualität der Vertriebsmitarbeiter einzuschätzen?
- Welches Image hat die Vertriebsorganisation des Wettbewerbers bei den Kunden? Welche vertriebsbezogenen Stärken und Schwächen weist der Wettbewerber auf? Und wie schätzt der Kunde diese ein?

Marketing

- Wie schätzt der Handel die Akzeptanz der Produkte und Consumer-Marketing-Aktivitäten des Wettbewerbers ein?
- Welchen Umfang hat das Trade-Marketing des Wettbewerbers?
- Wie akzeptieren die Kunden dessen Trade-Marketing-Aktivitäten?
- Inwieweit führt der Wettbewerber kooperative Aktivitäten mit den Kunden durch?
- Welchen Umfang hat das Shopper-Marketing des Wettbewerbers?
- Wie wirkt sich das Shopper-Marketing auf den Erfolg des Wettbewerbers aus?
- Welche Stellung hat der Wettbewerber in der Vertriebsschiene/der Warengruppe des Kunden?

Supply Chain Management/Category Management

- Wie gestaltet sich die Zusammenarbeit in der Supply Chain mit den Kunden?
- Welche CM-Aktivitäten mit welchem Erfolg/Ergebnis hat der Wettbewerber mit welchen Kunden?

Der **quantitative** Teil der Wettbewerberanalyse beinhaltet einen Vergleich der eigenen Situation mit den wichtigsten Wettbewerbsprodukten/Handelsmarken in den verschiedenen Vertriebsschienen bzw. in den Vertriebslinien der Kunden. Viele Daten können dabei natürlich nur abgeschätzt werden.

Vertriebsschiene z. B. Elektromarkt	Hersteller	Wettbewerber A	Wettbewerber B	Handelsmarke*	Weitere Wettbewerber
• Umsatz absolut • Umsatzentwicklung vs. Vorjahr • Umsatzentw. im Dreijahresvergleich					
• Offtake/Abverkauf letzte Periode • durchschnittl. Abverkauf in den letzten 12 Monaten					
• aktueller Lagerbestand im Handel • durchschnittl. Lagerbestand in den letzten 12 Monaten • durchschnittl. Out-of-Stocks in den letzten 12 Monaten • Umschlagshäufigkeit • Reichweite					
• Marktanteil in der Warengruppe • MA-Entw. im Dreijahresvergleich					
• Anzahl gelistete Produkte • Anzahl geführte Produkte • Anzahl Facings gesamt • durchschnittl. Anzahl Facings pro Produkt • Regalplatzbeschreibung					
• Erlösschmälerungen • Listungsgebühr/Werbekostenzuschuss abs. • prozentualer Anteil Werbekostenzuschuss von Gesamt-WKZ					
• durchschnittl. VK-Preis norm. • durchschnittl. VK-Preis Aktion					

Vertriebsschiene z. B. Elektromarkt	Hersteller	Wettbewerber A	Wettbewerber B	Handelsmarke*	Weitere Wettbewerber
• Promotionaktivitäten • Co-Marketingaktionen • Zweitplatzierungen • werbliche Maßnahmen am POS • sonst. Maßnahmen im Geschäft • Merchandisingaktivitäten • Aufgaben/Aktivitäten der Feldorganisation • direkte Produktrentabilität (DPR) • Flächenproduktivität • Deckungsbeitrag					

* Die Handelsmarke kann/sollte aufgrund der unterschiedlichen Positionierungen im Absatzkanal auch weiter untergliedert werden in Premium-, Mittel- oder Preiseinstiegsmarke.

Tabelle 30: Vergleiche der Wettbewerber in einer Vertriebsschiene

2.4 Umwelt

Zuletzt muss auch die vertriebsrelevante „Umwelt" untersucht werden. Zur „Umwelt" gehören Bereiche wie: neue Technologien und ihre Auswirkungen, rechtliche Veränderungen, nationale wirtschaftspolitische Einflüsse, Einflüsse und Trends aus dem europäischen Bereich sowie internationale Einflüsse und Trends. In Tabelle 31 sind einige Beispiele aufgeführt.

Umweltfaktor	Einfluss
Neue Technologien und ihre Auswirkungen	• E-Procurement, d. h. Beschaffung/Verkauf im Internet über z. T. weltweit organisierte Marktplätze, elektronische Auktionen und Ausschreibungen • CPFR: Collaborative Planning, Forecasting and Replenishment • Verstärkter Einsatz von Business-Suchmaschinen zur Lieferantenvorauswahl und Klassifizierung

Umweltfaktor	Einfluss
Rechtliche Veränderungen	• Wegfall des Rabattgesetzes und der Zugabeverordnung im Juli 2001 • Schuldrechtsmodernisierungsgesetz (2002) • Kenntlichmachung der Vertreterprovision (2007) • Modernisierung der Preisangabenverordnung (2010) • Kontinuierliche Liberalisierung der Ladenöffnungszeiten
Nationale Einflüsse	• Geringfügig Beschäftigte • Erholung der Wirtschaft im Jahr 2010
Einflüsse/Trends aus dem europäischen Bereich	• Wegfall des Koppelungsverbots (Gewinnspiel und Warenabsatz) • Umstellung des Sortiments auf Energiesparlampen
Internationale Trends	• Home Meal Replacement • Urban Entertainment Center • Homing • Nachhaltigkeit • Bioprodukte • Einführung der Nährwertampel • Forderung nach Energieeffizienz

Tabelle 31: Einfluss der „Umwelt" im Rahmen der Situationsanalyse im Trade-Marketing

2.5 Unternehmensinterne Situation

Für die Analyse der unternehmensinternen Situation sind im Wesentlichen die Bereiche Trade-Marketing, Shopper-Marketing, Finanzen, Organisation, Personal und technologische Ressourcen zu erfassen. Die nachfolgenden Tabellen geben wieder einen Überblick über Fragen, die zu diesem Themenkomplex gestellt werden sollten.

Fragen zu Trade-Marketing-Faktoren des Unternehmens

- Wie ist der Bekanntheitsgrad und das Ansehen des Unternehmens bei den Handelsunternehmen?
- Wie ist die Kundenzufriedenheit? Und wie ist die Kundenbindung?
- Wie ist die Akzeptanz der Konditionenpolitik?
- Wie wird die Zusammenarbeit im Supply Chain Management beurteilt?
- Wie ist das Category-Management-Know-how? Mit welchen Kunden arbeiten wir bezüglich Category Management zusammen?
- Wie sind Qualität und Akzeptanz der Promotionmaßnahmen?
- Wie werden unsere Neuprodukte vom Handel aufgenommen? In welcher Form integrieren wir den Handel bei der Entwicklung von Neuprodukten?
- Wie und über welche Medien kommunizieren wir mit dem Handel?
- Führen wir Co-Marketingaktionen durch? Mit welchen Kunden? Mit welchem Erfolg?
- Wie ist unser Regalservice? Führen wir Einzelhandelsdurchgänge durch? Ist das bei unseren Kunden sinnvoll?
- In welchem Umfang halten wir bei den Kunden Mitarbeiterschulungen ab? Wie bewerten die Kunden diese Aktivität?

Fragen zu Shopper-Marketing-Faktoren des Unternehmens

- Welchen Stellenwert hat Shopper-Marketing in unserem Unternehmen?
- In welcher Phase des Shopper-Marketing-Zyklus befindet sich unser Unternehmen?
- Wie erfolgreich implementieren wir die Shopper Insights in unseren Marketing-Mix?
- An welchen Benchmarks orientieren wir uns?
- Welche Insights führten bislang zu Produktinnovationen?
- Wie verläuft die Zusammenarbeit mit den Händlern bei Shopper-Marketing-Aktionen?
- Anhand welcher KPIs messen wir Shopper-Marketing-Erfolge?

Fragen zur finanziellen Situation des Unternehmens

- Wie ist die Prognose der Kostenentwicklung? Die verschiedenen Kostenarten, die hier betrachtet werden, sind: Konditionen, WKZ, Maßnahmen im Rahmen von Trade-Marketing-Aktivitäten.

- Welcher finanzielle Spielraum besteht, steigenden Kundenforderungen nachzukommen?
- Honorieren wir mit unseren Konditionen Druck oder Leistungen des Handels?
- Stehen unseren finanziellen und geldwerten Leistungen die erforderlichen Leistungen des Handels gegenüber?
- Welche finanziellen Möglichkeiten bestehen, Trade-Marketing-Mix-Maßnahmen zu optimieren und zu intensivieren?
- Welche finanziellen Möglichkeiten bestehen, Consumer-Marketing-Aktivitäten zur Markenbildung weiterhin aufrecht zu erhalten bzw. zu verstärken?
- Welche Kosten verursacht die Vertriebsorganisation? Welche Ergebnisse erreicht sie?
- Sind die Möglichkeiten, Kosten einzusparen wirklich ausgeschöpft?
- Welche Möglichkeiten bestehen, effizienter zu werden?
- Welche finanziellen Ressourcen stehen für die Durchführung fundierter Shopper-Analysen zur Verfügung?

Fragen zur Organisation des Vertriebs

- Entspricht die Organisationsstruktur des Vertriebs insgesamt den heutigen Kundenerfordernissen?
- Entspricht die Aufgabenstellung und Organisation des Key Account-Managements den heutigen Kundenerfordernissen?
- Welche Anforderungen stellen die Kunden an die Betreuung in der Fläche – und wie erfüllen wir sie?
- Welche Aufgaben hat der Innendienst? Wie ist er in die Kundenbetreuung integriert? Entspricht dies den Kundenerwartungen?
- Wie erfüllen wir Anfragen, Reklamationen, Wünsche unserer Kunden?
- Inwieweit können wir durch Einsatz externer Organisationen flexibler werden und schneller/besser auf Kundenerwartungen reagieren? Wie ist der Einfluss auf Kosten und Ergebnisse?
- Wo sind Schnittstellenprobleme zu den Kunden/innerhalb der Vertriebsabteilung/zu anderen Abteilungen im Unternehmen – und wie können sie abgebaut werden?
- Wie führen wir die Mitarbeiter im Vertrieb? Sind Balanced Scorecard und Benchmarking Steuerungsinstrumente, mit denen wir die Ergebnisse der Vertriebsarbeit inhaltlich verbessern könnten?

- Werden im CAS-System/Reporting alle wesentlichen Fakten korrekt berichtet?
- Deckt das aktuelle CRM-System alle notwendigen Bedarfe ab?
- Welche Vorteile hätten wir durch den Aufbau eines Business Intelligence?
- Entspricht unser Entlohnungssystem unseren Anforderungen an die Vertriebsmitarbeiter? Und ist es im Wettbewerbsumfeld attraktiv?

Fragen zur personellen Situation im Vertrieb

- Wie ist der arbeitsbezogene Auslastungsgrad der Vertriebsmitarbeiter und was muss daran ggf. verändert werden?
- Welche Anforderungen stellen Kunden heute an die Qualität der Vertriebsmitarbeiter und wie ist die Qualität unserer Vertriebsmitarbeiter in den verschiedenen Funktionen?
- Welcher Trainings- und Schulungsbedarf besteht?
- Wie beurteilen die Kunden unsere Vertriebsmitarbeiter in den verschiedenen Funktionen?
- Was verstehen die Vertriebsmitarbeiter unter Kundenorientierung? Entspricht dies den Vorstellungen der Unternehmens- und Vertriebsleitung? Wie ausgeprägt ist diese Kundenorientierung der Vertriebsmitarbeiter?
- Wissen die Mitarbeiter exakt, welche Anforderungen an sie gestellt werden/welche Aufgaben sie zu erfüllen haben?
- Was motiviert die Mitarbeiter im Vertrieb? Wie ausgeprägt ist ihre Motivationslage?
- Was tun wir, um die Motivation zu verbessern?
- Welche Ausstattung erhalten die Mitarbeiter für die Kundenbearbeitung? Ist sie ausreichend und entspricht sie den Kundenerfordernissen?

Fragen zur technologischen Ausstattung des Unternehmens für die Kundenbearbeitung

- Welche technologische Unterstützung geben wir dem Vertrieb für dessen Arbeit beim Kunden? Ist das ausreichend? Welche Investitionen sind notwendig?
- Wie ist die Zusammenarbeit mit dem Kunden auf technologischer Basis? Erfüllen wir die Anforderungen unserer Kunden insbesondere im Logistikbereich? Wo sind Schwachstellen? Was müssen wir tun/investieren, um sie abzubauen?

- Wie schnell, zuverlässig und umfassend ist unser internes Informationssystem?
- Inwieweit nutzt unser Unternehmen Business Intelligence (BI)?
- Stehen dem Vertrieb alle Daten zur Verfügung, die er für die Kundenbearbeitung benötigt?

Stellt das Unternehmen Handelsmarken her oder beabsichtigt es, die Herstellung von Handelsmarken anzubieten, sollte folgender Fragenkomplex bearbeitet sein:

Fragen zur Produktion von Handelsmarken

- Wie ist die Ausschöpfung der Produktionskapazitäten? Erfordert die Produktion von Handelsmarken den Aufbau zusätzlicher Kapazitäten – Personal/Maschinen/Räume? Ab welchen Mengen müssten Kapazitäten erweitert werden?
- Welches Umsatzvolumen erscheint realistisch/ist für uns interessant?
- Wie wollen wir, von den Inhaltsstoffen abgesehen, die Handelsprodukte von unseren Produkten unterscheiden?
- Wie soll die Verpackung der Handelsmarken funktional gestaltet sein? Wird eine Differenzierung in der Verpackung andere Abfüllmaschinen/Verpackungsmaschinen erfordern?
- Wie schnell könnten wir dem Handel produktionsreife Formulierungen/Produkte in Verpackung anbieten?
- Wie verändert die Produktion von Handelsmarken die auf unsere Produkte zuzurechnenden Fixkosten?
- Ist die Gewinnmarge, die aufgeschlagen werden kann, für uns interessant?
- Welche Synergien sind realistisch bei einer Produktion von Handelsmarken? Welche Auswirkungen werden insbesondere auf unsere Marken zukommen?
- Ändert sich hierdurch unser Trade-Marketing?

3 Zielbildung im Trade-Marketing

Die Situationsanalyse liefert die informatorische Basis für die Entwicklung der Trade-Marketing-Konzeption. Aus der Fülle an Daten müssen nun diejenigen herausgefiltert werden, die das Unternehmen in seiner Zielerreichung fördern und damit die Grundlage der Zielbildung darstellen. Dazu werden die unternehmensexternen Daten einer Chancen-Risiko-Analyse und die unternehmensinternen Daten einer Stärken-Schwächen-Analyse unterzogen. Beide Analyseergebnisse werden in der SWOT-Analyse verzahnt. Aus dieser wiederum werden in einem weiteren Analyseschritt die „Key Issues" formuliert. Dies sind „Kernfragen", die in der Marketingkonzeption angegangen und bearbeitet werden sollten, weil sie das Unternehmen nach dem jetzigen Stand in die Zukunft tragen können.

3.1 Chancen-Risiko-Analyse

Das Ziel der Chancen-Risiko-Analyse besteht darin, aus den unternehmensexternen Faktoren diejenigen herauszufiltern, die in der Zukunft eine Chance bzw. ein Risiko für das Unternehmen darstellen. Negative Ereignisse sollen möglichst verhindert werden, bzw. man muss einen Weg finden, sich mit ihnen angemessen auseinanderzusetzen. Positive Ereignisse dürfen nicht übersehen und sollten möglichst verstärkt werden (vgl. *Meffert* 1998, S. 63 f.).

Durch eine Chancen-Risiko-Analyse wird also der strategische Handlungsrahmen in seiner kompletten Größe für die zukünftige Vertriebsarbeit erkannt und abgesteckt (vgl. Tabelle 32).

3.2 Stärken-Schwächen-Analyse

Das Ziel der Stärken-Schwächen-Analyse besteht darin, zu klären, welche internen Ressourcen das Unternehmen hat oder in der Zukunft haben kann, um wiederum den Chancen- bzw. Risikoraum strategisch sinnvoll für sich zu nutzen bzw. zu vermeiden. Nach der Chancen-Risiko-Analyse sind daher im nächsten Schritt die unternehmensinternen Ressourcen im Rahmen einer Stärken-Schwächen-Analyse zu bewerten. Methodisch bietet es sich an, die Stärken und Schwächen, wie dies vielfach getan wird, über ein Polaritätenprofil darzustellen (vgl. *Becker 2009*, S. 104). Dazu müssen die in der Situationsanalyse erhobenen Informationen in Kriterien zusammengefasst und einer qualitativen Bewertung unterzogen werden (vgl. Abb. 23).

Chancen	Risiken
• Unsere Marke hat einen unverändert sehr hohen (gestützten) Bekanntheitsgrad und ein sehr gutes Image.	• Der Markt für Spielwaren sinkt mengenmäßig aufgrund der Geburtenrate.
• Unsere neuen Produkte sind von den Spielzeugfachmärkten und den SB-Warenhäusern sehr gut aufgenommen worden.	• Die Vertriebsschiene Spielwarenfachhandel verliert zusehends an Bedeutung.
• Unsere Regalplatzoptimierungsvorschläge für Kunde C waren erfolgreich. Der Kunde hat eine Umsatz- und Ertragssteigerung in der Warengruppe erzielt.	• Unsere Co-Marketing-Aktionen in den Spielzeugfachmärkten haben die Kunden enttäuscht.
	• Unsere Lieferzeiten sind mit X Tagen zu lang.
• Kunde X und Kunde Z wollen uns als Category Captain einsetzen.	• Die meisten Wettbewerber geben in den SB-Warenhäusern höhere Konditionen.
• Wettbewerber Y wird seine Feldorganisation aufgeben.	• Ein wichtiger Wettbewerber wird von einem japanischen Unternehmen übernommen werden. Wir rechnen in Zukunft mit erheblichen Marketinginvestitionen.
• Wir haben eine Anfrage vorliegen, für den Kunden A zu produzieren.	• Unser Personaleinsatz in großen A-Häusern wird durch die neuen Regelungen für geringfügig beschäftigte Mitarbeiter infrage gestellt.

Tabelle 32: Beispiel: Auswahl möglicher vertriebsbezogener Chancen und Risiken für einen Hersteller von Spielwaren

Nach dieser Analysephase stellt sich die Frage, inwieweit die eigenen Ressourcen den Anforderungen des Marktes/der Kunden tatsächlich genügen und wie sie sich auch im Vergleich mit dem stärksten Wettbewerber ausnehmen. Dieser Abgleich mit den Marktanforderungen wird in der Praxis eher selten durchgeführt werden, da er sehr zeit- und kostenintensiv ist. Der Vergleich mit dem Ressourcenprofil des stärksten Wettbewerbers im Rahmen eines sog. Benchmarking (vgl. *Becker* 2009, S. 102) sollte in jedem Fall für so viele Kriterien wie möglich erfolgen. Nur so lassen sich jene Bereiche identifizieren, in denen die Unternehmung spezifische Wettbewerbsvorteile aber auch -nachteile besitzt (vgl. *Meffert* 1998, S. 64).

Es bietet sich ggf. auch an, anstelle des stärksten Wettbewerbers in der eigenen Branche Wettbewerber aus anderen Branchen zu analysieren und sich mit ihnen zu vergleichen. Der Vorteil liegt darin, „über den eigenen Zaun zu sehen" und dadurch in Erfahrung zu bringen, welche Standards zu den verschiedenen Kriterien in anderen Branchen erreicht werden.

Nicht alle Kriterien sind für den Erfolg bei einem Kunden oder bei einer Chance gleichbedeutend. Daher bietet es sich an, zusätzlich zu der Beurteilung auch noch

Kriterien	Beurteilung						Erfolgswichtigkeit		
Trade-Marketing-Konzept	1	2	3	4	5	6	Hoch	Mittel	Niedrig
• Ansehen bei den Handelskunden	X						X		
• Zufriedenheit der Handelskunden insgesamt mit dem Unternehmen	X								
• Bindung der Handelskunden an das Unternehmen		X					X		
• Akzeptanz der Konditionenpolitik		X					X		
• Zusammenarbeit im SCM			X				X		
• Category-Management-Know-how	X						X		
• Shopper-Marketing-Know-how		X					X		
• Promotionqualität				X			X		
• Erfolg der Neuprodukte im Handel	X						X		
• Kommunikation zum Handel			X					X	
• Co-Marketing Aktionen			X				X		
• Regalservice			X				X		
• Einzelhandelsdurchgänge					X				X
• Mitarbeiterschulung	X						X		
Finanzielle Situation									
• Finanzielle Stabilität		X					X		
• Kapitalverfügbarkeit			X				X		
• Volatilität der Rohstoffkosten		X					X		
Zukünftige Investitionen in:									
• Trade-Marketing-Maßnahmen		X					X		
•• Shopper-Marketing-Maßnahmen		X					X		
•• Consumer-Marketing-Maßnahmen			X				X		

Kriterien	Beurteilung						Erfolgswichtigkeit		
Trade-Marketing-Konzept	1	2	3	4	5	6	Hoch	Mittel	Niedrig
Personelle Vertriebssituation									
• Auslastung der Vertriebsmitarbeiter (VMA)				X					X
• Qualität des Key Account Managements				X			X		
• Qualität der Feldmitarbeiter		X						X	
• Qualität des Innendienstes			X					X	
• Kundenorientierung der VMA		X					X		
• Motivation der VMA			X					X	
• Ausstattung der VMA für die Kundenbearbeitung			X					X	
Vertriebsorganisation									
• Ausrichtung der Organisation an Kundenerfordernissen			X				X		
• Qualität der Bearbeitung von Anfragen, Reklamationen			X					X	
• Schnittstellenprobleme in der Zusammenarbeit KundeVertrieb, Marketing- Vertrieb				X				X	
• Einsatz moderner Steuerungsinstrumente				X				X	
• Attraktivität des Entlohnungssystems		X						X	
Technologische Ausstattung									
• Einsatz eines CRM Systems			X				X		
• Einsatz von Laptops / Tablet PCs				X					X
• Einsatz von EDIFACT				X			X		
• Efficient Replenishment				X			X		
• Geschäftsabschlüsse über E- Marketplaces					X		X		

Abbildung 23: Beispiel für eine Stärken-Schwächen-Analyse

die Erfolgswichtigkeit in den Dimensionen „hoch", „mittel" oder „niedrig" zu bewerten. Stellt man die Leistungsausprägung und die Erfolgswichtigkeit der Faktoren gegenüber, so ergeben sich insgesamt sechs Kombinationen (vgl. *Kotler/Keller/Bliemel* 2007, S. 111 f.) (vgl. Tabelle 33):

- **Verbesserungen nicht notwendig:** Hier ist die Leistung gering, sie ist aber auch nicht relevant für den Erfolg.
- **Etwas mehr Anstrengung wäre gut:** Hier ist die Leistungsausprägung gering und die Erfolgswichtigkeit mittelmäßig. Eine Verstärkung der Anstrengungen lohnt sich.
- **Anstrengung stark intensivieren lohnt sich:** Hier ist die Leistungsausprägung gering, aber die Erfolgswichtigkeit erheblich. Bei diesen Kriterien müssen die Anstrengungen auf alle Fälle stark erhöht werden.
- **Großer Aufwand, der den Erfolg wenig beeinflusst:** Die Leistungsausprägung ist groß, die Erfolgswichtigkeit aber niedrig. Hier werden Ressourcen an der falschen Stelle erbracht – oder treffender – vergeudet
- **Etwas weniger Aufwand tut's auch:** Hohe Leistungsausprägung bei nur mittelmäßig wichtigen Erfolgskriterien. Hier kann der Aufwand etwas nachlassen, muss aber nicht.
- **Weiter unverändert gute Arbeit leisten:** In diesem Bereich ist die Leistungsausprägung hoch, genauso wie die Erfolgsausprägung. In diesem Bereich darf mit der Leistungserbringung nicht nachgelassen werden.

3.3 SWOT-Analyse

Eine Verbindung der unternehmensinternen Ergebnisse mit den unternehmensexternen Faktoren, also den Resultaten der Stärken-Schwächen-Analyse mit denen der Chancen-Risiken-Analyse führt zu der sog. SWOT-Analyse (Strengths and Weaknesses, Opportunities and Threats).

Tabelle 34 zeigt eine SWOT-Analyse, für das Spielwarenunternehmen, das hier als fiktives Beispiel diente.

3.4 Schlüsselfragen

Die Bildung der sog. „Schlüsselfragen" ist der letzte Schritt, der notwendig ist, um die Zielformulierung vorzunehmen, d. h. den Prozess der Zielbildung abzuschließen. In diesen Schlüsselfragen (engl.: „Key Issues"), die auch als „Problemfragen"

139

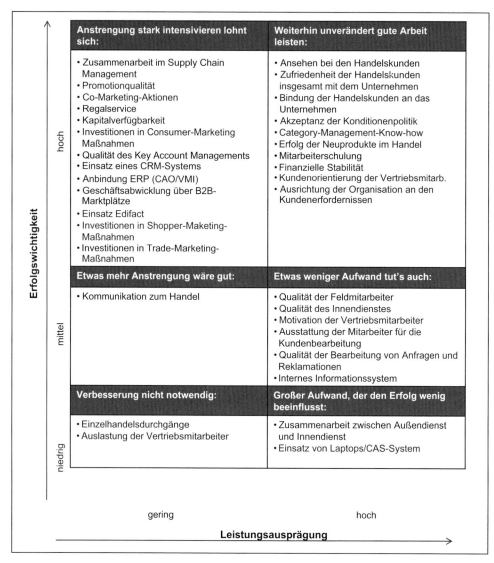

Tabelle 33: Beispiel für eine Stärken-Schwächen Analyse: Vergleich der Leistungs-ausprägung der verschiedenen Kriterien mit der Erfolgswichtigkeit

bezeichnet werden können (vgl. *Kotler/Keller/Bliemel* 2007, S. 127), werden die Erkenntnisse aus der SWOT-Analyse noch einmal komprimiert und führen fast zwingend zu der Zielformulierung.

Aus der SWOT-Analyse des Spielwarenherstellers würden sich folgende Schlüsselfragen ergeben:

- Wie können wir eine Intensivierung des Consumer-Marketing finanzieren?
- Mit welchen Neuprodukten werden wir in Zukunft/im nächsten Geschäftsjahr im Handel erfolgreich sein?
- Wie können wir unser Category-Management-Know-how bei weiteren Kunden einbringen?
- Wie setzen wir die Customer Insights zielgerichtet um?
- Wie treiben wir die ECR-/SCM-Implementierung voran?
- Wie erreichen wir eine Distributionsausweitung außerhalb des Spielwarenfachhandels?
- Wie verbessern wir die Qualität unserer Promotioneinsätze vor Ort?
- Wie wollen wir in Zukunft dem Thema „Produktion von Handelsmarken" begegnen?

	Chancen	Risiken
Stärken	• Neue Produkte sind unsere Erfolgsfaktoren im Handel. • Unser Category-Management-Know-how ist professionell und für die Kunden von hohem Interesse. • Wenn der Wettbewerber seine Feldorganisation aufgibt, kann unser Außendienst die Instore- und Merchandising-Aktivitäten verstärken. • Der Website Relaunch kann unsere Produktpalette übersichtlicher machen und Bestellungen vereinfachen. Außerdem muss die Anbindung an E-Marktplaces geprüft werden.	• Unsere Konditionen in den SB-Warenhäusern sind unverändert attraktiv, auch wenn der Wettbewerber seine erhöht hat.
Schwächen	• Der gute Bekanntheitsgrad unserer Marke muss durch Consumer-Marketing aufrechterhalten werden. • Auf die Produktion von Handelsmarken sind wir bislang nicht vorbereitet. • Die Zusammenarbeit mit den Kunden wird gestärkt, wenn wir die Enabling Technologies sowie unser CRM-System beherrschen und Anforderungen im SCM genügen.	• Umsatzverluste im Spielwarenfachhandel müssen durch Neulistungen in anderen Vertriebsschienen durch unser Key Account Management aufgefangen werden. • Die Marketinginvestitionen des japanischen Wettbewerbers werden uns bald schaden, wenn wir nicht ebenfalls verstärkt in den Markt investieren. • Unsere Promotioneinsätze vor Ort müssen intensiviert und inhaltlich verbessert werden – auch wenn dafür in Zukunft keine bzw. weniger geringfügig Beschäftigte zur Verfügung stehen.

Tabelle 34: Mögliche Ergebnisse der SWOT-Analyse eines (fiktiven) Spielwarenherstellers

4 Trade-Marketing-Konzeption

4.1 Ziele im Trade-Marketing

Auf Basis der SWOT-Analyse und der Schlüsselfragen kann die eigentliche Trade-Marketing-Konzeption entwickelt werden. Im ersten Schritt erfolgt die Formulierung der Trade-Marketing-Ziele.

Nur mit einer zielorientierten Ausrichtung kann die Unternehmens- und Marketingplanung verhindern, zu einer Anpassung an Umweltveränderungen gezwungen zu werden und damit in die Gefahr des „Durchwurstelns", also in eine „Muddling Through"-Strategie zu geraten. Die Erfahrungen in der Praxis zeigen, dass dies im Besonderen auch für die Arbeit der Vertriebsabteilungen gilt. Diese ist geprägt von der Verfolgung kurzfristiger operationaler Handlungsziele, die zu oft nicht in einen konzeptionellen Rahmen eingeordnet sind.

Die Formulierung von Zielen erhält im Vertrieb noch dadurch eine ganz besondere Bedeutung, dass sich die Beurteilung und Honorierung der Vertriebsmitarbeiter – wie in keiner anderen Funktionsabteilung – an der Erreichung von Zielen orientiert. Umso mehr muss sichergestellt sein, dass die Strategien und Maßnahmen, die durch den Vertrieb ergriffen werden, stimmig sind und eine Zielerreichung auch ermöglichen.

Die Zieldimensionen sollen sich an den Verantwortungsbereichen des Vertriebsmanagements im Trade-Marketing orientieren (vgl. Teil A, Kap. 4.3): „Vertriebsschienen/Kunden", „Vertriebsabteilung" und „Ergebnis". Es lassen sich daher **ergebnisbezogene Ziele**, **vertriebsschienen-** und **kundenbezogene Ziele** sowie **vertriebsabteilungsbezogene Ziele** unterscheiden.

Diese Ziele müssen, wie die gesamte Trade-Marketing-Konzeption, mit den Gesamtunternehmenszielen und den Zielen im Consumer-Marketing abgestimmt sein.

Den einzelnen Zielbereichen lassen sich folgende Einzelziele zuordnen:

Ergebnisbezogene Trade-Marketing-Ziele
- Umsatz-/Absatzziele
- Erlösschmälerungen
- Retouren- und Gutschriften

- Kosten der Logistik/SCM
- Kosten des Trade-Marketing-Mix
- Kosten der Vertriebsorganisation
- Deckungsbeitrag (nach verschiedenen Kriterien wie Kunden, Vertriebsschienen, Gebieten usw.)

Vertriebsschienen- und kundenbezogene Trade-Marketing-Ziele
- Kundenzufriedenheit
- Kundenbindung
- Kooperationsbereitschaft des Handels
- Marktanteile in Vertriebsschienen
- Marktanteile in Warengruppen des Kunden (= Bedeutung als Lieferant)
- Distributionsgrad (numerisch, gewichtet)
- Regalplatz
- Lagerbestände/Reichweiten/Umschlagsgeschwindigkeit/Out-of-Stock
- Lieferzeit/Lieferbereitschaft/Lieferzuverlässigkeit
- Sicherstellung des eigenen VK-Preisniveaus!
- Akzeptanz der erzielbaren Handelsspanne
- DPR/Flächenproduktivität

Vertriebsabteilungbezogene Trade-Marketing-Ziele
- Qualifikation der Vertriebsmitarbeiter
- Image der Vertriebsmitarbeiter bei den Kunden
- Leistungsbereitschaft und Motivation der Vertriebsmitarbeiter

Es gibt langfristige Ziele, die eine strategische Bedeutung für das Trade-Marketing haben – z. B. das Ziel, die Marktanteilssituation in einer Vertriebsschiene zu verbessern, oder das Ziel, die Kundendeckungsbeiträge zu verbessern. Demgegenüber gibt es eine Vielzahl von operativen, kurzfristig zu erfüllenden Zielen im Trade-Marketing, wie z. B. der Hineinverkauf einer bestimmten Aktionsware zur kurzfristigen Umsatzsteigerung.

Bei der Festlegung der Ziele ist zu überprüfen, ob die Ziele untereinander vereinbar sind (komplementäre Ziele) oder ob sie im Widerspruch zueinander stehen (konfliktäre Ziele) bzw. sich sogar gegenseitig ausschließen, es sich also um sog. antinome Ziele handelt. Eine konfliktäre Zielsituation wird sich z. B. ergeben, wenn die Distribution in neue Vertriebsschienen erweitert werden soll, gleichzeitig aber die Organisation des Key Account Managements personell gestrafft wird. Eine antinome Zielsituation liegt vor, wenn das Budget für Werbekostenzuschüsse (WKZ) an den Handel nicht erhöht wird, gleichzeitig aber eine Verstärkung kooperativer Werbung das Ziel ist.

Für sämtliche Zielformulierungen gilt die SMART-Regel! Sie besagt, dass Ziele

- specific (spezifisch, konkret),
- measurable (messbar),
- acceptable/attractive (akzeptierbar und attraktiv, da erreichbar),
- realistic (vereinbar mit den Unternehmenszielen) und
- timely (einen zeitlichen Bezugsrahmen haben)

sein müssen.

Eine Zielformulierung, die lautet: „Wir müssen im nächsten Jahr unsere Ergebnisse in einigen Vertriebsschienen bei Weitem verbessern", ist weder spezifisch, noch messbar, noch wird sie von den Mitarbeitern akzeptiert. Den SMART-Kriterien würde Folgendes entsprechen: „Ziel ist, im nächsten Geschäftsjahr unsere Umsätze in der Vertriebsschiene SB-Warenhaus des Kunden REWE um 30 % zu steigern." (Zur Formulierung von Leistungszielen vgl. *Kotler/Keller/Bliemel* 2007, S. 114 ff.) Bei dem erwähnten fiktiven Spielwarenhersteller ist nicht bekannt, welche ergebnisbezogenen Ziele er im Einzelnen hat.

Aus den Schlüsselfragen lassen sich beispielhaft folgende Ziele für das Trade-Marketing dieses Spielwarenherstellers ableiten:

- Erhöhe die Consumer-Marketing-Aktivitäten um X bis Y Prozent durch Kosteneinsparungen in Höhe von insgesamt Z Mio. Euro im Vertriebsbereich im Zeitraum April bis Dezember!
- Fördere die Kundenbindung und die Kooperationsbereitschaft bei sämtlichen A-Kunden durch das Angebot von Regalplatzoptimierungen einschließlich Unterstützung im Category Management!
- Verbessere die numerische Distribution im SB-Warenhaus um 20 %, im Discount um 35 % innerhalb der nächsten 12 Monate!
- Verbessere die Beurteilung der Qualität der Promotioneinsätze durch die Abteilungsleiter der A-Kunden um mindestens 50 % innerhalb der nächsten 12 Monate!
- Vorlage einer entscheidungsreifen Konzeption zu den Pro- und Kontras der Produktion von Handelsmarken bis zum 31.3.!
- Ernennung eines ECR-/SCM-Beauftragten bis 31.1. und Erarbeitung einer entscheidungsreifen ECR-/SCM-Grobkonzeption bis 30.6.

4.2 Strategien und Taktiken

„Mit den Leistungszielen offenbart das Management, wie viel es erreichen will; die Strategie zeigt auf, was zur Zielerreichung getan werden muss, und die operative Taktik bestimmt, wie es getan wird." (*Kotler/Keller/Bliemel* 2007, S. 115)

Bei einer grundlegenden strategischen Trade-Marketing-Planung können sich aus der Situationsanalyse heraus Tatbestände ergeben, die zu einer strategischen Neuausrichtung führen (vgl. Teil A, Kap. 6).

Bei der Erstellung des jährlichen Trade-Marketing-Plans wird ein Eingreifen in langfristig und mittelfristig festgelegte strategische Konzeptionen kaum notwendig werden. Hier werden zur Zielerreichung taktische Entscheidungen getroffen, die sich einer systematischen Darstellung entziehen.

Im Beispiel des Spielwarenherstellers könnten folgende Optionen zur Zielerreichung diskutiert werden:

Ziel: Erhöhe die Consumer-Marketing-Aktivitäten um X bis Y Prozent durch Kosteneinsparungen in Höhe von insgesamt Z Mio. Euro im Vertriebsbereich im Zeitraum April bis Dezember.

Es gilt also zu klären, aus welchen Bereichen einmalig Gelder freigesetzt werden könnten, ohne dass mittelfristig eine Auswirkung auf die Kundenbeziehungen eintreten.

Möglichkeiten sind z. B.:
- Reduzierung der Trainings- und Schulungsaufwendungen,
- Reduzierung der Unterlagen der Vertriebsmitarbeiter für die Kundenbearbeitung oder auch
- Reduzierung der handelsbezogenen Werbung.

4.3 Maßnahmen/Budgets/Timing

Auf die Verabschiedung der Strategie folgt die detaillierte **Ausarbeitung der einzelnen Maßnahmen**, die jetzt durchgeführt werden müssen.

Je nach Komplexität der Aufgabe bietet es sich an, einen **Projektplan** anzulegen, der die einzelnen Schritte aufzeigt.

Weiterhin muss über die Kosten der Maßnahmen ein **Budget** erstellt werden. Es müssen **Verantwortliche** für die Durchführung der Maßnahmen benannt werden und das Timing ist festzulegen, d.h., wann welche Schritte erledigt sind, damit die Maßnahmen termingerecht abgeschlossen werden.

Die Maßnahmen, die der Spielwarenhersteller einleiten müsste, wären beispielhaft folgende. Angenommen, es wurde entschieden, dass zur Unterstützung der Finanzierung von Consumer-Marketing-Aktivitäten der WKZ reduziert werden soll.

Maßnahmen:

- Aufforderung an die Key Account Manager (KAM) und auch an die Gebietsverkaufsleiter, die Höhe der Werbekostenzuschuss(WKZ)-Aufwendungen sowie die Anzahl und die Art der Werbung des letzten Jahres aufzulisten und einen Vorschlag zu erarbeiten, welche Werbeaktivitäten und damit welche Kosten eingespart werden könnten.
- Information durch Abteilung Produktmanagement, welche Consumer-Aktivitäten gestartet werden und welche Umsatzergebnisse bzw. Abverkaufsergebnisse für die jetzt intensiver unterstützten Produkte erwartet werden.
- Besprechung zwischen KAM, Gebietsverkaufsleiter und Vertriebsleitung, wie gegenüber den Kunden argumentiert wird.
- Gegebenenfalls Darstellung der Consumer-Aktivitäten und der erwarteten Ergebnisse z. B. in einem Sales Folder.
- Durchsetzung der Maßnahme bei (ausgewählten) Kunden, die WKZ erhalten.

5 Trade-Marketing-Plan

5.1 Bestandteile des Trade-Marketing-Plans

Der Trade-Marketing-Plan setzt sich aus drei Bausteinen zusammen (vgl. Teil A, Kap. 4.3), und zwar aus:

- individuellen kundenbezogenen bzw. vertriebsschienenbezogenen Trade-Marketing-Plänen,
- einem Vertriebsressourcenplan,
- einem Ergebnisplan.

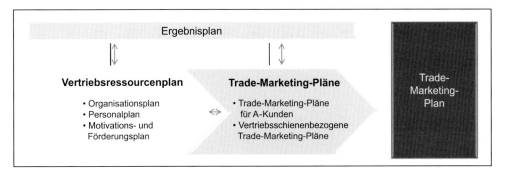

Abbildung 24: Bausteine des Trade-Marketing-Plans

Dieser Trade-Marketing-Plan, der auch als Vertriebsplan bezeichnet werden kann, ergänzt den Consumer-Marketing-Plan des Produktmanagements. Beide Pläne zusammen gewährleisten eine optimale Erfüllung der Unternehmens- und strategischen Marketingziele (vgl. Teil A, Kap. 4.3).

5.2 Kunden- und vertriebsschienenbezogene Trade-Marketing-Pläne

Die Umsatzbedeutung der wenigen großen Handelsorganisationen macht es sowohl erforderlich als auch durchführbar, dass die Hersteller jeweils eine separate kundenbezogene Trade-Marketing-Planung vornehmen. Für diese A-Kunden und ggf. auch noch für große B-Kunden sollte daher ein individueller Trade-Marketing-Plan erstellt werden.

Aufgrund der aufgezeigten Bedeutung der verschiedenen Vertriebsschienen bei einem Großkunden muss innerhalb eines kundenbezogenen Trade-Marketing-Plans eine vertriebsschienenbezogene Differenzierung vorgenommen werden.

Um den sehr unterschiedlichen Anforderungen der Vertriebsschienen gerecht zu werden, werden die kleineren Handelskunden innerhalb individueller vertriebsschienenbezogener Trade-Marketing-Pläne zusammengefasst. Verantwortlich für die Erstellung der Trade-Marketing-Pläne sind die zuständigen Key Acccount Manager.

Für den Aufbau eines kundenbezogenen Trade-Marketing-Plans bietet sich folgende Gliederung an (analog kann ein vertriebsschienenbezogener Plan erstellt werden!):

Trade-Marketing-Plan Kunde A

1. ZUSAMMENFASSSUNG
1.1 Status laufendes Geschäftsjahr
1.2 Aktuelle Vertriebssituation
1.3 Wichtigste SWOT-Ergebnisse und Schlüsselfragen
1.4 Prioritätsziele bei dem Kunden für das nächste Geschäftsjahr und Strategien
1.5 Prioritätsmaßnahmen und Kosten
1.6 Wirtschaftliche Ergebnisse/Kundendeckungsbeitrag

2. VERTRIEBSSCHIENE A (Z.B. SB-WARENHÄUSER UND VERBRAUCHER-MÄRKTE)
2.1 Status laufendes Geschäftsjahr
2.2 Aktuelle Vertriebssituation
2.3 SWOT-Analyse und Schlüsselfragen
2.4 Ziele nächstes Geschäftsjahr
2.5 Vertriebsstrategie
2.6 Maßnahmenkatalog – mit Ausweis der Prioritätsprojekte
2.7 Budget/Timing/Verantwortlichkeiten
2.8 Wirtschaftliche Ergebnisse/Vertriebsschienen-Deckungsbeitrag

3. VERTRIEBSSCHIENE B (Z.B. SUPERMÄRKTE)
3.1 Status laufendes Geschäftsjahr
3.2 Aktuelle Vertriebssituation
    Usw....

4. VERTRIEBSSCHIENE C (Z. B. DISCOUNT-GESCHÄFTE)
4.1 Status laufendes Geschäftsjahr
Usw.....

Der „Status laufendes Geschäftsjahr" beinhaltet zur Übersicht ein „Zahlenwerk" mit Angaben über

- Soll (= Budget),
- Ist (= Ergebnisstand bei der Erstellung des Plans) und
- Jahresendschätzungen

der wichtigsten quantitativen Ziele, also Umsatz und Deckungsbeitrag, sowie Daten über die Bedeutung des Unternehmens, bzw. der Produktgruppe beim Kunden bzw. in der Warengruppe des Kunden.

Bruttoumsatz des Kunden	
./. Retouren/Gutschriften ./. Erlösschmälerungen (Rabatte, Bonus, Skonto) **Nettoumsatz des Kunden**	
./. variable Herstellkosten	
Kundendeckungsbeitrag I	
./. Kosten der Warenlogistik/Frachtkosten ./. Kosten der Informations- und Datenlogistik ./. Listungsgebühren (als Distributionskosten)	**Kosten der Logistik**
./. Werbekostenzuschüsse/WKZ ./. Kosten der Regalpflege/Merchandising ./. VKF-Material/Displays Einsatz Verkaufsförderer ./. Produktmuster/Proben ./. Personalschulung ./. Sonst. Kosten der Werbung/VKF	**Kosten der Werbung und Verkaufsförderung beim Kunden**
./. Umsatzprovisionen ./. Prämien ./. Reisekosten/Bewirtungen ./. Sonstige Vertriebskosten	**Kosten des Vertriebs beim Kunden**
Kundendeckungsbeitrag II	

Abbildung 25: Inhalte einer Kundendeckungsbeitragsrechnung

Die Trade-Marketing-Pläne sollten auch jeweils kunden- bzw. vertriebsschienenbezogene Wirtschaftlichkeitsberechnungen in Form einer Kundendeckungsbeitragsrechnung, bzw. eine Vertriebsschienen-Deckungsbeitragsrechnung enthalten.

5.3 Vertriebsressourcenplan

Die Durchführung der Trade-Marketing-Pläne ist auch abhängig von den organisatorischen Voraussetzungen für die Vertriebsarbeit, der quantitativen und qualitativen personellen Ausstattung der Vertriebsabteilung und auch von der Art und Weise, wie die Vertriebsmitarbeiter bei ihrer Arbeit motiviert und gefördert werden.

Viele Informationen über den Stand der Vertriebsabteilung können bereits aus der Stärken-Schwächen-Analyse entnommen werden. Weitergehende Anforderungen, die aus den Trade-Marketing-Plänen resultieren, müssen von den leitenden Mitarbeitern im Vertrieb aus diesen Plänen heraus zusammengestellt werden.

Verantwortlich für die Erstellung des Ressourcenplans ist sowohl die Vertriebsleitung als auch die Leitung der Feldorganisation (oft als Verkaufsleitung bezeichnet) sowie die Innendienstleitung.

Die Erstellung des Ressourcenplans mit den drei Unterplänen

- Organisationsplan,
- Personalplan und
- Motivations- und Förderplan

stellt sicher, dass in der Vertriebsabteilung die Voraussetzungen gegeben sind, die Trade-Marketing-Pläne zu realisieren. Sind vorhandene Vertriebsressourcen, z. B. das Know-how der Mitarbeiter, nicht ausreichend, muss der Trade-Marketing-Plan ggf. verändert oder aber dieses Know-how muss z. B. extern eingekauft werden.

Durch die Zusammenstellung aller notwendigen Maßnahmen in der Vertriebsabteilung in diesen drei Unterplänen sind weiterhin die Ermittlung der damit verbundenen Kosten und die Erstellung eines Vertriebsbudgets möglich. Jeder Teilplan enthält also neben der verbalen inhaltlichen Aussage auch eine Kostenaufstellung.

5.3.1 Organisationsplan

Der Organisationsplan enthält die Maßnahmen und Aktivitäten, die notwendig sind, um die

- Betreuung von Kunden/Vertriebsschienen und die
- Kundenbetreuung in der Fläche

sicherzustellen.

Daher beinhaltet der Organisationsplan beispielhaft folgende Themenkreise.

Organisationsplan: Betreuung der Kunden/Vertriebsschienen

- Ist die Kundenbetreuung durch einzelne KAM ausreichend und zufriedenstellend?
- Für welche Kunden muss ein Kundenteam eingesetzt werden?
- Muss der Kunde auf eine Betreuung nach Vertriebsschienen umgestellt werden?
- Werden regionale KAM benötigt?
- Wie wirken sich organisatorische Veränderungen beim Kunden auf uns aus – beispielsweise durch Einführung von ECR/Supply Chain Management oder Category Management?
- Sind wir den organisatorischen Anforderungen der Kunden gewachsen?
- Wie ist das Zusammenspiel zwischen Kunden und Innendienst?
- Wie fördert/verhindert der Betriebsrat notwendige organisatorische Anpassungen? Mit welchen Konsequenzen?

Organisationsplan: Kundenbetreuung in der Fläche

- Entspricht die Aufteilung der Verkaufsgebiete den Erfordernissen der Kunden?
- Wie ist die Auslastung der Außendienstmitarbeiter, der Merchandiser, Verkaufsförderer usw.?
- Bestehen freie Kapazitäten?
- Welche Aufgaben erfüllen die Mitarbeiter bei den verschiedenen Kunden/ in den verschiedenen Vertriebswegen?
- Inwieweit kann der Innendienst den Außendienst entlasten?

In regelmäßigen Zeitabständen sollten zusätzlich folgende organisationsbezogenen Aspekte auf ihre Aktualität und Vereinbarkeit mit den Vertriebszielen überprüft werden:

- Organisation der Vertriebsabteilung
- Führungsrichtlinien
- Vergütungssysteme
- Beurteilungssysteme
- Kontrollinstrumente

5.3.2 Personalplan

Im Personalplan werden die quantitativen und qualitativen Mitarbeiterressourcen des Vertriebs zur Durchführung der Trade-Marketing-Pläne untersucht und notwendige Veränderungen dargestellt.

Der Personalplan beinhaltet beispielhaft folgende Themenkreise:

Personalplan

- Welche Mitarbeiter mit welchen Qualifikationen sind notwendig, um die Kundenanforderungen bzw. unsere Aufgaben bei den Kunden/in den Vertriebsschienen zu erfüllen?
- Wie erfolgt die Beschaffung der Mitarbeiter? Wann stehen sie zur Verfügung?
- Wie erfolgt die Abstimmung mit dem Betriebsrat? Welche Probleme bestehen und sind hinderlich?
- Wie erfolgt der Einsatz neuer Mitarbeiter an ihrem Arbeitsplatz?

5.3.3 Förder- und Trainingsplan

Die Vertriebsmitarbeiter werden auf verschiedene Weise bei ihrer Arbeit motiviert und unterstützt, um die Ziele der Kunden- und Vertriebsschienenpläne zu erreichen und veränderten Anforderungen zu genügen.

Folgende Formen der Unterstützung bieten sich an:

- Motivationssysteme
- Training und Schulung
- Maßnahmen, zur Erleichterung der Arbeit beim Kunden wie Sales Folder oder CAS/CRM

Der Förder- und Trainingsplan beinhaltet beispielhaft folgende Themenkreise:

Förder- und Trainingsplan

- Immaterielle Motivationsinstrumente wie Auszeichnungen, Belobigungen usw.
- Materielle Motivationsinstrumente wie Prämien, Provisionen, Sachpreise, Ausstattung des Arbeitsplatzes usw.
- Art und Inhalt von Trainings- und Schulungsmaßnahmen
- Verbesserung der Verkaufsgespräche und Verhandlungsführung
- Kommunikationstechniken wie Körpersprache oder NLP usw.
- Art und Anzahl der benötigten Sales Folder, Produkte, Proben, Preislisten usw.
- Einsatz von CAS/CRM
- Wie fördert/verhindert der Betriebsrat notwendige Förder- und Trainingsmaßnahmen? Mit welchen Konsequenzen?

5.4 Ergebnisplan

Der Ergebnisplan enthält zusammenfassend die ertrags- und kostenmäßigen Ergebnisse der Vertriebstätigkeit. Ziel der Darstellungen sollte sein, möglichst übersichtlich Entwicklungen und Tendenzen für das Unternehmensmanagement darzustellen und erkennbar zu machen. Der Ergebnisplan wird außerdem einen Kurzkommentar zu den finanziellen Ergebnissen enthalten. Die detaillierten Darstellungen und Ergebnisse finden sich in den Trade-Marketing-Plänen und dem Vertriebsressourcenplan.

Beispielhaft könnte der Ergebnisplan folgende Übersichten enthalten:

Ergebnis nach Kunden, bzw. Kundengruppen	Ist letztes Jahr	Budget laufendes Jahr	%Veränderung zum Vorjahr	Ergebnis zum Jahresende	% Veränderung zum Budget	Budget nächstes Jahr	% Veränderung zum Vorjahr
A-Kunde A Umsatz							
Deckungsbeitrag							
A-Kunde B Umsatz							
Deckungsbeitrag							

Ergebnis nach Kunden, bzw. Kundengruppen		Ist letztes Jahr	Bud-get lau-fendes Jahr	%Ver-ände-rung zum Vor-jahr	Ergeb-nis zum Jah-res-ende	% Ver-ände-rung zum Bud-get	Bud-get nächs-tes Jahr	% Ver-ände-rung zum Vor-jahr
A-Kunde C	Umsatz							
	Deckungsbeitrag							
Summe A-Kunden	Umsatz							
	Deckungsbeitrag							
Summe B-Kunden	Umsatz							
	Deckungsbeitrag							
Summe C-Kunden	Umsatz							
	Deckungsbeitrag							
Gesamt-summe	Umsatz							
	Deckungsbeitrag							

Tabelle 35: Darstellung des Vertriebsergebnisses nach Kunden bzw. Kunden-gruppen

Analog sollten die Ergebnisse, die in den einzelnen Vertriebsschienen erzielt wer-den, dargestellt werden. Schlussendlich kann der Ergebnisplan in eine gesamthaf-te Darstellung des Gesamt-Vertriebsergebnisses zusammengeführt werden.

D

Instrumente im Trade-Marketing

Durch den Einsatz von Trade-Marketing-Instrumenten will der Hersteller im horizontalen Wettbewerb eine bessere Position als sein Wettbewerber erreichen.

In der Praxis zeigt sich immer wieder, dass die Konditionen zum wichtigsten aller Instrumente gemacht werden – und schlussendlich in den Niedrigpreisofferten des Handels münden. Dies ist umso bedauerlicher, als ein reichhaltiges Instrumentarium im Trade-Marketing zur Verfügung steht. In ihrer Wirkung zielen die meisten der Trade-Marketing-Instrumente auch auf den gemeinsamen Kunden, den Endverbraucher. Dadurch fördern sie für den Handel Akzeptanz der Vertriebslinien und Kundenbindung.

Welche Instrumente dem Hersteller zur Verfügung stehen und welche Gestaltungsmöglichkeiten sich ihm mit diesen Instrumenten bieten, ist Inhalt dieses Kapitels.

1 Überblick

In der Zusammenarbeit mit dem Handel wird eine Vielzahl von Instrumenten eingesetzt; denn beim „Anspruch auf eine ‚Preferred Supplier'-Position durch Trade-Marketing muss der Hersteller dem Handelsunternehmen oder -system die Frage beantworten, warum sein Angebot eine bevorzugte Behandlung am Point of Sale rechtfertigt." (*Laurent* 1996, S. 261; vgl. *Tomczak/Gussek* 1992, S. 784 ff.; insbesondere bezüglich der kritischen Anmerkungen zu dem Verhältnis von handels- und endverbraucherorientierten Maßnahmen.)

Im Mittelpunkt steht ohne Zweifel das Instrument: „Konditionen" und hier geht es insbesondere um die Rabatte und die Werbekostenzuschüsse. Welche Instrumente insgesamt dem Trade-Marketing zur Verfügung stehen, wird in der Literatur uneinheitlich beantwortet. Eine Übersicht über die verschiedenen Trade-Marketing-Instrumente sowie darüber, welche Zielgruppe hiermit jeweils angesprochen werden, zeigt Tabelle 36.

Instrument	Erläuterung	Zielgruppe/Aktionsebene	
		Handel	**Shopper**
Aktionsdisplays	wie Platzierungshilfen		+
Aufsteller	Hinweisschilder		+
Co-Promotions	Verbundaktivitäten • Produkte eines Herstellers • Produkte mehrerer Hersteller	+ +	+ +
Deckenhänger			+
Einkaufswagen-werbung	z. B. am Griff, Hänger, Schilder usw.		+
E-Learning	Lernen und Informations-aktivitäten via PC	+	
Flyer	Informationsblätter, kleine Broschüren	(+)	+
Gewinnspiele	Wettbewerbe mit Gewinn-möglichkeiten	+	+

Instrument	Erläuterung	Zielgruppe/Aktionsebene	
		Handel	Shopper
Gimmicks	Zugaben/Geschenke mit eher kreativem als materiellem Wert	+	+
Coupons		(+)	+
Handzettel	Schriftliche Informationen über Sonderangebote		+
Incentives	Materielle Entlohnung oder Zugabe	+	+
Instore-Aufkleber	z. B. Fußtritte am Boden, um Kunden zu führen		+
Kataloge		+	+
Konditionen	Großes Portfolio an Konditionen, siehe Teil D, Kapitel 2	+	
Kundenzeitschrift		+	+
Handels-TV		+	+
Logistik	Produktverpackung, Umverpackung, Versandverpackung, Handling	+	
Merchandising/ Warenplatzierung/Service		+	
Plakate	Am Standort des Handels		+
Platzierungshilfen	Präsentationshilfen für Zweit- und Aktionsplatzierungen		+
Promotions/ VKF-Maßnahmen		+	+
Sales Folder	Prospekte/Broschüren mit Produktdarstellungen und Verkaufsargumentation	+	
Schulung		+	
Shopper	Hinweisschilder am Regal		+
Strategieberatung		+	

Tabelle 36: Trade-Marketing-Instrumente (in Anlehnung an Ohnemüller/ Winterling 2004, S.149 ff., und Laurent 1996, S. 262)

Die Übersicht zeigt, dass ein sehr umfangreicher Katalog an Instrumenten vorgeschlagen wird. Die tatsächliche Wirksamkeit diverser Maßnahmen, wie z. B. Handels-TV, die sowohl die Händler als auch die Shopper ansprechen, kann jedoch kritisch gesehen werden.

Trade-Marketing kann jedoch nicht nur isoliert aus Sicht des Herstellers betrachtet werden, sondern erfordert eine oftmals intensive Zusammenarbeit mit dem Handel. Mit der Einführung von ECR (Efficient Consumer Response) wurde eine neue Form der Kollaboration möglich (vgl. Teil E). Mit den vier Bausteinen von ECR (Efficient Replenishment, Efficient Assortment, Efficient Promotion und Efficient New Product Introduction) werden wesentliche Gestaltungsparameter der Zusammenarbeit erfasst.

Unter Berücksichtigung dieser Bausteine von ECR können die Instrumente, die dem Vertrieb für das Trade-Marketing zur Verfügung stehen, wie in Abbildung 26 dargestellt, systematisiert werden.

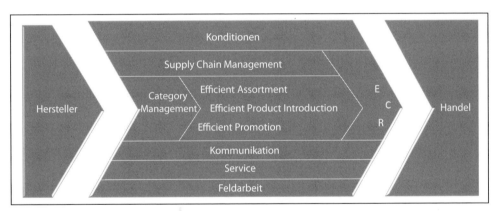

Abbildung 26: Instrumente für das Trade-Marketing für Konsumgüter

Im Folgenden werden die Trade-Marketing-Instrumente im Einzelnen erläutert.

2 Konditionen

Unter den „Konditionen" werden entgeltliche oder geldwerte „Bedingungen" für die Zusammenarbeit verstanden. Betrachtet man diese Konditionen entlang der gemeinsamen Wertschöpfungskette, lassen sich **Hineinverkaufskonditionen**, **Herausverkaufskonditionen** sowie **Konditionen zur Logistikoptimierung** unterscheiden, wobei einzelne Konditionen auch mehreren „Zwecken" dienen.

Bei diesem Ansatz werden auch solche „Konditionen" erfasst, die im Sprachgebrauch eher nicht als Konditionen bzw. Lieferungs- und Zahlungsbedingungen bezeichnet werden, wie z. B. Werbekostenzuschüsse, Inkasso oder Delkredere, die in der Praxis sehr wohl als Kondition zur Zusammenarbeit verstanden werden.

Abbildung 27 gibt einen Überblick über die Vielzahl der Konditionsarten.

Abbildung 27: Konditionen in der Zusammenarbeit zwischen Industrie und Handel

Die Gestaltung von Konditionssystemen und auch deren Veränderung gehört zu den mittelfristigen strategischen Entscheidungen im Vertrieb. Deshalb sind sie „Vorstandssache". Veränderungen von Konditionen oder Konditionssystemen erfordern „ein deutliches Commitment der Führungsmannschaft und ein integriertes Vorgehen auf allen Ebenen der Organisation" (*Meerkatt* 1999, S. 61). Außerdem erweist es sich in der Praxis als notwendig, die Konditionsgewährung regelmäßig einer Überprüfung zu unterziehen, um sicherzustellen, dass der abgesteckte Konditionsrahmen von allen eingehalten wird. Wie enorm wichtig die kluge Gestaltung und intelligente Steuerung der Konditionen ist, zeigt sich an dem Volumen, das hierfür ausgegeben wird.

So geht z. B. aus einer Studie von McKinsey hervor, dass die Trade Spendings 22 % der Gesamtkosten eines Herstellers betragen. Sie übertreffen damit die Ausgaben für Verkauf, Marketing und Verwaltung (vgl. *Biehl* 1999b, S. 58).

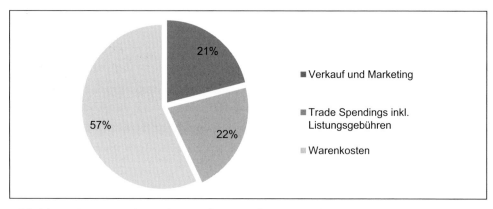

Abbildung 28: Verteilung der Trade Spendings (Quelle: Biehl 1999b; LZ, S. 58)

Wie sich die Praxis der Konditionsgewährung in Deutschland darstellt, zeigt ebenfalls eine Untersuchung von McKinsey. Die Verhandlung der Konditionen mit dem Handel ist für die Manager der Industrie eine der schwierigsten Aufgaben, die sie zu lösen haben. McKinsey hat für acht Staaten der EU sowie für die USA und Kanada die „Machtspiele bei den Verhandlungen", die „Transparenz der Konditionsstaffelung" sowie die „Komplexität der Gespräche" untersucht. In diesem internationalen Vergleich liegt Deutschland deutlich am negativen Ende des Verhandlungsstils (vgl. *Lehnen* 1999, S. 28). Die Ergebnisse der Studie haben bis heute unverändert Gültigkeit.

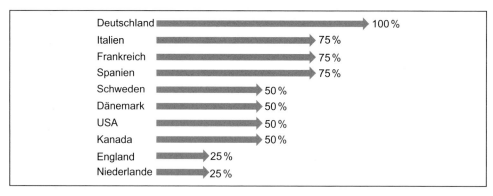

Abbildung 29: Ausmaß der Machtspiele bei Konditionsgesprächen (Quelle: Lehnen 1999, S. 28)

2.1 Hineinverkaufskonditionen

Zu den Hineinverkaufskonditionen zählen Rabatte, Delkredere, Zahlungsziel/Skonto, Valuten, Gewährleistungen, Retourenregelung, Kosten des Verpackungsrecyclings.

Rabatte
Der „Rabatt" ist ein Preisnachlass, der für bestimmte Leistungen oder aus sonstigen, nicht direkt leistungsbezogenen Anlässen gewährt wird. Der Rabatt wird entweder in Geld (z. B. als Prozentsatz vom Umsatz oder in Form einer Festvergütung, z. B. Euro pro Stück) oder in Waren gezahlt. Folgende Grundtypen von Rabatten lassen sich unterscheiden (vgl. *Lange* 1993, S. 328 f.; vgl. *Bendl* 2000, S. 138 ff.):

- **Auftragsmengenrabatte** (synonym: Logistik-, Fracht-, Mengen- oder Bezugspunktrabatt): Der Rabatt wird gewährt für eine bestimmte Abnahmemenge pro Lieferung, mit der der Hersteller gleichzeitig distributionslogistische, insbesondere Fracht- und Lagerkostenersparnisse realisieren kann. Durch die Errichtung von Zentrallägern hat das Thema des Auftragsmengenrabatts aktuelle Bedeutung bekommen. Der Bezugspunkt für den Hersteller ist das Zentrallager des Handels und nicht mehr, wie im Streckengeschäft, die einzelne Verkaufsstelle des Handels.
- **Aktionsrabatte**: sollen einen Anreiz zur Abnahme von höheren Mengen pro Lieferung oder Aktion bieten.
- **Gesamt-Umsatz-Rabatte**: z. B. Bonus, Steigerungs- oder Zielumsatzabkommen. Sie haben das Ziel, dass der Kunde oder die Kundengruppe während eines bestimmten Zeitraums (meist ein Jahr) eine bestimmte Leistung erbringt. Dabei handelt es sich meist um ein bestimmtes Umsatzniveau oder eine Umsatzsteigerung. Aber auch Leistungen wie beispielsweise eine Dauerzweitplatzierung können so honoriert werden.

Rabatte können weiterhin unterschieden werden in:

- **Dauerrabatte** oder **Einmalrabatte**
- **Wertrabatte** oder **Mengenrabatte**
- **Sofortrabatte** (Rechnungsabzug) oder **Jahresrückvergütung** (Bonus)
- **Abnehmerrabatte,** (die z. B. der einzelnen Filiale zufließen) oder **Zentralrabatte** (die die Handelszentrale erhält).

Zu den Hineinverkaufsrabatten gehören die Auftragsmengenrabatte und die Gesamt-Umsatz-Rabatte, wohingegen die Aktionsrabatte den Herausverkaufsrabatten zuzurechnen sind.

In der Praxis hat sich, fast immer auf Initiative des Handels, eine Fülle von weiteren Rabattformen entwickelt, die oft auch als „Zuschüsse" oder „Prämien" bezeichnet werden. Die Eingliederung dieser Rabattformen in die Systematisierung „Hineinverkaufs- bzw. Herausverkaufskondition" würde teilweise schwer fallen. Die fast grenzenlose Kreativität der Hersteller (in den meisten Fällen aber des Handels) bei der Entwicklung von Rabattarten zeigen nachfolgende Beispiele: „Konzentrationsrabatt", „Sortimentserweiterungsrabatt", „Frühbezugsrabatt" (vgl. *Kramer* 1995, S. 356), „Hochzeitsbonus" oder „Hochzeitsrabatte" für neue Partnerschaften – ein Beispiel dafür ist Edeka anlässlich der Vereinigung der Plus-Märkte mit der Discountkette Netto (vgl. LZ 29.4.2009) – der „ECR-Bonus" für Vorleistungen der Handelsunternehmen bei der Einführung von ECR (vgl. LZ 42/96, S. 4), „Jubiläumsrabatte" (vgl. LZ 22.10.2009) für immer häufiger werdende Jubiläen, „Erstbestückungsrabatt" (vgl. LZ 11/99, S. 4) und so weiter.

Gegen Ende der 1990er Jahre wurde in der Fachpresse die sog. „Bestpreis-Angleichung" (auch „Best of"-Prinzip) thematisiert. Es handelt sich um Konditionsangleichungen bei neuen Partnerschaften im Handel, die meist auch rückwirkend gefordert werden. (Vgl. *o. V.* LZ 45/98a, S. 4). Konditionsangleichungen per se werden gefordert, wenn den Händlern Unterschiede im Konditionensystem ihrer Lieferanten bekannt werden. Im Sinne eines „Ich-auch-Effektes" werden Konditionen dann nachgefordert (vgl. *Stollowsky* 2009, S. 31).

Schlecker droht mit Auslistung

Drogeriemarkt wird 35 und bittet zur Kasse – Ohne Jubiläumszuschuss kein Jahresgespräch

LZINET 22.10.2009. Schlecker wird im kommenden Jahr 35 und will sich dafür feiern lassen. Die Geburtstagsparty bezahlen sollen die Lieferanten. Bei Widerstand droht Auslistung. 35 Jahre Schlecker – für Lieferanten bedeutet das Firmenjubiläum in diesen Tagen vor allem Druck aus Ehingen. Schlecker wolle sich das Fest „mit unverschämten Forderungen" von den Herstellern bezahlen lassen, machen diese ihrem Unmut Luft. In der Summe soll der schwäbische Händler Geburtstagsgeschenke von 3 bis 5 Prozent des Jahresumsatzes verlangen. Es gehe sowohl um absolute als auch um prozentuale Zuschläge. Um sie zu bekommen, treibe der Drogeriemarktfilialist zur Eile an. Mit „ständigen E-Mails und Anrufen" dränge der Einkauf darauf, die Jubiläumskonditionen noch vor den Jahresgesprächen in trockene Tücher zu bringen, heißt es in Industriekreisen. Zudem werde damit gedroht, die Jahresverhandlungen platzen zu lassen. „Die Lieferanten sind 35 Jahre lang mit Schlecker gewachsen und haben im höchstem Maße vom Erfolg des Unternehmens mitprofitiert", rechtfertigt sich Schlecker auf LZ-Anfrage.

„Bei einzelnen Lieferanten, die diese äußerst positive gemeinsame Entwicklung nicht mittragen wollen, wurde allerdings die komplette Listung konsequent in Frage gestellt." Im Klartext: Der Plan, die Feierlichkeiten mit exklusiv aufgelegten On-packs, Sondergrößen mit 35 Prozent mehr Inhalt und Aktionspreisen mit Abschlägen von bis zu 35 Prozent zu begehen, soll auf Biegen und Brechen durchgeboxt werden. „Die Jubiläumsangebote beginnen am 4. Januar und gelten für das Gesamtjahr 2010", bekräftigt das Handelsunternehmen, das sich vom eingeschlagenen Kurs nicht abbringen lässt.

Die Hersteller sind verärgert. „Es gibt keine Schlecker-Sonderbrötchen", kündigt ein Mittelständler Widerstand an. „Wenn wir mit exklusiven Zusatzleistungen anfangen, weckt das auch bei der Konkurrenz Begehrlichkeiten." Größere Unternehmen befürchten, Jubiläums-Zugeständnisse könnten nach der großen Feier als Status quo gelten. Die Ehinger forderten unter anderem Zusatzvaluta und Werbekostenzuschüsse. (...)

(Quelle: *o. V.* 10/2009, lebensmittelzeitung.net)

Delkredere

„Mit dem Delkredere wird die Übernahme des Zahlungsausfallrisikos durch eine Handelszentrale vergütet. Für den Hersteller entfällt die Notwendigkeit zur eigenen Absicherung gegen Zahlungsausfälle." (*Bendl* 2000, S. 135) Es ist üblich, dass die Handelszentralen bzw. die Abrechnungszentrale mit dem Delkredere für den gesamten Forderungsbestand der angeschlossenen Häuser bei den Lieferanten haftet.

Die Bewertung des Delkredere ist zudem abhängig von der Absicherung des Forderungsausfalls. Es stellt sich die Frage, ob die Handelsorganisation für sich selbst haftet, oder ob die Haftung durch einen Dritten, also eine Bank oder eine Versicherung, abgesichert ist (vgl. *Bendl* 2000, S. 136).

Zahlungsziel/Skonto

Die Zahlungs- und Lieferungsbedingungen enthalten üblicherweise einen Zeitraum, innerhalb dessen Rechnungen bezahlt werden müssen. Erfahrungen aus der Praxis zeigen, dass es Handelsunternehmen gibt, die die vereinbarten Zahlungsziele (grundsätzlich und zum Teil für Monate) überziehen. Projiziert man solche Verhaltensweisen auf das Gesamtunternehmen und über einen Zeitraum von mehreren Jahren, so kann die Vermutung angestellt werden, dass diese „Lieferantenkredite" ein wichtiger Beitrag z. B. für die Expansion eines Unternehmens sein können.

Damit die Zahlung möglichst schnell erfolgt, bietet der Lieferant oft einen Preisnachlass in Form eines Skontos an. Der Skonto honoriert somit die rasche Bezahlung der Rechnung ab dem Zeitpunkt der Warenauslieferung bzw. des Rechnungserhalts beim Abnehmer. Er kommt einem kurzfristigen unentgeldlichen Kredit gleich. Rechnet man den Skonto auf einen Jahreszinssatz um, so ergeben sich beachtliche Zinssätze, die weit über den üblichen Finanzierungszinssätzen liegen. So entsprechen 2 % Skonto bei Bezahlung innerhalb von 14 Tagen oder 30 Tage netto einem Jahreszinssatz von 45 Prozent.

$$\frac{\text{Skontosatz in Prozent}}{\text{Zahlungsziel} - \text{Skontozeitraum}} \times 360 \text{ Tage}$$

In der Praxis wird der Skonto oft einbehalten, auch wenn die Zahlungsfrist (lange) überschritten ist. Eine Abschaffung oder Reduzierung des Skontos ist praktisch unmöglich und kommt einer Konditionenreduzierung gleich.

Durch die in großem Umfang vorkommende Zentralregulierung und den überwiegend papierlosen automatischen Datentransfer (EDI) erfolgt die Zahlungsabwicklung der Handelsorganisationen und Abrechnungszentralen jedoch in regelmäßigen Zyklen. Dies führt für die Lieferanten zu Zahlungseingängen, die sich zumindest in mehr oder weniger gleichbleibenden zeitlichen Abständen zur Rechnungserstellung bewegen.

Valuten

Valuten sind Verlängerungen des Zahlungstermins über einen größeren Zeitraum. Eine Valuta von drei Monaten bedeutet z. B., dass die Ware erst drei Monate nach Erhalt gezahlt werden muss.

Valuten werden bei z. B. bei Geschäftseröffnungen oder für Saisonartikel oder auch bei Abnahme größerer Warenmengen gewährt. Aus Sicht der Hersteller spiegelt die Gewährung von Valuten die Sicherheit und Bequemlichkeit für den Handel wider, die eingekaufte Ware erst dann bezahlen zu müssen, wenn sie bereits an den Endverbraucher verkauft und der erzielte Erlös also bereits in den Kassen des Handels ist. Allerdings nimmt die Gewährung von Valuten insbesondere bei größeren Herstellern unter Verweis auf ihre Lieferungs- und Zahlungsbedingungen immer weiter ab.

Gewährleistung

Die Gewährleistung regelt sich auf der Grundlage der §§ 459, 460 BGB. Grundsatz ist, dass der Verkäufer einer Sache dem Käufer dafür haftet, dass die Sache zu der Zeit, als sie auf den Käufer überging, nicht mit Fehlern behaftet ist, die den Wert oder die Tauglichkeit für den gewöhnlichen oder vorausgesetzten Gebrauch aufheben oder mindern. Zudem haftet der Verkäufer nach § 460 BGB dafür, dass die Ware die zugesicherten Eigenschaften aufweist.

Diese Regelung gilt nicht für den Fall, dass der Käufer über die Mängel vor Abschluss des Kaufvertrages unterrichtet wurde und ihm diese nicht arglistig verschwiegen wurden. Üblich ist, dass der Handel bei Gewährleistungen Rückgriff auf die Lieferanten nimmt.

Zur Vermeidung von Unklarheiten über die Abwicklung von Gewährleistungsansprüchen werden die Modalitäten in der Praxis im Vorfeld zwischen Lieferant und Kunde ausgehandelt.

Retourenregelung

Neben Retouren aus Gewährleistungsgründen gibt es in der Praxis eine Reihe von weiteren Fällen, die zu Retouren führen.

Das betrifft z. B. die Rücknahme von nicht verkauften Saisonartikeln. In der Kosmetikbranche ist es üblich, dass nicht verkaufte „Look-Farben", d. h. Dekorativartikel (Lippenstift, Nagellack usw.), die in einer Verpackungssonderaufmachung (Display) als Saison-Modefarben in den Handel hineinverkauft werden, vom Lieferanten ohne besonderen Reklamationsgrund und ohne Abschlag zurückgenommen werden (dafür entfällt dann das Listungsgeld!).

Weiterhin nimmt die Industrie aus Kulanzgründen defekte, nicht mehr verkaufbare Ware selbst dann zurück, wenn das Verhalten des Handels oder der Shopper die Ursache dafür ist – z. B. bei Bruch der Ware oder wenn die Ware verdorben ist. Andere Gründe, die zu Retouren führen, sind Falschlieferungen, wie falsche Mengen/Überlieferungen oder falsche Produkte oder defekte Waren aufgrund von Transportschäden.

Bei Herstellern, die zusammen mit dem Handel ihre logistischen Prozesse überarbeitet haben, wurde die Handhabung von Retouren als ineffizienter Prozess identifiziert (Handling und Kontrolle der Ware, Erstellen und Kontrollieren von Gutschriften oder Verrechnungen). Daher gingen einige Hersteller dazu über, dem Handel eine pauschale Vergütung für das Entfallen von Retouren anzubieten, soweit diese

Retouren auf Transportschäden zurückzuführen und die Produkte dadurch in nicht mehr verkaufsfähigem Zustand waren.

Eine grundsätzliche automatische Akzeptanz aller zugeschickten Retouren, unabhängig davon, aus welchem Grund die Ware nicht mehr verkaufsfähig ist, muss sehr gut überlegt werden. Das gilt ebenso für den gelegentlichen Wunsch des Handels nach Handlingpauschalen zur Abdeckung der Kosten bei der Abwicklung von Retouren. In der Praxis hat der Lieferant allerdings relativ wenig Möglichkeiten, solche Forderungen abzulehnen.

Je nach Produktart, den Möglichkeiten für die Aufarbeitung eines Produktes und damit der Chance, dieses wieder zu verkaufen sowie nach Maßgabe der anstehenden Frachtkosten ist außerdem festzulegen, ob die Ware tatsächlich retourniert wird oder ob der Handel kostengünstiger die Vernichtung der Ware veranlassen soll. Wird Ware retourniert, so ist es üblicherweise der Lieferant, der die Transportkosten trägt.

Kosten des Verpackungsrecyclings

Auf Grundlage der sog. „Verpackungsverordnung" (letztmalige Aktualisierung 2.4.2008) ist der Lieferant für die Rücknahme und Entsorgung seiner Verpackungen verpflichtet und trägt hierfür die Kosten. Da die Verordnung der Wiederverwendung von Verpackungen gegenüber der Entsorgung Priorität einräumt, beauftragen die Hersteller zumeist die Duales System Deutschland (DSD) GmbH, Köln-Porz damit, das Recycling für sie zu übernehmen. Durch Zahlung eines Entgeltes erwerben die Hersteller das Recht, den „Grünen Punkt" – das Markenzeichen des DSD – auf ihren Produktverpackungen abzubilden. Anhand dieses Kennzeichens sortiert der Endverbraucher seine Abfälle und entsorgt die gekennzeichneten Verpackungen in speziell hierfür vorgesehenen Behältern (gelber Sack oder gelbe Tonne). Der an die DSD GmbH zu zahlende Betrag wird auf Basis der verkauften Produkte errechnet. Sollte dies nicht der Fall sein, wird das Handelsunternehmen ggf. den Ausgleich übernehmen und dies dem Lieferanten gegen Gutschrift oder Rechnungskürzung belasten.

2.2 Herausverkaufskonditionen

Unter Herausverkaufskonditionen sollen solche Bedingungen für die Zusammenarbeit verstanden werden, die den Handel beim Abverkauf der Waren an seine Kunden, die Shopper, unterstützen.

Dazu zählen: **Werbekostenzuschüsse, Aktionsrabatte, Platzierungsgelder, Sonderpreisvergütungen** und die **Preisauszeichnung.**

In der Praxis ist eine exakte Zuordnung von bestimmten Aktivitäten zu bestimmten Konditionen problematisch. So kann es sein, dass der eine Lieferant für eine Zweitplatzierungsaktion mit Handzettelwerbung einen Werbekostenzuschuss bezahlt, während der andere Lieferant für die gleichen Aktivitäten einen als Aktionsrabatt bezeichneten Fixbetrag zahlt.

Werbekostenzuschüsse (WKZ)

Werbekostenzuschüsse sind Zuschüsse, die die Industrie an den Handel für dessen Werbung zahlt, also z. B. für Handzettelwerbung, Anzeigen in Tageszeitungen, Rundfunk- und Fernsehspots des Handels, aber auch für kooperative Werbemaßnahmen in den verschiedenen Medien. Ein Beispiel dafür ist die gemeinsame Fernsehwerbung, welche die Douglas Holding mit diversen Duft-Herstellern durchführt – so z. B. mit der Holy Fashion Group für die Marke „Joop!".

Bei der Listung von neuen Produkten ist die Gewährung von WKZ besonders notwendig; denn es gilt in den meisten Fällen die Devise: „Neue Produkte werden nach Werbekostenzuschuss-Beiträgen gelistet" (*o. V.* 1997, S. 14).

Wie eine empirische Untersuchung zeigt, ist der WKZ die Kondition, die am häufigsten von den befragten Unternehmen erbracht wird. „Auch die Gesamtbetrachtung aller Konditionsarten weist die Werbevergütung sowohl in der Anwendungshäufigkeit als auch im Anteil am Konditionenbudget als die dominierende Konditionenart aus. Die Werbevergütung wird von allen Herstellern in gleichem Maße eingesetzt. Unterschiede konnten weder bei Unternehmen unterschiedlicher Marktposition noch Größe beobachtet werden." (*Bendl* 2000, S. 167).

Die Gewährung von WKZ im Fall Rossmann

Die Konditionenpolitik zwischen Handel und Hersteller wird vom Bundeskartellamt überwacht. Verstößt ein Unternehmen hierbei gegen das „Gesetz gegen Wettbewerbsbeschränkungen" (GWB), kann dies zu hohen Geldstrafen für die beteiligten Unternehmen führen.

So verhängte das Bundeskartellamt im November 2007 ein Bußgeld in Höhe von 300.000 Euro gegen die Drogeriemarktkette Rossmann. Das Amt sah es als erwiesen an, dass Rossmann im Jahr 2005 aufgrund der Annahme von WKZ insgesamt 55 Produkte in mehr als 250 Fällen zu Dumpingpreisen verkauft hatte.

Der Verkauf von Waren zu Dumpingpreisen, d. h. Preisen unterhalb der Einstandspreise, ist in Deutschland seit 1999 verboten. Strafbar war hierbei, nach Auffassung des Bundeskartellamtes, nicht die Annahme der WKZ, sondern deren Verrechnung. Das Bundeskartellamt fordert, Werbekostenzuschüsse als allgemeine Rabatte zu verrechnen, d. h. anteilig auf jedes Produkt anzurechnen und somit das gesamte Sortiment geringfügig günstiger zu gestalten. Rossmann gab jedoch an, die WKZ auf die einzelnen Produkte zu kumulieren, für welche die Zuschüsse gezahlt wurden. Auf diese Weise seien die Einstandspreise dieser Produkte erheblich gesenkt und die folgenden Preisreduzierungen legitim.

Aufgrund dieser unterschiedlichen Auffassung zur Verrechnung von WKZ klagte Rossmann gegen die Verhängung des Bußgeldes und erhielt im März 2010 vom Oberlandesgericht Düsseldorf Recht. Da das Bundeskartellamt gegen das Urteil jedoch Rechtsfehlbeschwerde einlegte, wurde der Fall nun abschließend vor dem Bundesgerichtshof verhandelt – Rossmann bekam Recht.

Exkurs: Das Bundeskartellamt

Die Aufgabe des **Bundeskartellamtes** besteht im Schutz des Wettbewerbs in der deutschen Marktwirtschaft. Das Bundeskartellamt überwacht, ob die Regelungen des GWB eingehalten werden. Durch das GWB hat der Gesetzgeber folgende vier Schwerpunkte für die Tätigkeit der Kartellbehörden bestimmt (vgl. o. V. www.bundeskartellamt.de):

1. Kartellverbot
Um den in einer Marktwirtschaft herrschenden Konkurrenzdruck zu mildern, sind Unternehmen oftmals bestrebt, mit Konkurrenten Preise abzusprechen. Da solch ein Handeln, aufgrund der Schädigung der Verbraucher nach GWB verboten ist, ist es die Aufgabe der Landesbehörden, diese Vergehen aufzuspüren und zu bekämpfen.

Preisabsprachen sind von höchster Aktualität. Nachdem das Kartellamt im Januar 2010 aufgrund von Preisabsprachen Bußgelder gegen die Kaffeeröster Dallmayr, Tchibo und Melitta in Höhe von 159 Mio. Euro verhängt hatte, weiteten sich die Untersuchungen im Juni 2010 auf die Bereiche Süßwaren und Tierfutter aus. Die Ergebnisse bleiben noch abzuwarten.

2. Missbrauchsaufsicht über marktbeherrschende Unternehmen

Wird ein Markt von einem oder wenigen Unternehmen dominiert, ist es die Aufgabe des Kartellamts zu überprüfen, ob diese Marktmacht von den Kunden zur Behinderung der Konkurrenz oder zur Durchsetzung überhöhter Preise missbraucht wird.

3. Fusionskontrolle

Durch den Zusammenschluss von Unternehmen mit hoher Marktmacht können marktbeherrschende Unternehmen entstehen, die den Wettbewerb ins Ungleichgewicht bringen. Die Aufgabe des Kartellamtes ist es, dies zu verhindern. Aus diesem Grund prüft das Kartellamt bevorstehende Fusionen und genehmigt oder verbietet diese.

4. Vergaberechtsschutz

Der Vergaberechtsschutz bezieht sich auf die Vergabe öffentlicher Aufträge. Hierbei gilt es sicherzustellen, dass die Vergaben transparent und frei von Diskriminierung erfolgen.

Aktionsrabatte

Hierbei handelt es sich um Rabatte, die für Verkaufsförderungsmaßnahmen durch den Handel bezahlt werden. Als Gegenleistung wird eine zeitlich befristete „Aktion" mit dem Produkt durchgeführt, also z. B. eine Zweitplatzierung mit Preisreduktion der Ware oder eine Sonderplatzierung mit Laden- oder Handzettelwerbung. Solche Aktionen finden entweder in allen oder nur in ausgewählten Filialen statt.

Der Aktionsrabatt wird artikelbezogen oder maßnahmenbezogen festgelegt. Liegt dem Aktionsrabatt eine bestimmte Maßnahme zugrunde, wird er pro hineinverkauftem Stück oder in Form eines Fixbetrages gezahlt. Im zweiten Fall ist die Nähe zum Werbekostenzuschuss gegeben. Der Aktionsrabatt dient aber auch zum Hineinverkauf größerer Warenmengen zulasten der Wettbewerber des Herstellers.

Platzierungsgelder

Platzierungsgelder werden dann gezahlt, wenn die vom Hersteller gewünschte oder vom Handel angebotene Platzierung eine signifikante Verbesserung gegenüber einer Standardplatzierung darstellt.

Es kann sich dabei um temporäre zusätzliche Platzierungen handeln, also z. B. um Zweit- oder Mehrfachplatzierungen etwa am Gondelkopf, Palettenplatzierungen auf Sonderflächen oder Displayplatzierungen im Gang. Möglich sind aber auch dauerhafte (Erst-)Platzierungen, wie z. B. an Kassenplätzen bzw. Kassenschächten für Süß- und Tabakwaren.

Sonderpreisvergütungen

Die Sonderpreisvergütung ist die Reduzierung des Verbraucherpreises über einen gewissen Zeitraum. Mit der Sonderpreisvergütung wird die Rohertragsminderung des Handels ausgeglichen, die durch die Preisreduktion bewirkt wird. Zu den Sonderpreisvergütungen zählen auch der **Einführungsrabatt,** der **Dauerniedrigpreis** sowie der **Aktionspreis** (vgl. *Bendl* 2000, S. 163).

Insbesondere beim Aktionspreis ist in der Praxis eine Vermengung von Aktionsrabatt und Sonderpreisvergütung gegeben. Die Sonderpreisvergütung führt zu einem Phänomen, das in den USA mit „Forward Buying" bezeichnet wird: Der LEH beispielsweise nutzt die reduzierten Einstandspreise innerhalb der Aktionszeiträume, um Preisvorteile im Einkauf zu realisieren. Die zu Aktionspreisen erhältliche Ware wird dann in einem solchen Umfang bestellt, dass die Bestände für mehrere Monate aufgefüllt sind (vgl. *o. V.* 1997, S. 114).

Preisauszeichnung

Insbesondere im Nonfood-Bereich und dort bei Textilien, aber auch im Food-Bereich wird von einigen Unternehmen eine Preisauszeichnung ab Werk durch den Lieferanten gefordert.

2.3 Logistikkonditionen

Neben dem Hinein- und Herausverkauf ist auch der Warenfluss einer Reihe von Konditionen unterworfen. Es sind dies die **Versand- und Lieferbedingungen der Lieferanten, Mindestauftragswerte und Mindestabnahmemengen, Versand- und Lieferbedingungen des Handels, Zentrallagerkonditionen, ECR-Konditionen, Listungsgelder, EDI** sowie **Inkasso/Zentralregulierung.**

Um überhaupt zu erreichen, dass ein Produkt in einer Handelsorganisation im Ordersatz geführt und physisch distribuiert wird, ist in den meisten Handelsorganisationen die Zahlung einer **Listungsgebühr** notwendig. Das sog. Listungsgeld ist damit Bestandteil der Distribution von Produkten und daher auch den Logistikkonditionen zuzurechnen.

Seit einigen Jahren gehört auch die Abwicklung der Logistikprozesse im Rahmen des **Supply Chain Management** sowie die IT-gestützte Informationslogistik in Form des papierlosen Datentransfers über **EDI** zu den Konditionen der Zusammenarbeit mit dem Handel.

Zu den Logistikkonditionen zählen neben den warenflussbezogenen auch diejenigen Konditionen, die den Geldfluss verbessern – das **Inkasso**.

Mindestauftragswerte/Mindestabnahmemenge

Der Lieferant verlangt in diesem Fall pro Auftrag die Erreichung bestimmter Umsatzwerte oder er fordert entsprechende Abnahmemengen bei einer Frei-Haus-Lieferung. Hintergrund ist, dass im Hinblick auf die entstehenden Versand- bzw. Logistikkosten ein Mindestumsatz zur Deckung dieser Kosten erreicht werden muss. Liegen die georderten Mengen unterhalb des Mindestvolumens, wird eine Anpassung der Lieferbedingungen notwendig – in der Praxis ist dies allerdings nicht immer durchsetzbar.

Soweit es sich um Ware handelt, die entweder in regalfähigen Aufreißkartons verpackt ist, oder geblistert oder in Trays (z. B. Mopro-Produkte) angeliefert wird, ist die Mindestabnahmemenge durch die Verpackungseinheit vorgegeben. Bei der Listungsbesprechung mit dem Handel werden zudem Mindestabnahmemengen festgelegt.

Versand- und Lieferbedingungen des Handels

Versandbedingungen, die der Hersteller als Auflage des Handels zu erfüllen hat und die zwischen den Handelsorganisationen sehr unterschiedlich ausfallen, sind z. B. folgende:

- Artikel auf einer Palette müssen separiert werden.
- Aufträge dürfen auf einer Palette nicht gemischt werden.
- Die Mindest- und Maximalmaße von Kartons werden vorgeschrieben.
- Die Verwendung bestimmter Palettentypen wird vorgeschrieben.
- Die Etikettenbeschriftung unterliegt Vorgaben.
- Eine Dokumentation der Versandspezifikationen muss erfolgen.

Zentrallagerkonditionen

Ausgangspunkt dafür ist die in den letzten Jahren kontinuierlich erfolgte Umstellung der Lagerung von Waren. Aus der dezentralen Belieferung der einzelnen Filialen des Handels durch den Hersteller im Sinne einer Distributionslogistik hat sich zunehmend eine Beschaffungslogistik durch den Handel mit Zentrallägern als Drehscheibe der Waren entwickelt. Das Zentrallager ist ein Lagerhaus, in dem Waren von Lieferanten zusammengeführt werden. Von diesem zentralen Ort aus wird die

Ware an die angeschlossenen Häuser/Filialen des Handels ausgeliefert. Mit der Zentrallagerkondition lässt sich der Handel die Übernahme der Logistikkosten vom Zentrallager zur Filiale bezahlen.

ECR-Konditionen

Da insbesondere in der Logistik bei gezielter Abstimmung erhebliche Kosteneinsparungen erreicht werden können, ist dies der Bereich, in dem eine intensive Kooperation zwischen Hersteller und Handel im Rahmen von Efficient Consumer Response (ECR) stattfindet (vgl. Teil E).

Zumindest einen Teil der Einsparungen, die die Hersteller erzielen können, lässt sich der Handel durch ECR-Konditionen vergüten.

Listungsgelder

Listungsgelder fallen für die Aufnahme neuer Produkte in das Sortiment des Handels an, d. h. für die Eintragung in den Ordersatz. Diese Listung ist in allen Handelsorganisationen die Voraussetzung für das Führen der Produkte in den angeschlossenen Häusern. Die Listung eines Produktes im zentralen Ordersatz ist jedoch keine Garantie für die physische Distribution des Produktes in den angeschlossenen Häusern. Je nach Führungsstruktur verbleibt die Entscheidung über den Bezug des Produktes bei den Entscheidern vor Ort, d. h. den Geschäftsführern oder Filialleitern.

Listungsgelder werden üblicherweise in Form eines Euro-Betrages pro Produkt gezahlt. Es ist aber auch nicht unüblich, dass die Anzahl der neuen Produkte im Rahmen eines Gesamtjahres-Vermarktungsplanes festgelegt wird und das Handelsunternehmen eine Listungsgeld-Pauschale festlegt.

In einigen Fällen wird auch kein Listungsgeld gezahlt. Das ist von verschiedenen Kriterien abhängig wie z. B. der Warengruppe, bzw. bestimmten Produktarten innerhalb einer Warengruppe, der Festlegung von Umsatzzahlen, die erreicht werden müssen, oder einer Rücknahmegarantie des Herstellers, beispielsweise für saisonale Produkte oder Produkte mit einem Mindesthaltbarkeitsdatum (MHD). Die Höhe dieses Betrages ist bei jeder Handelsorganisation und deren Vertriebsschiene bzw. Vertriebslinie unterschiedlich.

Einen Einfluss auf das Listungsgeld haben z. B. die vorgesehenen Investitionen des Herstellers in die Werbung für das Produkt. Sie verbessern seinen Verhandlungsspielraum für die Höhe des Listungsgeldes.

Auch die angestrebte Platzierung für das Produkt im Regal des Händlers spielt eine Rolle. Ein Beispiel: Ein Hersteller will ein Produkt einführen, das sich üblicherweise im Niedrigpreisbereich befindet und in der sog. „Kriech- oder Bückzone" des Regals platziert ist. Dieses neue Produkt des Herstellers befindet sich aber in einer Mittelpreislage und soll in Augenhöhe platziert werden. In diesem Fall steigen die Listungskosten erheblich an, da die gesamte Platzierungsstruktur des Regals überdacht und physisch in den Geschäften überarbeitet werden muss.

Da die Regalkapazitäten des Handels begrenzt sind, ist es notwendig, dass mit der Aufnahme eines neuen Produktes das Sortiment in der Warengruppe überdacht wird. In den meisten Fällen führt die Aufnahme eines neuen Produktes zu Veränderungen im Sortiment. Üblicherweise ist zu entscheiden, welches andere Produkt ausgelistet wird oder bei welchem anderen Produkt die Anzahl der „Facings", also die Anzahl der im Regal nebeneinander stehenden Packungen der gleichen Sorte, reduziert wird. Die Warenwirtschaftssysteme des Handels lassen sofort erkennen, welche Artikel im Sortiment umsatz- und ertragsschwach sind (sog. „Penner") und gegen neue Produkte, die zusätzliche Umsatz- und Ertragschancen versprechen, ausgetauscht werden können.

Das Listungsgeld berührt damit zwei Aspekte: zum einen die Listungsgebühr, die vom Lieferanten des neuen Produktes zu zahlen ist, und zum anderen möglicherweise entgangener Umsatz, der durch andere Produkte erzielt worden wäre, deren Regalplatz nun das neue Produkt einnimmt. Der entgangene Umsatz kann diesen Lieferanten, aber sehr wohl auch einen ganz anderen Lieferanten treffen.

Aus Sicht des Handels muss man bei der Forderung nach Listungsgeld die Anzahl der Neuprodukte und die Anzahl der „Flops" innerhalb kürzester Zeit nach Einführung berücksichtigen. So ist es tatsächlich fraglich, ob neue Produkte zu zusätzlichem Umsatz und Ertrag führen und das Listungsgeld nicht vielmehr eine Art „Risikoausgleich für evtl. entgangene Erlöse" darstellt (*Bendl* 2000, S. 160).

EDI/Supply Chain Management
Der papierlose Datenaustausch mit EDI (Elektronic Data Interchange) bzw. EDIFACT und die Abwicklung der Logistikprozesse im Rahmen des Supply Chain Management (SCM) sei hier nur kurz erwähnt. (Eine ausführliche Darstellung erfolgt in Teil E, Kap. 2).

Die IT-basierte Zusammenarbeit auf den verschiedensten Gebieten erfolgt heute im Wesentlichen nur zwischen den großen Lieferanten und den großen Handelsorganisationen. Zukünftig wird der Einsatz der IT-Technologie zur Erzielung der damit verbundenen Rationalisierungseffekte von allen Handelsorganisationen verlangt werden und so zu einer Voraussetzung für eine Zusammenarbeit mit dem Handel werden. Kleine und mittelständische Lieferanten, die die Zeichen der Zeit nicht erkennen, werden mit Auslistungen rechnen müssen.

Durch elektronischen Datenaustausch mit EDI (Electronic Data Interchange) beziehungsweise EDIFACT wird eine erhebliche Erleichterung zwischen Abrechnungszentralen und Lieferanten erreicht (EDIFACT = EDI for Administration, Commerce and Transport; Datenaustauschstandard der Vereinten Nationen, durch den der digitale, firmenübergreifende Geschäftsverkehr international einheitlich organisiert wird).

Die Kosten für die Zentralregulierung sind bei den verschiedenen Abrechnungszentralen unterschiedlich hoch. Bezugspunkt ist üblicherweise der Netto-Rechnungswert, auf den ein prozentualer Inkassoaufschlag erhoben wird. Die größte Zentralregulierungs-Organisation in Deutschland ist die Markant Handels- und Service GmbH, Offenburg. Insgesamt 4.660 Industrieunternehmen wickeln ihre Rechnungen und Gutschriften an die über 100 der Markant angeschlossenen Handelsunternehmen über diese Zentrale ab. Zu den angeschlossenen Handelsunternehmen gehören in Deutschland u. a. die Schwarz-Gruppe, die für ihre Vertriebslinie Kaufland über Markant abrechnet, sowie weitere Mitglieder wie beispielsweise: Tegut, dm, Rossmann, Müller, Schlecker und Lekkerland.

Jedes Markant-Mitglied erhält statt einer Vielzahl einzelner Belege einmal pro Woche eine Sammelabrechnung, die Industrie erhält eine Sammelüberweisung. Wöchentlich werden rund 294.000 Belege erfasst und archiviert, davon 65 % aller Belege über EDI und immerhin noch 103.000 Belege in manueller Datenerfassung. Der Brutto-Außenhandelsumsatz der Markant GmbH lag 2009 bei 65 Mrd. Euro und wird nach Angaben des Unternehmens aufgrund von Mitgliederzuwächsen 2010 auf über 68 Mrd. Euro ansteigen.

(Quelle: *o. V. www.markant.de*)

Inkasso/Zentralregulierung

„Der Inkasso wird dem Handel für die Übernahme spezieller Aufgaben der Geldlogistik vergütet. Die Handels- bzw. Abrechnungszentralen des LEH führen für die Hersteller die Abwicklung des Zahlungsverkehrs mit den ihnen angeschlossenen Einzelhäusern durch." (*Bendl* 2000, S. 131)

Das heißt: Von der Rechnungserstellung über die Verbuchung des Zahlungseingangs bis hin zur Erteilung von Gutschriften ist die Abrechnungszentrale des Handelsunternehmens der eine zentrale Ansprechpartner für den Lieferanten.

Diese sog. Zentralregulierung (vgl. dazu auch *Modrow* 1992, S. 4 ff.) ist heute bei fast allen Handelsorganisationen und auch für kleinere und kleine Handelshäuser etabliert.

Exkurs: Optimierung von Logistikkonditionen – ein Modell von McKinsey

Die von Unternehmen entwickelten Systeme und Strukturen sind selten perfekt und bieten oftmals weitreichende Verbesserungsmöglichkeiten. Von großem Interesse für Unternehmen sind hierbei jene Bereiche, die sich besonders stark und direkt auf den Erfolg der Organisation auswirken – im Handel sind dies u. a. die Konditionensysteme. Nach Untersuchungen der Unternehmensberatung McKinsey & Company liegen in den Logistikkonditionen meist erhebliche Optimierungspotenziale. Die Überprüfung dieser Konditionenart ist von besonderer Bedeutung, bedenkt man, dass Konsumgüterhersteller bis zu 20 % ihres Nettoumsatzes für Logistikkonditionen bzw. die damit in Verbindung stehende Leistung aufwenden.

Trotz dieses hohen Betrages sind Konditionensysteme oftmals ineffizient gestaltet und die Unternehmen verfügen nur über eine mangelhafte Kenntnis der Kostentreiber in diesem Bereich.

McKinsey führt u. a. an, welche Bedeutung eine Kundenklassifizierung in diesem Zusammenhang einnimmt. So verursachen „ineffiziente" Kunden zum Teil dreimal höhere Kosten als „effiziente" Kunden. Die Gründe liegen im Bestell- und Abnahmeverhalten dieser Kunden. Bestellt ein Kunde beispielsweise Mischpaletten anstelle von artikelreinen Paletten, ist damit ein höherer Distributionsaufwand verbunden – dieses Verhalten sollte in den Konditionen berücksichtigt werden, was jedoch in den seltensten Fällen zutrifft.

Wie setzen sich die Logistikkosten im Handel zusammen?
Um nachzuvollziehen, aus welchen Bestandteilen sich die Logistikkosten zusammensetzen, hat McKinsey diese in drei Haupt-Kostenblöcke gegliedert – die Logistikkonditionen, die Logistikkosten und die Außendienstkosten.

Die Außendienstkosten verursachen durchschnittlich Aufwendungen in Höhe von 2 bis 8 % des Nettoumsatzes und stellen somit den größten Kostenblock dar. Auf Platz zwei folgen die Logistikkosten, die in Abhängigkeit der Distributionsstruktur entstehen und sich aus Fracht, Lagerhaltung und Kundenservice zusammensetzen; sie betragen ca. 2 bis 7 % des Nettoumsatzes. Die Logistikkonditionen umfassen die Konditionsforderungen des Handels im Rahmen der Warendistribution sowie die Honorierung der Transport-, Lagerabwicklungs- sowie Abwicklungseffizienz und belaufen sich auf ca. 1 bis 5 % des Nettoumsatzes. Insgesamt betragen die Kosten also zwischen 5 % und 20 % der Nettoerlöse.

Insgesamt können international vier verschiedene Konditionensysteme definiert werden, die sich nach dem Grad der Standardisierung und dem Grad der Leistungsbezogenheit unterscheiden (siehe Abb. 30).

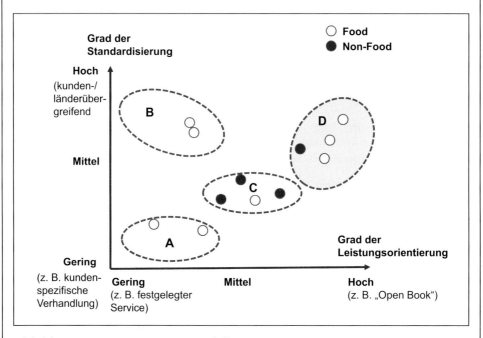

Abbildung 30: Das McKinsey-Modell

- **A – das Verhandlungsmodell:** Beim Verhandlungsmodell sind sowohl der Grad der logistischen Standardisierung als auch der Grad der Leistungsorientierung gering. Die Verhandlungen drehen sich um den Nettopreis.
- **B – das Einheitsmodell:** Hoher Grad an kundenübergreifender Standardisierung, bei der ein einheitliches Bestellverhalten angestrebt wird. Über andere logistische Leistungsparameter wird hierbei nicht verhandelt.

- **C – das Vorschlagsmodell:** Beim Vorschlagsmodell besteht ein mittlerer Grad an Leistungsorientierung, welcher jedoch in hohem Ausmaß von der Umsetzung in den einzelnen Ländern und Niederlassungen determiniert wird.
- **D – das Leistungsmodell:** Für jede Leistung (Rabatt) wird eine entsprechende Gegenleistung verlangt. Leistungen und Gegenleistungen ergeben ein kohärentes, nachvollziehbares System, das Verhandlungen überflüssig macht. Dieses Leistungsmodell gilt in Nordamerika als Standard. Es wird dort als „Bracket Pricing" oder „Menu Pricing" bezeichnet. Das Modell basiert auf vier Grundpfeilern: Leistungsorientierung, Transparenz, Konsistenz und Einfachheit. (Diese Aspekte werden im folgenden Teil des Buches vertieft.)

Das Leistungsmodell ist nach Angaben von McKinsey allen anderen Modellen überlegen. (Vgl. Küpper/Kopka/Sänger 2006)

Exkurs: Konditionenpolitik – Übermacht des Handels oder wirtschaftliches Gleichgewicht?

Bei der Diskussion über die Konditionenpolitik werden die verschiedenen konträren Ansichten von Industrie und Handel immer wieder offengelegt. Nicht zuletzt gilt die Konditionenpolitik als „Haupttreibungspunkt" zwischen Handel und Hersteller. Auf der einen Seite kritisieren Produzenten von Markenartikeln wie Unilever, Nestlé oder Kraft Foods (um nur einige zu nennen) die Konditionsforderungen des Handels oftmals als überzogen und führen an, aufgrund des hohen Konzentrationsgrades des Handels dessen Forderungen nahezu schutzlos ausgeliefert zu sein. Auf der anderen Seite kritisiert der Handel, dass Hersteller oftmals zweistellige Renditen erzielen, während die Händler sich mit wesentlich geringeren Renditen abfinden müssen.

Betrachtet man diese, oftmals hitzig geführte Diskussion, stellt sich die Frage, welche der beiden Seiten im Recht ist. Um sie zu beantworten, ist ein Blick auf die Fakten, besser gesagt auf die Renditen der „Kontrahenten", sinnvoll.

Die EBIT-Renditen der deutschen Einzelhändler, bewegen sich, wie angegeben, im einstelligen Bereich. So erzielten nach Angaben des Handelsblattes im Geschäftsjahr 2009 Edeka 3,6 %, die Metro Group 3,1 % und Rewe weniger als 2 % EBIT-Rendite. Im Vergleich mit den Herstellern besteht ein extremes Gefälle. So erreichten Johnson & Johnson mit 30 %, Procter & Gamble mit 24 %, gefolgt von Danone (18 %) und Nestlé (14 %) Rekordrenditen im Vergleich zu den Einzelhändlern. (Quelle: HDE, *o. V.* www.einzelhandel.de)

Es stellt sich die Frage, wieso die Einzelhändler, trotz der oftmals kritisierten Konditionsforderungen, derart geringe Renditen aufweisen. Das ergibt sich daraus, dass die Händler die Konditionen, welche sie den Herstellerunternehmen abverlangen, in mehr oder weniger großem Umfang an die Kunden weitergeben, um ihre Einkaufsstätte als besonders preisgünstig zu positionieren. Nicht ohne Grund ist Deutschland im internationalen Vergleich das Land, in dem die Konsumenten Lebensmittel am billigsten einkaufen können. Für die niedrigen Renditen sind aber auch die nur wenig beeinflussbaren Anteile an Personalkosten und Kosten für Mieten/Standorte verantwortlich.

Betrachtet man das Argument der Herstellerunternehmen, dass sie sich aufgrund der Handelskonzentration an die Forderungen des Handels anpassen müssen, so ist dies ebenfalls nachzuvollziehen. Da die Top 5 in Deutschland einen Marktanteil von 61% ausmachen, ist leicht zu verstehen, in welchem Ausmaß sich eine Auslistung auf das Unternehmen auswirken würde. Es muss noch hinzugefügt werden, dass eine Auslistung eines Unternehmens mit dominanten Marken beiden Seiten schadet.

2.4 Gestaltung des Konditionenangebots

„Böse Zungen behaupten, der Handel schöpfe seinen Gewinn fast nur aus den Zuwendungen der Hersteller, weil er die Gegenleistung oft schuldig bliebe. Fakt ist, dass eine Umverteilung der Etats in Richtung Handel stattfindet." (*Biehl* 1999b, S. 58)

Fakt ist allerdings auch, dass gerade die Gestaltung des Konditionenangebots durch die Hersteller eine Reihe von Mängeln aufweist.

So geht aus einer Studie von McKinsey hervor, dass 43 % aller zugesagten Konditionen ohne konkrete Gegenleistungen vereinbart wurden und versteckte Preiszugeständnisse waren (siehe Tabelle 37). Darüber hinaus wurden die Konditionen bei den Kunden sehr unterschiedlich gehandhabt. Die Untersuchung von *Bendl* im Jahr 1999 bestätigt diese Ergebnisse: Nur 54 % der an der schriftlichen Befragung teilnehmenden 98 Unternehmen (von insgesamt 1.500 angeschriebenen Unternehmen, vgl. *Bendl* 2000, S. 22) gaben an, dass Konditionen nur dann gewährt werden, wenn eine entsprechende Gegenleistung vom Handel erbracht wird (vgl. *Bendl* 2000, S. 84).

Weiterhin zeigte die Untersuchung, dass nahezu die Hälfte der Teilnehmer den Handelspartnern sowohl identische Konditionshöhen als auch Vergütungsarten bei

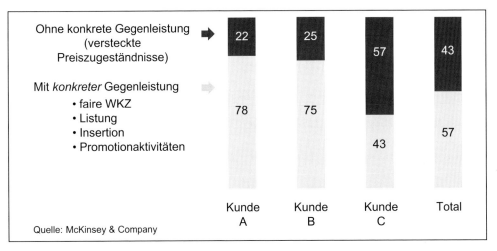

Tabelle 37: Verteilung der Trade Spendings nach Kunden (Quelle: Biehl 1999b, S. 58)

gleicher Handelsleistung gewährten. „Allerdings setzt auch ein Drittel der Untersuchungsteilnehmer eine derartige Gleichbehandlung nicht um." (Bendl 2000, S. 99).

Die Unternehmensberatung UGW Management Consulting, Wiesbaden, konstatiert, als Ergebnis ihrer Beratungspraxis, u. a. folgende Mängel bei der Gestaltung des Konditionenangebots:

- „Die Preis- und Konditionenstrategie ist nicht in die Unternehmensstrategie integriert.
- Es gibt keine oder eine nur unzureichende Kundensegmentierung.
- Controllingsysteme sind nur bedingt oder überhaupt nicht vorhanden." (Pielenhofer 2001, S. 5).

Hinzu kommt, dass das Preismanagement insbesondere in der FMCG-Branche ein sehr komplexes Gebiet ist. Mehrere Tausend Einzelpreise müssen festgelegt und strategisch sinnvoll geplant werden – fehlt hierbei eine Verankerung des Preismanagements in der Organisation, ist dieses Vorhaben kaum durchzuführen.

Welche Anforderungen sollten bei der Gestaltung von Konditionssystemen berücksichtigt werden? Im Folgenden werden die neun Prinzipien der Konditionssystemgestaltung von Bendl vorgestellt, da sie auf der derzeit umfangreichsten empirischen Untersuchung in Deutschland fußen: Leistungsbezogenheit, Systemtransparenz, Anwendungskonsequenz, Gleichbehandlung der Kunden, Kundensegmentierung, Individualität, Anpassung, Flexibilität und europaweite Harmonisierung (vgl. *Bendl* 2000, S. 79 ff.; bzgl. weiterer Gestaltungsvorschläge vgl. *Pielenhofer* 2001, S. 5; vgl. *Meerkatt* 1999, S. 61; vgl. *Steffenhagen* 1995, S. 19 ff.; vgl. *Kramer* 1995, S. 355 ff.).

Die Konditionengestaltung sollte folgenden Prinzipien genügen:

Leistungsbezogenheit

Leistungsbezogenheit bedeutet, dass Konditionen nur dann gewährt werden sollten, wenn eine entsprechende Gegenleistung erbracht wird.

Im Sinne der Leistungsbezogenheit muss diese Gegenleistung über die normalerweise zu erbringenden Leistungen des Handels hinausgehen. Diese sind nämlich bereits in den Listenpreisen berücksichtigt (vgl. *Steffenhagen* 1995, S. 69). Hier stellt sich natürlich die Frage, die auch Gegenstand zahlreicher wissenschaftlicher Abhandlungen ist: Welche Leistungen hat der Handel denn normalerweise zu erbringen?

Bendl kommt zu dem Ergebnis, „dass in der Literatur eine große Menge heterogener Ansätze vorliegt, die, ausgehend von verschiedenartigen Auslegungen des Handels- bzw. Leistungsbegriffs, einem gesamtwirtschaftlichen oder einzelbetrieblichen Blickpunkt und abweichendem Detaillierungsgrad unterschiedliche Darstellungen der Handelsleistungen geben. Typischerweise erfolgen die Systematisierungen aus der Perspektive der Handelsunternehmen und zielen darauf ab, eine Basis für eine effiziente Gestaltung der Handelstätigkeiten zu schaffen." (*Bendl* 2000, S. 80).

Betrachtet man die Handelsleistungen aber aus Sicht des Herstellers, so „begründet sich eine konditionenrelevante Handelsleistung immer in einer nach dem Zielsystem eines Herstellers vorteilhaften Bewertung der Handelstätigkeit" (*Bendl* 2000, S. 82).

Mit anderen Worten: Eine Leistungsbezogenheit ist individuell durch den Hersteller festzulegen, ohne dass es eine übergeordnete Betrachtungsweise für eine angemessene oder unangemessene Leistungsvergütung gibt. Das heißt aber auch, dass der Hersteller die Handelsleistungen eindeutig definiert und vor allem auch messbar definiert, sodass eine Überprüfung der Leistungserbringung möglich ist.

Als Ansatzpunkte zur Messung der Leistung können die folgenden Kriterien herangezogen werden (vgl. *Bendl* 2000, S. 83). Für die Praxis sind die Kriterien 1 und 3 am besten realisierbar:

1. Die notwendigen Tätigkeiten und Kosten des Handels
2. Die sichtbaren Ergebnisse der Handelsleistungen
3. Die ermöglichten Tätigkeits- und Kosteneinsparungen beim Hersteller
4. Die konsumentengerichteten Wirkungen der Handelsleistungen

Systemtransparenz

Systemtransparenz bedeutet, „dass die Regeln der Konditionenvergabe für die Abnehmer verständlich sind" (*Bendl* 2000, S. 87). Die Praxis zeigt, dass dies bei den Konditionssystemen vieler Unternehmen nicht der Fall ist. Darüber hinaus zeigt die Praxis aber auch, dass in den Unternehmen selbst oft nur unzureichende Kenntnis über Art und Umfang der durch die Verkaufsabteilung gegebenen Konditionen besteht.

Wie kann nun eine Systemtransparenz festgestellt werden?

Indikatoren für die Strukturiertheit und die Verständlichkeit der Konditionen sind (vgl. *Steffenhagen* 1995, S. 24):

* eine begrenzte Anzahl unterschiedlicher Konditionsarten,
* ein erkennbarer Zusammenhang zwischen unterschiedlichen Leistungshöhen und Vergütungsabstufungen,
* eine klare Definition der mit dem Listenpreis abgegoltenen Standardleistungen,
* leichte Durchschaubarkeit der Abrechnungsmodalitäten.

Weiterhin:
* Wird die Konditionenregel allen Handelspartnern offengelegt?
* Wie ist die unternehmensinterne Kenntnis über die aktuellen Konditionen?
* Sind die Auswirkungen der Konditionenvergabe auf Gewinn bzw. Deckungsbeitrag bekannt?

Anwendungskonsequenz

Diese Regel besagt, dass die Konditionen, die einmal definiert wurden, auch konsequent gegenüber allen Kunden eingehalten werden müssen. „So einleuchtend dieses Prinzip klingt, umso schwieriger gestaltet sich dessen Umsetzung in der Praxis. Sehr häufig setzen Hersteller die Konditionengewährung fort, obwohl die Handelspartner gegen die getroffenen Vereinbarungen offensichtlich verstoßen." (*Bendl* 2000, S. 95).

Gleichbehandlung der Kunden

Handelspartner mit gleichartiger und gleich hoher Leistung sollten bei der Konditionengewährung gleich behandelt werden (vgl. *Steffenhagen* 1995, S. 20); d. h., sie sollten die identischen Konditionsarten in gleicher Höhe erhalten.

In der Praxis werden die Kunden nicht immer gleich behandelt. Dieses Vorgehen wird als **Konditionenspreizung** bezeichnet. „Konditionenspreizungen sind tickende Zeitbomben. Neben den üblichen Problemen, wie z. B. Entkoppelung von Leistung und Gegenleistung, Konditionenerosion oder absolute Höhe der gewährten Konditionen, erhalten sie bei Transfers eine neue Dimension." (*Schenscher/Möller* 1998, S. 64) Übernahmen und Fusionen im Handel offenbaren nämlich Differenzierungen in den Konditionen. Sind sie sachlich nicht gerechtfertigt, entstehen für den Hersteller, insbesondere was die persönliche Glaubwürdigkeit der Vertriebsmitarbeiter aber auch seine wirtschaftlichen Möglichkeiten angeht, erhebliche Probleme.

Kundensegmentierung

Im Rahmen der Bildung von Konditionensystemen sollten Kunden mit ähnlichen Strukturen in Gruppen zusammengefasst werden, denen man dann auch jeweils spezifische Konditionen anbietet. Das ist insbesondere dann sinnvoll, wenn die einzelnen Abnehmer signifikante Leistungen erbringen, die entweder dem Absatz der Herstellerprodukte förderlich sind oder für die Produzenten kostensenkend wirken. Dabei wird vor allem an eine Differenzierung nach Betriebstypen gedacht, wodurch ein Eingehen auf die Spezifika der Betriebstypen, insbesondere auch deren Preispolitik, möglich ist.

Problematisch wird dieser Gedanke in der Praxis allerdings dann, wenn über ein Zentrallager unterschiedliche Vertriebstypen mit ein und denselben Produkten/Größen beliefert werden!

Zum Management der Konditionen existieren seit einiger Zeit auch IT-Systeme wie GICOM, die eine vollautomatische Abwicklung der Konditionen auf Basis von Stammdaten anbieten. Über bestimmte Kalkulationsschemata können Konditionen kundenindividuell bestimmt werden. Auf diese Weise werden die Konditionen transparenter und besser steuerbar. Basis dieses speziellen IT-Systems ist die SAP-Finanzsoftware. Nutzer der Software sind die Otto Group, Edeka, Kaufhof, die Media-Saturn-Holding und die Rewe Group (vgl. *o. V.* 9/2010b, lebensmittelzeitung.net; vgl. *o. V.* www.gicom.org).

Individualität

Dieses Kriterium besagt, dass Hersteller Konditionssysteme auch auf die eigenen Leistungspotenziale, besonders aber auf ihre Marketingstrategie und die übergeordneten Unternehmensziele abstimmen sollten. So wird z. B. ein Hersteller, der seine Marken im Hochpreissegment ansiedelt, keine Konditionen auf Sonderpreisaktionen gewähren (vgl. *Bendl* 2000, S. 104).

Anpassung

Mit dem Prinzip der Anpassung soll der Wettbewerbsdynamik durch die Forderung Rechnung getragen werden, dass die Konditionengewährung auf Veränderungen von Handelsleistungen reagiert (vgl. *Steffenhagen* 1995, S. 25). So ist z. B. das Delkredere anzupassen, wenn sich das Zahlungsausfallrisiko nachweislich vergrößert, oder das Inkasso zu verringern, wenn die Abrechnung nicht mehr manuell, sondern mittels EDI erfolgt.

Flexibilität

Ohne dass die Kriterien „Anwendungskonsequenz" und „Gleichbehandlung der Kunden" infrage gestellt werden, sollte ein Konditionensystem eine gewisse Flexibilität haben, die es erlaubt, auf spezielle Bedürfnisse von Handelsgruppen oder Warengruppen sowie auf Maßnahmen von Konkurrenten oder kurzfristige Veränderungen im Marktgeschehen einzugehen.

„Der Vertrieb sollte mit gewissen Preiskompetenzen ausgestattet werden, um als Verhandlungspartner des Handels effektiv agieren zu können." (*Bendl* 2000, S. 112)

Das Prinzip der Flexibilität ist allerdings mit größter Vorsicht einzusetzen, da zumindest bei den Großformen des Handels nach der Maxime verfahren wird: „Die Sonderkondition von heute ist der Besitzstand von morgen!" Es wird auch von der „Irreversibilität" einmal gewährter Rabatte gesprochen (*Meffert* 1998, S. 568). Um sicherzustellen, dass „Flexibilität" von allen Beteiligten, besonders auch von den eigenen Mitarbeitern in der richtigen Weise genutzt wird, erweist es sich in der Praxis als notwendig, die Konditionengewährung als einen permanent nachzuhaltenden Teil der Vertriebstätigkeit zu akzeptieren.

Europaweite Harmonisierung

Die zunehmende Internationalisierung der Handelskonzerne – wie z. B. Associated Marketing Services mit Sitz in Amsterdam/NL (www.ams-sourcing.com), Miag-Metro International Group, mit Sitz in Baar/CH (www.miag.com) sowie die Europäische Verbundgruppe UGAL – Union der Verbundgruppen selbständiger Einzelhändler Europas (www.ugal.eu) – fördert die Transparenz und zwingt die Hersteller zu einer einheitlichen Preis- und Konditionenpolitik (vgl. *Bendl* 2000, S. 115; vgl. *Kalka/Ziehe* 1999, S. 70).

Besonders laut tickt die Zeitbombe in Osteuropa, da die in den Aufbauzeiten gewährten Konditionen oft willkürlich und ungerecht sind. Man spricht von Konditionsspreizungen von bis zu 15 Prozentpunkten bei den Kunden desselben osteuropäischen Landes und zwischen den osteuropäischen Ländern soll es Spreizungen bis zu 20 Prozentpunkten geben (vgl. *Hanke* 2000b, S. 48).

Aber auch bei einem Vergleich der Preise eines Produktes in verschiedenen westeuropäischen Ländern werden erhebliche Differenzen deutlich. Der lokale Preis wurde an den lokalen Gegebenheiten ausgerichtet, so dass z. B. schottischer Whisky direkt ab Distillery teurer verkauft wird als die identische Ware in Spanien oder Portugal. Offensichtlich sind in den Unternehmen die erheblichen Preisdifferenzen in den verschiedenen Ländern zum Teil wenig transparent.

Werden die Preisniveaus nicht angeglichen, werden sog. „Grauimporte" die Folge sein, d. h. Importe von billiger Ware in ein höherpreisiges Land, die durch den Handel vorgenommen werden. Bei den großen, international tätigen Handelskonzernen ist dagegen abzusehen, dass sie für ganz Europa den jeweils günstigsten Preis verlangen werden (vgl. *Holland* 2000, S. 46).

3 Kommunikation

In unterschiedlichster Weise nutzt die Industrie die verschiedenen Formen der Kommunikation gegenüber dem Handel. „Je nach Marketingorientierung des Unternehmens kann der Werbemitteleinsatz im vertikalen Marketing als wichtiger Ausdruck der Handelsorientierung, als überflüssige Ausgabe oder als sporadisch verfügbares Instrumentarium zur Erreichung kurzfristiger Ziele gesehen werden." (*Parjaszwski* 1993, S. 377)

Für Unternehmen, die ihre Handelsbeziehungen umfassend gestalten wollen, spielt die Kommunikation eine erhebliche Rolle. Sie ist wichtiger Bestandteil im Trade-Marketing-Instrumentarium.

3.1 Zielgruppen

Die Zielgruppen im Handel, die durch die Hersteller angesprochen werden, unterscheidet man a) nach Zielpersonen, die in den Handelszentralen bzw. regionalen Zentralen tätig sind und b) nach solchen, die in der Fläche, d. h. vor Ort, in den Geschäften tätig sind.

- Zielpersonen in den Handelszentralen sind: Geschäftsführung, Category Management, Einkauf, Vertrieb, Marketing.
- Zielpersonen in der Fläche sind: Gebietsverkaufsleiter, Bezirksleiter, Marktleiter (angestellte Marktleiter bzw. Inhaber), Verkaufspersonal.

Zielpersonen in den Handelszentralen

Die Anzahl der „Kernentscheider" in den Handelszentralen ist aufgrund des hohen Konzentrationsgrades sehr begrenzt. „Gab es Mitte der 80er-Jahre noch durchschnittlich 63 so genannte Kernentscheider in den Top 50 Handelsunternehmen, so bestimmen heute im Durchschnitt 104 Handelsmanager über Listung, Auslistung, Promotions sowie über alle weiteren für das Schicksal der Produkte existenziellen Fragen." (*LebensmittelZeitung* o. J., S. 8) Diese Zahl wird sich bis zum heutigen Tag nur unwesentlich geändert haben.

Von den 104 Kernentscheidern sind ca. zwei Drittel vertriebsorientiert, d. h. warengruppenübergreifend tätig. Etwa ein Drittel der Kernentscheider ist im Einkauf tätig und damit warengruppenbezogen verantwortlich. (Da die Untersuchung der LebensmittelZeitung ca. aus dem Jahr 1994/95 stammt, ist es nicht verwunderlich, dass die Mitarbeiter in den Handelszentralen als Einkäufer und Verkäufer bezeichnet werden. Die Funktion des Category Managers war zu diesem Zeitpunkt noch nicht üblich.)

Vertriebsorientiert/warengruppenübergreifend tätig:

Geschäftsleitung:	28 Personen
Vertrieb:	30 Personen
Marketing:	6 Personen

Einkaufsverantwortlich/warengruppenbezogen tätig:

Einkauf:	40 Personen

Insgesamt ist die Zahl der Entscheider in den Zentralen also sehr überschaubar, selbst wenn in den Einkaufs- und Marketingabteilungen noch eine Vielzahl von weiteren Mitarbeitern verantwortlich tätig ist.

Zielpersonen in der Fläche

Die Anzahl der Personen, die in der Fläche tätig sind, ist natürlich erheblich größer. Es sind Informationen dahingehend verfügbar, dass insgesamt 544.000 Mitarbeiter im Handel tätig sind (Stand 2010). Die Anzahl der Gebietsleiter/Bezirksleiter und die der Marktleiter kann nur abgeschätzt werden.

Betrachtet man die rund 35.149 Discounter, Verbrauchermärkte und Drogeriemärkte (Stand 1.1. 2010, vgl. *Nielsen Universen* 2010, S. 20), dann ergibt sich folgendes Bild: Alle diese Betriebe werden durch Bezirksleiter betreut. Im Schnitt betreut ein Bezirksleiter etwa bis zu 15 Geschäfte, d. h., dass etwa 2.344 Bezirksleiter im filialisierten Handel tätig sind. Die Anzahl der Marktleiter/Filialleiter ist durch die Anzahl der Geschäfte begrenzt, d. h., sie beträgt maximal 47.534. Da im traditionellen LEH eine Reihe von selbstständigen Einzelhändlern zwei und mehr Geschäfte führt, ist die Anzahl geringer. Die Anzahl der im Verkauf tätigen Personen liegt damit als Restgröße zu den genannten ca. 544.000 Mitarbeitern bei etwa 494.122 Personen.

Der Hersteller, der mit Kernentscheidern einschließlich Bezirksleitern kommunizieren will, hat es mit einer kleinen, sehr überschaubaren, unmittelbaren Zielgruppe zu tun. Im Gegensatz dazu sind die Zielpersonen, die in der Fläche tätig sind, mit rund 500.000 Personen doch erheblich in der Zahl. Sie sind allerdings auch keine unmittelbare direkt entscheidungsrelevante Zielgruppe, sondern können als mittelbare, sekundäre Zielgruppe verstanden werden.

3.2 Ziele der Kommunikation

Die Kommunikationsziele der Industrie können nach ihrer zeitlichen und konzeptionellen Perspektive in langfristig-strategische und mittel- bis kurzfristige eher operativ-taktische Ziele unterschieden werden. Unter langfristigen, strategischen Aspekten stehen im Mittelpunkt der Kommunikation (vgl. *Parjaszwski* 1993, S. 379 ff.):

- Aufbau eines Unternehmensimages
- Leistungsprofilierung
- Differenzierung vom Wettbewerb.

Dadurch erreicht ein Unternehmen, dass der Handel ein klareres Bild darüber erhält,

- mit wem er es zu tun hat,
- was das Unternehmen besonders gut kann und
- worin es sich vom Wettbewerber unterscheidet.

Neben diesen strategischen Zielen werden mittel- und kurzfristige Ziele in der Kommunikation verfolgt (vgl. *Parjaszwski* 1993, S. 380):

- Mittelfristig: Durchsetzung von Produkten und Sortimenten
- Kurzfristig: Einführung von Neuprodukten, Aktualisierung von etablierten Produkten, Vorstellung von Aktionen, Information über sonstige Aktivitäten.

3.3 Kommunikationsinstrumente

Im Hinblick auf die Zielgruppe und die Werbeziele in der Zielgruppe gilt es, diejenigen Kommunikationsinstrumente herauszufinden, die unter Kosten-Nutzen-Gesichtspunkten am effizientesten sind. Der Industrie stehen generell folgende Instrumente zur handelsgerichteten Kommunikation zur Verfügung:

- Fachzeitschriften
- Außendienst
- Key Account Management
- Telefonverkauf
- Sales Folder
- Direct Mailing
- Messen

- Veranstaltungen (Schulungen)
- Online-Medien

Die Universität St. Gallen hat verschiedene Kommunikationsinstrumente auf deren Relevanz für Hersteller und Handel näher untersucht (siehe Tabelle 38). Hiernach messen die FMCG-Hersteller insbesondere dem Verkaufsgespräch und den persönlichen Beziehungen eine besondere Bedeutung bei. Hierin könnte u. a. ein Grund für die häufige Implementierung eines Key Account Managements in FMCG-

Instrument	Konsumgüterhersteller	Handel
(Media)-Werbung	●●	●●
Information, Schulung, Werbeunterlagen für den Handel	●●	
Verkaufsgespräch	●●●	●
Persönliche Beziehungen	●●●	
Mailing, Direktmarketing, Wurfsendungen	●	●●●
Verkaufsförderungsunterlagen (Sales Folder)	●●	●●
Merchandising	●●	
Messen, Präsentationen, Tagungen, Kongresse	●	
Preisgestaltung, Sonder-angebote, Aktionen, Rabatte	●●	●●●
Exklusivangebote		●●
Zusatzleistungen (z. B. Parkplätze, weitere Dienstleistungen)		●●
Garantien, Service	●●	

●●● sehr bedeutsam ●● relativ bedeutsam ● bedeutsam

Tabelle 38: Relevanz der verschiedenen Kommunikationsmedien aus Sicht der Hersteller und des Handels (Quelle: Universität St. Gallen, 2007)

Unternehmen liegen. Für den Handel weisen dagegen die Durchführung von Aktionen und die Preisgestaltung sowie die Mailingaktionen und Postwurfsendungen die höchste Relevanz auf.

Abbildung 31 zeigt, an welche Entscheidergruppen im Handel sich die verschiedenen Instrumente im Schwerpunkt richten (vgl. dazu auch *LZ*, o. J., S. 13 und *Parjaszwski* 1993, S. 376).

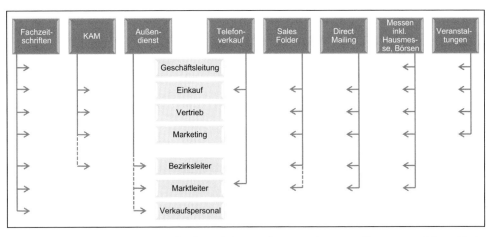

Abbildung 31: Instrumente der handelsgerichteten Kommunikation und ihre Zielgruppen im Handel (Quelle: vgl. LZ o. J., S. 13)

Fachzeitschriften

Unter Fachzeitschriften versteht man periodisch erscheinende Zeitschriften, die sich an einen begrenzten, qualifizierten Leserkreis wenden. Hauptanliegen der Fachzeitschriften ist die Vermittlung von fachlichen Informationen und weniger die Unterhaltung der Leser.

Jede Branche hat ihre spezifischen Fachzeitschriften. Für die Entscheider im Lebensmittelhandel und in den Vertriebsabteilungen der Konsumgüterindustrie z. B. sind die **LebensmittelZeitung** (Deutscher Fachverlag) und die **Lebensmittel Praxis** (Verlag Neuwied GmbH) wichtige branchenbezogene Fachmedien.

Neben der Schaltung von Anzeigen und der Einlage von Beilagen oder geklebten Postkarten im Heftinneren gibt es in den meisten dieser Medien eine Reihe weiterer Möglichkeiten der gezielten Kommunikation.

Dafür bieten sich z. B. die entsprechenden Sonderseiten zum Thema „Neuheiten im Sortiment" an. Dafür stellt die Industrie den Verlagen die Informationen zu den Produktneuheiten einschließlich Produktabbildungen zur Verfügung. Weiterhin kann Produkt- und Firmen-PR durchgeführt werden, z. B. als bezahlte Textteilanzeige oder im Rahmen der regelmäßigen „Länderberichte" und „Branchenreports", die durch die Redaktion zusammengestellt werden.

Die Fachpresse veranstaltet zudem eine Reihe von „Events" und Wettbewerben, die von der Industrie intensiv genutzt werden und eine Ergänzung der eigenen Kommunikationsinstrumente darstellen. So führt die **Lebensmittel Zeitung** folgende **Veranstaltungen** durch:

Sales Cup

Im Rahmen dieses Wettbewerbs, der 2010 das 15. Mal stattfand, werden Verkaufsförderungsaktionen der Industrie und des Handels bewertet. Die Aktionen werden unterschieden nach: Einführungspromotion, saisonale Promotion, Special Promotion, Tailormade-Promotion und handelseigene Promotion. Bei einer Festveranstaltung werden die jeweils besten Aktionen ausgezeichnet. Die Auszeichnungen im Jahr 2010 wurden wie folgt vergeben:

Kategorie	Ausgezeichnete Unternehmen
Industriepromotions	• Düsseldorfer Löwensenf GmbH („Senf in Zahlung") • Maggi Deutschland GmbH („50 Jahre Maggi Kochstudio")
Handelseigene Promotions	• REWE Markt Ernst-August-Galerie „Größte Ananas-Pyramide Hannovers" • EDEKA Martens Bad Schwartau GmbH & Co. KG „Handel mit deiner Zukunft und nutze deine Chance!"
Tailormade Promotions	• Hieber's Frische Center KG Hönig-Hof GmbH „Hieber's Azubi-Aktion MeiBox 2009" • EDEKA Handelsgesellschaft Südwest mbH Danone GmbH („ACTIVIA Growth Lab EDEKA Südwest")

Tabelle 39: Ausgezeichnete Unternehmen im Sales Cup 2010 (Quelle: www.lz-net.de)

Young Business Factory

Unter diesem „Absender" finden mehrfach im Jahr Veranstaltungen in Form von Seminaren oder Workshops statt, auf denen Handelsmitarbeiter und Nachwuchskräfte aus der Industrie die Gelegenheit des persönlichen Kennenlernens haben und sich anhand von aktuellen Themen aus Industrie oder Handel fachlich annähern können.

Goldener Zuckerhut

Diese Veranstaltung zählt zu dem wichtigsten Treffen der Ernährungswirtschaft in Deutschland. Im Jahr 2010 fand der Goldene Zuckerhut zum 33. Mal statt. An der zweitägigen Veranstaltung nehmen ca. 750 geladene Gäste teil. „Mit dem Goldenen Zuckerhut der Lebensmittel Zeitung können einmal jährlich bis zu sieben Firmen und Persönlichkeiten ausgezeichnet werden, die sich in der deutschen oder europäischen Konsumgüterwirtschaft in besonderem Maße verdient gemacht haben. Die Auszeichnung gilt einer unternehmerischen oder persönlichen Leistung, die von großem Einfluss mit nachhaltiger Wirkung auf die Gesamtentwicklung dieses Wirtschaftsbereiches ist." *(LebensmittelZeitung 01.10.2010)*

Weiterhin verleiht die Stiftung Goldener Zuckerhut qualifizierten Branchennachwuchskräften aus Handel und Industrie Förderpreise von insgesamt 50.000 Euro.

Sommertage Getränkewirtschaft

Eine zweitägige Veranstaltung, getragen von der Lebensmittel Zeitung und einer Reihe von Partnerunternehmen, die 2010 zum achten Mal stattgefunden hat und den Austausch zwischen Getränkewirtschaft und Handel fördern soll.

LZ-Karrieretag

Der LZ-Karrieretag ist ein Recruiting-Event, das 2010 zum zweiten Mal stattfand. Zielgruppe des Events sind Studenten, die kurz vor ihrem Abschluss stehen und eine Karriere im Konsumgüterbereich anstreben. Der Karrieretag bietet ihnen die Möglichkeit, an Fachvorträgen teilzunehmen und sich mit den verantwortlichen Personen der Branche auszutauschen.

Europäischer Online-Handelskongress

Der Kongress, der von der Conference Group in Kooperation mit mehreren Fachzeitschriften des Handels, wie der TextilWirtschaft, der LebensmittelZeitung, Horizont und Der Handel initiiert wurde, fand 2010 zum zweiten Mal statt. Der Kongress beschäftigt sich mit dem immer stärker werdenden Multichannel Retailing und mit der Frage, welches Unternehmen der „Online-Händler von morgen" sein wird.

Außendienst

Ansprechpartner für den Außendienst (AD) der Industrie sind die Vertriebsmitarbeiter des Handels, insbesondere die Bezirksleiter, die Filialleiter/Marktleiter und das Verkaufspersonal des Handels in den Geschäften.

Die kommunikativen Aufgaben, die der Außendienst heute im LEH wahrnimmt, übertreffen die reinen Verkaufsaufgaben bei Weitem. Der Schwerpunkt der Kommunikation zwischen Außendienst und Verkaufspersonal liegt in der Beratung mit dem Ziel, die Markenführung bis an den POS sicherzustellen. Das schließt die Listungsüberprüfung, die Vorstellung neuer Produkte, die Präsentation von POS-Aktivitäten sowie die Schulung der Mitarbeiter im Handel ein.

Der AD-Mitarbeiter kann hierbei durch IT-Systeme unterstützt werden. So besteht beispielsweise die Möglichkeit, Informationen über neue Promotions oder Preisanpassungen der Wettbewerber, die der Mitarbeiter bei seinem Handelsdurchgang entdeckt, in Echtzeit an die Zentrale weiterzuleiten. Von zunehmender Bedeutung ist auch, dass der Außendienst Informationen darüber erhält, ob und in welchem Umfang vom Hersteller ergriffene Maßnahmen in der Praxis für den Handel sinnvoll und hilfreich sind.

Dabei geht es z. B. um ein Feedback auf:

- Inhalt, Ausführung und Umfang von Displays,
- die Gestaltung der Transportverpackung,
- die Wahrnehmung von Herstellerwerbung in Handelsmedien.

Der Außendienst erspart dem Hersteller auf diese Weise mehr oder weniger aufwändige Marktforschungsstudien und liefert ein umfassendes und zeitnahes Abbild der Situation bei den Kunden bzw. in den Vertriebsschienen.

Key Account Management

Die Gesprächspartner für das Key Account Management der Industrie sind die Einkäufer bzw. die Category Manager, aber auch die Vertriebs- und Marketingleiter in den Zentralen der Handelsorganisation. In der Fläche sind es die Bezirksleiter, zu denen Key Account Manager oftmals Kontakt halten. Zentraler gegenseitiger Gesprächsanlass ist das sog. Jahresgespräch, bei dem schwerpunktmäßig die Konditionen des folgenden Jahres besprochen werden.

Telefonverkauf

Wenn das Telefon zur gezielten Kommunikation mit dem Handel zum Einsatz kommt, geht es meist um die der Erreichung kurzfristiger, aktionsbezogener Ziele wie z. B. eine Information über Sonderangebote oder der Verkauf von Sonderaufmachungen. Telefonisch lässt sich eine schnelle Durchsetzung in der Fläche erreichen. Aber auch die kontinuierliche Betreuung bestimmter Kundenkreise, z. B. von umsatzschwachen C-Kunden, kann über das Telefon kostengünstig und wirtschaftlich wahrgenommen werden.

Da in zentral gesteuerten Handelsorganisationen der Einfluss der Warenwirtschaftssysteme und der Zentralbelieferung auf die Warendisposition zunimmt, verliert das Telefon immer mehr an Bedeutung. Im selbstständigen Einzelhandel ist der telefonische Kontakt immer dann interessant, wenn dadurch die Kundenbetreuung sinnvoll unterstützt und die Außendienstarbeit ergänzt wird und sich insgesamt die Wirtschaftlichkeit der Kundenbearbeitung erhöht.

Sales Folder

Sales Folder sind schriftliche Unterlagen zu einem bestimmten Sachverhalt, wie z. B. die Einführung eines neuen Produkts oder der Start einer neuen Werbekampagne.

Der Sales Folder dient dem Mitarbeiter der Industrie als Gesprächsunterlage und Gesprächsleitfaden. Er wird den Mitarbeitern in den Handelszentralen sowie den Bezirks- und Marktleitern oft als Hilfestellung für deren interne Gespräche und zur Dokumentation ausgehändigt.

Direct Mailings

Direct Mailings werden von der Industrie primär zur Produktinformation erstellt. Empfänger sind Einkauf, Vertrieb und Marketing in den Handelszentralen sowie Bezirks- und Marktleiter.

Die Resonanz des Handels auf Direct Mailings entspricht nicht unbedingt den Erwartungen der Industrie. Nur knapp die Hälfte der Einkäufer und Vertriebsmitarbeiter meint, dass Direct Mailings das Verkaufsgespräch unterstützen. Nur 38 % der Einkäufer und sogar nur 27 % der Verkäufer nehmen Direct Mailings mit zu Sitzungen.

Nach einer repräsentativen Befragung der AUMA (Ausstellungs- und Messeausschuss der deutschen Wirtschaft) im Februar 2010 gab jedoch die große Mehrheit (84 %) der befragten Konsumgüterunternehmen an, Direct Mailings im B2B-Bereich einzusetzen (vgl. *o. V.* www.auma.de).

Die Sammlung von Kundendaten im Data Warehouse bietet den Vorteil, dass die Mailings konkreter auf die jeweiligen Bedürfnisse des Handelspartners zugeschnitten werden können, als dies früher der Fall war.

Messen

Messen sind eine weitere wichtige Plattform der Kommunikation der Industrie mit dem Handel. Zu unterscheiden sind die Messen, die durch Messegesellschaften organisiert werden, und die Messen, die Handelsunternehmen veranstalten.

Zu den wichtigsten internationalen Messen gehören:

- ISM – Internationale Süßwarenmesse, Köln. Sie ist die jährlich stattfindende „Leitmesse der internationalen Süßwarenwirtschaft". Mehr als 1.503 Aussteller aus 66 Ländern haben an der 40. ISM im Januar 2010 auf einer Fläche von 110.000 qm ihre Produkte und Neuheiten präsentiert. Die Messe öffnet ihre Tore ausschließlich für Fachbesucher aus dem Groß- und Einzelhandel. Mehr als 64 % der rund 32.000 Besucher kamen aus dem Ausland. Einer der Höhepunkte dieser Messe ist die bereits erwähnte Veranstaltung des „Goldenen Zuckerhutes".
- Anuga Köln: Die Anuga findet alle zwei Jahre statt und ist die weltweit bedeutendste Informations- und Ordermesse der Ernährungswirtschaft. 2009 nahmen mehr als 6.500 Aussteller an der Messe teil, bei ca. 150.000 Besuchern. Der Anteil der Aussteller, die aus dem Ausland angereist waren, lag bei 85 %. Im Jahr 2011 findet erstmals eine Fachmesse für die Gastronomie und den Außer-Haus-Markt statt, die Anuga Food Service Messe. Nach Angaben der Koelnmesse GmbH wird hierbei das Angebot der Anuga Catering Tec erweitert, außerdem werden Gastronomiethemen und Sonderschauen gebündelt.
- Ambiente, Frankfurt: Die Ambiente mit den drei Ausstellungsbereichen Dining, Living und Giving ist die größte Konsumgütermesse der Welt. Rund 4.300 Aussteller, von denen ca. 3.140 aus dem Ausland kamen, nahmen 2010 an der Messe teil. Die Ambiente wurde von 153.000 Personen besucht.
- Tendence, Frankfurt: Die Tendence, die in der zweiten Jahreshälfte an fünf Tagen in Frankfurt stattfindet, ist neben der Ambiente eine weitere internationale Konsumgütermesse. Mehr als 52.000 Fachbesucher besuchten 2010 die Tendence, auf der mehr als 2.000 Aussteller ihre Waren präsentierten.
- PLMA-Fachmesse „Welt der Handelsmarken", Amsterdam: Seit 25 Jahren treffen sich Handelsunternehmen und Hersteller aus 65 Ländern auf dieser Messe des Verbandes der Private Label Manufacturers Association, um sich über die Möglichkeiten der Kooperation bei Food- und Nonfood-Handelsmarken zu informieren. Die teilnehmenden Hersteller lassen sich in drei Gruppen einteilen: große Hersteller, die sowohl eigene Marken als auch Handelsmarkenprodukte herstellen, kleine und mittlere Hersteller, die sich auf bestimmte Produktlinien spezialisieren und sich nahezu ausschließlich auf die Herstellung von Handelsmarken konzentrieren, und große Einzelhändler und Großhändler, die über ihre eigenen Produktionsanlagen verfügen und so ihre eigenen Geschäfte mit Handelsmarken beliefern. Gemeinsam mit dem Shanghai International Sourcing Promotion Center hat die PLMA die **Shanghai Private Label Fair** ins Leben gerufen, die im Dezember 2010 zum ersten Mal stattfand. Grund hierfür ist die immer größere Bedeutung der asiatischen Länder in der Weltwirtschaft (vgl. *o. V.* www.plmainternational.com).

Messen werden auch von den Handelszentralen veranstaltet. Die Bezeichnungen für diese Messen sind: Hausmesse, Börse oder (Vor-)Musterungen. Sie sind eine Informations- und Orderplattform für die Geschäftsführer bzw. Filial- und Abteilungsleiter der angeschlossenen Handelsunternehmen bzw. -häuser. Die Lieferanten präsentieren sich auf diesen Messen mit ihrem Produktsortiment, sie stellen ihre Produktneuheiten vor und schließen Aufträge ab.

Veranstaltungen
Als weitere Plattform der Kommunikation zwischen Industrie und Handel bieten sich die zahlreichen Veranstaltungen, insbesondere Seminarveranstaltungen und Kongresse, an.

Es gibt Veranstaltungen, die die Industrie für den Handel organisiert. Oft geht es dabei um die Vorstellung eines Neuprodukts. Aber auch der Umzug in ein neues Firmengebäude, ein Jubiläum, Veränderungen im Management oder aber gemeinsam erreichte Ziele sind Anlässe für Veranstaltungen.

Auch der Handel öffnet sich und lädt die Industrie zu Informationsveranstaltungen oder zu sog. Lieferantentagen zu sich ein.

Bedeutung der verschiedenen Kommunikationsinstrumente
Durch die **Lebensmittel Zeitung** wurde untersucht, welche Bedeutung verschiedene Kommunikationsinstrumente der Industrie für die Einkäufer und für die Vertriebsmanager im Handel haben. Die Reihenfolge der wichtigsten Informationsquellen der Industrie ist in Tabelle 40 dargestellt.

Kommunikationsinstrument	Meinung des Einkaufs Sehr wichtige/wichtige Informationsquelle (in %)	Meinung des Vertriebs Sehr wichtige/wichtige Informationsquelle (in %)
Außendienst	99	99
Messen	78	81
Jahresgespräche	82	58
Direct Mailings	63	59
Sales Folder	46	49
Telefonverkauf	8	11

Tabelle 40: Bedeutung ausgewählter Kommunikationsinstrumente der Industrie für Handelsmanager (Quelle: vgl. LZ o. J., S. 17)

Kommunikationsinstrument	Bedeutung gesunken Meinung der Handels- manager (in %)	Bedeutung gestiegen Meinung der Handels- manager (in %)
Jahresgespräche	13	48
Außendienst	22	41
Messen	18	37
Sales Folder	22	30
Direct Mailings	25	33
Telefonverkauf	44	9

Tabelle 41: Veränderung der Bedeutung ausgewählter Kommunikationsinstrumente der Industrie aus der Sicht befragter Handelsmanager (Quelle: LZ o. J., S. 18)

Sowohl Einkauf als auch Vertrieb sehen den Außendienst als die wichtigste Informationsquelle an. Messen werden etwa gleichwertig beurteilt. Unterschiede bestehen bei der Beurteilung der Bedeutung der Jahresgespräche. Die relativ geringe Bedeutung, die die Vertriebsmitarbeiter den Jahresgesprächen beimessen, hat möglicherweise damit zu tun, dass ein hoher Anteil der Jahresgespräche zwischen Industrie und Handel ohne den Vertrieb der Handelsunternehmen stattfindet. Auch heute herrscht in etlichen Unternehmen des LEH die Überzeugung vor, dass Jahresgespräche in erster Linie einkaufsorientiert sind, d. h., der Schwerpunkt liegt auf der Verbesserung der Einkaufssituation, konkret der Einkaufskondition. Hinzu kommt, dass die Kontakte der Industrie zum Einkauf besser und umfangreicher sind als die Kontakte zum Vertrieb. Diese sind – sowohl was die Anzahl als auch den Inhalt anbelangt – entwicklungsfähig.

Weiterhin wurde von der Lebensmittel Zeitung untersucht, inwieweit sich die Bedeutung der Kommunikationsinstrumente verändert hat. Die Ergebnisse bestärken die Wichtigkeit der Jahresgespräche, des Außendienstes, der Messen und auch von Direct Mailings.

3.4 Integrierte Kommunikation

Kommunikation mit dem Handel heißt Kommunikation mit den verschiedenen Zielgruppen innerhalb des Handels unter Einsatz der verschiedensten Medien und Werbemittel. Die verwendeten Werbemittel müssen sich ergänzen und verstärken und sich insgesamt zu einem eindeutigen Profil des werbenden Unternehmens bzw. der beworbenen Marken und Produkte addieren.

Die Zielpersonen im Handel nehmen aber die verschiedenen Formen der klassischen Werbung auch als Privatpersonen wahr. „Gerade im Konsumgüter-Marketing und dem damit verbundenen intensiven Einsatz von Massenmedien müssen die substituierenden Beziehungen zu den Werbemitteln im vertikalen Marketing berücksichtigt werden." (*Parjaszwski* 1993, S. 384)

Je geringer die Budgets für Endverbraucherwerbung und Fachwerbung sind, umso mehr muss der Grundsatz einer integrierten Kommunikation eingehalten werden. „Integrierte Kommunikation erfordert eine systematische Abstimmung aller kommunikativen Maßnahmen für eine Marke von der Werbung bis hin zum Erscheinungsbild der Produkte (...) Ziel der Integration ist es, eine Ergänzung und Verstärkung aller Kommunikationseindrücke zu erreichen, die von verschiedenen Kontaktmedien zum gleichen Kommunikationsobjekt (Marke oder auch Unternehmen) ausgelöst werden." (*Kotler/Bliemel* 2001, S. 693 f.)

Zu einer systematischen Abstimmung gehört laut *Kroeber-Riel* (1994, S. 469):

* formale Abstimmung
* inhaltliche Abstimmung
* geografische Abstimmung
* zeitliche Abstimmung

Den Gedanken der integrierten Kommunikation in allen Kommunikationsinstrumenten des Trade-Marketing zu berücksichtigen und umzusetzen, würde das Ziel der Werbung zum Handel hin fördern und Unternehmensimage, Leistungsprofilierung und Differenzierung zum Wettbewerb verstärken.

Hierbei sind im Rahmen der Kommunikation auch die Kontaktpunkte am POS stärker in den Mittelpunkt zu rücken. So sind Promotions nicht mehr lediglich als kurzfristige absatzfördernde Maßnahme zu sehen, sondern müssen ein konsequentes und in sich geschlossenes Bild des Unternehmens und des Produkte-Images im Rahmen der Marketingstrategie verkörpern.

4 Service

4.1 Serviceleistungen

Unter „Service" als Oberbegriff sollen weitere Leistungen im Trade-Marketing zusammengefasst werden, die ein Hersteller vornimmt, um seine Position beim Handel zu festigen und die Kundenbindung zu fördern. Die Maßnahmen im Rahmen von ECR (vgl. Teil E) und die „Feldorganisation", um die es im nächsten Kapitel geht, enthalten eine Reihe von Leistungen der Lieferanten, die auch unter die Serviceleistungen eingruppiert werden könnten.

Bei ECR ist dies beispielsweise:

- Zusammenarbeit in Category-Management-Projekten als Category Captain
- Mitarbeit in Space-Management-Projekten
- Durchführung von Co-Marketing-Promotions

Bei den Aufgaben der Feldorganisation ist es besonders:

- Schulung und Training der Mitarbeiter im Handel
- Regalservice
- Mithilfe bei der Umsetzung der zentralseitig vorgegebenen Planogramme auf die Platzverhältnisse vor Ort
- Überprüfung der MHD (Mindesthaltbarkeit)

Serviceleistungen der Hersteller können sich auf sehr unterschiedliche Bereiche beziehen. Im Folgenden sind einige Ansatzpunkte für solche Serviceleistungen aufgeführt:

- Vermittlung von Markt- und Shopperdaten, Produktinformationen sowie sonstigen für den Handel relevanten Informationen
- Unterstützung des Handels in politisch-rechtlichen Angelegenheiten
- Teilnahme an Hausmessen/Börsen des Handels
- Effiziente Innendienstorganisation

Eine von möglichen Serviceleistungen ist die Vermittlung von Marktinformationen, über die besonders kleinere Handelsunternehmen nur sehr begrenzt verfügen.

Immer mehr ist heute auch die Erhebung und Weitergabe von Shopperinformationen Bestandteil der Leistungen, die (große und mittlere) Lieferanten für ihre Partner im Handel erbringen.

Die Unterstützung des Handels in politisch-rechtlichen Angelegenheiten kann, je nach Sachlage, auch zu Leistungen führen, die hier subsummiert werden können – so z. B. das gemeinsame Vorgehen von Handel und Industrie bei der Umsetzung der Modernisierung der Preisangabenverordnung.

Die Teilnahme an Hausmessen oder Börsen des Handels hat für die Industrie den Zweck, die eigenen Umsätze zu verbessern. Börsen sind auch Plattformen für das Gespräch und fördern die gute Stimmung zwischen beiden Parteien. Aber nicht jede Börse jedes Handelspartners ist für die Industrie wirklich attraktiv. Besonders für Firmen, die einen Feldaußendienst haben, ist der Besuch dieser Börsen oftmals nur mit hohen Kosten verbunden. Trotzdem sind attraktive Börsen, insbesondere für Verbundgruppen, ein wichtiges Instrument gegenüber den eigenen Mitgliedern. In diesem Sinne kann die Teilnahme an einer Börse als eine Serviceleistung gegenüber dem Handelspartner gewertet werden.

Last but not least sei an dieser Stelle eine effiziente Innendienstorganisation erwähnt, die in der Zusammenarbeit mit den Kollegen auf Handelsseite perfekt ist. Auch das ist sicher ein Service im Sinne des Trade-Marketing.

4.2 Produktion von Handelsmarken

Die Bedeutung von Eigenmarken für den Handel und auch die Akzeptanz dieser Produkte durch die Shopper wurde bereits in Teil B, Kap. 2.5 dargestellt. Für den Hersteller, der sich mit den Eigenmarken im Wettbewerb um den Regalplatz befindet, bedeuten diese:

- Verdrängung der eigenen Marke
- Abwanderung von Käufern
- Rückgang der Distributionsdichte
- Umsatzverluste
- Marktanteilsverluste
- Kostensteigerung und damit
- Gewinnreduzierung

Trotzdem wird diese Entwicklung nicht aufzuhalten sein: Handelsmarken haben sich kontinuierlich in immer mehr Warengruppen einen immer höheren Marktanteil erobert. Und es ist abzusehen, dass diese Entwicklung weitergeht.

„In diesem Zusammenhang wird die Produktion von Handelsmarken durch Markenartikler wieder einmal zu einem hoch aktuellen, von manchen Zeitgenossen immer noch als brisant empfundenen Thema. Ein Thema, das allerdings nicht auf rein weltanschaulicher Basis diskutiert werden sollte. Im Prinzip nämlich gehört die Produktion von Handelsmarken durch einen Markenhersteller zur umfassenderen Aufgabenstellung des Trade-Marketing." (*Wolfskeil* 2001, S. 2)

Die Vorteile, die die Produktion von Handelsmarken für den Hersteller bringt, sind nicht zu übersehen:

• Intensivierung der kooperativen Zusammenarbeit mit dem Handel
• Verstärkung der Bindung zwischen Handel und Hersteller
• Voraussetzung für Discountvertrieb (z. B. Aldi)
• Abbau von Überkapazitäten und Auslastung freier Kapazitäten

Lidl-Fabrik macht die Branche nervös

30.09.2010 - **Schokoladenwerk bei Aachen kurz vor dem Start – Wettbewerb erwartet Billig-Aktionen – Fallender Kakaopreis spielt dem Discounter zu/ Von Andreas Chwallek**

LZnet. Der Discounter Lidl nimmt in Kürze seine eigene Schokoladenproduktion in Betrieb. Die erste Linie soll ausschließlich Tafeln im Preiseinstiegsbereich herstellen.

Der Zeitpunkt ist günstig, denn in den vergangenen Wochen ist der Kakaopreis gefallen. Wettbewerber rechnen zum Start der Lidl-Fabrik mit Billig-Angeboten. Der Betrieb ist so gut wie fertig, noch in diesem Monat, spätestens jedoch vor Weihnachten, soll die neue Schokoladenfabrik ans Netz gehen. Dies erfuhr die LZ aus dem Umfeld des Discounters Lidl.

Wie berichtet, hat der Handelskonzern in dem Städtchen Übach-Palenberg nahe Aachen eine eigene Fabrik gebaut, um sich von bisherigen Lieferanten unabhängiger zu machen. Partner des Discounters bei diesem Projekt ist der kleine Schokoladenproduzent Weinrich. Aus der Vogelperspektive erscheint die Fabrik gewaltig, wie in der Lokalpresse veröffentlichte Luftaufnahmen zeigen.

Im Vergleich dazu mutet die zunächst vorgesehene Kapazität vergleichsweise bescheiden an.

Wie die LZ erfuhr, soll zunächst nur eine Linie für Billigtafeln der Lidl-Eigenmarke Fin Carré die Produktion aufnehmen. Zu deren Lieferanten gehört momentan noch die Krüger-Tochter Ludwig.

Unternehmenskenner gehen davon aus, dass sich Lidl auf Dauer kaum mit der heutigen Position im Preiseinstiegsbereich zufrieden geben kann. So nehmen jüngste Marktforschungszahlen den Anteil der Billig-Varianten des Discounters bei Schokolade kaum mehr wahr.

Anders dagegen die von Rausch an Lidl gelieferte Premium-Version unter dem Logo J.D. Gross: Deren Jahresumsatz bewegt sich im zweistelligen Millionenbereich, wenn auch mit sinkender Tendenz. Die zusätzliche Kapazität der neuen Fabrik könnte nach Einschätzung von Branchenkennern zumindest in der Startphase den Markt durcheinanderwirbeln. Marktbeobachter rechnen damit, dass sich Lidl mit Eröffnungs-Aktionen profilieren wird.

(...)

Während die Branche noch vor wenigen Wochen über das Allzeit-Hoch beim Kakao klagte, sackte der Kurs seit Juli von 2600 GBP pro Tonne auf 1900 GBP.

Hersteller, die beim Handel noch keine Preiserhöhungen durchgesetzt haben, geraten in Erklärungsnot. Dagegen kommt der niedrigere Kakaopreis für Lidl gerade rechtzeitig.

(Quelle: o. V. 9/2010a, lebensmittelzeitung.net)

5 Feldarbeit

Zur Aktivierung des Hinein- und Herausverkaufs in den Filial- und Einzelhandelsgeschäften besteht ein großes Spektrum an Tätigkeiten, die hier, in Anlehnung an die Bezeichnung „Feldorganisation" für die Außendienstmitarbeiter der Industrie, unter dem Begriff „Feldarbeit" zusammengefasst werden. Im Wesentlichen muss die Feldarbeit in die Auftragseinholung und in die Beratungstätigkeit unterschieden werden.

Zu der Beratungstätigkeit gehören folgende Einzelaktivitäten:

* Überprüfung der Warenbestände
* physische Listungsdurchsetzung
* Merchandising/Regalservice
* Neuprodukteinführung/Schulungen
* Aktionsabsprache, -durchführung und -überwachung
* Platzierungsoptimierung
* Zweitplatzierungsabsprache
* Preispflege
* Mitbewerberbeobachtung
* Überprüfung des Mindesthaltbarkeitsdatums
* Lösung von Kundenproblemen

5.1 „Feldarbeit" – ganz aktuell

Das Instrument Feldarbeit ist vor dem Hintergrund zu sehen, dass der Handel ab Mitte der 1990er Jahre sukzessive den Besuch der Außendienstmitarbeiter in den Geschäften abbaute. Die Einführung von Zentrallägern, der Einsatz elektronischer Bestellsysteme und die Verlagerung der zum Teil dezentralen Warengruppenkompetenz zu einem zentralen Category Management ersetzten den bis dahin wesentlichen Schwerpunkt in der Arbeit der meisten Außendienstmitarbeiter: die Auftragseinholung und -übermittlung. Die Industrie wurde mehr und mehr daran gehindert, Außendienstmitarbeiter vor Ort einzusetzen.

Spektakulär war dann die 1996 erfolgte Trennung der Metro Group von ihren Außendienstlern (vgl. *Biehl* 2001, S. 43). Da dies für die Industrie eine Kostenreduzierung bedeutete, wurden im Gegenzug konditionelle Zugeständnisse durchgesetzt.

Mittlerweile ist eine Umkehr im Gange. Die Fremdorganisationen, die durch den Handel beauftragt wurden, um z. B. Regalpflegearbeiten zu übernehmen, erwiesen sich nicht immer als geeignet (vgl. *Puhlmann* 1998, S. 38; vgl. *Biehl* 2000, S. 48). Besonders aber wird deutlich, dass durch den Außendienst heute, weit mehr Funktionen übernommen werden müssen als lediglich das Zählen der Bestände und die darauf folgende Ermittlung der notwendigen Bestellungen.

Die Tätigkeiten, die Außendienstmitarbeiter heute bei den Handelskunden erbringen müssen, sind im Schwerpunkt beratende und auch gestaltende Tätigkeiten. So hat sich das Berufsbild gewandelt – vom Auftragseinholer zum Handelsberater (vgl. *Biehl* 2000, S. 48). Im zentral gesteuerten, filialisierten Handel ist der Außendienstmitarbeiter noch treffender und zukunftsweisender durch die Bezeichnung „POS-Manager" gekennzeichnet (vgl. *Puhlmann* 1998, S. 40). Dies lässt sich besonders deutlich erkennen, wenn man die Aufgabenbeschreibung der Außendienstmitarbeiter in den aktuellen Stellenanzeigen betrachtet.

Außendienstmitarbeiter/in Region Zürich

In dieser Funktion betreuen Sie selbständig das erwähnte Verkaufsgebiet und sind dafür besorgt, dass die *Kundenbeziehungen auf- und ausgebaut* werden. Sie beraten die Kunden in der Region selbständig, kompetent und engagiert und stellen sicher, dass die definierten *Verkaufsaktivitäten* in Übereinstimmung mit den Zielsetzungen erfolgreich an der Front *umgesetzt* werden. Sie verfolgen bei Ihren Kunden erfolgsorientiert die vereinbarten Ziele wie den *Distributionsausbau*, die *Sicherstellung des Merchandisings* und die *Umsetzung der jeweiligen Programme und Promotionen*. Dank Ihrer Kommunikationsstärke, Ihrer Markt- und Kundennähe fällt Ihnen die *Neukundengewinnung* leicht. Sie erkennen Trends und Neuigkeiten rasch und agieren entsprechend.

Abbildung 32: Ausschnitt aus einer Stellenanzeige der Pepsico Beverages Switzerland GmbH (vgl. o. V. www.covasearch.com)

In Anbetracht der Tatsache, dass nahezu alle Hersteller in den vergangenen Jahren ihre Außendienstorganisationen erheblich reduziert haben, wird das Instrument Außendienst/Feldorganisation mittlerweile zu einem wesentlichen differenzierenden Kriterium der Industrie beim Handel.

Der Außendienstbesuch durch qualifizierte, gut geschulte und motivierte Mitarbeiter ist in vielen Vertriebsschienen ein wichtiger Erfolgsparameter geworden, mit dessen Hilfe im Trade-Marketing erhebliche Wettbewerbsvorteile erzielt werden können.

5.2 Auftragseinholung

Auftragseinholung ist das (aktive) Aufsuchen des Kunden in Form von Besuchen zum Zweck der Erzielung von Aufträgen. Unter „Besuch" wird vor allem der persönliche Besuch beim Kunden durch einen Außendienstmitarbeiter verstanden. Aus Kostengründen werden persönliche Besuche zum Teil durch einen (telefonischen) Anruf, beispielsweise durch den Innendienst oder Tele-Sales-Organisationen, ersetzt.

Die Autragseinholung durch ein Direct Mailing kann als schriftlicher Besuch des Kunden verstanden werden. Während die Auftragseinholung „früher" ca. 80 % der Tätigkeiten des Außendienstes ausmachte, wird sie heute auf ca. 20 % der Tätigkeiten geschätzt (vgl. *Biehl* 2000, S. 48).

Das aktive Aufsuchen der Kunden mit dem Ziel, einen Auftrag einzuholen, ist heute in den Großformen des Handels nur bedingt notwendig. Die Versorgung der einzelnen Häuser bzw. Filialen erfolgt primär über Zentralläger der Handelsunternehmen. Durch geschlossene Warenwirtschaftssysteme wird elektronisch der Warenabgang festgestellt und für die notwendige Nachdisposition gesorgt. Dies gilt auf alle Fälle für das zentral gelistete Kernsortiment. Regionale Randsortimente, die nicht von der Zentrale gelistet sind, bilden allerdings eine Ausnahme. Hier liegt es tatsächlich noch in der Verantwortung des jeweiligen Herstellers, die Nachdisposition nachzuhalten.

Wie aus einer Untersuchung von Roland Berger hervorgeht, laufen mittlerweile schon 67 %, d. h. zwei Drittel, aller Warenströme in der Konsumgüterindustrie über Zentralläger. Nur 23 % der Ware, und hier insbesondere Langsamdreher und Frischware, gehen über Streckenlieferung an den Handel und 10 % der Ware kommen über Broker und Fachdistributeure (vgl. *Biehl* 2000, S. 42).

Besonders interessant ist es auch, den selbstständigen Einzelhändler zu besuchen. Die meisten Hersteller haben aus Kostengründen oft nur den Großhandel beliefert. Um den Einzelhändler kümmerten sich die wenigsten Firmen. Nur sporadisch wurden sog. „Einzelhandelsdurchgänge" durchgeführt.

Bei Einzelhandelsdurchgängen handelt es sich um Absprachen mit einer Großhandlung, bei den von ihr belieferten Einzelhändlern Aufträge einzuholen. Zwei Formen der Auftragseinholung werden dabei unterschieden: **Streckengeschäft** (vgl. Teil B, Kap. 1.3.1) und **Überweisungsgeschäft.**

Bei einem Überweisungsgeschäft schreibt der Außendienstmitarbeiter einen sog. „Talon" oder „Überweisungsschein" aus. Der Hersteller liefert die insgesamt aufgrund der Talons verkaufte Warenmenge an den Großhändler. Dieser liefert dann an den Einzelhändler aus.

Das Beispiel der Firma Henkel zeigt (vgl. *Biehl* 2001, S. 41 ff.), dass mit Einzelhandelsdurchgängen ein erhebliches Umsatzpotenzial erschlossen werden kann: Umsätze von 250 bis zu 500 Euro pro Besuch wurden realisiert. Dieses Fallbeispiel zeigt aber auch, dass der Einzelhandel grundsätzlich die gleichen Anforderungen an Beratung und Unterstützung am POS benötigt, wie dies in den zentral geführten Märkten bekannt ist. So wurden für Henkel neue Kundenbeziehungen aufgebaut, „Regale neu strukturiert, die Distribution erweitert. Mit jedem Besuch sind neue Umsätze getätigt worden, Regalmodule für die unterschiedlichen Betriebsgrößen sind umgesetzt worden, aber auch individuelle Planogramme sind in Einzelfällen als praktische Hilfestellung erstellt worden." (*Biehl* 2001, S. 42).

5.3 Beratungstätigkeit/POS-Management

Der Schwerpunkt der Feldarbeit oder ca. 80 % der Arbeit der Außendienstmitarbeiter liegt in der Beratung der Kunden und der Unterstützung am POS. Das Ziel ist, die Markenführung bis zum POS durchzusetzen und den Kontakt der Shopper mit dem Produkt so effizient wie möglich zu gestalten.

Überprüfung der Warenbestände
Anlässe, aufgrund derer eine Überprüfung der Warenbestände vor Ort durch den Hersteller erfolgen sollte, sind folgende:

- **Kann-Listungen** dezentral durchsetzen und entsprechende Aufträge einholen.
- Die **Ermittlung der Umschlagsgeschwindigkeit** auslistungsgefährdeter Artikel in den unterschiedlichen Geschäftstypen, um frühzeitig angemessene Gegenmaßnahmen einleiten zu können.
- Die **Kontrolle des Abverkaufs** von Sondergrößen und Sonderaufmachungen, die noch an weitere Kunden verkauft werden sollen, um zu sehen, ob Mengen und Sortierung angemessen sind.

Physische Listungsdurchsetzung

Dies betrifft die Umsetzung von neu gelisteten Produkten in den Märkten. „So war ein Produkt vier Wochen nach der Einlistung noch nicht im Regal einer Verbrauchermarktschiene präsent. Die Erklärung: Die Regaletiketten waren von der Zentrale noch nicht an die Filialen ausgeliefert, also schlummerte die Ware im Lager. Die Automatisierung bringt solche Fehler hervor, sie müssen nur entdeckt werden." (*Biehl* 2001, S. 42).

Tatsächlich besteht in der Praxis ein zum Teil erheblicher Time Lag (zeitliche Verzögerung) zwischen der positiven Listungsentscheidung in der Zentrale und der physischen Listungsumsetzung/Distribution der Ware vor Ort. Ein intensives und koordiniertes Nachfassen durch die Feldmitarbeiter ist unabdingbar, wenn keine kostbare Zeit für Umsätze an Endverbraucher verloren werden soll.

Merchandising/Regalservice

„Merchandising" bedeutet die Betreuung und Pflege des Regals im Verkaufsgeschäft des Händlers. Das umfasst im Einzelnen z. B.:

- Putzen und Sauberhalten der Regale und ggf. auch der Ware
- Anbringen von Regaleinsätzen, Regalschienen und sonstigen das Regal markierenden Elemente wie z. B. Regalwipper, soweit von der Zentrale erlaubt und mit ihr abgesprochen
- Einräumen von angelieferter Ware in das Regal
- Entfernen von nicht mehr verkäuflicher, defekter Ware aus dem Regal
- Sicherstellung, dass die gelisteten Artikel auch auf dem Regalplatz stehen, der mit der Zentrale abgesprochen ist, außerdem, dass die Produkte in der Anzahl sog. „Facings" nebeneinander stehen, wie dies vereinbart wurde. (Ein „Facing" bedeutet z. B., dass nur eine Packung des Artikels an der Regalvorderseite stehen darf.)
- Regaleinräumung bei Neueröffnungen von Geschäften
- Regalumräumungen in bestehenden Geschäften

Für Merchandisingtätigkeiten werden heute kaum noch Außendienstmitarbeiter eingesetzt. Ausnahme ist ggf. die Regaleinräumung bei Neueröffnung von Geschäften, um das Personal gleichzeitig zu schulen bzw. weil komplette Regaleinräumungen mit den Fremdkräften/Fremdfirmen nicht vereinbart sind. Es sind vielmehr Schüler und Studenten oder auch Hausfrauen, die meist als sog. „geringfügig Beschäftigte" diese Arbeiten erledigen. Zu einem relativ kleinen Teil werden sie von den Industrieunternehmen eingestellt.

Oft werden Agenturen (z. B. Handelsagenturen oder Sales-Service-Organisationen) eingesetzt, die mit ihren Mitarbeitern diese Aufgaben übernehmen.

Neuproduktvorstellung/Schulung

Die Neuproduktvorstellung wird hier zusammen mit der Schulung genannt, da die Aufgabe der Feldorganisation bei der Neuprodukteinführung neben der physischen Listungsdurchsetzung und der Platzierungssicherung im Wesentlichen eine Schulungstätigkeit ist.

Neuprodukte werden durch das Key Account Management in den Handelszentralen und im Großhandel vorgestellt und erläutert. Weder die Zentralen der Handelsorganisationen noch der Großhändler erklären den Mitarbeitern bzw. Einzelhändlern die neuen Produkte.

Nun könnte man sich fragen, inwieweit es heute bei Selbstbedienung und immer knapper werdendem Personal noch wichtig ist, die Beschäftigten zum Thema Neuprodukte zu schulen oder überhaupt eine Mitarbeiterschulung vorzunehmen. In der Praxis macht es aber doch einen erheblichen Unterschied, ob das – wenn auch nur knapp vorhandene – Personal geschult ist oder nicht. Mögliche Fragen von Shoppern werden besser beantwortet und insgesamt verbessert sich die Einstellung der Handelsmitarbeiter zu den Industrieunternehmen und deren Produkten.

Im Einzelhandel ist die Schulung besonders wichtig, da der Einzelhändler über die Aufnahme der Produkte selbst entscheidet.

Außer bei Neuprodukten ist Schulungsbedarf häufig noch in folgenden fachlichen Bereichen zu finden:

- Information über Sortimente
- Information über Vermarktungsmöglichkeiten
- Informationen über den Markt

Aktionsabsprache, -durchführung und -überwachung

Hersteller führen die verschiedensten Aktionen am POS in Abstimmung mit der Zentrale durch. Die Feldmitarbeiter sprechen die Aktionen detailliert in den Geschäften ab. Sie sorgen dafür, dass die Aktionsware rechtzeitig bestellt wird, dass die richtigen Mengen disponiert werden und dass der für die Aktion richtige Platz im Geschäft ausgewählt wird.

Oft werden externe Agenturen eingeschaltet, die komplett für die Abwicklung zuständig sind. In solchen Fällen hat ein eigener Außendienst die Aufgabe, die Aktionsdurchführung zumindest stichprobenmäßig zu überwachen und zu prüfen, ob die Abwicklung der Aktion in der vertraglich vereinbarten Weise erfolgt. Manche Hersteller lassen Aktionen am POS auch von den eigenen Verkaufsmitarbeitern durchführen oder haben sogar eigene Werbedamen, die mit der Durchführung der Aktion selbst betraut sind.

Platzierungsoptimierung

Die Anordnung der Waren im Regal wird von den Handelszentralen vorgegeben, bzw. vom Einzelhändler selbstständig entschieden. Oft werden sog. „Platzierungs- oder Regalspiegel" eingesetzt. Das sind Planogramme, die in Space-Management-Projekten in Zusammenarbeit mit der Industrie erstellt werden.

In der Praxis ergeben sich gelegentlich Differenzen zwischen den zentralseitig vorgegebenen Platzierungsspiegeln und den Platzverhältnissen in den Regalen vor Ort. Hier kann der Außendienstmitarbeiter durch seine Anwesenheit, seinen Einsatz und seine Fachkenntnis dafür sorgen, dass das Regal um die richtigen Produkte ergänzt wird und insgesamt die Platzierung der Ware, wie sie mit der Zentrale vereinbart wurde, umgesetzt ist.

Im selbstständigen Einzelhandel kann der Außendienstmitarbeiter den Einzelhändler dahingehend beraten, die Produkte entsprechend der Marktbedeutung, die oft nicht bekannt ist, zu platzieren.

Zweitplatzierungsabsprache

Neben der Erstplatzierung im Regal ist ein weiterer Bereich die Umsetzung der Absprachen von Zweitplatzierungen. Es kann sich dabei sowohl um dauerhafte Zweitregalplatzierungen handeln, als auch, was primär der Fall sein wird, um Zweitplatzierungen für Aktionen bzw. Aktionsware.

Preispflege

Die Feldorganisation unterstützt das Key Account Management bei der Preispflege durch Erstellen von Preisspiegeln. Ziel ist:

- die Einhaltung der mit der Zentrale abgesprochenen Normalpreise für die verschiedenen Vertriebsschienen und Vertriebslinien und
- die Einhaltung von Aktionspreisen und Verkauf der Ware zum vereinbarten Normalpreis nach dem zeitlichen Ablauf der Aktion.

Mitbewerberbeobachtung

Die Beobachtung der Mitwettbewerber hat verschiedene Gründe. Es werden z. B. Informationen über:

- Umfang des gelisteten Sortiments,
- Qualität der Platzierung: Erstplatzierung, zusätzliche Platzierungen, Anzahl der Facings,
- Aktionen: welcher Art, mit welchen Produkten, in welcher Preislage, in welchen Mengen, in welchen Vertriebsschienen, an welchen Platzierungen, zu welchem Zeitpunkt und
- Preislage der Wettbewerbsprodukte

eingeholt.

Überprüfung des Mindesthaltbarkeitsdatums (MHD)

Die Überprüfung des Mindesthaltbarkeitsdatums (MHD) ist eine mit den Zentralen abgesprochene Leistung, die, obwohl sie eigentlich vom Handel übernommen werden müsste, überwiegend von den Herstellern erbracht wird.

Dafür gibt es zwei Gründe: Zum einen verfügt der Handel nicht über ausreichend Personal in den Geschäften, um für alle Produkte mit MHDs regelmäßig eine Überprüfung vorzunehmen und die sich daran anschließenden Tätigkeiten bei ausgelaufenem MHD abzuwickeln. Zum anderen haben die meisten Hersteller von Frischprodukten einen speziellen Außendienst (z. B. für Süßwaren, Brot, Molkereiprodukte), der zum Teil mehrmals pro Woche die betreffenden Geschäfte aufsucht und das Sortiment betreut.

E

Efficient Consumer Response (ECR)

ECR – Efficient Consumer Response – nennt man das gemeinsame Bemühen von Industrie und Handel, Umsätze und Erträge durch Maximierung der Kundenzufriedenheit zu verbessern und gleichzeitig die Kosten von Lieferung und Lagerung auf allen Stufen der Warenflusskette zu reduzieren.

Efficient Consumer Response ist heute als kooperative Aktivität zur Kostensenkung in der Logistik (Supply Chain Management) im Denken des Handels und der Industrie fest verankert. Als kooperative Aktivität zur Effizienzsteigerung im Marketing durch gemeinsames Demand Management bzw. Category Management variieren die Formen der Zusammenarbeit noch sehr stark.

Der Weg zum Shopper-Marketing braucht jedoch die gemeinsam zwischen Handel und Industrie in vertrauensvoller Zusammenarbeit geschaffenen Plattformen eines erfolgreichen Supply Chain Managements und eines effizienten Demand Managements.

1 Einführung in das ECR-Haus

Der Ursprung dieser vertikalen Kooperationsbemühung liegt in den Ergebnissen der Reengineering-Prozesse, die Procter & Gamble in den USA mit mehreren Handelspartnern, wie z. B. Walmart, bereits Mitte der 1980er Jahre durchgeführt hat (vgl. *Biehl* 1995, S. 38 f.).

Basierend auf Datenaustausch per EDI lief 1985 der erste Test zur Logistikoptimierung mit einem mittelgroßen Lebensmittelhändler. 1990 hatten alle maßgeblichen Großdiscounter der USA mit Procter & Gamble das sog. **Continuous Replenishment (CRP)** für die Belieferung mit Windeln installiert. Hinter CRP verbarg sich die kontinuierliche (Zentral-)Lagerversorgung auf Basis der täglichen Orderdaten der einzelnen Filialen. Bis Mitte 1994 hatte Procter & Gamble 47 CRP-Partner und 26 % des P & G-Umsatzes wurde per CRP bestellt und abgewickelt. CRP beinhaltete jetzt über die kontinuierliche Lagerversorgung hinaus auch das elektronische OSB-System, d. h., Bestellwesen (Order), Liefersystem (Shipping) und Rechnungslegung (Billing) wurden nicht mehr jeweils manuell ausgeführt, sondern die Daten wurden vom Kunden elektronisch empfangen und im OSB-System weiterverarbeitet.

Außerdem führte Procter & Gamble das **Category Management** ein, d. h., mehrere Marken wurden der Verantwortung eines Category Managers unterstellt, der die einzelnen Marken als Teil eines Warengruppen-Portfolios führte. So standen nicht mehr einzelne Marken im Vordergrund, sondern es wurde im Interesse einer ganzen Warengruppe entschieden.

Als zu Beginn der 1990er Jahre die Diskussion über ECR einsetzte, beteiligte sich P & G intensiv daran und informierte über die erzielten Ergebnisse. Ende 1993 verkaufte P & G sein CRP-System zur weiteren Vermarktung an IBM und gliederte den Betrieb des eigenen Systems an die IBM-Tochter ISSC aus. Interessant ist die Motivation für dieses Verhalten, denn es waren keine wirtschaftlichen Gründe, die hinter dem Verkauf des CRP-Systems standen. Man erwartete, dass die Benefits für P & G stiegen, „wenn die Gesamtzahl der CRP-Nutzer steigt. Deshalb war es wichtiger, diese Innovation zu verbreiten, als die kurzfristigen Vorteile des technologischen Pioniers auszuschöpfen" (*Biehl* 1995, S. 40).

In Europa wurde 1994, nach den Erfolgen in den USA, eine ECR-Initiative gestartet: „ECR-Europe". Fast 50 europäische Unternehmen aus Handel und Industrie waren beteiligt. In den einzelnen Ländern wurden außerdem nationale Arbeitsgruppen installiert (vgl. *Biehl* 1995b, S. 28). In Deutschland wurde am 5.5.1995 der ECR-Lenkungsausschuss Deutschland gegründet und kurze Zeit später in die Centrale für Coorganisation (CCG), Köln, integriert. In CCG haben sich deutsche Handelsgruppen und Konzerne aus der Konsum- und Gebrauchsgüterwirtschaft sowie angrenzenden Wirtschaftsbereichen zusammengeschlossen, um über eine gemeinsame und freiwillige Selbstverpflichtung ihre unternehmensübergreifenden Geschäftsprozesse nach einheitlichen Standards und Anwendungsempfehlungen auszurichten.

Am 19.7.2000 haben die ECR-Vertreter aus Deutschland, Österreich und der Schweiz vereinbart, zukünftig unter einem Dach als „ECR D-A-CH" gemeinsam zu arbeiten, um die Projekte noch effizienter zu gestalten (vgl. www.ecr-dach.net).

Exkurs: CCG und GS1 Germany

An der Entwicklung und Durchsetzung von Efficient Consumer Response ist maßgeblich das Unternehmen GS1 (ehemals CCG) beteiligt. GS1 ist eine global ausgerichtete Organisation, deren primäre Aufgabe in der Automatisierung des internationalen Daten- und Warenverkehrs liegt. Um dies zu ermöglichen, bedient sich GS1 bestimmter Standards, die durch das Unternehmen definiert werden.

Im Jahr 1974 wurde in Deutschland die Centrale für Coorganisation (CCG) als deutsche Standardisierungsorganisation gegründet. Die Zielsetzung dieser Organisation lag in der Etablierung von Standards für den Handel und die Konsumgüterindustrie, um damit organisatorische Probleme, die sich zwischen Handel und Industrie ergaben, partnerschaftlich zu lösen. Träger der CCG waren und sind das EHI Retail Institute sowie der Markenverband. Die CCG ist seit 1983 ein kartellrechtlich anerkannter Rationalisierungsverband. Zudem war die CCG eines von zwölf Mitgliedern der 1977 gegründeten internationalen EAN-Gesellschaft (EAN International) mit Sitz in Brüssel. Deren Ziel war es, ein einheitliches standardisiertes Nummernsystem zur Kennzeichnung von Produkten, Dienstleistungen und Lokationen zu schaffen und weiterzuentwickeln.

Der amerikanische Partner der EAN International war der „Uniform Code Council" (UCC). Die UCC wurde in den 1970er Jahren zunächst unter dem Namen Uniform Grocery Code Council mit dem Ziel gegründet, einen Strichcode zur Vereinfachung der logistischen Prozesse zu entwerfen. 1973 wurde daraufhin der Universal Product Code (UPC) in den USA eingeführt. Weitere Meilensteine in der Entwicklung beider Organisationen lassen sich wie folgt darstellen:

26.6.1974 Im Marsh Supermarkt in Troy, Ohio, wird das erste Produkt über eine Scannerkasse erfasst – ein Zehnerpack Kaugummi von Wrigley's.

1976 Einführung des durch die EAN International entwickelten EAN-Codes in Europa. Basis des Codes ist der UPC, der lediglich um eine Null ergänzt wurde.

1984 Aus dem Uniform Grocery Code Council wird der Uniform Council Code (UCC).

1988 EAN und UCC vereinbaren im Bereich der internationalen Standardisierung zu kooperieren.

2005 EAN-International und UCC gehen in der neu gegründeten Organisation GS1 auf. Aus der CCG entsteht die GS1 Germany.

2009 Aus dem EAN-Code und dem UPC entsteht die Global Trade Item Number (GTIN) – Anpassung weiterer Standards.

(Vgl. *Franke* 2006, S. 36 f.; *o. V.* www.gs1us.org; *o. V.* www.gs1-germany.de; *o. V.* www.gs1.org)

Beide Organisationen (UPC und EAN) zusammen erreichten weltweit 850.000 Unternehmen. Da alle in der gleichen Sprache kommunizierten, wurde auch vom „EAN-UCC-System" gesprochen. GS1 Germany ist nach GS1 USA die zweitgrößte von über 100 Länderorganisationen des GS1-Netzwerks.

Zu den Aufgaben und Zielen von GS1 Germany zählen:

- Automatisierung und Optimierung des Daten- und Warenverkehrs
- Einführung international einheitlicher Identifikations-, Kommunikations- und Prozessstandards entlang der gesamten Wertschöpfungskette
- großes Leistungsangebot, das auf die Anforderung des Marktes und der einzelnen Branchen ausgerichtet ist
- bedarfsgerechte Betreuung der Anwender vor Ort

Während die Anwendungsempfehlungen von GS1 zunächst für die Konsumgüterindustrie entwickelt wurde, finden sich heute Anwendungen in zahlreichen Branchen, z. B.: Pharmaindustrie, Verpackungshersteller, Transporteure, öffentliche Beschaffung und Verteidigung, Dienstleister, Consumer Electronics, Textilhersteller, Do-it-yourself-Produkte (vgl. www.gs1.com).

Was verbirgt sich nun genau hinter ECR? Was bedeutet es konkret, effizient (efficient) auf das Verhalten der Konsumenten (consumer) zu reagieren (response)? Die einzelnen „Bausteine", aus denen sich ECR zusammensetzt, zeigt das ECR-Haus.

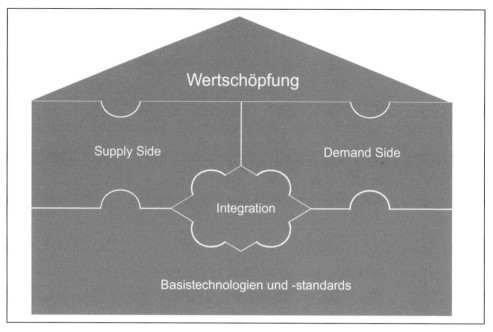

Abbildung 33: Das ECR-Haus (Quelle: o. V. 12/2000, o. S.)

Basis für ECR sind die **Enabling Technologies.** Das sind Basistechnologien und Basisstandards, die Industrie und Handel miteinander verbinden. Die Enabling Technologies bilden gewissermaßen das Fundament des ECR-Hauses, auf dem aufbauend Kooperationen in der Supply Side und der Demand Side durchgeführt werden können.

Die **Supply Side,** bezieht sich auf das **Supply Chain Management.** Supply Chain Management bezeichnet alle Maßnahmen und Aktivitäten, die zum Management (Planung, Organisation und Kontrolle) der gesamten Supply Chain, d. h. der sich vom Lieferanten bis hin zum Endverbraucher erstreckenden Lieferkette und der sie umgebenden Geld- und Informationsflüsse beitragen. Das Ziel des Supply Chain Managements liegt primär in der Kostensenkung.

Die **Demand Side,** die auch als **Category Management** bzw. auch als **Demand Management** bezeichnet wird, beschäftigt sich mit der effizienten Gestaltung der Marktbearbeitung am POS des Handels. Das Ziel von Category Management besteht darin, die Kunden- bzw. Shopperzufriedenheit zu steigern, die Loyalität zur Marke und zur Einkaufsstätte zu erhöhen und dadurch die Nachfrage und die Umsätze zu steigern.

Werden alle Bereiche genutzt und effizient durchgeführt, so kann, wie beim Hausbau, das Dach aufgesetzt werden. Sowohl Hersteller als auch Handel werden eine erhebliche Wertschöpfung erfahren. Eigentlich hört sich das alles recht einfach an. Doch in der Praxis ist die Einführung und Durchsetzung von ECR wesentlich problematischer. Während große internationale Hersteller und Handelsorganisationen bei ECR „dabei sind", gilt dies für die klein- und mittelständischen Unternehmen nur bedingt, sie engagieren sich vorrangig im Supply Chain Management. Auch die kleineren Handelsorganisationen folgen eher zögerlich.

Die fehlende Adaption an die ECR-Technologie kann mit fortschreitender Entwicklung für kleine und mittelständische Lieferanten (KMUs) immer mehr zum Ausschlusskriterium werden, um größere Hersteller oder Handelsunternehmen beliefern zu können. Problematisch ist für die KMUs in diesem Zusammenhang, dass sie oftmals nur über eine schwache Kapitalausstattung verfügen und daher bei der Einführung von ECR-Projekten das Schlusslicht bilden.

Insgesamt verläuft die Entwicklung von ECR in Deutschland zögerlich. So wurde in einer Studie aus dem Jahr 2007 aufgeführt, wie weit der Erfahrungsstand von Unternehmen im Bereich ECR fortgeschritten ist.

Anzahl bisher durchgeführter ECR-Projekte	Anzahl der Unternehmen in dieser Klasse		Erfahrungsstand
1-5	49		
6-10	23	Σ 95	Kaum/wenig erfahren
11-20	23		
21-50	19		
51-100	12		
101-200	2	Σ 48	ECR-erfahren
201-500	11		
> 500	4		
Keine Angabe	41		Nicht beurteilbar

Tabelle 42: ECR-Erfahrungsstand, gemessen anhand der Anzahl durchgeführter ECR-Projekte (vgl. Lietke 2009, S. 99)

Das bedeutet, dass lediglich ein Drittel der Unternehmen bis 2007 der Kategorie „ECR-erfahren" zuzuordnen sind, während zwei Drittel der befragten Unternehmen bis dahin weniger als 20 ECR-Projekte durchgeführt hatten.

Die Einführung von ECR bedeutet nicht nur, dass neue Techniken in den Unternehmen eingeführt werden und die Mitarbeiter lernen müssen, mit diesen Techniken umzugehen. ECR bedeutet vor allem auch, dass Organisationen – Handel und Industrie –, die traditionellerweise eher gegeneinander als miteinander gearbeitet haben, jetzt sogar vertrauliche Daten miteinander austauschen müssen.

Tatsächlich hat die Diskussion im Zusammenhang mit ECR lange Zeit einen wesentlichen Faktor übersehen: den Menschen. „Aus der Tatsache, dass die Umsetzung nicht nur aus rein instrumentellen Vorgängen besteht, ergibt sich, dass de facto die Einführung von ECR ein hohes Konfliktpotenzial in sich birgt, und zwar sowohl innerhalb der Organisation als auch in der Zusammenarbeit mit dem Kunden bzw. den Kunden." (*Creischer* 1999, S. 302 f.)

Für die Einführung von ECR wurden daher sog. Erfolgsfaktoren identifiziert, die in harte Erfolgsfaktoren (Hard Facts) und weiche Erfolgsfaktoren (Soft Facts) unterschieden werden (vgl. *von der Heydt* 1998, S. 170 ff.; vgl. *Seifert* 2001, S. 278 ff.). Die Praxis zeigt, dass die Soft Facts meist den Ausschlag geben.

Harte Erfolgsfaktoren für ECR sind:

- organisatorische Voraussetzungen wie multifunktionale Teams auf Handels- und Industrieseite und eine prozessorientierte Ablauforganisation,
- informationstechnische Voraussetzungen wie EDI, Scanning, Data Warehouse, Warenwirtschaftssysteme und auch Prozesskostenrechnung,
- fachliche Qualifikation aller Mitarbeiter einschließlich der Führungsspitze,
- Einsatz moderner Kostenrechnungsverfahren wie Direkte Produktrentabilität (DPR) bzw. Deckungsbeitragsrechnung und Activity Based Costing (ABC)/Prozesskostenrechnung.

Weiche Erfolgsfaktoren für ECR sind:

- Change Management, um den Prozess des Wandels und der Veränderung zu begleiten und für alle Beteiligten verständlich und umsetzbar zu machen,
- Commitment und Leadership durch die Unternehmensleitung bzw. das Topmanagement,
- gegenseitiges Vertrauen der ECR-Partner.

Diese Erfolgsfaktoren zeigen, dass ECR weit über die reine Zusammenarbeit hinaus die Unternehmen von Handel und Industrie in ihren Grundstrukturen berühren. Insofern ist ECR in dieser umfassenden Betrachtung mehr als ein Instrument im Rahmen von Trade-Marketing. In der Praxis zeigt sich jedoch, dass es oftmals gerade daran mangelt. So identifizierte *Lietke* im Jahr 2007, dass die unzureichende Umsetzung von ECR insbesondere in Schwächen in der Organisation sowie in den Strukturen des Unternehmens begründet liegt.

Als Hauptfaktoren für die nicht erfolgreiche Umsetzung von ECR-Implementierung gelten:

- nicht vorhandene prozessorientierte Category-Management-Organisation,
- fehlende Institutionalisierung von Schnittstellen,
- fehlende Standardisierung in der Kommunikationsinfrastruktur.

Während die Umsetzung von ECR in der Organisation oftmals eine Hürde darstellt, werden bereits existierende ECR-Partnerschaften als erfolgreich beurteilt. Die Partnerschaften sind langfristig angelegt, Informationen werden offen ausgetauscht und es existieren klare strategische Ausrichtungen (vgl. *Lietke* 2009, S. 102 ff.).

Die nachfolgenden Ausführungen zu ECR beziehen sich auf jene Bereiche, die für die strategische und operative Arbeit des Vertriebs im Unternehmen selbst und beim Kunden relevant sind. Aus dieser vertriebsbezogenen Betrachtung resultiert auch die Einordnung von ECR als Instrument von Trade-Marketing.

2 Enabling Technologies

Grundlage aller ECR-Prozesse sind die sog. **Enabling Technologies.** Dabei handelt es sich um einheitliche Identifikations- und Kommunikationsstandards, die dazu dienen, interne sowie unternehmensübergreifende Abläufe zu vereinfachen und zu optimieren. Zum 1. Januar 2009 wurden Standards wie EAN überarbeitet und umbenannt und es kam durch technologische Weiterentwicklung noch ein neuer Standard hinzu. Die Veränderungen lassen sich aus Tabelle 43 ersehen.

Ehemalige Bezeichnung	Aktuell gültige Bezeichnung
ILN (Internationale Lokationsnummer)	**GLN** (Global Location Number)
EAN (European Article Number)	**GTIN** (Global Trade Item Number)
EAN-128	**GS1-128**
RSS (Reduced Space Symbology)	**GS1-Data Bar**
EAN-Data Matrix	**GS1-Data Matrix**
NVE (Nummer der Versandeinheit)	**SSCC** (Serial Shipping Container Code) – *NVE ist noch gültig, SSCC aber eher gebräuchlich*
MTV-Identnummer (Mehrweg-Transportverpackung)	**GRAI** (Global Return Asset Identifier)
---	**EPC** (Electronic Product Code)

Tabelle 43: Veränderungen in Bezeichnungen einzelner Enabling Technologies zum 1.1.2009

Identifikationsstandards
- ILN/GLN
- EAN/GTIN
- EAN-128/GS1-128
- VE/SSCC

Kommunikationsstandards
- Electronic Data Interchange (EDI)
- webEDI

- EDIFACT (Electronic Data Interchange For Administration, Commerce and Transport)
- Weitere Subsets von EDIFACT wie EANCOM® (EAN + Communication) etc.

Stammdaten
- GDSN (Global Data Synchronization Network)
- SA2 Worldsync (ehemals: SINFOS/PRICAT-Stammdatenpool)

Im Folgenden wird eine kurze Einführung in diese Technologien und Standards gegeben. (Diese sind auch bei Czech-Winkelmann (2010) zu finden, ohne dass dies im Einzelnen angegeben wird.)

2.1 Identifikationssysteme

Global Location Number (GLN)
Die Lokationsnummer ersetzt die früher bekannten Lieferanten- und Kundennummern. Durch die GLN wird eine eindeutige Identifizierung der physischen Adresse von Unternehmen bzw. Unternehmensteilen in der ganzen Welt ermöglicht. Die weltweite Verwaltung und Zuteilung der GLN erfolgt durch die nationalen Organisationen der GS1 (für Deutschland ist dies GS1 Germany).

Bei der GLN handelt es sich um eine 13-stellige Nummer, die auch als Strichcode dargestellt werden kann. Wird der Code eingegeben oder gescant, greift das System auf die Informationen zurück, die in einer von GS1 hinterlegten Datenbank enthalten sind. Diese Informationen werden auch als Stammdaten bezeichnet und beinhalten die Adressen und Kontaktdaten sowie weitere Informationen über das jeweilige Unternehmen. Die Lokationsnummer beginnt stets mit dem Präfix. Dies ist eine Nummernfolge bestehend aus zwei bis drei Zahlen, anhand derer die Herkunft der Waren bzw. des Unternehmens ermittelt werden kann. Der Präfix ist die Einleitung für die Basisnummer (und die daraus hervorgehende Artikelnummer).

Beispiele für Länderpräfixe
Länderpräfixe beginnend mit der Ziffer „4":
- 400 – 440 Deutschland
- 450 – 459 Japan
- 460 – 469 Russland
- (...)

Länderpräfixe beginnend mit der Ziffer „5":

- 500 – 509 Großbritannien
- 540 – 549 Belgien und Luxemburg
- 570 – 579 Dänemark
- (...)

Zwei Arten der Global Location Number sind zu unterscheiden: GLN Typ 1 und GLN Typ 2:

- **GLN Typ 1**
Dieser Typ der GLN ist unveränderlich und wird von der GS1 Germany zugeteilt. Die jährliche Lizenzgebühr hierfür liegt im ersten Jahr bei 95 Euro und in den darauf folgenden Jahren bei 65 Euro p. a.

- **GLN Typ 2**
Diese GLN bietet gegenüber Typ 1 einen Zusatznutzen, da neben der Basisnummer ein individueller Nummernteil und somit zusätzliche Lokationsnummern, z. B. für Tochterunternehmen oder auch Wareneingangsrampen, vergeben werden können. Die Länge des individuellen Nummernteils richtet sich nach der integrierten Basisnummer, welche entweder 7-, 8-, oder 9-stellig ist.

Außerdem ermöglicht Typ 2 die Nutzung folgender Informationssysteme:

- Global Trade Item Number (GTIN)
- Nummer wiederverwendbarer Verpackungen und Transporthilfsmittel (GRAI)
- Serial Shipping Container Code (SSCC)/NVE

Für die Nutzung der GLN wird der Erwerb einer Grundlizenz vorausgesetzt, die von der erforderlichen Nummerierungskapazität abhängig ist. Die Lizenzgebühren des Typs 2 werden zu Beginn eines jeden Geschäftsjahres nach einer umsatzbezogenen Gebührenstaffel festgelegt. Die GS1 Germany GmbH schreibt auf ihrer Webseite die Beachtung folgender Grundregeln bei der Vergabe von zusätzlichen Lokationsnummern auf Basis des GLN Typ 2 vor:

- Für jede unterschiedliche Adresse ist eine eigene GLN zu verwenden.
- Der Inhaber der GLN Typ 2 kann die Nummern frei vergeben, jedoch sollten die Nummern dabei „nicht sprechend" und sequenziell vergeben werden.
- Die Lokationsnummern werden mit Stammdaten verknüpft und sollten deshalb allen Geschäftspartnern rechtzeitig mitgeteilt werden.
- Hat der Geschäftspartner bereits eine GLN, dann sollte diese akzeptiert werden.

Vorteile bietet die Anwendung der GLN in mehrerer Hinsicht: Sie dient als Grundvoraussetzung für die automatische Datenerfassung und den elektronischen Datenaustausch sowie für die Identifikationssysteme GTIN, GRAI und SSCC.

Global Trade Item Number (GTIN)

Sie dient der globalen Identifikation von Artikeln und Dienstleistungen im zwischenbetrieblichen Daten- und Warenverkehr. Die Terminologie wurde in den letzten drei Jahrzehnten immer wieder optimiert. 1973 war die Identifikationsnummer in Nordamerika als Universal Product Code (UPC) bekannt, in Europa verwendete man parallel den Begriff European Article Number (EAN). Anfang 2005 begann unter der GS1 Germany die Integration der UPC in die EAN-Terminologie und es wurde ab sofort die Bezeichnung Uniform Council Code (EAN-UCC) verwendet. 2009 wurde die Identifikationsnummer letztmalig angepasst und eine weltweite einheitliche Bezeichnung als Global Trade Item Number (GTIN) eingeführt.

In der Regel handelt es sich bei der GTIN um eine 13-stellige Zahl. Kann diese z. B. aus Platzgründen nicht verwendet werden, ist es auch möglich, eine 8-stellige Zahl einzusetzen. Beide Nummern sind auch in Form eines Strichcodes darstellbar und werden gegen eine jährliche Gebühr von der GS1 Germany vergeben.

Die GTIN ist wie folgt aufgebaut:

1. **Basisnummer:** 7–9-stellige Zahl, die mit dem Präfix bzw. der jeweiligen Ländernummer beginnt. Die Ländernummer besteht aus zwei bis drei Stellen und gibt an, in welchem Staat die Ware produziert wurde. Auf den Präfix folgt die Betriebsnummer, die den Unternehmensteil eindeutig identifiziert.
2. **Artikelnummer:** 3–5-stelliger individueller Nummernteil, den das Unternehmen selbst vergeben kann und mit dem das Produkt selbst identifiziert wird.
3. **Prüfziffer:** Die Prüfziffer wird für jede GTIN individuell berechnet (siehe Abbildung 34).

Durch den Einsatz der GTIN kann u. a. die Lagerhaltung automatisiert werden und das Tracking (Verfolgen) und Tracing (Rückverfolgen) der Waren entlang der gesamten Supply Chain wird erheblich vereinfacht. Zudem wird die Zusammenarbeit zwischen Hersteller und Handel optimiert. So kann der Händler über den Einsatz der Scannertechnologie umgehend auf die angegebenen Stammdaten (z. B. Warengruppe, Gewicht) des Herstellerunternehmens zurückgreifen und erhält somit alle notwendigen Produktinformationen.

Berechnung der Prüfziffer

Die Prüfziffer dient der Absicherung der erfassten Daten und wird für jede Global Trade Item Number (GTIN), Global Location Number (GLN) und jeden Serial Shipping Container Code (SSCC) individuell berechnet. Die Prüfziffer steht an letzter Stelle der jeweiligen Nummer und bezieht sich – im Falle einer GTIN – auf die vorderen zwölf Stellen. Die Berechnung erfolgt nach dem folgenden relativ simplen Algorithmus:

Schritt 1: Die einzelnen Stellen der Identifikationsnummer werden von rechts nach links abwechselnd mit den Faktoren „3" und „1" multipliziert.

Schritt 2: Aus den jeweiligen Produkten wird eine Gesamtsumme gebildet.

Schritt 3: Die Differenz, die die Summe zum nächsten Vielfachen von 10 ergänzt, ist die Prüfziffer. Ist die Produktsumme durch den Faktor „10" teilbar, so ist die Prüfziffer gleich Null.

Beispiel: Für die GLN der Nummer 433095200401 soll die Prüfziffer ermittelt werden.

	1	2	3	4	5	6	7	8	9	10	11	12	13
GLN	4	3	3	0	9	5	2	0	0	4	0	1	3
Multiplikator	1	3	1	3	1	3	1	3	1	3	1	3	
Produkt	4	9	3	0	9	15	2	0	0	12	0	3	
Summe													= 57
Vielfaches von 10													60
Differenz												**Prüfziffer = 3**	

Übung:

1. Ermitteln Sie für folgende GLN-Nummern die Prüfziffer und bestimmen Sie darüber hinaus, aus welchem Land die Ware eingeführt wurde.

   - 401 56093217
   - 693 44163702
   - 80 135267423
   - 560 77462345

2. Folgender Code wurde bereits mit einer Prüfziffer versehen. Ist diese korrekt? Wenn nicht, wie müsste sie richtig lauten und um welche Art von Identifikationsnummer handelt es sich hierbei?

489784321234567980

Abbildung 34: Prüfziffernermittlung und Beispielaufgaben

Welche Artikel und Produkte erhalten eine GTIN? Jeder Artikel, also auch jede Artikelvariante (Modell, Farbe, Größe), benötigt eine eigene GTIN. Aber auch jede
Verpackungseinheit dieser Artikelvariante erhält eine eigene GTIN. Das ist notwendig, weil im Handel durch den Registrierprozess über die Scannerkasse der Abverkauf jeder einzelnen Sorte im Warenwirtschaftssystem festgestellt wird – und auf
Basis des Abverkaufs die Nachbestellungen der einzelnen Sorten erfolgen.

Die GTIN-Nummerierung würde sich in der Praxis folgendermaßen gestalten:

Produkt	GTIN: 40 12345...
1 Rolle Traubenzucker „Banane" (TZ-B)	...0 0 0 0 1 6
1 Display-Karton à 50 Rollen TZ-B	...0 0 0 0 2 3
1 Umkarton à 6 Displays TZ-B	...0 0 0 0 3 0
1 Beutel TZB einzeln verpackt	...0 0 0 0 4 7
1 Display-Karton à 20 Beutel TZB	...0 0 0 0 5 4
1 Umkarton à 6 Displays Beutel TZB	...0 0 0 0 6 1

Tabelle 44: Beispiel für EAN-Nummerierungen (Quelle: o. V. 1997, S. 83)

Serial Shipping Container Code (SSCC)/Nummer der Versandeinheit (NVE)
Der SSCC dient der weltweiten überschneidungsfreien Identifizierung von logistischen Einheiten, wie Päckchen, Paketen, Paletten etc., entlang der gesamten Wertschöpfungskette. Jeder Code wird einmalig vergeben, wodurch die Versandeinheit
auf dem Weg vom Versender zum Empfänger lückenlos zurückverfolgt werden
kann.

Der Code wurde Anfang der 1990er Jahre unter dem Begriff „Nummer der Versandeinheit" (NVE) von der GS1-Gemeinschaft eingeführt. Der Begriff SSCC wurde
ursprünglich nur im englischsprachigen Raum verwendet. Heutzutage ist jedoch
der Begriff SSCC auch in Deutschland eher gebräuchlich als NVE.

Der Serial Shipping Container Code basiert auf dem GLN Typ 2 und ist eine 18-stel-
lige Nummernfolge. Am Anfang steht die sogenannte „Verpackungs- oder Reser-
veziffer", die seit 2001 vom Anwender frei belegt werden kann. Darauf folgt eine
7- bis 9-stellige Basisnummer wie bei der GLN Typ 2. Diese Nummer gewährleistet
die Eindeutigkeit und weltweite Überschneidungsfreiheit. Die fortlaufende vom
Anwender frei wählbare Nummer hat ebenfalls sieben bis neun Ziffern, je nach Länge der vorangegangenen Basisnummer. Den Aufbau der NVE verdeutlicht noch-
mals Abbildung 35.

Nummern der Versandeinheit (NVE/SSCC)			
Reserve-ziffer	Basisnummer der GLN vom Typ 2	Vom Versender zu vergebende, fortlaufende Nummer	Prüfziffer
3	4 0 1 2 3 4 5	1 2 3 4 5 6 7 8 9	5
3	4 2 1 2 3 4 5 6	1 2 3 4 5 6 7 8	0
3	4 3 1 2 3 4 5 6 7	1 2 3 4 5 6 7	6

Abbildung 35: Aufbau der NVE (Quelle: o. V. www.gs1-germany.de)

Der SSCC kann als Strichcode im GS1-128-Standard dargestellt werden. Jeder Partner in der logistischen Kette ist befugt, seine Versandeinheit vor dem Versenden mit der SSCC zu versehen, es sei denn, diese Nummer ist redundant. Wie bei der klassischen GLN wird auch bei der SSCC auf Informationen zurückgegriffen, die in einer Datenbank hinterlegt wurden.

Unternehmensinterne und -externe Transport- und Kommunikationsabläufe entlang der Wertschöpfungskette können optimiert und rationalisiert werden, da z. B. alle Wareneingänge und Warenausgänge durch Scanning schnell und einfach erfasst werden können. Genutzt wird die NVE beim Electronic Data Interchange (EDI) z. B. im EANCOM®-Standard bei einer Lieferavis. Zudem wird der SSCC im Zusammenhang mit dem Electronic Product Code (EPC) und der RFID-Technologie in Transportetiketten eingebettet.

Strichcodes
Strichcodes dienen dazu, die Codierungen wie z. B. die GTIN zu verschlüsseln und so maschinell lesbar zu machen. Strichcodes werden nach bestimmten Regeln festgelegt, die von GS1 bestimmt werden. Durch Einhaltung dieser Kriterien soll die Lesbarkeit der Strichcodes verbessert werden. Diese ist wichtig, um das Rationalisierungspotenzial der Strichcodes auszuschöpfen, da eine gute Lesbarkeit die Scanndauer verringert.

Faktoren zur Gewährleistung der Strichcodequalität nach GS1
- **Farbe:** Üblich ist die Darstellung dunkler Striche auf hellem Hintergrund. Zu vermeiden sind dabei rote Striche, da diese vom Laser beim Scannvorgang als Weiß

interpretiert werden. Zudem sind metallische Farben aufgrund der starken Reflexion zu vermeiden.

- **Format:** Die optimale Höhe des Codes ist maßgeblich für eine richtungs- und lagerabhängige Lesbarkeit – aus diesem Grund werden von GS1 Richtwerte für die Höhe und Breite eines Strichcodes vorgegeben.
- **Platzierung:** Der Barcode sollte so platziert werden, dass schnelles Auffinden und Erfassen möglich ist sowie Verschmutzungen und Beschädigungen des Codes vermieden werden.
- **Produktion:** Bei der Produktion ist neben der Wahl und Ausrichtung des Trägermaterials auch die Größe des Symbols und die parallele Anordnung des Codes zur Laufrichtung der Maschine von Bedeutung. Eine Qualitätsüberprüfung in Form von Stichproben und Prüfmethoden nach der ISO-Norm identifiziert Fehlerquellen und ermöglicht frühzeitige Korrekturen.

Falls der Strichcode weitere Informationen wie z. B. das Mindesthaltbarkeitsdatum (MHD) beinhalten soll, stehen folgende Strichcodearten in Verbindung mit einem **Datenbezeichnerkonzept** zur Verfügung:

GS1-128-Strichcode

Der GS1-128 wird auf dem Transportetikett der Versandeinheit (z. B. der Palette) oder auf den Umkartons der Handelseinheit angebracht. Die technische Basis bildet der EAN-Code. Er ermöglicht den reibungslosen unternehmensübergreifenden Austausch warenbegleitender Informationen und die Rückverfolgung der Waren. Aufgrund der Möglichkeit der lückenlosen Rückverfolgung anhand des GS1-128 findet dieser Barcode immer häufiger Anwendung in Industrien, in denen das Tracking der Waren von besonderer Bedeutung ist, wie etwa in der Chemie- oder Pharmabranche. Mehr als 60 verschiedene Datenelemente können bereits in strichcodierter Form dargestellt werden. Sie gliedern sich in folgende Anwendungsbereiche (vgl. o. V. 1997, S. 90):

- Identifikation (z. B. der GTIN, Nummer der Versandeinheit)
- Warenverfolgung (z. B. Nummer der Versandeinheit, Chargennummer, Seriennummer)
- Inhaltsangaben (z. B. Anzahl und Art der enthaltenen Einheiten)
- Datumsangaben (z. B. Packdatum, Mindesthaltbarkeitsdatum, Verfallsdatum)
- Maßeinheiten (z. B. Gewichtsangabe in Kilogramm, Meter)
- Referenzierung (z. B. Bestellnummer des Warenempfängers)
- Firmenidente und Adressierung (z. B. ILN des Warenempfängers, ILN des Rechnungsempfängers)
- Interne Anwendungen

Abbildung 36: Beispiel für einen GS1-128 Strichcode (Quelle: http://www.gs1-germany.de/ standards/strichcodes/gs1_128/ transportetikett/index_ger.html

RFID

Neueste Entwicklung auf dem Gebiet der Identifikation ist die Radiofrequenztechnik (RFID). Die sog. Transpondertechnologie gilt als ein alternatives Medium zum Strichcode. Im Vergleich dazu ist diese Technik noch teuer, sie ist allerdings unempfindlich gegen Staub, Schmutz und Feuchtigkeit sowie stoßfest und unabhängig von Temperaturschwankungen.

Die Datenübertragung erfolgt bei der Radiofrequenztechnik über elektromagnetische Felder, die eine automatische Identifikation von Waren über mehrere Meter ermöglichen. Als Datenträger dient ein Microchip. (Ausführliche Informationen sind unter www.info-rfid.com zu finden.)

GS1-Data Bar

Der GS1-Data Bar ist ein kleiner omnidirektal lesbarer Barcode, der insbesondere dazu geeignet ist, am POS für gewichtsvariable Ware eingesetzt zu werden. Der GS1 ist seit 2010 als globaler Standard für die Codierung von Verbraucherprodukten zugelassen. Bis zum Jahr 2014 soll der GS1-Data Bar überall im offenen System Anwendung finden.

233

© GS1-Germany

Abbildung 37: GS1-Data Bar und Anwendung auf Frisch-ware/Äpfeln

Durch den Einsatz des GS-1 Data Bar ergeben sich diverse Vorteile. So kann der Lieferant von Frischwaren identifiziert werden, im Barcode können weitere Informationen wie das MHD der Ware und das Nettogewicht gespeichert werden und durch die standardkonforme Kennzeichnung der Ware kann die Dauer des Scannvorgangs reduziert werden.

GS1-Data Matrix

Die GS1-Data Matrix ist ein zweidimensionaler Code, der in der Direktmarkierung und Auszeichnung von Kleinstprodukten Anwendung findet. Die GS1-Data Matrix wird auf einer Fläche von 5 mm x 5 mm auf den Produkten angebracht. So werden beispielsweise Nadeln mit der GS1-Data Matrix markiert.

GS1 Data Matrix

© GS1-Germany   *Abbildung 38: GS1-Data Matrix*

Electronic Product Code (EPC)

Der EPC dient ebenso wie die anderen Codearten zur weltweit überschneidungs-freien Identifizierung logistischer Einheiten. Der EPC wird hierbei jedoch nicht als eine physisch visuelle Form des Strichcodes auf Versandeinheiten aufgedruckt, sondern bildet das Kernstück der Radio-Frequency-Identification-Standards (RFID).

Der Code wird auf Mikrochips, sog. Tags oder auch Smart Chips gespeichert und kann anhand elektronischer Lesegeräte auch ohne direkten Sichtkontakt und durch Hindernisse hindurch mittels RFID ausgelesen werden.

Bei der Bestrahlung der Tags mit Radiofrequenzwellen werden die Mikrochips aktiviert und senden den auf ihnen gespeicherten elektronischen Code an das Lesegerät. Auf diese Weise können die einzelnen Einheiten eindeutig identifiziert werden.

Der Aufbau des EPC gliedert sich in fünf Bereiche: den Header, den Filter, die Partition, den EPC-Manager, die Object Class und die Serial Number.

Der Header gibt zunächst an, welche EPC-Art genutzt und welche Informationsart verschlüsselt ist, d. h., ob dem EPC beispielsweise eine GTIN oder ein GRAI hinterlegt wurde. Zum schnelleren Filtern und Auffinden von Produkten wird eine dreistellige Zahl der Filter verwendet. Die Partition verbindet die folgenden Komponenten (EPC-Manager und Object Class) und gibt an, wann der EPC-Manager aufhört und die Object Class, die Objektnummer (z. B. Artikelnummer), anfängt. Die 6- bis 12-stellige Nummer des EPC-Managers verschlüsselt die Mitgliedsnummer des Nummerngebers, z. B. des Herstellers. Abschließend folgt die 12-stellige Serial Number, die der Identifikation des einzelnen Objektes dient.

Kritische Würdigung

Durch den Einsatz des EPC (in Verbindung mit RFID) wird eine automatische und transparente Datenübertragung in Echtzeit ermöglicht. Gleichzeitig kann durch die Identifizierung der Waren das Risiko von Schwund und Diebstahl gemindert werden und die Hersteller können sich vor gefälschter Ware schützen.

Für den Endverbraucher ergibt sich durch den Einsatz von RFID die Möglichkeit von Selbstzahlerkassen und zusätzlichen Produktinformationen und Services, die direkt am POS abgerufen werden können. Hierdurch kann der Einkaufskomfort erhöht werden.

Die Implementierung der Tags ist allerdings mit 0,10 bis 0,40 Euro pro Chip sehr kostenintensiv. Bislang fehlen für diese Technologie weltweite Standards und es existieren technische Probleme. Das EPC Global Network entwickelt das System des EPC kontinuierlich weiter und strebt eine weltweite Standardisierung an. Aufbau und Pflege des EPC-Netzes in Deutschland liegt im Verantwortungsbereich der GS1 Germany.

Neue Einsätze für RFID

Rewe überwacht Promotions – Funktags kommen in die Kartonage

LZ|NET.11.09.2008 – Nach Metro testet Rewe den RFID-Einsatz an Promotion-Displays. Die Funktechnik schlägt Alarm, wenn die Ware zu spät oder gar nicht auf der Fläche erscheint – was oft der Fall ist. Noch am Anfang stehen die Pläne der Branche, den Funkchip in der Kartonage verschwinden zu lassen. RFID ist Praxis. Das war die Kernbotschaft auf dem Fach-Forum Technologie der

ECR-DACH-Tagung vergangene Woche in Zürich. Zur Beweisführung waren IT-Experten von Kraft, Nestlé, Mars, Metro und Rewe angetreten.

In ihrem jüngsten Projekt erprobt die Rewe Group mit der Industrie den Einsatz der Funktechnologie zur Steuerung und Verfolgung von Promotion-Displays vom Warenausgang beim Lieferanten bis auf die Verkaufsfläche.

In vier Hamburger Filialen wurden je zwei RFID-Lesetore installiert, eines am Wareneingang und eines zwischen Filiallager und Verkaufsraum. So lässt sich dank der Funkchips an den Displays auf Knopfdruck feststellen, ob die Verkaufsförderer gemäß Absprache im Laden aufgebaut wurden.

Die automatische Alarmfunktion informiert den Filialleiter per E-Mail, sollte dies nicht der Fall sein. Das Reporting-System vereinfacht die Fehleranalyse. Alle Daten werden gesammelt und inklusive POS- und Scanner-Daten an den Dienstleister RSi Retail Solutions übermittelt. Der Datenaustausch erfolgt via EPCIS (Electronic Product Code Information System).

Bis mindestens November will Rewe das Promotion-Tagging bei ausgewählten Aktionen testen. Laufen die Prozesse sicher, kommen möglicherweise zwei weitere Märkte hinzu. „Die Technik funktioniert und die EPCIS-Meldungen werden einwandfrei erstellt", ist Jörg Sandlöhken, RFID-Fachmann der Rewe-Informations-Systeme GmbH, zuversichtlich. Rewe treibt den RFID-Einsatz mächtig voran. Bis Ende 2008 wird die Handelsgruppe an ihren Lagerstandorten 300 Tore, 50 Flurförderfahrzeuge, 12.000 Bodenlesepunkte und 50.000 Lagerplätze damit ausgestattet haben. Dass der Umgang mit den verkaufsfördernden Displays aus der Industrie verbesserungswürdig ist, belegen die exemplarischen Zahlen aus einem vergleichbaren Projekt der Metro Group. Demnach waren zum jeweiligen Aktionsbeginn 14 Prozent der Displays zu spät und 17 Prozent überhaupt nicht im Markt verräumt.

Bereits abgeschlossen haben Rewe, Kraft Foods und Panther Packaging ein Pilotprojekt, bei dem der RFID-Chip in der Kartonage steckt. Die Funketiketten wurden dazu schon bei der Wellpappenproduktion nach den Vorgaben von Kraft an einem vorgegebenen Platz integriert. Im Werk von Kraft wurden die gestanzten und bedruckten Trays mit Miracoli-Packungen befüllt und an das Rewe-Lager Norderstedt geschickt. Rewe übernahm den Prozess vom Wareneingang bis zur Nachschubsteuerung und testete einen Datenhandschuh in der Kommissionierung.

Für Rewe-Mann Sandlöhken steht fest: „Die Technik, Transponder in die Well-
pappe zu integrieren, funktioniert." Allerdings können die Lesegeräte die Eti-
ketten nur vollständig lesen, wenn sich die Transponder auf der Außenseite der
Palette befinden. „In Zukunft wird der RFID-Tag genauso ein Teil der Kartonage
sein wie heute der Barcode", so Volker Heidorn, Manager RFID bei Kraft Foods
Deutschland.

Davor muss noch geklärt werden, wer wann den Transponder mit Daten be-
speichert und ihn auf die Kartonage aufbringt.

(Quelle: *o. V.* 09/2008, lebensmittelzeitung.net)

2.2 Kommunikationsstandards

Electronic Data Interchange (EDI)

Der elektronische Datenaustausch (EDI = Electronic Data Interchange) ist eine
Grundvoraussetzung, um Rationalisierungen bzw. Wertschöpfungen im Rahmen
von ECR durchzuführen. Mit EDI wird der teure und aufwendige Versand von per
Computer erstellten Handelsdokumenten, Formularen und Papieren für Bestellun-
gen, Rechnungen, Gutschriften, Lieferavisen usw. abgelöst. Für den elektronischen
Austausch der Daten wird eine bestimmte EDI-Software benötigt.

Eine gebräuchliche Definition für EDI ist: „Die Übermittlung strukturierter Daten
mittels festgelegter Nachrichtenstandards von einer Computeranwendung in die
andere, und zwar auf elektronische Weise und mit einem Minimum an menschlichen Eingriffen, wobei ein Übertragungsstandard verwendet wird." (*Ausschuss für
Begriffsdefinitionen aus der Handels- und Absatzwirtschaft* 2006, S. 188)

Da die Daten nicht permanent reproduziert werden müssen, sondern nach einma-
liger Eingabe weiterverwendet werden, ist durch EDI eine hohe Genauigkeit der Informationen sichergestellt. Die elektronische Datenübertragung bringt natürlich
auch eine erhebliche Schnelligkeit der Informationsvermittlung.

Als Übertragungskanal für die Daten bestehen unterschiedliche Möglichkeiten.
Hierzu gehören unternehmereigene Standleitungen oder das öffentliche Telefon-
netz, Value Added Networks (VAN) oder die Nutzung eines öffentlichen Daten-/Pa-
ketvermittlungsdienstes. (*Ausschuss für Begriffsdefinitionen aus der Handels- und
Absatzwirtschaft* 2006).

Durch die Vorteile der nur einmaligen Dateneingabe, durch Fehlerlosigkeit und Schnelligkeit ist der Einsatz von EDI auch wesentlich kostengünstiger, sodass sich die nötigen Investitionen schnell amortisieren. Übliche Inhalte solcher Transfers sind z. B. Bestellungen (ORDERS), Liefermeldungen (DESADV) oder Rechnungen (INVOIC). Die Nachrichtenform EDIFACT hat sich weltweit als branchenübergreifender Standard durchgesetzt.

Die Implementierung von EDI ist jedoch sehr kostenintensiv und lohnt sich erst für große international agierende Unternehmen, deren Geschäftsbeziehungen langfristig angelegt sind. Den Problemen des klassischen EDI-Systems wird durch die neue Form des webEDI Rechnung getragen, da hierbei der Datenaustausch via Internet oder Extranet möglich ist.

webEDI
Das webEDI ist eine weiterentwickelte Form des klassischen Electronic Data Interchange Systems. Hierbei werden die Daten über ein Extranet oder Intranet übertragen. Voraussetzung ist, dass einer der Geschäftspartner über ein EDI-System verfügt. Ist dies gegeben, greifen die anderen Geschäftspartner über einen Browser durch Eingabe eines Benutzernamens und eines Passworts auf die dort hinterlegten Daten zu. Hierzu wird ein Internetdienstleister wie beispielsweise SratEdi oder das Handels-Extranet hinzugezogen. Des Weiteren werden WWW-Formulare und Lösungen wie XML (eXtensible Markup Language) eingesetzt, um Dokumente im Browser anzeigen zu können. Vorteilhaft ist der flexible Datenaustausch zwischen den Partnern, da keine spezielle Software zu installieren ist. Dies ermöglicht nun auch den Einsatz bei kleinen und mittelständischen Unternehmen (KMU) sowie eine Integration der gesamten Prozesskette. Eine Verbesserung der Geschäftsbeziehungen und eine erhebliche Kostenersparnis sprechen für den Einsatz von webEDI.

Probleme ergeben sich bei großen Datenmengen, da hier anders als beim klassischen EDI keine dauerhafte Schnittstelle zugrunde liegt. Außerdem ist die Datensicherheit nicht immer gewährleistet, weshalb das EDIINT AS2 (Electronic Data Interchange Internet Integration Applicability Statement 2) eingeführt wurde. Hierbei handelt es sich um einen sicheren Umschlag für EDI-Nachrichten auf http-Basis.

EDIFACT
EDIFACT (Electronic Data Interchange For Administration, Commerce and Transport) ist ein internationaler Datenaustauschstandard, der von einer Arbeitsgruppe der Vereinten Nationen Ende der 1980er Jahre entwickelt wurde. Mit der Einführung von EDIFACT und EANCOM® wurden frühere nationale Standards wie SEDAS

(Standardregelung Einheitlicher DatenAustauschSysteme) in Deutschland, GENCOD in Frankreich oder TRADACOM in England abgelöst. Der EDIFACT-Standard umfasst mittlerweile über 200 verschiedene Nachrichtentypen und wird weltweit von mehr als 300.000 Unternehmen genutzt. Anfang der 1990er Jahre führten das große Interesse und die breiten Anwendungsmöglichkeiten von EDIFACT zur sog. EDIFACT-Subsetbildung. Diese branchenspezifischen Subsets (= Untermengen) vereinen die notwendigen Grundbestandteile von EDIFACT und optionale Bestandteile, die individuell für die jeweiligen Geschäftsprozesse ausgewählt werden.

Im Folgenden sind einige bekannte Subsets nach ihrer Branchenspezifikationen aufgelistet:

- EANCOM® für die Konsumgüterindustrie
- EDIBDB für die Baustoffbranche
- EDIFICE für die Hightechindustrie
- EDILIBE für den Buchhandel
- EDITRANS für den Transporthandel
- ODETTE für die Automobilindustrie
- RINET für die Versicherungswirtschaft

EANCOM®
EANCOM® ist ein Kunstwort aus EAN und COMmunication und der weltweite Standard für den elektronischen Datenaustausch in der Konsumgüterindustrie.

Die Einführung von EANCOM® erfolgte, um der Komplexität der verschiedenen Geschäftsprozesse Rechnung zu tragen und die Benutzerfreundlichkeit zu erhöhen. In EANCOM® werden die Produkte über die GTIN (Global Trade Item Number) und die verschiedenen Geschäftspartner über die GLN (Global Location Number) eindeutig identifiziert.

Auf dem Markt existieren unterschiedliche Releases von EANCOM®. So gibt es die Versionen EANCOM® '90, '94, '97 und 2002. EANCOM® 2002 ist die aktuellste Version der Releases und zeichnet sich durch höhere Leistungsfähigkeit und eine bessere Dokumentation aus. Die Problematik an den verschiedenen EANCOM® Releases ist, dass diese nicht alle miteinander kompatibel sind, d. h., dass Lieferanten mit Kunden unterschiedlicher EANCOM®-Arten verschiedene Schnittstellen pflegen müssen. Da dies die Verschwendung von Ressourcen bedeutet und die Effizienz von EANCOM® mindert, empfiehlt GS1 der Industrie die allgemeine Umstellung auf EANCOM® 2002.

Im Jahr 2008 zählte EANCOM® über 100.000 Nutzer weltweit. Die GS1-Organisation, die in über 100 Ländern vertreten ist, betreut die Anwender direkt vor Ort.

Im Datenaustausch zwischen Hersteller und Handel stehen folgende EANCOM®-Datenstandards zur Verfügung:

- Standardnachrichten im Geschäftsverkehr
- Transportnachrichten
- Finanznachrichten

Insgesamt gibt es mehr als 40 verschiedene Nachrichtentypen, die für ECR eingesetzt werden können. Im Folgenden werden nur die derzeit gebräuchlichsten Datenstandards dargestellt.

EANCOM®-Standardnachrichten im Geschäftsverkehr

Die Standardnachrichten im Geschäftsverkehr lassen sich in drei Kategorien unterteilen (vgl. *o. V.* 1997, S. 94):

- **Stammdaten**: Dies sind Daten über die Geschäftspartner und Produkte. EANCOM®-Standards sind hierbei:
  - Partnerstammdaten (PARTIN)
  - Preisliste (PRICAT)
  - Produktanfrage (PROINQ)
  - Produktstammdaten (PRODAT)
- **Bewegungsdaten:** erfassen alle Geschäftsprozesse von der Anfrage bis zum Zahlungsavis. Hierzu zählen:
  - Anfrage (REQOTE)
  - Angebot (QUOTES)
  - Bestellung (ORDERS)
  - Empfangsbestätigung (RECADV)
  - Lieferabruf (DELFOR)
  - Rechnung (INVOIC)
  - Zahlungsavis (REMADV)
- **Berichts- und Planungsdaten**: informieren die Geschäftspartner über Artikelbewegungen und zukünftige Mengen. Hierzu gehören u. a.
  - Inventurbericht (INVRPT)
  - Verkaufsdatenbericht (SLSRPT)
  - Verkaufsprognose (SLSFCT)
- **EANCOM®-Transportnachrichten:** Sie ermöglichen einen Informationsaustausch über Transportart, Transportziel und Transportzeit sowie über Details der An-

kunft des Fahrzeugs oder der Belieferung. Die gängigsten Nachrichtentypen sind hierbei:

- Transportauftrag/Speditionsauftrag (IFTIMIN)
- Ankunftsmeldung (IFTMAN)
- Wareneingangsmeldung (RECADV)

• **EANCOM-Finanznachrichten:** Beinhalten Informationen zu Zahlungsabläufen, hierzu gehören:

- Zahlungsauftrag (PAYORD)
- Gutschriftsanzeige (CREDADV)

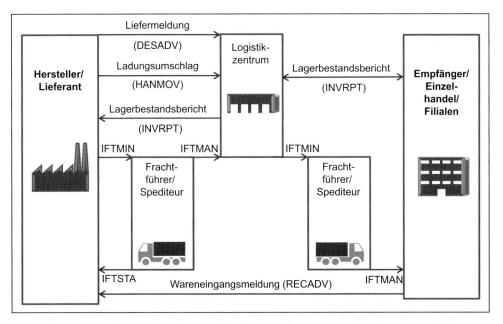

Abbildung 39: Informationsfluss in der logistischen Kette (Quelle: o. V. 1997, S. 99)

In der Praxis wird die Abwicklung des Geschäftsverkehrs unter Einsatz von EDI/EANCOM® durch den „EDI Anwenderkreis Handel" der GS1 unterstützt. Um dem Wunsch der Industrie nach einheitlichen Handelslayouts auf Basis von EANCOM® nachzukommen, haben sich 1997 bedeutende Handelsunternehmen auf eine gemeinsame Vorgehensweise verständigt (vgl. o. V. www.akhandel.de). Aktuell werden von den teilnehmenden Handelsunternehmen die in Tabelle 45 aufgezeigten EANCOM®-Nachrichtenstandards im Geschäftsverkehr verwendet.

	DESADV	INVOIC	INVRPT	ORDERS	PRICAT	RECADV	REMADV	SLSFCT	SLSRPT
Bäko		X		X					
dm-Drogerie	X	X	X	X	X				X
Douglas Holding	X	X		X	X				
Edeka	X	X	X	X	X				
EK Servicegroup		X		X	X		X		
Globus	X		X	X	X	X			X
Hagebaumarkt		X		X					
Karstadt	X	X	X	X	X		X		X
Katag				X	X				
Kaufland	X	X		X	X				X
Markant	X	X	X	X	X			X	X
Metro Group	X	X	X	X	X		X		X
Obi		X		X					
Rewe Group	X	X	X	X			X		
Tengelmann		X	X	X	X		X		

Tabelle 45: Unterstützte Nachrichten nach Handelsunternehmen
(Quelle: o.V. www.akhandel.de, Stand 2010)

2.3 Stammdaten

SA2 Worldsync/PRICAT

Artikelstammdaten bilden die Voraussetzung für den Austausch von mündlichen, schriftlichen oder elektronischen Nachrichten. Jeder Stammdatenaustausch mit einem EDI-Partner erfordert Abstimmungsprozesse, insbesondere über die auszutauschenden Informationsinhalte. Darüber hinaus müssen Stammdaten im Lebenszyklus des jeweiligen Produkts gepflegt werden – vorkommende Datenänderungen, z.B. bezüglich Preis, Inhalt, Maß, Gewicht, Umkarton-Einheit müssen also regelmäßig in das System „eingepflegt" bzw. aktualisiert werden.

Stammdaten werden aber nicht nur für die elektronische Abwicklung von Geschäftsvorfällen benötigt, sondern z. B. auch in der Warenlogistik, zur Regaloptimierung oder zur Ermittlung der Direkten Produktrentabilität (DPR).

Prinzipiell bestehen zwei Möglichkeiten für den Austausch der Artikelstammdaten im Geschäftsverkehr: ein bilateraler Austausch über den EANCOM®-Nachrichtentyp PRICAT (= Wortzusammensetzung aus PRIce und CATalogue) oder über einen von einem externen Dienstleister verwalteten Stammdatenpool.

Das Unternehmen SA2 Worldsync (ehemals SINFOS) ist führend auf diesem Gebiet. Es ist im Januar 2008 aus einem Joint Venture der Pironet NDH AG, Agentrics LLC und der GS1 Germany hervorgegangen und betreibt den weltweit größten Datenpool für Artikelstammdatenaustausch.

Das Unternehmen bildet im Rahmen des Datenaustauschs das Bindeglied zwischen den jeweilig beteiligten Geschäftspartnern. Die Hersteller sind für die Einstellung und Pflege der Produkte und Sortimente und damit für die Aktualität und Richtigkeit ihrer Daten verantwortlich. Die Daten werden nur jeweils einmal in den zentralen Pool gepflegt. Alle angeschlossenen Interessenten d. h. Händler und weitere Dienstleister wie z. B. Vorlieferanten und Werbeagenturen können diese Daten abrufen. Ein Stammdatenpool hat den Vorteil, dass die Daten nur einmal in das System eingegeben werden und für alle am Pool beteiligten Unternehmen verfügbar sind.

Zudem entsprechen die Datenpools alle dem GSMP (Global Standards Management Process), der von GS1 festgelegt wurde. Als eher nachteilig muss gewertet werden, dass für die Bereitstellung der Daten im SA2-Pool eine Gebühr zu entrichten ist.

PRICAT-Nachrichten kann man nur jeweils mit einem Partner austauschen, dafür können diese Nachrichten Informationen enthalten, die auch nur für diesen Partner bestimmt sind, wie z. B. Konditionsangaben.

Die Praxis zeigt, dass in den Unternehmen zum Teil große Schwierigkeiten bestehen, die Stammdatenermittlung und Stammdatenpflege organisatorisch und inhaltlich zu bewältigen. Aus diesem Grund bietet SA2 Worldsync als weitere Dienstleistung das „Produkt Informations Management" (PIM) an. Da Produktinformationen oftmals unstrukturiert im Unternehmen lagern, unterstützt SA2 die Unternehmen dabei, die „Single Version of Truth", d. h. die einzig wahre Datenquelle für korrekte Produktinformationen im Unternehmen, zu erstellen und zu sichern.

Da die Implementierung von EDI und damit von ECR aber auf der Basis richtiger Artikelstammdaten fußt, sollte der Industrie, insbesondere den klein- und mittelständischen Unternehmen (KMU) für die Bewältigung dieser wichtigsten Basisstrategie noch erhebliche Hilfestellung zur Verfügung gestellt werden, z. B. durch die GS1.

Die Enabling Technologies bilden die Grundlage für die ECR-Basisstrategien. Diese Strategien sind die Voraussetzung, um die Aktivitäten im Supply Chain Management und im Category Management effizient durchzuführen (vgl. *Lenz* 2008, S. 72).

Abbildung 40 liefert eine Übersicht über die Strategien von SCM und CM als Teil von ECR.

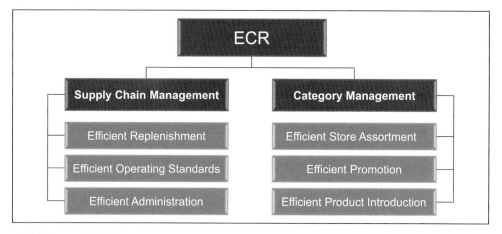

Abbildung 40: ECR-Konzepte (Quelle in Anlehnung an Mau 2000, S. 61)

Auf die einzelnen Strategien von Supply Chain Management und Category Management wird in den folgenden Abschnitten näher eingegangen.

3 Supply Chain Management

3.1 Einführung

Das Supply Chain Management umfasst alle Maßnahmen, die zur Planung, Organisation und Kontrolle der gesamten Supply Chain, d. h. der sich vom Lieferanten bis hin zum Endverbraucher erstreckenden Lieferkette und der sie umgebenden Geld- und Informationsflüsse, beitragen (vgl. *Czech-Winkelmann* 2010, S.192).

Innerhalb der Supply Side steht die Optimierung der Geschäftsprozesse bis in die Regale der Filialen des Handels im Mittelpunkt. Hierbei wird versucht, unternehmensübergreifend Optimierungspotenziale in der Supply Chain aufzudecken, um Kostensenkungen zu realisieren und eine beschleunigte Reaktion auf die Nachfrage (Konzept des Quick Response) zu erreichen. Es werden sowohl Aspekte des Warenflusses als auch des vorauseilenden und nachgeschalteten Informationsflusses betrachtet.

Quick Response

Eine Methode, die es Unternehmen ermöglichen soll, auf ungeplante Nachfrageänderungen in kürzester Zeit zu reagieren. Quick Response basiert dabei auf einem Zusammenschluss von mehreren Unternehmen einer Wertschöpfungskette. Über standardisierte Informations- und Kommunikationstechnologien, in der Regel EDI, werden über Scannersysteme erfasste artikelgenaue Daten in Echtzeit ausgetauscht. Produktion, Bestandsmanagement und Distribution werden an die reale Nachfrage angepasst, indem sie mit den aktuellen Abverkäufen im Handel synchronisiert werden.

Ziel im Quick Response ist es insbesondere, die Durchlaufzeit in der Supply Chain zu reduzieren. Dem Konzept liegt eine Studie der Unternehmensberatung Kurt Salmon Associates aus dem Jahr 1980 zugrunde. Hierbei untersuchte das Unternehmen die Durchlaufzeiten in den Supply Chains der Bekleidungsindustrie, da angesichts kurzlebiger Modetrends gerade in dieser Industrie besonders notwendig schien, die Lieferketten zu optimieren. Die Studie belegte, dass es durchschnittlich 66 Wochen dauerte, bis ein Produkt nach dessen Entwurf im Handel verfügbar war. Dies hatte zur Folge, dass die Händler ihr Sortiment 1 1/4 Jahre im Voraus planen mussten.

Auffällig an der Untersuchung war, dass die Produktionszeit gerade einmal 6 bis 17 % der gesamten Durchlaufzeit in Anspruch nahm. Aus diesem Grund wurde für die Bekleidungsindustrie das Konzept des Quick Response erarbeitet (vgl. *Drake/Marley* 2010, S. 5 f.). Der Erfolg stellte sich sehr bald ein und die Unternehmen verzeichneten Umsatzsteigerungen bis zu 25 %. (vgl. *Werner* 2006, S. 17).

Vergleicht man die Konzepte Quick Response (QR) und Efficient Replenishment (ER), so ergeben sich wesentliche Unterschiede. Bei QR findet der Datenaustausch meist zwischen mehreren Partnern in der Wertschöpfungskette statt, während mit ER die Wiederbefüllung des Bestands zweier aufeinanderfolgender Stufen der Supply Chain zentral von einem Punkt (meist dem jeweiligen Zulieferer) koordiniert wird. In den meisten Fällen basiert ER nicht auf POS-Daten (wie QR), sondern auf Informationen über tatsächliche Lagerbestandsdaten. Bei der Implementierung findet das ER-Konzept mehr Zuspruch, da die Umsetzung einfacher möglich ist. So fällt es Händlern oft leichter, Angaben über Warenbestände als über Verkaufszahlen zu machen.

(Vgl. *Czech-Winkelmann* 2010, S. 161 f.)

Supply Chain Management war ursprünglich vom sog. Downstream-Ansatz getragen, also der Waren- und Informationsbewegung vom Hersteller zum Handel. Die wichtigsten Themen, die dabei behandelt und in der Praxis umgesetzt wurden, waren:

- Die Einführung der ECR-Basisstrategie: **Efficient Replenishment (ER)**, oft auch als **Continuous Replenishment (CRP)** bezeichnet, mit unterschiedlichen Varianten in der Verantwortung für die Warennachdisposition bzw. Lagerführung: **Computer Assisted Ordering (CAO), Vendor Managed Inventory (VMI)** und **Logistik Pooling.**
- Die Bildung von **Efficient Operating Standards,** d. h., die Definition branchenweiter Standardregelungen und grundlegender Techniken in der Prozesskette. Das Ziel der Nutzung solcher Standards liegt in der Optimierung der Zusammenarbeit von Hersteller und Handel. Zu den Operating Standards gehören folgende Konzepte: **Cross-Docking, Roll Cage Sequencing, Efficient Unit Loads (EU)** und **Mehrweg-Transportverpackungen (MTV)** (vgl. *Seifert* 2001, S. 138 ff.).
- Die Einführung der Efficient Administration, d. h., die Verwendung von **Electronic Data Interchange** zur optimierten Abwicklung der Geschäftstransaktionen zwischen den beteiligten Unternehmen (vgl. *Klumpp/Jasper* 2006 S. 9).

Der Supply-Chain-Gedanke ist heute erweitert auf die Upstream-Betrachtung. Durch die Erkenntnis, dass die Lieferanten von Verpackungen und Rohmaterialien einen wesentlichen Teil zur Wertschöpfung beitragen, wurden diese in das ECR-Konzept eingebunden. Aus diesem Grund wurde im September 1999 die GS1-Arbeitsgruppe „Efficient Replenishment Upstream" (EUR) gegründet, deren Aufgabenbereich von der GS1 wie folgt definiert wird:

„Efficient Replenishment Upstream (ERU) ist eine auf langfristige Sicht ausgerichtete Kooperation zwischen Herstellern und ihren Vorlieferanten (z. B. Verpackungs- und Rohstofflieferanten). Auf Basis eines Informations- und Know-how-Austausches und unter Nutzung von Standards können Prozesse gemeinsam geplant und gesteuert werden, um diese zu optimieren und beiderseitige Vorteile zu erzielen (win-win-Situation). Dabei kann die Verantwortung für das Bestandsmanagement und den Warennachschub auch auf den Vorlieferanten übertragen werden." (www.GS1-germany.de 2010)

Im Folgenden wird eine kurze Einführung in die Basisstrategien des Efficient Replenishments und in die Operating Standards gegeben.

3.2 Efficient Replenishment

Bei Efficient Replenishment (ER) oder auch Continuous Replenishment (CRP) geht der Impuls für die Nachbestellung von Ware von den Käufen aus, welche die Shopper real getätigt haben und die per Scannertechnologie oder RFID und das Warenwirtschaftssystem des Handels erfasst wurden. Anhand der Abverkäufe wird die tatsächliche Nachfrage in den Filialen bzw. Distributionszentren ermittelt. „Efficient Replenishment verbindet den Kunden, die Verkaufsfiliale (POS), das Handelslager und die Unternehmenszentrale des Lieferanten (Herstellers) in einem System, das langfristig die Synchronisation der Produktion mit der Kundennachfrage zum Ziel hat." (o. V. 1997, S. 57)

Durch EDI wird der schnelle und exakte Informationsfluss zwischen Handel und Lieferanten sichergestellt. Neben dem primären Ziel einer kontinuierlichen Warenversorgung bestehen auf Hersteller- und Handelsseite weitere Ziele.

Roland Berger & Partner, die CRP-Programme in Europa begleitet haben, zeigten folgende Nutzenergebnisse auf: Die Bestandshöhen konnten um 40 bis 100 % gesenkt werden, die Transportkapazitäten mit einer zusätzlichen Auslastung von 20 % besser genutzt werden, die logistischen Prozesszeiten um 50 bis 80 % gesenkt und

Ziele auf Herstellerseite	Ziele auf Handelsseite
Höhere Abverkäufe und Marktanteile	Vermeidung von Out-of-Stock-Situationen
Verbesserte Auftragsbearbeitung	Geringere Bestände
Senkung des administrativen Aufwands	Höherer Lagerumschlag und hierdurch geringere Kapitalbindung
Kürzere Durchlaufzeiten	Verringerte Personal- und Verwaltungskosten

Tabelle 46: Ziele von Efficient Replenishment

die Produktverfügbarkeit am POS um 2 bis 5 % erhöht werden (vgl. *von der Heydt* 1999, S. 6).

Man muss, bezogen auf das ER-Konzept, einschränkend anmerken, dass die volle Ausschöpfung des vollen Kostensenkungspotenzials erst nach Überschreiten einer kritischen Menge möglich ist. So müssen 30–40 % der Warenversorgung über ER-Techniken abgewickelt werden, um über ein effizientes Instrument zu verfügen. (Vgl. *Zerres/Zerres* 2005, S. 382)

Computer Assisted Ordering (CAO)
CAO bezeichnet computergestützte Warendispositionsprogramme, „die im Handel oder durch den Hersteller automatisch Nachbestellungen für die Verteilzentren oder die Filialen erzeugen", sobald der aktuelle Bestand unter oder auf einen zuvor festgelegten Mindestbestand (bzw. Sicherheitsbestand) gesunken ist. (Vgl. *Laurent* 1996, S. 213; vgl. *Rodens-Friedrich* 1999, S. 205 ff.)

Dieses automatisierte Bestellverfahren basiert auf folgenden Daten:

- Profil der Filiale (Welche Produkte? Wie viel Meter Regalfläche steht zur Verfügung?)
- Abverkaufsdaten, Absatzprognosen
- Spezielle Faktoren, die die Nachfrage beeinflussen (Saison, Feiertag, Urlaub, Wetter etc.)
- Erwünschter Servicegrad
- Erwünschter Sicherheitsbestand
- Logistisch effizientes Bestellvolumen
- Wiederbeschaffungszeiten
- Bestandsdaten

Der Vorteil des Einsatzes von CAO wird deutlich, wenn man die computergestützte Disposition mit der bestehenden Praxis vergleicht. Ein Mitarbeiter des Handels oder zum Teil auch noch der Industrie ermittelt durch Zählung der physischen Bestände den Bedarf und schätzt ab, wie viel Ware bis zum nächsten Bestelltermin benötigt wird. Eingeengt, erschwert und oft verfälscht wird die richtige Disposition auch durch das sog. Limit, d. h., den Abteilungsdisponenten stehen nur bestimmte Budgets zur Verfügung, für die sie in einem bestimmten Zeitraum einkaufen dürfen.

Bei CAO erfolgt der Wareneingang elektronisch. Die abverkauften Artikel werden per Scanner an der Kasse oder durch die RFID-Technologie erfasst. Auf Einzelproduktbasis ist der Bestand im Zentrallager und pro Filiale abrufbar. Im Idealfall ist der Hersteller sogar online derart in das Warenwirtschaftssystem eingebunden, dass er kontinuierlich für seine Artikel die Abverkaufs- bzw. Bestandsdaten pro Filiale abrufen kann, so wie dies mittlerweile z. B. im Extranet von dm-Drogeriemärkten möglich ist.

Bei der elektronischen Nachdisposition per CAO werden externe Faktoren, die auf die Bestellmenge Einfluss nehmen, im System eingegeben. Solche Faktoren sind z. B.: individuelle Situation der Filiale, tatsächliche versus geschätzte Umsatzentwicklung, Sicherheitsbestände, effiziente Bestellvolumina (z. B. volle Paletten), Inventurdaten, spezielle Nachfragefaktoren wie Ferienzeiten, Wetterverhältnisse oder Veranstaltungen. (Vgl. *Seifert* 2004, S. 124 f.)

Die wesentlichen Vorteile von CAO liegen in der Beschleunigung des gesamten Warenflusses, dem Senken der Bestände und somit der Kapitalbindung sowie der Vermeidung von Out-of-Stock-Situationen. Die für CAO verwendeten IT-Systeme unterscheiden sich u. a. in der Art der Prognosefunktionen. Während manche Systeme vorwiegend historische Daten heranziehen, erfolgt bei anderen die Prognose auf der Grundlage auf komplexer mathematischer Berechnungen für die einzelnen Artikel. (Vgl. *Angerer* 2006, S. 176)

Vendor Managed Inventory (VMI)

Vendor Managed Inventory heißt, dass der Vendor, der Verkäufer, das Lager des Handels managed, also für die Disposition der Zentrallager- oder der Filialbestände zuständig ist. „Der Vorteil für beide Seiten ist die Optimierung der Produktion und eine verbesserte Lieferbereitschaft in allen Ebenen des Handels." (*Simacek* 1999, S. 130). Den Gegensatz zum Vendor Managed Inventory bildet das Buyer Managed Inventory (BMI), bei dem der Händler die Bestandsführung übernimmt.

Als Vorstufe zu VMI bietet sich das Co-Managed Inventory (CMI) an (vgl. *von der Heydt* 1999, S. 92). Hier ist der Händler zwar noch für die Bestellung verantwortlich, bindet aber den Lieferanten sehr eng in das Dispositionsgeschehen und die Dispositionsvorschläge ein. Das CMI wird oftmals als Testphase verwendet, um zu überprüfen, ob sich der Lieferant für ein VMI eignet.

Das VMI-Konzept wird in den USA von einigen großen Konsumgüterherstellern wahrgenommen, wie Campbell Soup, Mars Company, Pepsico, Nabisco, Procter & Gamble, Kimberly-Clark etc. (vgl. *Seifert* 2001, S. 125). In Deutschland hingegen stehen die Händler dem Konzept eher skeptisch gegenüber, wie aktuellen Medienberichten zu entnehmen ist.

Eine Nachschubsteuerung durch die Lieferanten im Sinne des Vendor Managed Inventory ist für 44 Prozent der Lebensmittelhändler kein Thema. Noch weiter abgehängt ist die gemeinsame Produktentwicklung mit Lieferanten. Heute betreiben sie 29 Prozent der Befragten aus dem LEH. Auf der Agenda steht sie bei 20 Prozent. Doch gut die Hälfte will sich auch mittelfristig nicht damit befassen.

(Quelle: *o. V.* 03/2010, lebensmittelzeitung.net – „Händler stecken wieder mehr Geld in IT")

Ein Grund hierfür könnte beispielsweise im mangelnden Vertrauen der Händler liegen. So ist die wesentliche Voraussetzung für VMI, dass die Händler den Herstellern Zugriff auf ihre Abverkaufszahlen geben.

Dass sich dieses Vertrauen jedoch auszahlt, beweisen die Daten der Unternehmen, die das Konzept bereits durchführen. So wendet der Drogeriemarkt dm seit 1996 VMI an und überlässt aktuell 16 Lieferanten – die 18 % des Gesamtumsatzes ausmachen – das Bestandsmanagement für ihre Produkte. Die Folge: Seit der Einführung konnten die Bestandsreichweiten im Zentrallager um zwei Tage verringert werden und der Lieferservicegrad erhöhte sich auf 98 %. (Vgl. *Ester/Mostberger* 2002, S. 14 ff.)

Auch die Zusammenarbeit der Danone GmbH mit der Globus Warenhaus Holding war erfolgreich. So konnte Globus nach Meldungen der LZ im Bereich Mopro die Lagerabschriften um 14 % reduzieren und zudem den Servicegrad erhöhen. Die verbesserte Warenpräsenz in den Regalen des Händlers dürfte sich zudem positiv auf die Kundenzufriedenheit auswirken. (o. V. 09/2007 LebensmittelZeitung.net)

Logistik Pooling

Mit Logistik Pooling wird die unternehmensübergreifende Planung von Lkw-Fahrten bezeichnet, wodurch unnötige Wege und Leerfahrten verhindert werden sollen. Transportwege können auf diese Weise optimiert und somit die Transportkosten gedrosselt werden. In einigen Fällen bezieht sich das Logistik Pooling auch auf die gemeinsame Nutzung von Lagerplätzen oder die Nutzung eines Lkw-Fuhrparks durch mehrere Lieferanten. (Vgl. *Corsten/Pötzl* 2002, S. 49, vgl. *Wannenwetsch/Nicolai* 2004, S. 215)

3.3 Operating Standards

Cross-Docking (CD)

Cross-Docking ist eine der Basistechniken beim Einsatz von Efficient Replenishment. Es handelt sich dabei um ein Distributionsverfahren für Behälter und Paletten, „bei dem die am Lager eingegangenen Güter nicht eingelagert, sondern direkt für die weitere Belieferung an die Filialen vorbereitet und weitergeleitet werden. Ziel ist die Reduzierung des Lagerbestandes in den Lägern bei gleichzeitiger Effizienzsteigerung des Transportes. Voraussetzung ist die Synchronisation der Warenein- und ausgänge" (*o. V.* 1997, S. 54).

Ein weiterer Vorteil des Cross-Dockings besteht in der Möglichkeit, die SSCC (Serial Shipping Container Code) einzusetzen. Die vom Versender (Lieferanten) vorgegebene SSCC kann von allen Beteiligten auf allen Stufen des Transports genutzt werden. Zeit und Kosten für ein jeweiliges Umetikettieren durch die verschiedenen Beteiligten entfallen dadurch.

Generell wird zwischen dem einstufigen und dem zweistufigen Cross-Docking unterschieden. Beim einstufigen Cross-Docking erfolgt die Kommissionierung der Ware beim Lieferanten. Das heißt, dem Lieferanten liegt ein Filialverteiler mit Angaben darüber vor, welche Filiale welche Waren erhält. Dieser Verteiler geht vom Zentrallager dann direkt in die Filialen. Beim zweistufigen Cross-Docking erfolgt die Kommissionierung der Ware dagegen im Logistikbetrieb des Händlers; dieser erhält von der Zentrale den Filialverteiler.

Weiterhin besteht die Möglichkeit der Nutzung von sog. Multiple User Warehouses. Dabei handelt es sich um ein Zentrallager, das von mehreren rechtlich selbstständigen Partnern gemeinsam genutzt wird. Die Kosten können auf alle Partner umverteilt werden (Cost Sharing). In der Regel wird die Docking-Station jedoch von einer großen Organisation betrieben. Diese sollte über die benötigte Lagerkapazität und die Kommunikationssysteme sowie einen geeigneten Fuhrpark verfügen, damit die Kosteneinsparungspotenziale des Konzepts realisiert werden können. (Vgl. *Czech-Winkelmann* 2010, S. 42)

Roll Cage Sequencing (RCS)

Roll Cage Sequencing ist eine Kommissioniermethode (vgl. *o. V.* 1997, S. 61). Im Handelslager wird die Ware, die für eine Filiale bestimmt ist, so auf Paletten oder Rollbehältern aufgepackt, dass die Reihenfolge, wie die Ware vom Filialpersonal wieder abgenommen wird, möglichst dem Regallayout der Filiale entspricht. Damit werden lange Einräumwege in der Filiale oder störendes Abladen von Kartons im Gang reduziert. Mit Roll Cage Sequencing können Personalkosten eingespart werden bzw. die Mitarbeiter haben mehr Zeit, sich den Kunden zuzuwenden (vgl. *Czech-Winkelmann* (2010), S. 170 f.).

Efficient Unit Loads (EUL)

Effiziente Transport- und Ladeeinheiten spielen entlang der Logistikkette eine wichtige Rolle, um Handling, Lagerung und Transport zu erleichtern und Kosten einzusparen. Studien zeigen, dass durch Standardisierung von Paletten und Umverpackungen, Mehrweg-Transportverpackungen und bessere Lkw-Nutzung Kosteneinsparungen bis zu 1,2 % vom Umsatz erzielt werden können (vgl. *Kalmbach* 1999, S. 34).

Bei den Verpackungsarten sind zu unterscheiden:

- **Primärverpackungen** wie Flaschen und Gläser,
- **Sekundärverpackungen**, d. h., alle Formen von Behältern wie Kästen, Steigen, Boxen, Trays, aber auch Kleiderbügel,
- **Tertiärverpackungen**, d. h. Ladungsträger, z. B. Paletten oder Rollcontainer, auf denen gleichartige oder unterschiedliche Sekundärverpackungen gelagert werden.

Es kann sich dabei jeweils um Einwegverpackungen oder Mehrwegverpackungen handeln.

Im Gegensatz zu Einwegverpackungen müssen Mehrwegsysteme zurückgeführt, gereinigt, ggf. repariert und für den Wiedereinsatz bereitgestellt werden. Nach Angaben des Verpackungsexperten Volker Lange des Fraunhofer-Instituts für Materialfluss und Logistik (IML) belaufen sich allein die Mehrwegbehältnisse, die in der deutschen Konsumgüterindustrie eingesetzt werden, auf (vgl. *Pieringer* 2006, S. 48):

- ca. 800 Mio. Flaschenkästen
- über 80 Mio. Obst- und Gemüsekisten
- ca. 40 Mio. Brotkisten
- ca. 18–20 Mio. Transportkisten für Fleisch
- ca. 750 Tsd. Eierbehälter
- ca. 350 Tsd. Behälter für Fisch
- ca. 45 Mio. Kleinladungsträger
- ca. 6–8 Mio. Euro-Gitterboxen
- ca. 5–6,5 Mio. Rollbehälter
- ca. 1,5–1,8 Mio. Warenhaus-Turmeinheiten
- ca. 1,3–1,5 Mio. Kisten des Paketdienstes

Folgende Systeme von Mehrweg-Transportverpackungen gibt es:

- **Abfüllerspezifische Mehrwegsysteme** (z. B. Getränke): Die Getränkesysteme werden im ECR-Getränkekreis (Gründung 1999) der GS1 Germany mit dem Ziel behandelt, die Vielfalt von Individualkästen durch eine geeignete Identifikation und Klassifizierung in den Griff zu bekommen. Bemerkenswert ist die Tatsache, dass Deutschland neben Italien und zum Teil auch Österreich und der Schweiz eines der wenigen Länder in Europa ist, das über einen funktionierenden Getränkefachgroßhandel verfügt (o. V. Coorganisation 1/2001, S. 21).
- **Anonymisierte Mehrwegsysteme** (z. B. Euro 1-Tauschpaletten): Diese genormten Mehrwegsysteme werden zwischen den Prozessbeteiligten im Direkttausch abgewickelt. Nach Angaben des Fraunhofer-Instituts wird der Marktbestand an Paletten (incl. Mietpaletten) auf folgende Zahlen geschätzt (vgl. CCG 1/2001, S. 6):
  - 50 Mio. Euro 1-Paletten (nur LEH)
  - 6 Mio. Industriepaletten (nur LEH)
  - ca. 1,5–2 Mio. Kunststoffpaletten ohne 1/4 Paletten
  - 3–4 Mio. 1/2 Paletten
  - 4–5 Mio. 1/4 Paletten
- **MTV-Systeme gegen Nutzungsentgelt** (Mietpools): Ziel des Logistikverbunds für Mehrweg-Transportverpackungen bei der CCG ist es, durch Einschaltung von Dienstleistern bei den kompatiblen Miet-MTV eine effiziente Abwicklung über alle Stufen der logistischen Kette „Mehrweg" im Wettbewerb zu schaffen (vgl. CCG 2001b, S. 2).

Alle Bestrebungen zur Harmonisierung und Bündelung der Einweg- und Mehrwegaktivitäten über die gesamte Supply Chain sind in der GS1 Germany im Kompetenzcenter Verpackungslogistik erfasst. Das Kompetenzcenter arbeitet mit dem

International Council for Reusable Transport Items (IC-RTI) zusammen, einem selbstständigen Gremium von ECR-Europe. Die Aufgabe von IC-RTI ist es, die Absicherung der Ziele und Prinzipien auf internationaler Ebene zu erreichen.

Einen beeindruckenden Erfolg erzielte die GS1 Germany (zu diesem Zeitpunkt noch CCG) mit dem Mitte 1996 gestarteten Projekt „Rationalisierung von Kleiderbügeln". Was war die Aufgabenstellung? „Wer sich (…) nur kurz vorstellt, wie Kleider auf Bügeln (…) europaweit verkauft werden, kann die Dimension erahnen. Es geht um 700 Millionen Kleiderbügel in verschiedenen Formen, Farben und Stabilität. Und es geht darum, diese Vielfalt in den Griff zu bekommen. Damit im Laden Textilien verschiedener Hersteller nebeneinander auch auf dem gleichen Bügel dargeboten werden können. Damit die Mitarbeiter nicht ständig ‚umbügeln' müssen – eine idiotische Arbeit." (*Biehl* 1999, S. 36)

Die GS1 Germany übernahm die Aufgabe, standardisierte und recyclingfähige Kleiderbügel zu entwickeln. Die Recyclingfähigkeit der Kleiderbügel war eine notwendige Bedingung des Projekts, da Bügel, wenn sie als Serviceverpackung dienen, rückführungspflichtig sind und so vom Dualen System recycled werden können.

Im Jahr 2000 wurde das Ergebnis präsentiert – für den Einzelhandel wurden „glasklare" und für den Versandhandel schwarze standardisierte Kleiderbügel eingeführt. Die aus Polystyrol und Styrol-Butadien-Styrol (zu 25 %) bestehenden Bügel können für sieben bis acht Umläufe genutzt werden und danach über das eigens hierfür entwickelte „Standard-Kleiderbügel-Rückführ-System" (SKRS®) zurückgeführt werden. Die Rückführung erfolgt in Kooperation mit dem Bundesverband des Deutschen Textileinzelhandels e. V. (BTE) und dem GermanFashion Modeverband Deutschland e. V. (vgl. www.gs1-germany.de 2010)

3.4 Ausblick: B2B-Marktplätze und Collaborative Planning, Forecasting and Replenishment

Durch die Einführung von elektronischen B2B-Marktplätzen Anfang der 1990er Jahre sowie durch den Einsatz von CPFR (Collaborative Planning, Forcasting and Replenishment) wurden die bis dahin üblichen Formen der Warenbeschaffung und des Warenverkaufs und auch die Abstimmung zwischen Handel und Industrie grundlegend verändert. Über die letzten zwei Jahrzehnte waren die B2B-Marktplätze – wie auch die anderen Märkte der IT-Branche – einem kontinuierlichen Wandel unterworfen. Die heutzutage existierenden virtuellen Märkte der Konsumgüterindustrie fanden jedoch bislang in der Literatur noch wenig Beachtung.

3.4.1 Elektronische B2B-Marktplätze

„Elektronische Marktplätze sind internetbasierte und von Intermediären zentral ko-ordinierte Informations- und Kommunikationssysteme, die Anbieter und Nachfrage mit dem Ziel der Durchführung zwischenbetrieblicher Handelsaktionen virtuell zu-sammenführen."(*Voigt/Landwehr/Zech* 2003, S. 20). Andere Bezeichnungen für B2B-Marktplatz sind z. B.: **B2B Exchange, Digital Exchange, E-Hubs, virtueller** oder **On-line-Marktplatz.** (Für eine Einführung in das Thema, insb. die verschiedenen Er-scheinungsformen von B2B-Marktplätzen vgl. *Wirtz/Mathieu* 2001, S. 1332 ff.)

Elektronische Marktplätze können nach bestimmten Kriterien differenziert werden. Zum einen können Marktplätze in Abhängigkeit der bedienten Branchen in hori-zontale und vertikale Marktplätze unterschieden werden. Horizontale Marktplätze bedienen mehrere Branchen, während vertikale Marktplätze auf die spezifischen Bedürfnisse einer Branche ausgerichtet sind. Aufgrund der fehlenden Branchentie-fe werden über horizontale Marktplätze zumeist C-Artikel gehandelt.

Darüber hinaus können virtuelle Marktplätze nach Art der Betreiber in **Konsortial-marktplätze** und **neutrale Marktplätze** klassifiziert werden. Ein Konsortialmarkt-platz liegt dann vor, wenn das System von mehreren im Wettbewerb zueinander ste-henden Unternehmen betrieben wird. Hierbei kann der Marktplatz weiter in her-stellergeführte oder händlergeführte Konsortialmarktplätze untergliedert werden. Ein neutraler Marktplatz wird hingegen von einer dritten Person betrieben, die in keinem Konkurrenzverhältnis zu den über den jeweiligen Marktplatz handelnden Parteien steht. (Vgl. *Björn* 2006, S. 193 f.) Die Leistungen der E-Hubs gehen heutzu-tage weit über den reinen Handel mit Artikeln hinaus. So werden beispielsweise Dienstleistungen wie Supply Chain Synchronization, Product Lifecycle Management oder die Analyse von Beschaffungsdaten angeboten. (Vgl. *o. V.*, www.agentric.com)

Die Verbreitung des Internets in den 1990er Jahren ebnete den Weg für die Ent-wicklung elektronischer Marktplätze und Stammdatenpools. Anfang des neuen Jahrtausends begann die expansive Entwicklung der elektronischen Marktplätze, die sich bis ca. 2005 erstreckte.

Meilensteine in der Evolution der B2B-Marktplätze war u. a. die Gründung des Marktplatzes Global Net Exchange (GNX) am 28.2.2000 aus einer Initiative von Carrefour, Sears und dem IT-Dienstleister Oracle. Einen Monat später, am 31.3.2000, wurde, gewissermaßen als Konkurrenzmodel, der World Wide Retail Exchange (WWRE) Marktplatz gegründet, zu dessen beteiligten Unternehmen u. a. Rewe, Edeka, Otto Versand, Schlecker und Tengelmann gehörten.

255

Nachdem der Handel mit diesen Initiativen eine Art Vorreiterrolle eingenommen hatte, zog die Industrie nach. Bereits am 21.3.2000 starteten Nestlé, Danone und SAP den CPG Market. Am 5.6.2000 entstand dann in USA mit Transora einer der größten Zusammenschlüsse der Welt. Die dort zusammengeschlossenen Industrieunternehmen repräsentierten mehr als die Hälfte des gesamten Konsumgüterumsatzes der Welt. Neben diesen vier bedeutenden Handelsplätzen entwickelten sich in der ersten Hälfte des neuen Jahrzehnts eine Vielzahl weiterer B2B-Märkte. (Vgl. *Atli* 2007, S. 55)

Doch auf die Phase der Expansion und des Markteintritts vieler Unternehmen folgte eine Phase der Marktbereinigung. Marktplätze waren zum Teil mit unzureichenden Standards, mangelnder Finanzkraft sowie mangelhaften Strategien oder Geschäftsmodellen gegründet worden und konnten daher im Wettbewerb nicht bestehen. So begrenzte sich die bis dahin auf ein unübersichtliches Maß angewachsene Anzahl der elektronischen Marktplätze massiv und es konnten nur diejenigen bestehen, die es geschafft hatten, die meisten Kunden an sich zu binden – was in der Regel nur für die großen Plattformen zutraf. (Vgl. *Atli* 2007, S. 55 f.; vgl. *Töpfer* 2002, S. 13 und *Björn* 2006, S. 221)

Parallel zur Evolution der elektronischen Marktplätze erfolgte die Entwicklung von Stammdatenpools. Diese waren aufgrund der zunehmenden globalen Interaktion der Handels- und Herstellerkonzerne von besonderer Bedeutung. Betrieben wurden die Pools von Standardisierungsorganisationen – so zählte auch der in den USA gegründete Pool UCCnet (Uniform Code Council net) zu einem der ersten etablierten Stammdatenpools in der Konsumgüterindustrie.

Nach der Stabilisierung des Marktes ab 2005 begann im gleichen Zeitraum eine große Anzahl von Übernahmen.

Zu den bedeutendsten Kollaborationen zählten:

- die Übernahme von CPG Market durch die Unternehmensberatung Accenture,
- die Fusion von Transora und dem Stammdatenpool UCCnet zu 1sync,
- die Verschmelzung von WWRE und GNX zum Online-Marktplatz Agentrics und
- die Entstehung des weltweit größten Stammdatenpools, des SA2 Woldsync, aus der Kollaboration des Agentrics-Geschäftsbereichs GenSync (siehe auch Teil E, Kapitel 2.3). (Vgl. *Schemm* 2009, S. 53)

Das alles führte dazu, dass letztendlich nur ein einziger Marktplatz Bestand hatte. Diese Entwicklung war jedoch notwendig, bedenkt man, dass viele unterschiedliche Marktplätze vermutlich zu den verschiedensten Abwicklungsstandards geführt hätten, was wiederum die Entstehung eines einheitlichen Standards behindert hätte. (Vgl. *Seifert* 2002, S. 88)

Trotz der relativ langen Existenz von Stammdatenpools ist deren Nutzung bislang noch wenig verbreitet. So ergab eine Studie des EHI Retail Institutes aus dem Jahr 2009, dass lediglich 19,9 % der Stammdaten standardisiert ausgetauscht werden und hiervon nur ca. 5 % über Stammdatenpools.

Die Ergebnisse variieren verständlicherweise in Abhängigkeit von den Branchen – so werden beispielsweise Stammdatenpools im Drogeriesektor überdurchschnittlich oft genutzt, während der Anteil in der Textilindustrie verschwindend gering ist. Sicher ist jedoch, dass viele Unternehmen sich in Bezug auf die Nutzung von Stammdatenpools noch abwartend verhalten. Dies zeigt sich auch daran, dass sich die meisten Systeme nach offiziellen Angaben noch im Planungsstadium befinden.

	Keine Planung	Erste Planung	Testphase	Voll implementiert
Handel	58 %	26 %	10 %	7 %
Industrie	61 %	15 %	18 %	6 %

Tabelle 47: Umsetzungsgrad globaler Datensynchronisation für Artikel-Stammdaten (Quelle GS1 2009, S. 33)

3.4.2 Collaborative Planning, Forecasting and Replenishment (CPFR)

CPFR ist eine Initiative von VICS, der US-Organisation Voluntary Interindustry Commerce Standards. Entwickelt hat sich CPFR bereits 1996 aus einem Lieferkettenprojekt zwischen Walmart und dem Konzern Warber Lambert (vgl. *Rode* 1999, S. 50). Die Veröffentlichung des CPFR-Leitfadens erfolgte 1998.

Die Grundidee von CPFR ist ECR, d. h. eine Verbesserung der Geschäftsprozesse. „CPFR ist aber nicht nur eine Evolution von ECR, sondern gleichzeitig auch eine Kritik an der Realität der vorangegangenen Rationalisierungsmodewellen." (*Rode* 1999, S. 50) Die Kritik richtet sich z. B. darauf, dass die zu hohe Lagerhaltung per Marktmacht von einem Partner auf den anderen verschoben wird. Die Betrachtung unterschiedlicher Zahlen bei Hersteller und Händler oder die Feststellung von Problemen erst an der Rampe oder im Regal hat die eigentliche mögliche Qualität von ECR unterhalb der Versprechungen gehalten. Auch birgt das Planungstool CRP (Continuous Replenishment) eine Reihe von Problemen (vgl. *Rode* 1999, S. 50).

CPFR ist die „gemeinsame Verkaufs- und Bestellplanung durch Hersteller und Händler auf der Basis der vom Händler zur Verfügung gestellten POS-Daten. Ziel ist die Teilautomatisierung der Bestellungen bis hin zu Vorlieferanten auf der Basis der besten möglichen Daten über das abzusehende Käuferverhalten" (*Rode* 1999a, S. 36). Das CPFR-Geschäftsmodell kann also auf die gesamte Prozesskette unter Einschluss der Vorlieferanten des Herstellers übertragen werden. Mit CPFR sollen nicht nur die Warenbestände, die in Lägern, Lieferfahrzeugen und den Regalen des Handels herumliegen, reduziert werden, sondern auch gleichzeitig die Out-of-Stocks. Der Ansatz zu CPFR stammt ebenso wie der von ECR „aus der Automobilindustrie, wo bereits vor über zehn Jahren mit dem Ansatz Lean Production Kosten in der Lieferkette als Ganzes analysiert und gesenkt wurden" (*Rode* 1999, S. 50).

Vom Ablauf her ist CPFR ein kontinuierlicher Prozess in neun Schritten, der die Aufgaben von Hersteller und Handel im Verlauf des Prozesses genau beschreibt. Diese neun Schritte sind als ständiger Verbesserungsprozess zu sehen, an dem beide Seiten gleichermaßen beteiligt sind.

In Schritt 1 wird der gemeinsame Wille erklärt, im Rahmen von CPFR zusammenzuarbeiten, und es werden die notwendigen Rahmenbedingungen wie multifunktionale Teams, Vereinbarungen über Vertraulichkeit, Verantwortlichkeiten und Informationsaustausch festgelegt.

Anschließend erfolgt die Vereinbarung über die Geschäftsentwicklungsplanung (Schritt 2) und dann die daraus resultierende Verkaufsprognose (Schritt 3) zwischen Hersteller und Händler.

Entwickeln sich die zwischen beiden Parteien festgelegten Kriterien, insbesondere die Abverkäufe am POS, wie in der Verkaufsprognose vorgesehen, erfolgen die Bestellprognose (Schritt 6) und die Bestellung (Schritt 9). Gewissermaßen automatisch werden die (Nach-)Produktion beim Hersteller und die Lieferung der Ware an den Handel ausgelöst. Allerdings werden zwischen Hersteller und Händler auch sog. „Ausnahme-Auslöser" festgelegt, das sind bestimmte Kriterien oder auch Einschränkungen, die zu einem Nachverhandeln führen.

Weichen diese Kriterien von der Verkaufsprognose ab (Schritt 4), dann warnt das System und beide Parteien müssen gemeinsam eine neue Verkaufsprognose erstellen (Schritt 5). Aber auch bei der Bestellprognose können Ausnahme-Auslöser oder auch Einschränkungen durch die Material- und Produktionsplanung des Herstellers auftreten (Schritt 7), die zu einer Überarbeitung der zu bestellenden bzw. zu liefernden Menge führen (Schritt 8). Erst dann erfolgt die Bestellgenerierung

(Schritt 9). (Für eine detaillierte Darstellung vgl. die Managementinformation von ECR D-A-CH 7/2001.)

CPFR ist nicht nur interessant für die Planung von sog. „Normalware" bzw. des Standardsortiments, also eingeführter Produkte. Besonders große Effizienzen erhoffen sich Handel und Industrie bei Promotionware und bei Produktneueinführungen. In beiden Fällen ist die Entwicklung der Abverkäufe nur ungenau vorsehbar und es wurden entweder zu große oder zu geringe Mengen produziert bzw. vom Handel eingekauft.

Die Übersicht in Abbildung 42 auf Seite 263 zeigt die Basisversion des CPFR-Geschäftsmodells. Die für CPFR notwendigen Enabling Technologies entsprechen denen von ECR. Die Systemunterstützung erfolgt durch interne Systeme, Extranets und z. T. Application Service Provider.

Eine Fallstudie zu CPFR, die 2007 in der Supply Chain Management Review veröffentlicht wurde, zeigt, wie CPFR in ein Unternehmen implementiert werden kann. (Der nachfolgende Text stellt eine Zusammenfassung und Übersetzung der originalen Fallstudie von Cederlund et al. dar.)

Fallstudie: How Motorola Put CPFR into Action

Das Unternehmen Motorola, ein Hersteller von Elektronikprodukten, stand Ende der 1990er Jahre vor folgendem Problem: Im Produktportfolio der Sparte Mobiltelefone des Unternehmens befanden sich weltweit mehr als 150 verschiedene Modelle. Der Grund für diese breite Aufstellung lag darin, dass Motorola seine Zielgruppen detailliert segmentiert hatte und für jeden „Telefonier-Typ" ein eigenes Modell mit speziellen Komponenten entwickelt hatte. Es bestand jedoch Planungsunsicherheit darüber, welche Modelle in welchen Mengen abgesetzt werden könnten.

Die besondere Problematik ergab sich aus der Charakteristik des Produkts. Mobiltelefone weisen nur sehr kurze Produktlebenszyklen auf, die sich zumeist nur über einen Zeitraum von weniger als einem Jahr erstrecken. Der Warennachschub muss somit kontinuierlich erfolgen, um die aktuelle Nachfrage durch eine konstante Verfügbarkeit der Produkte in den Regalen des Handels zu befriedigen. Hinzu kam, dass ein Modell von Motorola in verschiedenen Ausprägungen wie Farbe, Design etc. angeboten wurde. Dies erhöhte die Warenmenge, da auf diese Weise von einem Modell mehrere SKUs (Stock Keeping Units) bevorratet werden mussten. Das Unternehmen war sich bewusst darüber, dass eine Stock-out-Situation in 50 % aller Fälle dazu führt, dass das Produkt nicht mehr nachgefragt wird. Diese Situation galt es zu vermeiden.

Im Jahr 2001 startete Motorola daraufhin eine CPFR-Initiative mit einem Händler in Nordamerika. Ziel war es, die Prognosegenauigkeit über zukünftige Absätze um 50 % zu erhöhen, die Belieferung der Filialen zu verbessern und die Lagerbestände signifikant zu reduzieren. Um die CPFR-Maßnahme zum Erfolg zu führen, mussten Handelsdaten in Echtzeit von den Händlern abgefragt werden. Von Vorteil war hierbei, dass Motorola bereits über eine bestehende EDI-Struktur verfügte.

Motorola startete das Projekt zunächst mit der Analyse von Händlern in Nordamerika. Hierbei wurde überprüft, ob die Unternehmenskultur des jeweiligen Händlers mit der unternehmenseigenen Kultur übereinstimmte und wie das bisherige Verhältnis des Händlers zu Motorola war. Nach Ende der Findungsphase begannen die Verhandlungen mit einem ausgewählten Retailer. Zur Messung der Erfolge einigte man sich auf das erste Servicelevel sowie weitere Verbesserungen, die in einer Pilotphase erzielt werden sollten. Motorola versicherte zudem, dass eine Verbesserung der Lieferung nicht durch die Erhöhung der Lagerbestände erreicht werden sollte.

In den nächsten sechs Wochen begannen die Teams von Motorola sich auf ihre bisherigen Lieferprobleme zu konzentrieren. In täglichen Meetings wurden alle Bestellungen und Abverkäufe analysiert und man versuchte die Lieferzeiten zu verbessern, um das Vertrauen des Händlers zu gewinnen. Als nach kurzer Zeit tatsächlich Verbesserungen im Warennachschub auftraten, konnte der Händler überzeugt werden, die Zusammenarbeit mit Motorola zu intensivieren. Auf dieser Basis wurden ein Rahmenvertrag abgeschlossen und ein gemeinsamer Businessplan entwickelt, der flexibel auf die jeweiligen Umweltveränderungen angepasst werden konnte.

Um CPFR erfolgreich durchzusetzen, wurden zwischen den Businessteams von Motorola und denen des Händlers fachspezifische wöchentliche Treffen vereinbart. Jede Woche wurde ein anderer Aspekt im Rahmen von CPFR kontrolliert. In der ersten Woche wurde der Arbeitsprozess analysiert, in Woche zwei folgte dann die Entwicklung von Forecasts, in der dritten Woche die Prozessverbesserung und das Meeting in der vierten Woche diente zur Analyse der finanziellen Situation im Rahmen von CPFR.

Diese Veränderungen führten dazu, dass Motorola die alten Organisationsstrukturen grundlegend überarbeitete. Während früher Bereiche wie Finanzen,

Management, Marketing etc. eigenständig waren und das Sales Team unterstützten, wurden diese Bereiche nun in Account Teams zusammengefasst. Die Leitung hierbei übernahm ein Account Manager, der für den jeweiligen Händler zuständig war. Die Einführung von CPFR führte somit zur Installation eines Key Account Managements.

Nach Ende des Pilotprojektes wurde das gesamte Unternehmen stärker auf den Kunden ausgerichtet. Es wurden neue Rollen eingeführt wie z. B. der „Director of Consumer Operations" und ein „Customer Alliance Manager". Auch die IT-Systeme wurden verbessert.

Durch die Bemühungen des Unternehmens konnten signifikante Verbesserungen in der Beziehung zum Händler festgestellt werden. Dies betraf nicht nur die Unternehmensebene, sondern es entwickelten sich auch unter den einzelnen Mitarbeitern bessere Beziehungen. Während vor der Durchführung die Kommunikation zwischen den Unternehmen maßgeblich über einen Sales-Mitarbeiter beim Hersteller und einen Einkäufer beim Händler stattfand, kannten die Mitarbeiter nun ihr direktes Gegenüber und konnten so in wesentlich kürzerer Zeit relevante Fragen klären, als dies zuvor der Fall war. (Zur Veranschaulichung der Veränderung der Organisationsstruktur, siehe Abb. 41.)

Die primäre Zielsetzung der Verbesserung des Warennachschubs wurde ebenfalls erreicht. Durch die Umsetzung von CPFR konnten die Lagerbestände um

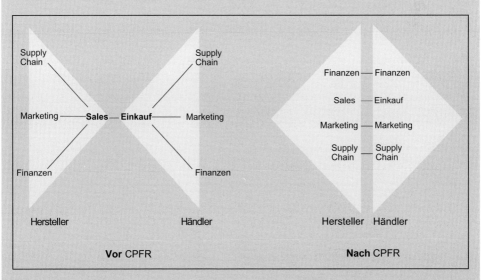

Abbildung 41: Veränderungen der Geschäftsbeziehungen durch die Einführung von CPFR

30 % gesenkt werden, die Umsätze wurden schrittweise erhöht. Zudem konnten durch die bessere Planung die Transportkosten reduziert werden, da die Ladungsträger voll ausgelastet wurden.

Ein weiterer Effekt war die Verbesserung des Lieferantenrankings. War Motorola vor der CPFR-Implementierung oftmals als „C"-, „D"- oder sogar „F"-Lieferant gerankt worden, da Kennzahlen wie Stock-outs, pünktliche Lieferung und Bestellqualität große Mängel aufwiesen, wurde das Unternehmen von den selben Händlern nun in die höchste Kategorie „A" gerankt.

Auf Grundlage dieser Fallstudie wurde von *Cederlund* et al. eine Liste entwickelt, welche die Voraussetzungen für eine erfolgreiche Implementierung von CPFR widerspiegelt.

1. Der Schlüssel zum Erfolg von CPFR liegt in der Zusammenarbeit.
2. Beide Parteien müssen das Konzept verinnerlicht haben und zur Zusammenarbeit bereit sein.
3. CPFR muss in einem konkreten Zeitrahmen mit verbindlichen Terminen umgesetzt werden.
4. Prozesse und die unternehmensübergreifende Kommunikation müssen formal festgelegt werden.
5. Die Implementierung sollte stufenweise an Komplexität und Detailgrad zunehmen.
6. Ziele müssen gemeinsam festgelegt und gemessen werden.
7. Die Zusammenarbeit muss auf den Aufbau von Beziehungen ausgerichtet sein.
8. Die Rollen in der Organisation sowie die Organisationsstrukturen sind zu überarbeiten.
9. Professionelle IT-Tools sind von Vorteil, müssen aber nicht bereits bei der Einführung von CPFR vorhanden sein.

(Quelle: *Cederlund* et al. 2007, S. 2)

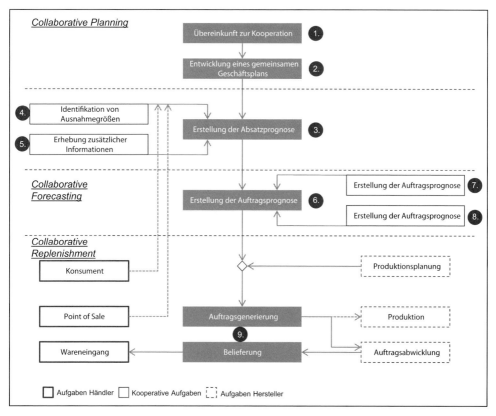

Abbildung 42: Basisversion des CPFR-Geschäftsmodells (Quelle: Rode 1999, S. 50)

4 Category Management

Interview mit David Klöckner, Group Channel Manager der Nestlé Deutschland AG, über die aktuellen Herausforderungen von Herstellerunternehmen im Handel und die Veränderung im Key Account und Category Management.

David Klöckner arbeitet seit dem Jahr 2003 bei der Nestlé Deutschland AG. Nach dem Absolvieren eines Traineeprogramms im Bereich Sales and Marketing übernahm Herr Klöckner diverse Positionen in den Bereichen Vertrieb und Channel Category Sales Development (CCSD). Aktuell verantwortet Herr Klöckner das Süßwaren Channel Management der Nestlé Deutschland AG.

„Integratives Category Management bietet Chance zum Wachstum"
Herr Klöckner, können Sie bitte kurz ausführen, seit wann die Nestlé Deutschland AG ein Category Management implementiert hat und wie sich das Category Management in den letzten Jahren gewandelt hat?
Category Management wird von Nestlé aktiv seit der Jahrtausendwende praktiziert. Im Zeitablauf hat sich hierbei insbesondere die Orientierung des Category Managements (CM) relativ stark verändert. Früher bestand die primäre Ausrichtung im Shelf Management. Es wurden die klassischen Regallayout- und Sortimentsempfehlungen getroffen. Heutzutage hat sich Category Management zu einem ganzheitlichen Konzept gewandelt. Es geht darum, den Konsumenten, Shopper und Handelskunden grundlegend zu verstehen. Um tatsächliches und nachhaltiges Wachstum für die gesamte Kategorie zu erzeugen, ist dieses Verständnis anschließend in eine kontinuierliche und integrative Optimierung des gesamten Marketing-Mix zu übersetzen.

Wie wird dieses Konzept in der Praxis umgesetzt?
Category Management, Key Account Management (KAM) und Marketing arbeiten sehr viel enger zusammen als zuvor. Früher beschäftigten sich die unterschiedlichen Verantwortungsbereiche isolierter mit ihren jeweiligen Aufgaben. Marketing konzentrierte sich auf die Bedienung der Konsumentenbedürfnisse aus Markensicht, hatte jedoch häufig nicht die Gesamtkategorie aus Sicht des Shoppers und Händlers im Blickfeld. Category Management fokussierte dagegen konzeptionell die Warengruppe aus Sicht des Shoppers und übersetzte dies für die entsprechenden Händler in konkrete Lösungen. Der Key Account Manager zeichnete für den klassischen Verkauf der Produkte verantwortlich. Heute verschmelzen die Blickweisen miteinander, wobei die beratende Funktion und das konzeptionelle Denken im Sinne des Kunden noch stärker in den

Vordergrund rücken. Im Idealfall steht daher zur ganzheitlichen Betreuung des Kunden ein integratives Team zur Verfügung.

Durch die Veränderung des CM wandelt sich also auch das Anforderungsprofil des Key Account Managers?
Das ist korrekt. Der KAM sollte in der Lage sein, sich aus Kundensicht konzeptionell in die Warengruppe hineinzudenken. Dies stellt hohe Anforderungen an die Fähigkeit dieser Person. Einerseits sind die Interessen des eigenen Unternehmens beim Kunden zu vertreten. Andererseits sollte der Kunde zielführend beraten und dessen Interessen wiederum in das eigene Unternehmen hinein vertreten werden.

Am konkreten Beispiel äußert sich dies wie folgt: Ein Unternehmen entwickelt ein neues Produkt, welches neu im Markt eingeführt werden soll. Aus Sicht des herstellenden Unternehmens ist das Produkt zwar neu, aus Sicht des Handels jedoch lediglich ein Substitut zu den bereits bestehenden Sortimenten. Aus diesem Grund ist anstatt einer echten Wertsteigerung in der betreffenden Kategorie lediglich ein Kannibalisierungseffekt zu erwarten. Als Folge wird das Unternehmen überproportional starke Anstrengungen ausüben müssen, um sich am Markt durchzusetzen. Nicht immer werden dadurch auch die Gewinnerwartungen erreicht, wodurch sich das Produkt mittelfristig nur bedingt etablieren wird.

Um beiderseitig langfristig zu profitieren, ist es essenziell, das eigene Unternehmen dahingehend zu sensibilisieren, zielgerichtete Angebote zum beiderseitigen Nutzen anzubieten. Dies setzt voraus, dass Kunde und Warengruppe wirklich verstanden werden, wofür auch der KAM verantwortlich zeichnen sollte.

Kann ebenfalls ein Wandel auf der Handelsseite beobachtet werden?
Ja, auf dieser Seite wandelt sich das Verständnis der Warengruppe ebenfalls. Der klassische Einkauf verändert sich immer stärker zu einem strategisch ausgerichteten, Shopper-basierten Category Management. Stand früher primär das Feilschen um Konditionen im Vordergrund, rückt heute die konzeptionelle und wertschöpfende Ausrichtung der Warengruppen unter konsequenter Betrachtung der Gesamtpositionierung des Handelsunternehmens in den Fokus.

Dies verdeutlicht sich unter anderem auch in momentan zu beobachtenden Personalwechseln zwischen Industrie und Handel. Namhafte Category-Management-Leiter großer Industrieunternehmen wechseln auf die Handelsseite und verstärken zusätzlich das dort ansässige Know-how.

Was ist die Voraussetzung für eine erfolgreiche Zusammenarbeit zwischen Hersteller und Handel auf diesem Gebiet?

Die grundlegende Voraussetzung für eine erfolgreiche Zusammenarbeit ist, dass umfangreiches Wissen zu drei Bereichen vorhanden sein muss: dem Shopper als dem gemeinsamen Kunden am Point of Purchase (PoP), dem Konsumenten als demjenigen, der das Produkt verzehrt oder verwendet, und drittens zum eigentlichen Handelskunden. Für alle drei Gruppen sind die Motive und Bedürfnisse, Kaufentscheidungsprozesse, Verwendungs- und Nutzungsanlässe sowie die Erwartungen zu verstehen.

Anhand dieses Verständnisses ist auf der Seite des Herstellers ein Leistungsprogramm an relevanten Produkten zu entwickeln. Jedes einzelne Produkt sollte dabei so gestaltet sein, dass es nach dem Kauf auch tatsächlich die Bedürfnisse seiner Konsumenten erfüllt oder diese sogar übertrifft. Ist dies nicht der Fall, ist ein Wiederkauf und damit ein dauerhafter Erfolg des Produkts unwahrscheinlich.

Gleichzeitig sollte bei der Entwicklung der Produkte darauf geachtet werden, dass diese bestehende „White Spots" in den Sortimenten des Handels abdecken und somit zum Gesamtwachstum der Kategorie beitragen. Unter „White Spots" sind in diesem Zusammenhang Shopper-Bedürfnisse und Kaufanlässe zu verstehen, die mit dem vorhandenen Sortiment noch nicht oder noch nicht ausreichend abgedeckt werden. Natürlich besteht auch die Möglichkeit, Wachstum durch die Listung und Vermarktung von wertigeren und/oder profitableren Produkten zu erzielen, wobei hierbei auch bereits abgedeckte Bedürfnisse bedient werden können.

Auf Seite des Handels sollte darauf geachtet werden, dass sich jedes Produkt integrativ in die Sortimente der Warengruppe in der Form einfügt, dass hierdurch die Bedürfnisstruktur der Shopper abgedeckt und unter Umsatz- und Ertragsgesichtspunkten optimal ausgeschöpft wird. Nicht selten gilt dabei der Grundsatz: „Weniger ist mehr".

Zusätzlich ist darauf zu achten, dass die Warengruppen entsprechend der ihnen zugeordneten strategischen Rolle an den richtigen Stellen des Marktes shopperaktivierend inszeniert werden. Dies gilt gleichermaßen für die Stammplatzierung wie für das Aktionsgeschäft.

Im letzteren Fall ist darauf zu achten, dass die definierten Ziele wie z. B. Ausbau der Kundenfrequenz, Steigerung der Wertschöpfung oder Erhöhung des Durchschnittsbons durch zielgerichtete Maßnahmen erreicht werden. Diese hängen vor allem auch davon ab, ob es sich in der Kategorie um Plan- oder um Impulskäufe handelt. Weiterhin sollten die Promotions herstellerübergreifend aufeinander abgestimmt und Kannibalisierungseffekte bestmöglich vermieden werden.

Wenn Sie sagen, dass immer stärker darauf geachtet wird, dass die Produkte in das Sortiment und somit ja auch in das Erscheinungsbild des Handels passen, erinnert dies an die „Clean Store Policy", die einige Händler in den USA verfolgen. Ist dies bereits auch in Deutschland angekommen?
Die Clean Store Policy spürt man auch in Deutschland. Der Handel investiert zunehmend in seine Markenbildung. Hier werden sehr professionelle Kampagnen umgesetzt, die einen 360-Grad-Marketingansatz verfolgen und dies auch zielgerichtet umsetzen. Ein schönes Beispiel ist hierbei die Kampagne von Edeka. In der TV-Werbung positioniert sich Edeka als Handelsunternehmen, das auf 1:1-Beziehungen, Regionalität und Frische größten Wert legt. Geht der Kunde an den Point of Purchase, findet er genau diese Attribute durch eine integrative Gestaltung aller Vermarktungselemente wieder. Diese reichen neben den kommunikativen Maßnahmen in TV, Print und Radio über eine hochwertige Ladengestaltung, eine gekonnte Inszenierung der Frischekategorien, gut geführte Servicetheken und freundlichem Personal, bis hin zu einheitlichen Platzierungsmöbeln. Der Aufbau des Markenbildes wird somit exzellent über alle Kontaktpunkte umgesetzt.

Die Store Policy sollte jedoch unbedingt auf die Funktionalität der einzelnen Warengruppen abgestimmt werden. Verzichtet man beispielsweise bei impulsgetriebenen Kategorien wie z. B. Süßwaren generell auf Zweitplatzierungen, bleiben dadurch nicht unbeachtliche Umsatzpotentiale ggf. unausgeschöpft. Hier sind Ansätze zu finden, die eine maximale Potentialausschöpfung sicherstellen und gleichzeitig auf den Markenkern des Händlers einzahlen.

Der Kampf um den Regalplatz nimmt kontinuierlich zu. Dabei konkurrieren Hersteller nicht nur gegen direkte Wettbewerber sondern auch zunehmend gegen die Marken des Handels. Was bedeutet es für Sie wenn sie hören, dass ein Unternehmen wie Lidl neuerdings eigene Produktionsanalagen aufbaut um ihre eigenen Süßwaren zu produzieren?
Letztendlich zeigt dies die aktuelle Herausforderung im Markt. Zuerst deckten die Handelsmarken lediglich den Preiseinstiegsbereich ab. Heute gibt es darüberhinaus viele Handelsmarken im Mainstream- und Premiumsegment. Hierdurch steigt der Wettbewerbsdruck für die klassische Herstellermarke. Diese kann sich langfristig nur behaupten, wenn sie klar profiliert ist und kontinuierlich gepflegt wird.

Erkennen lässt sich dies bspw. an der mittelfristigen Entwicklung der A, B und C-Marken. Aktuelle GfK-Studien weisen eine kontinuierliche Erosion der B und

C Marken über die vergangenen 15 Jahre aus. Die Handelsmarken werden diese daher perspektivisch größtenteils ersetzen und in Zukunft einen wichtigen Sortimentsteil repräsentieren. Gleichzeitig fungieren Sie zur konsequenten Umsetzung des angestrebten Handelsimages und tragen, richtig positioniert, zur Steigerung der Einkaufsstättentreue bei. Somit ist die Handelsmarke ein wichtiges Marketingmix-Element des Handels, dem sich die Hersteller entsprechend stellen müssen.

Wenn wir schon über Shopper Marketing sprechen, inwieweit haben die Händler dieses Konzept bereits verstanden?
Wie bereits dargestellt, richten sich mittlerweile weitestgehend alle Handelsunternehmen an einem professionellen, integrierten Marketing aus. Dieses umfasst alle Elemente von der Sortimentspolitik, über die richtige Preisgestaltung, den Service, die integrative Gesamtkonzeption der Outlets, relevante Standortentscheidungen bis hin zur professionellen und emotional ausgerichteten kommunikativen Kampagnen. Im Mittelpunkt steht dabei der Shopper als der Kunde des Handels.

Wenn wir abschließend noch einmal auf integratives Category Management zurück kommen. Was verstehen Sie in diesem Zusammenhang unter dem Konzept Category Growth?
Category Growth bildet das Herzstück des neuen Category Management Ansatzes und somit des wertschöpfenden Managements von Kategorien.

Früher war die Befriedigung der Konsumentenbedürfnisse das wesentliche Interesse der Hersteller. Integratives Category Management stellt heute dagegen die Grundlage für die systematische Suche und Abdeckung solcher Wachstumsquellen dar, die bisher noch unausgeschöpft blieben.

Wie zuvor bereits erläutert, geht es um ein grundsätzliches Verständnis der Bedürfnisstrukturen von Konsument, Shopper und Händler, das konsequente Verständnis der einzelnen Kaufentscheidungs- und Verwendungsprozesse, die Identifikation tatsächlicher Trends und Wachstumsquellen, deren Übersetzung in konkrete Maßnahmen sowie deren laufende Optimierung aus Umsatz- und Ertragsgesichtspunkten.

Dies ist jedoch nur möglich, wenn Händler und Hersteller im rechtlich legitimen Rahmen partnerschaftlich und offen miteinander zusammenarbeiten, anstatt isoliert ihre Interessen durchzusetzen. Nur so lassen sich vorhandene Potentiale bestmöglich ausschöpfen, wodurch sowohl der Händler als auch der Hersteller profitiert.

4.1 Grundlagen

Category Management als weiterer Baustein von ECR hat die Aufgabe, die Demand Side, d. h. die Nachfrage der Shopper zu beeinflussen bzw. angemessen darauf zu reagieren. Unter dem Begriff des Category Management (bzw. in der deutschen Übersetzung: Warengruppenmanagement) wird ein gemeinsamer Prozess von Händlern und Herstellern verstanden, in dem Warengruppen als strategische Geschäfteinheiten geführt werden, um durch eine Erhöhung des Kundennutzens Ergebnisverbesserungen zu erzielen und die gesamte Wertschöpfungskette effizienter zu gestalten. Eine Warengruppe (Kategorie/Category) ist innerhalb des CM-Prozesses eine abgrenzbare und eigenständig steuerbare Gruppe von Produkten und/oder Dienstleistungen, die von den Konsumenten als unterschiedlich und/oder austauschbar zur Befriedigung ihrer Bedürfnisse wahrgenommen wird. Kategorien sind z. B. alkoholische Getränke, Tabakwaren, Haarwaschmittel oder Tierfutter.

Das Denken in Kategorien impliziert die Anerkennung von Basisprinzipien, die die Rolle der Kategorien zu beschreiben versuchen (vgl. *Biehl* 1997, S. 42):

1. Kategorien beschreiben Basisstrukturen von Konsumentenbedürfnissen.
2. Kategorien sind strategische Geschäfteinheiten, die wesentliche Differenzierungsmöglichkeiten im Markt ermöglichen und als Profitcenter geführt werden können.
3. Gegenüber ihren Kunden treten Händler als Präsentatoren von Warengruppen auf; dies betrifft sowohl die Sortimentszusammensetzung, die Preispolitik, die Regalpräsentation als auch die Art der Werbung.
4. Warengruppen werden nach definierten Plänen gemanaged.
5. Basis für die Differenzierung im Wettbewerb ist die definierte Rolle der Warengruppe.
6. Category Manager sind verantwortlich für die Warengruppe, d. h., für Einkauf, Marketing, Merchandising, Logistik, Verkauf und den IT-Einsatz.
7. Category Management muss bis zur Ladenebene durchgesetzt werden.
8. Category Management erfordert die Kooperation mit erfahrenen Herstellern, da die Händler das ganze notwendige Know-how nicht selbst organisieren können.

Darüber hinaus bestehen die folgenden von GS1 erarbeiteten Grundpfeiler des Category Managements, welche die oben genannten Punkte in Teilen ergänzen.

- **Konsumentenorientierung**: Category-Management-Maßnahmen sind strikt an der Erhöhung des Kundennutzens auszurichten. Die Orientierung am Kundennutzen ist die Grundlage für den Erfolg dieser Maßnahmen.

270

- **Kooperative Einstellung**: Die Category-Management-Maßnahmen basieren auf einer kooperativen Zusammenarbeit zwischen den Category Teams der Hersteller und der Händler.
- **Basis-Daten und Fakten**: Category Management bietet über emotionale Entscheidungen hinaus eine saubere, sachliche Entscheidungsgrundlage durch Konsumentenmarktforschung und eine systematische Bewertung der Category anhand von Abverkaufs- und Paneldaten.
- **Strukturierter permanenter Prozess**: Nur durch Anwendung des gesamten Category-Management-Prozesses können auch die vollen Ergebnisse erzielt werden. Prinzipiell ist zwar auch eine punktuelle Anwendung denkbar, dieses wird jedoch in der Regel zu geringen Effekten führen. (Quelle: GS1 (06/2010), S. 30)

Im Auftrag des ECR Europe Boards wurde von Roland Berger & Partner gemeinsam mit der Partnering Group, USA, das Idealmodell (Best-Practices-Modell) eines Category Managements erarbeitet. Es basiert auf den o. g. Prinzipien und hat die zwei Kernbereiche Strategie und Geschäftsplanung, um die herum die vier weiteren Komponenten – organisatorische Rahmenbedingungen, Bewertungsraster, Informationstechnologie sowie kooperative Handelsbeziehungen – angesiedelt sind (vgl. *Biehl* 1997, S. 42).

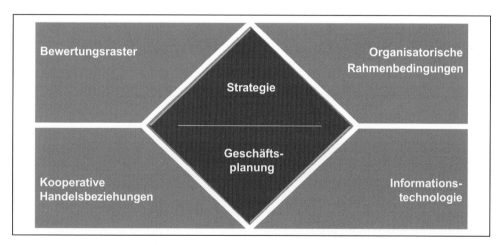

Abbildung 43: Das Best-Practices-Category-Management-Modell (Quelle: Biehl 1997, S. 42)

Zu den organisatorischen Voraussetzungen gehört auf Handelsseite die Aufgabe der traditionellen Aufbauorganisation nach Funktionen, insbesondere die Trennung der Bereiche Einkauf und Verkauf in zwei völlig voneinander unabhängige Ressorts. Die Implementierung von Category Management verlangt eine nach Warengruppen gegliederte prozessorientierte Organisation, die sich als Warengruppenteam versteht.

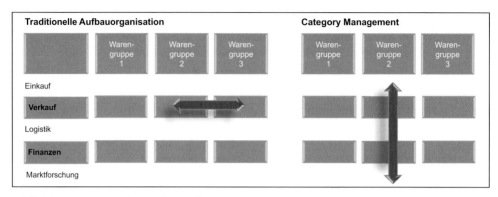

Abbildung 44: Traditionelle Aufbauorganisation im Handel versus Category Management

Der Category Manager, der das Warengruppenteam steuert, entstammt in der Regel dem Einkauf. Traditionell ist der Einkauf auf „Spannen- und Einkaufsdenken" geschult, das sich jetzt hin zu einem „Ertrags- und Absatzdenken" entwickeln muss. Gleichzeitig erweitert sich der Verantwortungsbereich erheblich. Der Category Manager muss nicht nur die erforderlichen Artikel zum richtigen Zeitpunkt, in der richtigen Menge, zum richtigen Verkaufspreis und insbesondere mit der besten erzielbaren Kondition einkaufen, er trägt jetzt auch für den in den Filialen erzielten Ertrag sowie für die in Lager und Logistik anfallenden Kosten die Verantwortung. „Dies kann beispielsweise zur Folge haben, dass nicht zwangsläufig der Zeitpunkt der besten Kondition zur Disposition führt. Vielmehr entscheidet nun die zu erwartende Kundenakzeptanz als auch das ganzheitliche Sortimentskonzept über den in den Märkten resultierenden Ertrag." (*Kettern/Heim* 1999, S. 163)

Der Vorteil in der Nutzung von Category Managern liegt in dem einheitlichen Lieferantenmanagement (One Face to the Supplier), den Bündelungseffekten sowie in der Nutzung des Expertenwissens für die Warengruppen. Zudem können die Warengruppenstrategien durch eine einheitliche Führung effizienter umgesetzt werden und die Organisation wird transparenter. (Vgl. *Hildebrandt* 2010, S. 63 f.)

Aber auch auf der Herstellerseite hat Category Management organisatorische Implikationen, zumindest soweit Hersteller aktiv in den CM-Prozess eingeschaltet sein wollen. Die Vertriebsarbeit muss – im Sinne der hier aufgezeigten Trade-Marketing-Konzeption – konzeptionell ausgerichtet werden. Außerdem müssen Key Account Manager das CM-Konzept lernen und für die Kundenführung nutzen können. „Der ‚neue' Typus des Key Account Managers hat seinen Kunden als ‚Marke' zu begreifen. Gemeinsam müssen aus dem CM-Ansatz Ziele erarbeitet, in einen Warengruppenplan umgesetzt und anschließend diese Ziele realisiert werden. CM-Kompetenz als Erfolgsfaktor wird den entscheidenden Wettbewerbsvorsprung garantieren." (*Speer* 1999, S. 233)

Nicht zu unterschätzen ist auch die Forderung nach kooperativen Handelsbeziehungen. Jahrzehntelange antagonistische Beziehungen in eine vertrauensvolle Zusammenarbeit umzuwandeln – auch unter Preisgabe sensiblen Datenmaterials –, bedarf erheblicher Einstellungsveränderungen auf beiden Seiten. Die Zielsetzung des Herstellers: „Wie maximiere ich den Marktanteil meiner Produkte in der Kategorie X?" und die Zielsetzung des Handels: „Wie maximiere ich den Marktanteil meiner Vertriebsschiene Y in der Kategorie X?" müssen zu einer gemeinsamen Zielsetzung zusammengefügt werden.

Wie die aktuelle Entwicklung in manchen Unternehmen zeigt, gewinnt diese Denkweise zunehmend an Bedeutung. Hersteller übernehmen nach eigenen Angaben verstärkt die Aufgabe des Category Consulting. Hierbei beraten sie den Handelspartner zu Möglichkeiten und Strategien des Kategoriewachstums. Das in der Vergangenheit oft übliche Hineinverkaufen von Produkten in den Handel mit dem primären bzw. zum Teil auch ausschließlichen Interesse, den eigenen Platz im Regal zu fördern, gilt als überholt. Zum nachhaltigen Aufbau von Vertrauen und somit zur Förderung langfristiger Geschäftsbeziehungen ist es notwendig, dass die Beratungsleistung auf objektiv nachvollziehbaren Analysen und korrekten Daten beruht.

Diese Form des Verkaufens birgt jedoch auch Gefahren. Wird eine bestimmte Marke oder Produktgruppe aufgrund von Konkurrenzdenken in den vorgeschlagenen Strategien und den hiermit in Verbindung stehenden Planogrammen bewusst unterbewertet, kann dies zu einer deutlichen Schädigung des Verhältnisses zum Händler und in Extremfällen auch zu einer Auslistung eigener Produkte des Sortiments führen.

In Rahmen des Category Consultings wird sich in naher Zukunft auch die Frage nach der Ausgestaltung der Konditionensysteme stellen, wenn durch die Beratung des Herstellers Wertschöpfungsgewinne in der übergreifenden Warengruppe des Händlers erzielt werden. Dieser Nebeneffekt sollte bei dieser Entwicklung berücksichtigt werden.

Ausgangspunkt von Category Management ist sowohl die Definition der Ziele und Strategien der Handelsorganisation als auch die der Ziele und Strategien der Hersteller. In der Praxis zeigt sich, dass Händler, im Gegensatz zu den meisten Herstellern, oft keine konkreten Antworten auf strategische Fragestellungen geben können.

Fragen wie z. B.

- Was ist die Unternehmensvision?
- Welche Positionierung hat das Unternehmen im Wettbewerb?
- Wie ist die Zielgruppe definiert/welche Zielmärkte sollen bedient werden? Entsprechen diese Zielgruppen dem eigenen aktuellen Kundenprofil?
- Welches Image wird angestrebt?
- Welche Marketing- und Beschaffungsstrategie wird verfolgt?
- Wie sind die Beziehungen zu unseren Lieferanten? Mit wem arbeiten wir zusammen?

werden oft, wenn überhaupt, nur unzureichend beantwortet.

Letztlich kommt es darauf an, dass Hersteller und Händler einen Abgleich bzw. Austausch ihrer strategischen Ausrichtung vornehmen. „Der Hersteller muss seine Strategie und seine markenpolitischen Ziele mit der Strategie des jeweiligen Handelspartners in Einklang bringen und ganz konkrete Pläne schmieden. In dieser strategischen Verschränkung der Ziele liegt der besondere Vorteil des Category Managements." (*Biehl* 1997, S. 42)

Aus der Erfahrung von CM-Praxisprojekten ist es ratsam, dass folgender Katalog von Fragen bearbeitet wird (vgl. *Gahleitner/Stoll* 2001):

- Bestehen bereits Erfahrungen mit CM? Welche?
- Welche Erwartungen werden in das konkrete CM-Projekt gesetzt?
- Wie gestaltet sich die Zusammenarbeit im Projekt? (Wer übernimmt in welchem Bereich Verantwortung? Wer stellt welche Ressourcen zur Verfügung?)
- Welche Daten sind verfügbar?
- Was sind die wichtigsten Strategien und Ziele des Handelspartners/der Vertriebsschiene?
- Welche Marketingstrategien und -ziele verfolgt der Handelspartner (in der Vertriebsschiene)?
- Wie ist die Konsumentenzielgruppe definiert?
- Wer sind die Hauptmitwettbewerber?
- Wie differenziert sich der Handelspartner/die Vertriebsschiene von den Wettbewerbern?

Auf Basis dieser Informationen kann eine Vereinbarung über die gemeinsame Durchführung eines CM-Projektes erfolgen und anschließend die Geschäftsplanung, d. h. die Planung der Warengruppe/Kategorie beginnen.

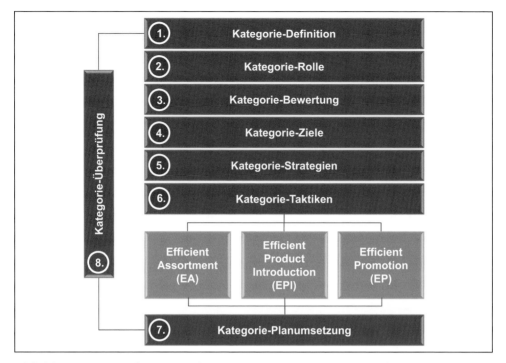

Abbildung 45: 8-stufiger CM-Planungsprozess mit Integration der drei CM-Basis-strategien

Für diese Warengruppenplanung wurden von ECR-Europe ein 8-stufiger Category-Management-Planungsprozess sowie die drei CM-Basisstrategien: „Efficient Assortment", „Efficient Promotion" und „Efficient Product Introduction" entwickelt (siehe Abbildung 45).

In den nachfolgenden Kapiteln werden dieser Planungsprozess sowie die drei CM-Basisstrategien erörtert. Da wesentlicher Bestandteil von Category Management das Wissen über die Konsumenten/Shopper ist, werden zuerst einige für CM notwendige Basisinformationen (KPIs) zum Käuferverhalten vorgestellt.

4.2 Shopper KPIs

Mit Category Management soll die Nachfrage der Käufer erkannt, analysiert, beeinflusst und der Kundennutzen erhöht werden. Dazu muss es natürlich ein ausreichendes Wissen über diesen Käufer geben – Wissen über Motive und Einstellungen, die das Kaufverhalten beeinflussen, insbesondere aber auch Wissen über das Kaufverhalten an sich. Die bedeutendsten Quellen quantitativer Daten zum Kaufverhalten sind die Haushaltspanel der Marktforschungsinstitute GfK (Consumer-Scan/30.000 Haushalte) bzw. AC Nielsen (Homescan-Panel/15.000 Haushalte). Im Folgenden werden die wichtigsten Informationen zum Kaufverhalten, die in Category-Management-Projekten benötigt werden, vorgestellt (vgl. *Fiesser & Partner* o. J.; vgl. *GfK* o. J., S. 5 f.; vgl. *Seifert* 2001, S. 162 ff.; www.gfk.de; www.acnielsen.de 2010).

Käuferreichweite

Die Käuferreichweite ist der Anteil der Haushalte an allen Haushalten, der ein bestimmtes Verhalten zeigt, also z. B. eine bestimmte Vertriebsschiene aufsucht oder in einer bestimmten Vertriebslinie einkauft oder aber Produkte einer bestimmten Warengruppe kauft.

Formel: $$\frac{\text{Anzahl der Käufer/HH bei Vertriebslinie X}}{\text{Alle Käufer im Markt}}$$

Oder z. B.: $$\frac{\text{Anzahl der Käufer/HH von Warengruppe Y}}{\text{Alle Käufer im Markt}}$$

Ausgabenintensität

Die Ausgabenintensität gibt an, wie hoch die Ausgaben der betrachteten Kunden/Haushalte für das Produkt/die Warengruppe in einer Handelsschiene sind. Diese Ausgaben werden zu den Ausgaben aller Käufer dieser Warengruppe über alle Einkaufsstätten ins Verhältnis gesetzt.

Formel: $$\frac{\text{Durchschnittliche Ausgaben der bei Handelsschiene X kaufenden HH für die Warengruppe Y}}{\text{Durchschnittliche Ausgaben aller HH für die Warengruppe Y}}$$

Eine hohe Ausgabenintensität zeigt, ob die Kunden einer bestimmten Handelsschiene hohe Ausgaben (z. B. Indiz für Großfamilien) oder geringe Ausgaben (z. B. Indiz für Singles) in dieser Handelsschiene tätigen.

Käuferpenetration

Die Käuferpenetration (auch als Kundenausschöpfung/Kundenpotenzialausschöpfung bezeichnet) gibt an, wie viel Prozent der Kunden einer Handelsschiene eine bestimmte Warengruppe in dieser Handelschiene kaufen.

Formel: $$\frac{\text{Anzahl der Käufer von Warengruppe Z bei Handelsschiene X}}{\text{Anzahl aller Käufer bei Handelsschiene X}}$$

Kundenpotenzialausschöpfung

Die Kundenpotenzialausschöpfung (auch als Potenzialausschöpfung/Closure Rate bezeichnet) gibt an, wie viel Prozent der Kunden einer Handelsschiene, die das Produkt auch potenziell kaufen würden, dieses tatsächlich in der betrachteten Handelsschiene kaufen.

Formel: $\dfrac{\text{Anzahl der Käufer von Warengruppe Z bei Handelsschiene X}}{\text{Anzahl der potenziellen Käufer für die Warengruppe bei Handelsschiene X}}$

Beispiel: Handelsschiene X hat insgesamt 200.000 Kunden. 60.000 dieser Kunden sind Verwender von alkoholischen Getränken. 10.000 der Kunden kaufen bei X.

$$\frac{10.000 \text{ Käufer von alkoholischen Getränken bei X}}{60.000 \text{ potenzielle Käufer der Warengruppe}} = 16{,}7\,\% \text{ alkoholische Getränke bei X}$$

Bedarfsdeckung/Bedarfsdeckungsquote

Die Bedarfsdeckung, auch als Ausgabenabschöpfung bezeichnet, gibt an, wie viel Prozent des gesamten Bedarfs an einer Warengruppe der Kunde einer Einkaufsstätte für diese Warengruppe auch in dieser bestimmten Einkaufsstätte einkauft.

Die Bedarfsdeckungsquote ist damit ein Indikator für die Loyalität eines Kunden zu einem Geschäft bezüglich einer bestimmten Warengruppe. Je nach Bedarfsdeckungsquote können die Käufer in Bedarfsdeckungsklassen eingeteilt werden (vgl. *Seifert* 2001, S. 163):

Loyale Käufer: > 60 % der Bedarfsdeckung
Wechselkäufer: 25–60 % der Bedarfsdeckung
Gelegenheitskäufer: < 25 % der Bedarfsdeckung

Share of Customer

Die Messzahl „Share of Customer" sagt aus, wie viel Prozent der Ausgaben, die Verbraucher in einer bestimmten Warengruppe tätigen, tatsächlich in der Kasse des betrachteten Handelsunternehmens landen. Der Share of Customer wird (durch Multiplikation) über die Dimensionen „Käuferpenetration" und „Bedarfsdeckung" errechnet.

Relativer Share of Customer

Bei diesem Wert wird der „Share of Customer" einer Warengruppe in Relation zu einer übergeordneten Kategorie, z. B. dem gesamten Food-Umsatz eines Handelsunternehmens gesetzt. Die Aussagekraft dieser Kennziffern ergibt sich aus dem Vergleich mehrerer Kennziffern. Als Beispiel zeigt die Tabelle 48 Kundenkennziffern für die Kategorie Wasch-, Putz-, Reinigungsmittel (WPR) in verschiedenen Vertriebsschienen (VS):

Vertriebsschiene	relative KRW	Bedarfs- deckung	Kauf- häufig- keit WPR/VS	Anzahl gekaufte Waren- gruppe/VS	Ø Aus- gaben VVPR
SBWH 1	78	32,8	12,0	4,2	48,–
SBWH 2	56	27,2	7,8	2,8	42,–
Discounter	44	12,5	7,7	2,5	17,–
Drogeriemarkt	66	11,0	5,5	2,4	17,–
Verbrauchermarkt	45	20,1	7,2	2,6	30,–

Tabelle 48: Kundenkennziffern für die Warengruppe WPR in verschiedenen Vertriebsschienen im Vergleich (Quelle: Biehl 1995, S. 40)

Stammkäuferanteil

Anteil der Käufer, die eine starke Präferenz für eine bestimmte Einkaufsstätte aufweisen und die den überwiegenden Anteil ihrer Ausgaben in der Vertriebsschiene tätigen. Stammkäuferanteile können über First Choice oder Bedarfsdeckungsanalysen ermittelt werden.

Familienlebenswelten

Lebenswelten sind definiert als: „Die Gesamtheit der ökonomischen, sozialen, psychischen und ideologischen Gegebenheiten, die sich Menschen in der Auseinandersetzung mit ihrer materiellen Umwelt schaffen" (*Kleining/Prester* 1999, S. 5)

Die Methodik der Familienlebenswelten ist eine Form der Ermittlung von Käuferstrukturen. Hierbei werden die Parameter Lebenszyklus und soziale Schicht verknüpft, um aufzudecken, welcher Käufertyp speziell welche Einkaufsstätten penetriert oder welche Kategorien schwerpunktmäßig nachgefragt werden. Hintergrund des Modells ist die Vermutung, dass die soziale Schicht sowie die aktuelle Phase der Biografie das Einkaufsverhalten, die Bedürfnisstrukturen und die Handlungsoptionen maßgeblich determiniert. (*Günther/Vossebein/Wildner* 2006, S. 303 f.)

Auf Basis dieses Wissens kann der Category Manager Sortimentsoptimierungen durchführen. Wird durch die Analyse beispielsweise bekannt, dass die Einkaufsstätten der Edeka Südbayern insbesondere durch DINKS (Double Income No Kids) und Singles penetriert wird, besteht die logische Ableitung darin, das Premiumsortiment zu optimieren. (Vgl. *Busch/Fuchs/Unger* 2008)

Insgesamt werden zehn verschiedene Familienlebenswelten verglichen. Eine Analyse ist hierbei relativ einfach über die Category-Management-Software Catman Browser der GfK möglich.

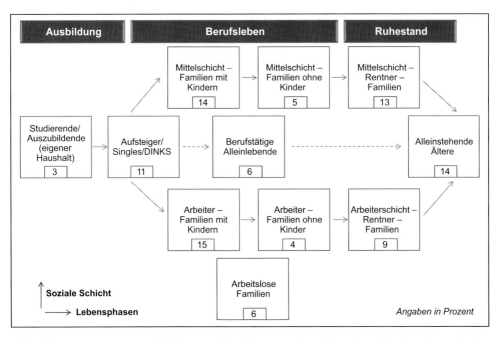

Abbildung 46: Das Modell der Familienlebenswelten (Quelle: Günther/Vossebein/ Wildner 2006, S. 304)

4.3 CM-Planungsprozess

Die Grundlage von Category-Management-Projekten bildet der Category-Management(CM)-Planungsprozess. Er hat das Ziel, eine strukturierte Implementierung von Category Management sicherzustellen (vgl. Kap. 4.1). Die acht Stufen dieses Prozesses beschreiben die Reihenfolge der notwendigen Analysen und Entscheidungen.

1. Schritt: Kategorie-Definition

Die erste Herausforderung besteht bereits in der Definition der Kategorie. Was ist eine unterscheidbare und steuerbare Gruppe von Produkten und Dienstleistungen, die aus der Sicht des Konsumenten zusammengehören? Sind es immer noch Produktionsverfahren (wie z. B. Dosenprodukte) oder z. B. Inhaltsbestandteile von Produkten (wie Milch oder Alkohol), die eine Rolle spielen? Was sind überhaupt sinnvolle „Warengruppen" für den Konsumenten? Wie würde der Kunde die Kategorie benennen?

Zu welchen ganz anderen Ergebnissen das Denken in Warengruppen führt, wird deutlich, wenn man sich eine Warengruppe zum Thema „Babyhygiene" oder „Frühstück" oder „gesunde Mahlzeit" aus Sicht des Konsumenten vorstellt. Traditionellerweise wird die Warengruppe „Süßwaren", aufbauend auf AC Nielsen-Kategorien wie in Abbildung 47 gesehen.

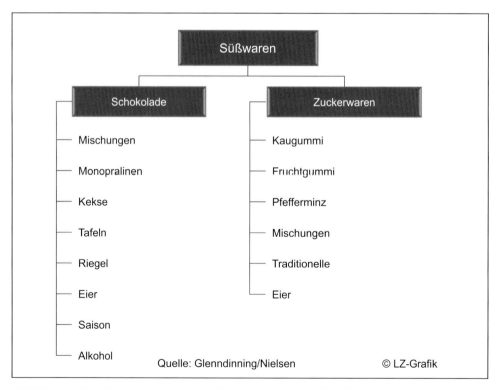

Abbildung 47: Warengruppen aus Produktionssicht (Quelle: Biehl 1999a, S. 42)

Aus Kundensicht dagegen stellt sich die Warengruppe „Süßwaren" völlig anders dar, wie z. B. in einer Befragung von Supermarktkunden in England durch die Unternehmensberatung Glendinnings festgestellt wurde (vgl. Abb. 48).

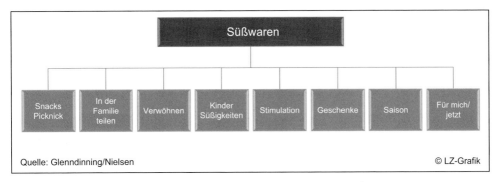

Abbildung 48: Warengruppen aus Kundensicht (Quelle: Biehl 1999a, S. 43)

Die Definition der Warengruppe erfolgt in gemeinsamer Projektarbeit zwischen Händler und Hersteller. Notwendige Bedingung ist, dass die Definition der Kategorie aus der Sicht des Kunden/Shoppers vorgenommen wird (vgl. *von der Heydt* 1999, S. 111; vgl. *Seifert* 2001, S. 176 ff.).

2. Schritt: Kategorie-Rolle

Durch das Handelsunternehmen ist festzulegen, welche „Rolle" die jeweilige Kategorie innerhalb der insgesamt angebotenen Kategorie einnehmen soll. Hierbei stellt sich die Frage nach den Kriterien und deren Gewichtung, die zur Bestimmung dieser Rolle herangezogen werden müssen. Darüber hinaus muss festgelegt werden, welche Bedeutung die Kategorie im Markt, für den Kunden und für die Konkurrenten einnimmt und das ist abhängig von der Positionierung der Vertriebsschiene. (Vgl. *Biehl* 1997, S. 43, vgl. *Holland/Herrmann/Machenheimer* 2001, S. 83 f.; GS1 Category Management Schulung)

Vier „Rollen" werden unterschieden:

- **Profilierungskategorie:** Mit diesen Warengruppen stellt sich der Händler gegenüber den Kunden als führend im Wettbewerb dar. Durch sie wird das Profil des Händlers bzw. der Vertriebslinie bestimmt. Der Erfolg dieser Profilierung äußert sich in überdurchschnittlichem Umsatz, Marktanteil, Serviceniveau und Kundenzufriedenheit bei diesen Kategorien.
- **Pflicht- oder Routinekategorien** sind Frequenz- oder Mengenträger, bei denen zumindest der durchschnittliche Marktanteil angestrebt wird. Sie tragen im Wesentlichen zu Ertrag, Cashflow und Gesamtkapitalrendite bei. Generell ist es je-

281

doch möglich, dass gleiche Kategorien aufgrund der strategischen Differenzierung von unterschiedlichen Händlern auch ganz unterschiedlich betrachtet werden. So kann eine Kategorie bei einem Händler zur Routinekategorie zählen, während sie bei einem anderen Händler eine Profilierungskategorie darstellt. (*Biehl* 1997, S. 43)

- **Ergänzungskategorien:** Ziel dieser Warengruppen ist es, die Vertriebslinie als umfassenden Anbieter auftreten zu lassen, bei der im Rahmen eines „One-Stop-Shopping" letztlich alle Produkte erhältlich sind. Im Vergleich zu einer Profilierungskategorie erhält die Ergänzungskategorie allerdings nur die wichtigsten Artikel aus einer Kategorie. Da die Ergänzungskategorie vom Conveniencegedanken getragen ist, können hier gute Erträge und Margenverbesserungen erzielt werden.

- **Impuls-/Saisonkategorien:** Durch sie kann ein Händler für seine Shopper besonders attraktiv werden und damit einen hohen Nutzen schaffen. Die Ergänzung durch Impulsartikel oder saisonale Artikel/Kategorien kann sowohl im Profilierungsbereich wie auch im Ergänzungsbereich stattfinden – im Profilierungsbereich z. B. durch eine umfassende Eiskremauswahl im Sommer oder im Ergänzungsbereich durch Gartenmöbel.

Betrachtet man diese „Rollen" von Kategorien aus Sicht der Konsumenten/Shopper, so ergibt sich folgendes Bild:

Rolle der Kategorie	Käufergedanke	Käuferverhalten	Produktbeispiele
Profi- lierung	Hier (in diesem Geschäft) *kaufe* ich diese Produkte.	Der Käufer bringt diese Geschäfte aufgrund seiner (langjährigen) Erfahrung (spontan) ohne Nachdenken mit der Produktkategorie in Verbindung. Für den Einkauf dieser Kategorie sucht er das betreffende Geschäft gezielt auf.	Shampooauswahl im Drogeriemarkt; Duftauswahl im Warenhaus.
Pflicht	Hier *kann* ich diese Produkte *kaufen.*	Der Käufer weiß, dass er in diesem Geschäft diese Warengruppe erhält, obwohl er sie möglicherweise dort nicht standardmäßig kauft.	TKK im Supermarkt, Haushaltspapier im Drogeriemarkt.

Rolle der Kategorie	Käufergedanke	Käuferverhalten	Produktbeispiele
Ergän-zung	Hier kann ich diese Produkte *auch noch kaufen.*	Der Käufer nimmt wahr, dass er in diesem Geschäft eine Warengruppe erhält, die eine sinnvolle, ggf. sogar selten erforderliche Komplettierung seines Bedarfs darstellt.	Badezubehör im SB-Warenhaus. Schneestiefel während des Winters im SB-Warenhaus.
Impuls/ Saison	Hier kann ich diese Produkte *zurzeit kaufen.*	Der Käufer erkennt, dass er in diesem Geschäft die gewünschte Warengruppe zu einem bestimmten Zeitpunkt für einen bestimmten Zeitraum erhält.	Grillkohle im Supermarkt.

Tabelle 49: Kategorierollen aus Shoppersicht (Quelle: Ziemainz 2001, o. S.)

Welcher Kategorie welche Rolle zugeordnet wird, hängt an quantitativen und qualitativen Kriterien.

Zu den quantitativen Kriterien gehören z. B.:

- Umsatzanteil der Zielgruppe am gesamten Umsatz der Warengruppe
- Beitrag der Warengruppe zum Gesamtgewinn der Vertriebslinie
- Bedarfsdeckung, Käuferreichweite

Anhand ausgewählter quantitativer Parameter kann eine Cross-Category-Analyse durchgeführt werden. Um eine erfolgreiche Analyse zu generieren, müssen hierbei mindestens 15 Kategorien in die Untersuchung einbezogen werden. (Relevante Kriterien der Analyse sind hierbei: Attraktivität der Kategorie für Konsumenten und deren Bedeutung am Markt, Bedeutung der Kategorie für den Händler und Umsatzbedeutung der Kategorie für den Händler).

Qualitative Kriterien sind z. B.: Eignung der Warengruppe zur Schaffung von Betriebsstättentreue oder aktuelle Verbrauchertrends.

Die Erfahrungen des Projektteams „Day-to-Day-Category-Management" von ECR D-A-CH zeigen, dass die Beantwortung folgender Fragen zu einer ausreichenden Einschätzung der „Rolle" der Warengruppe führt:

Rollenfindung	Profi-lierung	Pflicht	Ergän-zung	Saison/Impuls	
Wie hoch ist die Reichweite (KP) der Kategorie?	Hoch	Hoch/Mittel	Mittel/Niedrig	Mittel	Konsument
Wie hoch ist die Einkaufs-häufigkeit der Kategorie?	Hoch	Hoch	Mittel/Niedrig	Mittel	
Wie hoch sind die durchschnittl. Jahresausgaben pro Käufer in der Kategorie?	Hoch	Hoch/Mittel	Mittel	Hoch/Mittel	
Wie hoch ist die Affinität der Zielgruppe in der Kategorie?	Hoch	Hoch/Mittel	Mittel/Niedrig	Mittel/Niedrig	
Wie hoch sind die Gesamtaus-gaben (UP) in der Kategorie?	Hoch	Hoch/Mittel	Mittel	Hoch/Mittel	
Wie hoch sind die Umsätze des Händlers (UPA) in der Kategorie?	Hoch	Hoch	Mittel	Hoch/Mittel	Händler
Wie hoch ist die Brutto-Handels-spanne des Händlers (in %) in der Kategorie? (Schätzung)	Niedrig	Mittel	Hoch	Mittel	
Ist die Kategorie geeignet, um sich als Händler über einen hohen Verbrauchernutzen in der Kategorie bzw. in Teilen davon gegen den Wettbewerb zu differenzieren? (Qualitative Einschätzung)	Hoch	Mittel	Niedrig	Hoch/Mittel	
Wie hoch ist der wertmäßige Marktanteil des Händlers in der Kategorie gegenüber dem Fair Share?	Hoch	Hoch/Mittel	Mittel/Niedrig	Mittel	
Ist die Kategorie von beson-derer Wichtigkeit für einen der Hauptwettbewerber?	Mittel/Niedrig	Hoch/Mittel	Mittel	Mittel	**Wett-bewerb**
Wie wird das zukünftige Um-satzwachstum der Kategorie eingeschätzt?	Hoch	Mittel	Mittel	Mittel	**Markt**

Tabelle 50: Fragen zur Einschätzung der Warengruppenrolle mit Angabe des not-wendigen Ausprägungsgrades, um der Rollenerwartung zu genügen (Quelle: Gahleitner/Stoll 2001, Chart 22)

3. Schritt: Warengruppenbewertung

In der Warengruppenbewertung erfolgt die Analyse der einzelnen Sortimentsteile, Marken und Produkte in der Kategorie im Hinblick auf die Entwicklung im Absatzkanal, im Markt und bei den Kunden. Ziel ist es, die Stärken und Schwächen der einzelnen Sortimentsteile in der Warengruppe zu erkennen, die Umsatz- und Gewinnpotenziale zu identifizieren, Möglichkeiten zur Verbesserung der Rendite aufzuzeigen und dadurch ein klares Verständnis für das gegenwärtige Leistungsvermögen der Kategorie zu erhalten (vgl. *Seifert* 2001, S. 182).

Die Kategoriebewertung erfolgt in drei Schritten. Zunächst ist es notwendig, sämtliche relevante Daten, wie Kennzahlen des Marktes, der Wettbewerber und der Lieferanten/Händler zu sammeln und in einer in sich geschlossenen Datenbank zu verdichten. Bezugsquelle dieser Daten sind Marktforschungsinstitute wie AC Nielsen oder GfK/IRI Symphony. Zur Verdichtung der Daten kann auf Basistools wie Excel zurückgegriffen werden, oder es werden speziell hierfür entwickelte Programme, wie beispielsweise der Catman Browser der GfK verwendet. „Der Catman Browser ist ein Tool zur Analyse von Potenzialen und Loyalitäten auf Vertriebsschienen-Basis innerhalb des Category Managements." (www.gfk.com)

Nach Aufbau der Datenbank müssen die KPIs (Key Performance Indicators oder Schlüsselkennzahlen) festgelegt und die Schwerpunkte in der Kategoriebewertung bestimmt werden. Zur Ermittlung der Wachstumspotenziale der Warengruppe stehen insbesondere zwei Verfahren zur Verfügung: die Methode des **Fair Share** und die **Umsatzpotenzialausschöpfungsanalyse**. Beide Methoden sind benchmarkgetriebene Ansätze. Der Fair Share ist die einfachere Analyse der beiden Berechnungsformen, berücksichtigt jedoch keine Käuferstrukturen und basiert nur auf einem internen Vergleich ohne Einbeziehung der Wettbewerber. Aufgrund dieser Mängel wird hier nur die Analyse Umsatzpotenzialausschöpfung (UPA) dargestellt.

Das Umsatzpotenzial, das nach GS1 definiert ist als der „Gesamtumsatz der Haushalte, die Käufer der Kategorie und Kunden des Händlers sind" (vgl. GS1 2008, S. 29), stellt somit den möglichen, maximal zu erzielenden Umsatz dar, welcher bei dieser Analyse die Bezugsgröße bildet.

Das Umsatzpotenzial bildet bei dieser Analyse die Benchmark. Dieses ist definiert als der zu diesem Zeitpunkt, mit der vorhandenen Käuferstruktur erreichbare, maximale Umsatz im Gesamtmarkt. Aus einem Vergleich mit dem derzeitig realisierten Umsatz ergibt sich daraufhin das Wachstumspotenzial der Kategorie. Das maximale Umsatzpotenzial ist dann zu 100 % ausgeschöpft, wenn alle Kunden, die zu den Käufern einer bestimmten Kategorie, z. B. Waschmittel, gezählt werden können, diese Kategorie nur noch in der ausgewählten Einkaufsstätte erwerben. Diesem Wert wird der tatsächliche Umsatz gegenübergestellt, wodurch sich erkennen lässt, welches Potenzial die jeweilige Kategorie birgt.

Die Umsatzwachstumschance errechnet sich demnach wie folgt (mit dem GfK Catman Browser sofort berechenbar):

Umsatzwachstumspotenzial:
(Ziel-UPA (%) – Ist-UPA (%)) * Umsatzpotenzial (EUR)
Erklärung: Durch die Subtraktion der aktuellen Ist-UPA von der Ziel-UPA ergibt sich der mögliche Steigerungswert der UPA in Prozent. Multipliziert mit dem Umsatzpotenzial in Euro wird so der Geldbetrag ermittelt, der durch die verstärkte Ausschöpfung des Umsatzpotenzials erzielt werden kann.

Die Analyse kann dementsprechend auch für Käuferstrukturen angewendet werden.

Im dritten und letzten Schritt der Analyse wird eine Detailanalyse der Segmente und Wettbewerber vorgenommen. Um hierbei zu analysieren, welche Faktoren sich auf die Umsatzpotenzialausschöpfung auswirken, empfiehlt sich hier die Einbeziehung von Werttreiberbäumen.

4. Schritt: Kategorie-Ziele

In diesem Schritt geht es darum, dass Händler und Hersteller gemeinsam sowohl Leistungskriterien als auch Leistungsvorgaben für die Kategorie definieren. Welche Performance-Daten einfließen, wird unterschiedlich gehandhabt. Aus der Erfahrung des Day-to-Day-Category-Management-Projekts von *Gahleitner/Stoll* empfehlen sich folgende Kennziffern:

Zielformulierung			
Konsument	**Markt**	**Finanzen**	**Produktivität**

• Käuferreichweite
• Loyalität
• Prospensity
  (= Bedeutung jeder
  Käufergruppe für
  den Gesamtmarkt)
• Einkaufshäufigkeit
• Preisindex
	• Marktanteil
	• Handels-
	  anteil
		• Abverkäufe
		• Umsatzwachstum
		• Absatzwachstum
		• Bruttospanne
		• Aktionsanteile
			• Warenverfügbarkeit
			• Flächenproduktivität
			• Servicelevel
			• Umschlagshäufig-
			  keit
			• Bestand
			• Bruch/Verderb
			• Liefersicherheit

Tabelle 51: Kriterien zur Leistungsanalyse einer Warengruppe (Quelle: Gahleitner/Stoll 2001, Chart 45)

Die zu erzielenden Leistungswerte müssen mit der zugewiesenen Kategorierolle übereinstimmen. So müssen z. B. die Einkaufshäufigkeit und die Absätze bei einer Pflichtwarengruppe besonders hoch sein, wohingegen die Bruttospanne bei einer Profilierungswarengruppe niedrig ausfallen kann.

Zudem müssen die Ziele für die Performance-Indikatoren ausgehend von der Unternehmensebene bis auf die einzelnen Produkte heruntergebrochen werden (siehe Abb. 49). Zur verbesserten Steuerung der Ziele, zur Erhöhung des Zielerreichungsgrades und zur Ableitung konkreter Handlungsempfehlungen ist es in diesem Schritt hilfreich, mit Werttreiberbäumen zu arbeiten, um erfolgswirksame Kennzahlen zu identifizieren. Eine Arbeit mit Scorecards ist hierbei ebenfalls hilfreich.

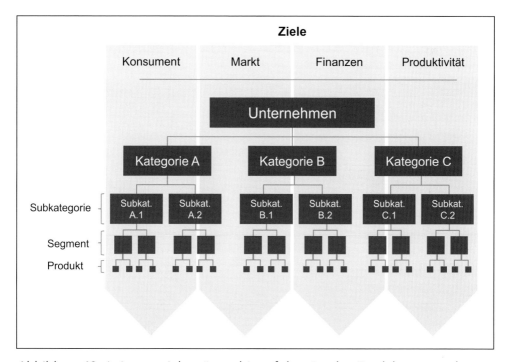

Abbildung 49: Leistungsziele müssen bis auf das einzelne Produkt vorgegeben werden.

5. Schritt: Kategorie-Strategie

In diesem Planungsschritt werden für die einzelnen Kategorien mit Erreichung ihrer jeweiligen definierten Rollen Marketingstrategien zur Erreichung der Leistungsziele festgelegt. Die Strategien, die in der Praxis bei CM-Projekten verfolgt werden (vgl. *Czech-Winkelmann* 2010, S. 217), sind folgende:

- Steigerung der Kundenfrequenz,
- Transaktionswert steigern,
- Gewinn erhöhen,
- Marktanteil verteidigen,
- Excitement Creation (Begeisterung erzeugen),
- Image verbessern,
- Cashflow erhöhen.

Die Verbindung zwischen möglichen Zielvorgaben und Einsatz von adäquaten Strategien zeigt Tabelle 52.

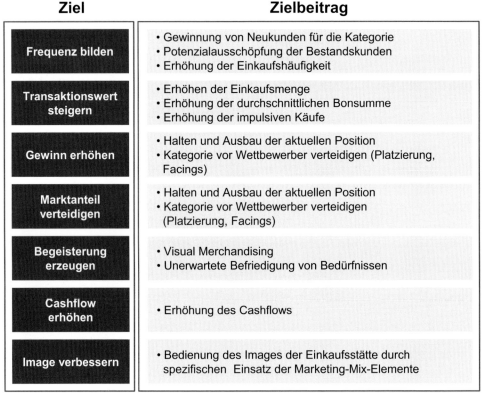

Ziel	Zielbeitrag
Frequenz bilden	• Gewinnung von Neukunden für die Kategorie • Potenzialausschöpfung der Bestandskunden • Erhöhung der Einkaufshäufigkeit
Transaktionswert steigern	• Erhöhen der Einkaufsmenge • Erhöhung der durchschnittlichen Bonsumme • Erhöhung der impulsiven Käufe
Gewinn erhöhen	• Halten und Ausbau der aktuellen Position • Kategorie vor Wettbewerber verteidigen (Platzierung, Facings)
Marktanteil verteidigen	• Halten und Ausbau der aktuellen Position • Kategorie vor Wettbewerber verteidigen (Platzierung, Facings)
Begeisterung erzeugen	• Visual Merchandising • Unerwartete Befriedigung von Bedürfnissen
Cashflow erhöhen	• Erhöhung des Cashflows
Image verbessern	• Bedienung des Images der Einkaufsstätte durch spezifischen Einsatz der Marketing-Mix-Elemente

Tabelle 52: Mögliche Ziele im 8-Stufen-Prozess und Einsatz der adäquaten Strategien zur Zielerreichung

Die dargestellten Strategien lassen sich zusätzlich noch in Abhängigkeit von der Kategorie einsetzen. „Begeisterung erzeugen" oder „Image verbessern" könnten z. B. Strategie für Profilierungswarengruppen sein. „Cashflow-Erhöhung" oder „Marktanteil sichern" wären z. B. geeignete Strategien für Pflichtwarengruppen.

Bei Ergänzungswarengruppen könnte die Strategie der „Gewinnerhöhung" verfolgt werden usw. Im Ergebnis könnte sich Folgendes zeigen:

Warengruppen-rolle – Kaffee	Warengruppenstrategie	Beispiel für eine mögliche Sortimentszusammensetzung
	Frequenz bilden	Kaffee obere Preisklasse Standardpackung (500 g)
Pflicht	Transaktionswert steigern	• Niedrigpreismarken • Filtertüten, Dosierlöffel • Dosenmilch • Kaffeeweißer
	Gewinn erhöhen	• Kaffee Kleinpackungen (250 g) • Milde u. koffeinfreie Kaffees • Ital. Kaffeesorten (Espresso etc.) • Ersatzkaffees • Eigenmarken

Abbildung 50: Mögliche Sortimentszusammensetzung der Warengruppe Kaffee unter Berücksichtigung der Warengruppenrolle und Warengruppenstrategie

6. Schritt: Kategorie-Taktiken
Jetzt wird im Einzelnen festgelegt, wie die in Schritt 5 festgelegten Strategien in den Bereichen

- Sortimentspolitik,
- Regalpräsentation,
- Preispolitik und
- Verkaufsförderung/Promotion

auf die Kategorierollen zu übersetzen sind.

So würde z. B. für eine Profilierungswarengruppe immer eine sehr gute Regalpräsentation mit großen Flächen und langer Kontaktzeit in Bereichen mit hoher Kundenfrequenz notwendig sein. Zudem ist es sehr wichtig, in dieser Kategorie, über ein vollständiges Sortiment zu verfügen, aggressive Promotions umzusetzen und in den preissensiblen Produktgruppen eine Preisführerschaft zu realisieren. Ergänzungswarengruppen dagegen benötigen kleinere Flächen in der Nähe des dazugehörigen Hauptsortiments. Saisonkategorien wiederum müssen vorübergehend Priorität in der Platzierung eingeräumt werden.

In den Basisstrategien von Category Management – „Efficient Assortment", „Efficient New Product Introduction" und „Efficient Promotion" – werden diese taktischen Maßnahmen im Einzelnen erarbeitet (vgl. Kap. 4.4–4.6).

7. Schritt: Kategorie-Planumsetzung

In der Kategorie-Planumsetzung werden detailliert Verantwortlichkeiten für einzelne Maßnahmen und Termine, zu denen die Maßnahme realisiert sein muss, und für die Kosten der Maßnahme festgelegt. In dieser Phase werden zudem oftmals Pretests durchgeführt.

8. Schritt: Warengruppenüberprüfung

In dieser letzten Phase erfolgt die kontinuierliche Messung der Zielerreichung. Basis ist eine Scorecard, deren Struktur Tabelle 53 zeigt:

GRUPPE	KENNZAHL	IST 2011	Ziel 2012	YTD 2011	YTD 2012	Quelle**
Marktdaten	Warengruppen-Umsatzentwicklung Markt in %					Handels- o. Verbraucherpanel
	Warengruppen-Umsatzentwicklung SB-W in %					Handels- o. Verbraucherpanel
	Warengruppen-Umsatzentwicklung xxxxx in %					Handels- o. Verbraucherpanel
	Marktanteil xxxxx am SB-W in %					Handels- o. Verbraucherpanel
VL-Daten	Umsatzentwicklung xxxxx in %					SCANDATEN
	Umschlagshäufigkeit xxxxx					SCANDATEN
Konsumentendaten	Käuferreichweite FMCG xxxxx in %					Verbraucherdaten
	Sortiments-Käuferreichweite in %					Verbraucherdaten
	Sortiments-Bedarfsdeckung Menge xxxxx in %					Verbraucherdaten
	Sortiments-Bedarfsdeckung Menge xxxxx in %					Verbraucherdaten
	Sortiments-Bedarfsdeckung Menge xxxxx in %					Verbraucherdaten
	Sortiments-Bedarfsdeckung Menge xxxxx in %					Verbraucherdaten
Sortiment	Gelistete Artikel xxxxx					SCANDATEN
	Gelistete Artikel relevanter Wettbewerber					ERHEBUNG
Preis	Preisindex Durchschnittspreis xxxxx zum SB-W					ERHEBUNG
Verkaufsförderung	Aktionen xxxxx					SCANDATEN
	Anteil Aktionsumsatz					Handels- o. Verbraucherpanel
	IMP					IMP
Platzierung	Umsetzung Platzierung					ERHEBUNG

Tabelle 53: Beispiel für Anwendung der Scorecard zur Überprüfung der Warengruppenergebnisse (Quelle: Gahleitner/Stoll 2001, Chart 70)

4.4 Efficient Assortment

ECR Europe definiert Efficient Assortment als: „A cooperative retailer-supplier process of determining the optimal product offering within a category that achieves target consumer satisfaction and enhanced business results" *(zitiert bei Seifert* 2001, S. 187).

Der Grundgedanke von **Efficient Assortment (EA)** (teilweise auch als **Efficient Store Assortment/ESA** bezeichnet) ist somit die Steigerung der Verkaufsflächeneffizienz – also die Optimierung von Sortiment, Regal (Space Management) und Lagerbeständen – durch die Zusammenarbeit von Hersteller und Handel. Ziel ist es, ein Sortiment zu kreieren, das die Kundenbedürfnisse bestmöglich befriedigt sowie den Ansprüchen der definierten Warengruppenrolle und der festgelegten Warengruppenstrategie gerecht wird. (Vgl. *Czech-Winkelman* 2010, S. 59)

Für die Erarbeitung der optimalen Sortimente werden in der Regel sog. Category Captains eingesetzt – das sind Hersteller, die besondere Kompetenz in einer Warengruppe haben und die vom Händler als Berater und Partner für eine bestimmte Warenkategorie ausgewählt wurden.

Die Category Captains sind jeweils für eine Warengruppe zuständig. Als Beispiel kann hier die Metro Group angeführt werden, die mit 50 verschiedenen Lieferanten zusammenarbeitet, die jeweils für eine bestimmte Warengruppe verantwortlich sind. (Vgl. *Weber* 2004, S. 28)

Der Handel benötigt den Hersteller für die EA-Projekte insbesondere auch deswegen, weil der Hersteller in der Regel viel tiefergehende Produkt- und Marktkenntnisse hat als ein Einkäufer/Category Manager, dessen Waren- bzw. Warengruppenkenntnisse zwar breit, aber wenig vertieft sind.

Das Team des Category Managers auf Handelsseite und das Team des Category Captains auf Herstellerseite sind zusammen verantwortlich für die Durchführung der vertriebsschienen- bzw. vertriebslinienspezifischen Optimierungsarbeiten an Sortiment und Regal. Die Unterstützung des Herstellers durch eine in CM-Projekten erfahrene Beratungsfirma bietet sich immer dann an, wenn dieser noch keine oder nur wenig CM-Erfahrungen hat. Die Mehrkosten werden schnell eingespart: durch effizientere Ergebnisse, Zeiteinsparungen und abgestimmte Prozesse zum Handel hin. Zudem kann eine dritte Partei in der Kooperation mit dem Handel moderierende Funktionen wahrnehmen.

Praxiserfahrungen zeigen, dass zumindest momentan EA-Projekte nur von umsatzstarken Herstellern begleitet werden. Das ist aus zwei Gründen heraus sehr verständlich:

- Zum einen verfügen meist nur „große" Hersteller über die notwendigen Markt- und Konsumentendaten (z. B. von GfK/AC Nielsen). Sie haben auch Informationen über Entwicklungen in ihren Marktsegmenten. Insbesondere liefern ihnen Marktforschungsstudien umfassende Kenntnisse zum Shopperververhalten.
- Zum anderen sind solche Projekte mit (hohem) finanziellem und personellem Aufwand verbunden, den kleinere und mittlere Unternehmen kaum tragen können und wollen (vgl. *Holland/Herrmann/Machenheimer* 2001, S. 119 f.). Wird Efficient Assortment jedoch richtig umgesetzt, so wirkt sich dies oftmals positiv auf die Unternehmensergebnisse aus. Wie Studien belegen, konnten nach der Einführung von EA die Umsätze, abhängig von der Warengruppe, um 5–10 % gesteigert werden.

Efficient-Assortment-Projekte gehören nach Efficient Administration und Efficient Replenishment zu der am häufigsten von Unternehmen umgesetzten ECR-Teilstrategie. So gaben in einer Studie von *Lietke* im Jahr 2007 103 von 143 befragten Unternehmen an, EA durchzuführen, und schätzten die Maßnahme durchschnittlich als erfolgreich ein. Der Durchschnittswert betrug 5,36 auf einer Skala von 1 = völlig erfolglos bis 7 = extrem erfolgreich. (Vgl. *Lietke* 2009, S. 100)

Das Ziel von Efficient Assortment ist nun, innerhalb einer Warengruppe das Sortiment zu bestimmen, das den Ansprüchen der definierten Warengruppenrolle und der festgelegten Warengruppenstrategie genügt. Weiterhin muss dieses Sortiment die richtigen, nachgefragten Produkte enthalten und überflüssige Artikel müssen aussortiert werden. Welche Produkte in das optimierte Sortiment einer Vertriebsschiene gehören, wird zum einen bestimmt durch das aktuelle oder angestrebte Kundenprofil eines Handelsunternehmens und zum anderen durch das aktuelle oder angestrebte Käuferprofil der betrachteten Kategorie.

Bei den Sortimentsüberlegungen bilden natürlich die Anforderungen, die sich aus der Definition des Betriebstyps/der Vertriebsschiene ergeben, die Grundlage. Das heißt, Sortimentsbreite und -tiefe sowie die Anzahl der Warenkategorien wie auch die Preislage der Produkte werden durch den Betriebstyp bestimmt. Für die Sortimentsoptimierung muss jeder einzelne Artikel auf seine Berechtigung im Sortiment hin untersucht werden. Hierzu stehen verschiedene Instrumente zur Verfügung, von denen hier die Warenkorbanalyse und die Käuferreichweitenanalyse angesprochen werden (vgl. *Seifert* 2001, S. 203 ff.).

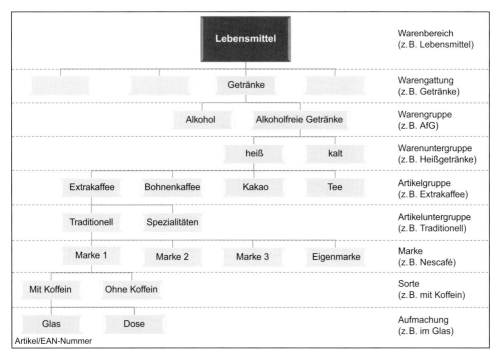

| | Warenbereich (z.B. Lebensmittel) |
| Lebensmittel | |

Abbildung 51: Aufbau eines Sortiments im LEH (in Anlehnung an Jauschowetz 1995, S. 92 und Milde 1996, S. 14)

Die **Warenkorbanalyse** kann auf Basis von Paneldaten bzw. auch auf Basis von Bondaten des Handels erfolgen. Ein Warenkorb zeigt auf, inwieweit Konsumenten Verbundkäufe tätigen, d. h., bei einem Einkaufsakt verschiedene Produkte aus der gleichen Warengruppe oder aus verschiedenen Warengruppen kaufen. Lassen sich in der Warenkorbanalyse Verbundwirkungen erkennen, würde dies zu einer Verbesserung des Sortiments und zu einer besseren Abschöpfungsrate führen.

Die **Käuferreichweitenanalyse** gibt Auskunft über die Bedeutung eines Produkts im Markt. In dieser Analyse wird untersucht, welche Bedeutung ein einzelnes Produkt zur Verbesserung der Käuferreichweite eines Sortiments hat. Ziel ist es, jedem Käufer im Geschäft ein Produkt anbieten zu können. „Das Produkt mit der höchsten Einzelreichweite gerät also in den Vordergrund und danach werden die Produkte so gruppiert, dass sie die Reichweite des Sortiments maximal verbessern." (*Biehl* 1999, S. 49) Produkte, die hierzu keinen Beitrag leisten, bauschen das Sortiment auf, binden unnötig Kapital und werden daher ausgelistet.

Weitere Aspekte, die bei der Sortimentsoptimierung berücksichtigt werden, sind die regionale Bedeutung von Produkten und die Größe der Verkaufsfläche, die je-

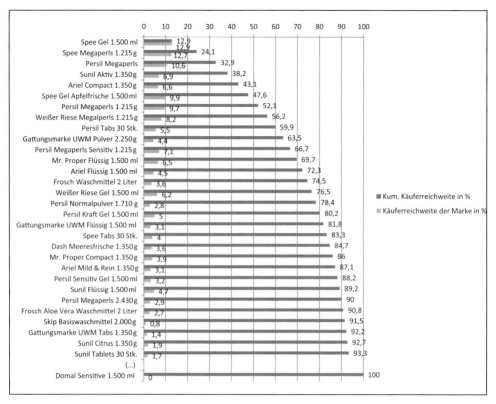

Abbildung 52: Beispiel für Käuferreichweitenanalyse (in Anlehnung an Rehbach 2010, S. 53 – Daten aus GfK Haushaltspanel)

weils zur Verfügung steht. Je nachdem, um welchen Betriebstyp es sich handelt und wie stark ein Handelsunternehmen zentral gesteuert wird, fließen regionale Produktspezialitäten bzw. auch Vorlieben der Konsumenten in die Sortimentsgestaltung ein. Ein Harddiscounter wie Aldi gibt das Sortiment komplett zentral vor. Verbrauchermärkte und SB-Warenhäuser wie z. B. Real arbeiten dagegen mit Modulen oder auch Bausteinen, durch die standardisiert den Anforderungen einer Filiale in einer Region sowie den dort vorliegenden Platzverhältnissen entsprochen werden kann.

Space Management

Die Verkaufsfläche ist der zweite Bereich, der im Rahmen des Efficient Assortment einer Optimierung zugeführt werden soll. Space Management oder Verkaufsflächenmanagement als integrierter Bestandteil von Category Management/Efficient Assortment bezeichnet die Aktivitäten und Maßnahmen, „die alleine oder im Verbund dazu beitragen, die Ausschöpfung des Potenzials ,Verkaufsfläche' unter Um-

Modulart	Modulbeschreibung
Basismodul	Pflichtsortiment, d. h. alle Artikel, die jede Filiale des Betriebstyps führen muss.
Regionales Ergänzungsmodul	Artikel, die in den einzelnen Regionen nachgefragt werden.
Aufbaumodul	Artikel, die bei größerer zur Verfügung stehender Verkaufsfläche das Pflichtsortiment ergänzen.

Tabelle 54: Überblick über die verschiedenen Sortimentsmodule im Handel

satz- und Ertragsgesichtspunkten zu optimieren" (*Hambuch* 1992, S. 57). Die „Verkaufsfläche" wird unterschieden in die eigentliche, in einem Geschäft je nach Betriebstyp zur Verfügung stehende Verkaufsfläche/qm-Bodenfläche und die Regalfläche.

Bei der Optimierung der Verkaufsfläche geht es um die Position und die Fläche, die einzelnen Warengruppen zugewiesen wird. Die Regaloptimierung hat das Ziel einer abverkaufsgerechten Platzierung, eines verkaufswirksamen Regalbildes und einer optimalen Sortimentstiefe und -breite. Folgende Teilziele werden verfolgt:

Ziele der Regaloptimierung	
Abverkaufsgerechte Platzierung	• Vermeidung von Bestandsstücken • Umsatz- und Ertragssteigerung • Keine Kundenverluste • Vermeidung von Überbeständen • Geringere Kapitalkosten • Platz für neue Produkte • Gleichmäßiger Abverkauf des Regals • Weniger bzw. regelmäßiges Auffüllen • Produktivere Arbeitsabläufe am Regal • Bessere Personaleinsatzplanung
Verkaufswirksames Regalbild	• Horizontale, vertikale bzw. Kreuzblockbildung • Imageverbesserung • Gleichbleibende Ordnung am Regal • Umsatzsteigerung

Ziele der Regaloptimierung	
Optimale Sortimentsbreite und -tiefe	• Auslistung unrentabler Produkte • Platz für neue Produkte • Ertragsverbesserung • Sortimentsergänzung • Imageverbesserung • Stärkere Kundenbindung • Umsatz- und Ertragssteigerung

Tabelle 55: Ziele der Regaloptimierung (vgl. Hambuch 1993, S. 392)

Für die Regaloptimierungen stehen Regalflächenoptimierungsprogramme wie z. B. Spaceman von AC Nielsen zur Verfügung. Diese Programme gehen über die Optimierung von einfachen Regalen hinaus. Auch Ständerware, Ware in Displays oder Warenträgern, Regalflächen mit unterschiedlichsten Anordnungen, wie z. B. für Büroartikel, oder Verkaufsflächen mit Wandhaken, wie z. B. für Do-it-yourself- und Auto-Zubehör, werden durch diese Programme berechnet und optimiert. Neben der ursprünglichen Darstellung der Regale im 2D-Format bieten neue Programme auch die Möglichkeit, Regale originalgetreu im 3D-Format aufzubauen.

Zum Einsatz dieser Flächen- bzw. Regaloptimierungsprogramme werden für jeden Artikel Informationen über seine Eigenschaften wie z. B. Verpackungsart, Abmessungen, d. h. seine Artikelstammdaten benötigt. Die Erhebung dieser Daten ist für den Handel nicht möglich und obliegt dem Hersteller. Zentrale Institution zur Erfassung und zum bilateralen Austausch der Daten ist der Stammdatenpool SA2 Worldsync, bzw. Datenerfassung und -austausch erfolgen über EANCOM®/PRICAT.

4.5 Efficient Promotion

Die Basisstrategie Efficient Promotion soll dazu beitragen, die Zusammenarbeit von Handel und Industrie im Bereich der Vermarktung und Verkaufsförderung der Waren effizienter zu gestalten. Efficient Promotion zielt auf sämtliche Aktivitäten, die zu einer Aktivierung und Belebung am POS beitragen.

Bei Promotions kann es sich um Maßnahmen wie Sonderrabatte und Werbekostenzuschüsse handeln, die sich z. B. in Preisaktionen oder in der Handzettelwerbung des Handels niederschlagen. Es können aber auch direkt endverbraucherbezogene

Verkaufsförderungsmaßnahmen wie Displays oder On-packs initiiert werden. In den meisten Fällen verfolgt der Hersteller mit seinen Promotions gleichzeitig Ziele beim Konsumenten und beim Handel (vgl. *Jauschowetz* 1995, S. 281). Unter dem Oberbegriff „Promotion" werden daher auch die verschiedenen Maßnahmen wie Verkaufsförderung, Verkaufsförderungsaktion, Sales Promotion, Hineinverkaufsaktion (Push-Maßnahme), Sell-in-Promotion, Herausverkaufsaktion (Pull-Maßnahme) usw. zusammengefasst. (Eine Übersicht über die verschiedenen in der Literatur zu findenden Definitionen geben *Fuchs/Unger* 1999, S. 1 ff. Der hier verwendete Promotionbegriff umfasst allerdings nicht jene Promotionaktivitäten, die an den Außendienst als dritte der möglichen Promotionzielgruppen gerichtet sind.)

Für den Hersteller hat die Verkaufsförderung am POS eine herausragende Bedeutung, wenn man bedenkt, dass 70 % der Kaufentscheidungen für FMCGs in Deutschland erst am POS getroffen werden. Promotionaktivitäten am POS geben dem Hersteller die Möglichkeit, die Markenführung bis an den POS durchzusetzen und dadurch

- neue Käufer zu gewinnen,
- Verwender anderer Marken für sich zu begeistern,
- Stammkäufer zu bestätigen,
- Kunden zu binden,
- Käufer zu bevorraten,
- Impulskäufe zu fördern,
- neue Zielgruppen anzusprechen und
- Produktinformationen zu kommunizieren.

Unter den hier aufgeführten möglichen Promotionzielen sind in der Praxis die Kundenbindung und die Neukundengewinnung jene, die am häufigsten mit den verschiedenen Maßnahmen verfolgt werden.

Es lassen sich viele verschiedene Promotionarten unterscheiden und nach unterschiedlichen Kriterien klassifizieren. Unterteilt man die Promotions am POS gemäß der Notwendigkeit, diese formal mit dem Handel abzustimmen und seine Zustimmung zu erzielen, lassen sich zwei Kategorien bilden (vgl. ähnlich *Jauschowetz* 1995, S. 279):

- Promotions am POS, über die der Handel lediglich informiert, aber die (fast) ohne dessen Mitwirkung durchgeführt werden können, wie z. B. „Geld-zurück-Garantie" oder Preisausschreiben. Hier wird weder die Preisstellung noch die Ware in ihren äußeren Dimensionen berührt. Es ist also weder eine Einlistung erforderlich, noch werden logistische Daten berührt, die in das Warenwirtschaftssystem einfließen müssten.

- Promotions, die Information, Abstimmung, ggf. aktive Mitwirkung und, sofern es sich um eine neue Artikelnummer handelt, eine Listung durch den Handel erfordern, wie z. B. On-pack/In-pack, Zweitnutzenpackungen, Probiergrößen, Verkostungen, POS-Sampling, Regalplatzmarkierungen.

Zu Promotion können, neben an Ware gebundenen Maßnahmen, auch die verschiedensten VKF-Materialien gezählt werden, die am POS oder im Geschäft angebracht werden, wie z. B. zusätzliche Preisschilder am Regal, Regalstopper, Platzierungsüberbauten, Regalschienen, Regaleinsätze, Dispenser, Deckenhänger, Poster.

Preisbezogene Aktionen und Sonderangebote, die, bei hohem finanziellem Aufwand, für beide Seiten ohne Nutzen bleiben, sind der Hintergrund dafür, dass das Thema Promotion bei ECR eine sehr wichtige Rolle spielt. In den USA wurde Efficient Promotion besonders durch das sog. „Forward Buying" notwendig, das zu erheblichen Wertschöpfungsverlusten bei den Herstellern und bei genauerer Betrachtung auch beim Handel führte (vgl. *Seifert* 2001, S. 250 ff.; vgl. *von der Heydt* 1998, S. 130 f.).

Efficient Promotion (effiziente Planung und Durchführung von Aktionen) fokussiert die Aktivitäten des Herstellers neu: Nicht der Händler, sondern der Shopper steht im Rahmen von Planung und Durchführung im Mittelpunkt. Efficient Promotion bedeutet daher vor allem, die Aktionen mit den Bedürfnissen des Shoppers in Einklang zu bringen; daraus ergeben sich eine wesentlich vereinfachte Abwicklung und ein deutlich niedrigerer Lagerbestand. Darüber hinaus ist es wichtig, die verkaufsfördernden Aktionen in einer Warengruppe optimal aufeinander abzustimmen.

Im Ergebnis wird durch Efficient Promotion als Wettbewerbsinstrument die Kundenfrequenz erhöht, als Wertschöpfungsinstrument kann zusätzliches Einkaufsvolumen in ertragsstarken Produktgruppen erzeugt werden (*Seifert* 2001, S. 247) und als Kundenbindungsinstrument führt Efficient Promotion zu loyalen Kunden für den Handel und die Industrie.

In diesem Sinne ist Verkaufsförderung nicht mehr lediglich ein taktisches Instrument zur kurzfristigen Erreichung von Umsätzen, sondern ein strategisches Instrument von höchster Wichtigkeit.

Unternehmen wie Procter & Gamble sehen bei Preisen und Promotions daher auch das größte Potenzial für eine konkrete und effiziente Category-Management-Zusammenarbeit (vgl. *Figgen* 1999, S. 187).

In der Praxis selbst vieler großer Unternehmen ist allerdings auch heute noch erkennbar, dass zahlreiche Promotions am POS eher taktischen als strategischen Zielen dienen. Auslöser hierfür ist die auf Herstellerseite weit verbreitete Ansicht, dass sich mit aufwändigen Maßnahmen am POS kurzfristig aufgetretene Marken- und Umsatzprobleme ausgleichen lassen. Für einen begrenzten Zeitraum funktioniert das auch tatsächlich; allerdings werden dadurch bestehende ernsthafte Schwierigkeiten überdeckt, ihre Bearbeitung wird hinausgezögert und strategische Markenprobleme intensivieren sich am Ende.

Wie können nun effiziente Promotions entwickelt werden? Dies ist eine Frage, die sich auch Industrie und Handel verstärkt stellen, denn Promotions werden immer wichtiger. „Heute werden Promotions eher als Kunst behandelt und nicht als rational zu fassendes Business – das muss sich ändern" (*Petersson* 2007).

Basis für effiziente Promotions ist die genaue Kenntnis

- der Vertriebslinie des Handelskunden mit ihren Stärken und Schwächen,
- des Profils der Shopper in dieser Vertriebslinie,
- der Charakteristika der Warengruppe,
- der Bedeutung der Wettbewerber in der Warengruppe,
- der Bedeutung von Handelsmarken,
- der Rolle, die die Warengruppe im Sortiment des Handelsunternehmens spielt,
- welche Preis- und Vermarktungsaktivitäten bislang durchgeführt wurden.

(Vgl. *Czech-Winkelmann* 2010a, S. 169 f.)

Diese Vorgehensweise lässt die kundenindividuellen, auf jeden Fall aber die vertriebsschienenindividuellen Ausprägungen der verschiedenen Einflussgrößen erkennen. So können markentreue Shopper beispielsweise durch Multibuy-Aktionen angesprochen werden, während andere Shopper, die keine enge Bindung zur Verkaufsstätte aufweisen, z. B. über Couponing-Maßnahmen in die Geschäftsstelle „gelockt" werden können.

Auf Basis dieses Wissens und dieser Einflussgrößen können dann Ziele und Strategien für konkrete Verkaufsförderungsaktionen abgeleitet werden (vgl. *Figgen* 1999, S. 189). Es ist die Aufgabe des Key-Account-Teams, zusammen mit erfahre-

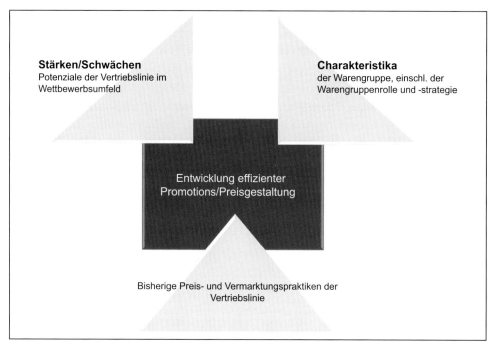

Abbildung 53: Einflussgrößen effizienter Promotions (vgl. Figgen 1999, S. 189)

nen (Verkaufsförderungs-)Agenturen diese Ziele und Strategien in kreative und intelligente Aktionen umzusetzen.

Ebenfalls in diesem Zusammenhang wurde von der Nymphenburg-Gruppe ein Fragenkatalog entwickelt, der die Unternehmen dabei unterstützen soll, bei der Durchführung von Promotions die Zielorientierung beizubehalten und sämtliche weiteren Einflussfaktoren der VKF-Maßnahme zu berücksichtigen.

1. Promotionziele
✓ Welche Ziele werden mit der Promotion verfolgt?
✓ Bestehen klare und präzise herausgearbeitete Ziele?
✓ Stimmen die Ziele mit der Markenstrategie überein?

2. Produktauswahl
✓ Welches Produkt der Marke soll im Mittelpunkt der Promotion stehen?
✓ Entspricht das Produkt den Shopper-Wünschen?
✓ Wenn mehrere Produkte beworben werden, lösen diese ein Cross-Selling aus?

3.	Promotionarten
✓	Welche Promotionart eignet sich für die verfolgten Promotionziele?
✓	Wird die Promotionart vom Shopper verstanden?

4.	Promotionmechanik
✓	Welche Mechanik eignet sich für die verwendete Promotionart bzw. passt optimal zur Marke und verspricht so am meisten Wirkung – sprich Kaufaktivierung?

5.	Umfeld
✓	Stimmt der Zeitpunkt: Sind alle Außeneinflüsse wie Saison, Wetter, Warenverfügbarkeit, Wettbewerbspromotions etc. berücksichtigt?

6.	Gestaltung und (POS-)Medienmix
✓	Ist der Gesamteindruck der Promotion stimmig?
✓	Sind die richtigen (POS-)Medien eingesetzt?
✓	Ist die Gestaltung nicht nur schön, sondern auch motivierend und abverkaufswirksam?

7.	Information
✓	Ist der Handelspartner frühzeitig informiert und sind die Vereinbarungen fixiert?
✓	Passt das Promotionkonzept zum Händler und in dessen Vermarktungsplan?

8.	Platzierung
✓	Ist die Promotion in einem Bereich des Outlets mit hoher Kundenfrequenz platziert?
✓	Sind die bestmöglichen Mikrostandorte für die jeweiligen Produkte bekannt?
✓	Ist der Außendienst diesbezüglich kompetent und setzt sein Know-how auch auf der Fläche um?

9.	Eigene Mitarbeiter und Promotionteam
✓	Ist jeder informiert, trainiert und motiviert?
✓	Liegen allen Personen die für sie relevanten Unterlagen und Informationen über Ansprechpartner vor?

10. Controlling
✓   Ist die Erfolgsmessung sichergestellt?
✓   Wenn ja, wie wird der Erfolg konkret gemessen?
✓   Gibt es ein etabliertes Promotionaudit?
✓   Wie wird sichergestellt, dass die gewonnenen Learnings in den nächsten Prozess einfließen?

Tabelle 56: Checkliste für erfolgreiche Promotions (vgl. Nymphenburg Gruppe o. J.)

Von den Marktforschungsinstituten AC Nielsen und GfK sind spezielle Instrumente zur Messung der verschiedenen Effekte von Promotions entwickelt worden – so z. B. von AC Nielsen der „Promotion Planner". Auf Basis wochengenauer Scanner-daten kann die Wirkung unterschiedlicher POS-Aktivitäten isoliert quantifiziert wer-den, d. h., der Effekt von anderen Zufalls- und saisonalen Einflüssen wird ausge-schaltet (vgl. *o.V. www.de.nielsen.com*).

Die Berechnung der Daten erfolgt über eine nicht lineare, multiple Regression un-ter Berücksichtigung folgender Faktoren: Preis des Produkts, Preis ausgewählter Wettbewerbsprodukte, Verkaufsförderungsmaßnahmen, Sonderplatzierungen und Saisonalität.

Zur Prognose zukünftiger Promotions dient der Promotion Simulator, ein weiteres Tool zum Promotioncontrolling von AC Nielsen. „Der Promotion Simulator inte-griert die relevanten Informationen zum Promotionverhalten und der Preissensibi-lität der Konsumenten sowie dem Einfluss von Distributionsveränderungen auf den Absatz/Umsatz in einem Simulations-Tool. Dabei prognostiziert der Promotion Si-mulator sehr präzise die Absatz- und Umsatzerwartung auf Basis von unterschied-lichen Promotionplänen." (Vgl. *o. V.* Nielsen 2007, S. 1)

Mit dem Instrument „CatmanGuide" der GfK kann sowohl die Verbundwirkung als auch die Veränderung der Kundenbindung überprüft werden. Bei der Verbundwir-kung geht es um die Frage, inwieweit durch eine Promotion Käufer von anderen Einkaufsstätten/Marken abgezogen werden und wie groß der Wert der dazuge-wonnenen Käufer für die Handelsschiene ist. Die Veränderung der Kundenbindung analysiert, „wie stark diese Aktion die Verbraucher aus anderen Einkaufsstätten/ von anderen Marken abgezogen hat, bzw. wie stark die Aktion die Verbraucher im Nachkauf bei diesen Einkaufsstätten/Marken gehalten hat" (GfK o. J., S. 10).

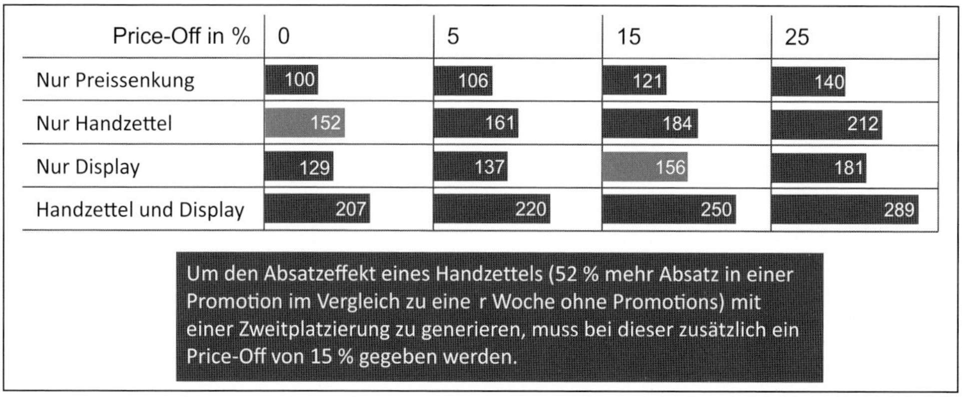

Price-Off in %	0	5	15	25
Nur Preissenkung	100	106	121	140
Nur Handzettel	152	161	184	212
Nur Display	129	137	156	181
Handzettel und Display	207	220	250	289

Um den Absatzeffekt eines Handzettels (52 % mehr Absatz in einer Promotion im Vergleich zu eine r Woche ohne Promotions) mit einer Zweitplatzierung zu generieren, muss bei dieser zusätzlich ein Price-Off von 15 % gegeben werden.

Abbildung 54: Marke B im Verbrauchermarkt > 1.500 qm: Wirkung von Promotions ohne/mit Preisreduktionen; gemessen durch den AC Nielsen Promotion Planner

Ein bemerkenswertes Ergebnis dieses kooperativen Denkens um wirksame Promotions ist das sog. **Co-Marketing.** Unter Co-Marketing werden partnerschaftliche Marketingaktivitäten zwischen Handel und Hersteller am POS verstanden. Die Partnerschaften in diesem Bereich sind langfristig auszurichten und sollten durch klar definierte Leistungen und Gegenleistungen gekennzeichnet sein. Bei der Durchführung von Co-Marketingaktionen müssen Vermarktungskonzepte ganzheitlich, unter Berücksichtigung der Marken- sowie der Händlerpositionierung, geplant werden. (Vgl. *Frey* 2002, S. 43, sowie *Frey* 2001, S. 274 f.)

Auslöser für Co-Marketingaktivitäten ist das Bestreben, das Shopper-Verhalten am POS zu beeinflussen. Für die Industrie ergibt sich durch Co-Marketing die Chance, die Markenführung bis an den POS durchzusetzen. Die Ziele, die der Handel mit Co-Marketing verbindet, sind vielfältig. Co-Marketing dient dazu, die Vertriebslinie zu profilieren und Kunden zu binden. Weitere Ziele, die für beide Beteiligten wichtig sind, sind die Erhöhung der Abverkäufe oder auch die Verbesserung der Ertragssituation durch attraktive Promotions, die nicht den Niedrigpreis in den Mittelpunkt stellen.

Grundlage für Co-Marketingaktivitäten sind meist die Erkenntnisse aus Marktforschungsstudien der Industrie zum Shopper-Verhalten in der Vertriebslinie des Handelspartners.

4.6 Efficient Product Introduction

Die Einführung neuer Produkte ist für Industrie und Handel von vitalem Interesse; sie dient dazu, Konsumentenbedürfnissen gerecht zu werden, neue Märkte zu erschließen und einen Wettbewerbsvorsprung sicherzustellen. Die dritte Basisstrategie im Category Management – Efficient Product Introduction – zielt ab „auf eine enge Zusammenarbeit zwischen Handel und Industrie bei der gemeinschaftlichen Entwicklung und Einführung neuer Produkte, um einerseits die damit verbundenen Kosten zu senken und andererseits den Konsumenten eine größere Zahl qualitativ hochwertiger Produkte in kürzerer Zeit anbieten zu können" (*von der Heydt* 1998, S. 155).

Betrachtet man die verschiedenen Phasen bei der Entwicklung und Einführung neuer Produkte, so gäbe es ein reichliches Feld der Zusammenarbeit.

- Bereits bei der Suche nach Produktideen könnte der Handel aus seiner Kenntnis der Shopper heraus erhebliche Erfahrungen einbringen – ebenso wie bei der anschließenden Vorauswahl der geeignetsten Ideen sowie der Entwicklung von Produktkonzepten.
- Auch bei den sich der Produktentwicklung anschließenden Tests des neuen Produkts im Markt ist eine Zusammenarbeit mit dem Handel sehr förderlich.

Erstreckt sich die Zusammenarbeit auf die Vorbereitung der Markteinführung, so wird das Wissen von beiden Beteiligten in Bezug auf die werbliche Unterstützung, die Verkaufsförderung und die Preisstrategie zusammengeführt und der Erfolg des neuen Produkts abgesichert. Aber auch andere Fragestellungen, die sich in der Praxis häufig ergeben, würden sich durch eine Zusammenarbeit effizienter beantworten lassen. Beispiele hierfür sind: Verlauf und Dauer des Abverkaufs von Altware bei Relaunchen bzw. die Abschätzung des Gutschriftenvolumens oder die möglichst genaue Bestimmung des Distributionsaufbaus und damit verbunden die im Zeitablauf benötigten Produktionsmengen.

Bei einem solchen abgestimmten Prozess würde sich die Zeit bis zur Einführung des neuen Produkts in den Markt (Time-to-Market) erheblich verkürzen können. Besonders aber könnte der Erfolg der Einführung neuer Produkte besser abgesichert werden. Betrachtet man die „Floprate" neuer Produkte, wird hier ein eklatantes Problem sichtbar.

Nach *Rohwetter* wird in der deutschen Nahrungsmittelindustrie bei der Produktneueinführung generell von einer Flopwahrscheinlichkeit von 65 % ausgegangen

Einführungsjahr	Anzahl Innovationen	Flops nach einem Jahr	Flopquote
2000	32.478	20.944	64,5 %
1999	30.192	20.214	67,0 %
1998	25.813	14.881	57,6 %
1997	23.657	11.879	50,2 %

Tabelle 57: Produkteinführungen und Flops nach einem Jahr (Quelle Innovationsreport 2001, S. 17)

(vgl. *Rohwetter* 2004, S. 21). Aktuell wird die Floprate mit 70 % eingeschätzt. In den USA sind die Flopraten noch drastischer. So rechnet die US-amerikanische Verpackungsindustrie damit, dass 70–90 % aller neu eingeführten Produkte zu einem Misserfolg werden. (Vgl. *Gourville* 2006, S. 45 f.)

Flops sind Artikel, die in einem Kontrollzeitraum von vier Kalenderwochen im Folgejahr nicht mehr verkauft wurden. Zu den Innovationen gehören echte Neuprodukte einschließlich Dachmarkenerweiterungen, weiterhin Ergänzungen von Produktlinien, Me-too-Produkte, aber auch saisonal/temporär eingeführte Produkte und relaunchte Produkte (vgl. *Innovationsreport* 2001, S. 6).

Gründe für die hohen Flopraten liegen zum Teil darin, dass es sich bei den wenigsten Innovationen um echte Neuerungen handelt und zudem die konkrete Ausrichtung an den Bedürfnissen der Shopper oftmals vernachlässigt wird. So ergab eine Studie von Ernst & Young aus dem Jahr 2001, dass es sich bei 20.000 Neuheiten aus sechs EU-Ländern lediglich bei 2 % um echte Innovationen handelte, während die meisten Artikel Me-too-Produkte, Line Extensions oder Ersatz- und Saisonprodukte waren.

Da für die Industrie die Einführung von Neuprodukten mit der Zahlung von Listungsgeldern verbunden ist, würden weniger, aber effizientere Neueinführungen zu ansehnlichen Kosteneinsparungen führen.

Aber auch die zum Teil sehr langwierigen Listungsprozesse im Handel würden sich vielleicht beschleunigen können. Unterstellt man, dass sämtliche Neuprodukte bei einem Handelsunternehmen mit dem Ziel der Listung vorgestellt worden wären, so hätten die Food-Einkäufer in einem Handelsunternehmen bei ca. 210 Arbeitstagen im Jahr pro Tag – bei angenommenen 30.000 Neuprodukten – etwa 143 Neuprodukte zu begutachten. Das einzelne Handelsunternehmen wird natürlich nicht mit allen Neuheiten konfrontiert. „Im Laufe eines Jahres sind wir bei Globus mit mindestens 4.000 bis 5.000 neuen Artikeln konfrontiert." (*Schmidt* 1995, S. 38). Auch das ist schon eine sehr beachtliche Zahl.

Obwohl die Zusammenarbeit bei der Einführung neuer Produkte zu erheblichen Synergien und Kosteneinsparungen führen könnte, finden sich bislang keine überzeugenden Beispiele für solche Kooperationen. Im Gegenteil, die Sorge, vertrauliche Informationen über Produktkonzepte und neue Märkte an Dritte weiterzugeben, verhindert die Zusammenarbeit für beide Seiten. Für die Industrie ist dies nicht zuletzt dadurch begründet, dass sich der Handel zunehmend über seine Handelsmarken zum Wettbewerber der Industrie entwickelt.

F
Shopper-Marketing

Nestlé Deutschland AG:
Vom Trade-Marketing zum Shopper-Marketing

Interview mit Norbert Reiter – Deutschlandchef Channel Category Sales Development der Nestlé Deutschland AG.

Wie hat sich Trade-Marketing in der Nestlé-Organisation entwickelt?
Die Entwicklung von Trade-Marketing startete bei Nestlé bereits vor vielen Jahren. Da die Nestlé Deutschland AG jedoch in unterschiedliche Units unterteilt ist, die auch dementsprechend unterschiedlich gesteuert werden, hat sich Trade-Marketing nicht in allen Bereichen gleichartig entwickelt. Man kann daher nicht direkt eine pauschale Aussage treffen, sondern muss die Entwicklung in den einzelnen Divisionen beleuchten.

Betrachten wir den Bereich Kulinarik, so gab es hier schon immer eine starke Verkaufsförderung. Diese formte auch intern das Bindeglied zwischen Marketing und Vertrieb. In diesem Rahmen wurden die Jahresplanerstellung, die Promotionplanung sowie weitere Aufgaben, wie etwa die Erstellung von Verkaufsunterlagen, durchgeführt. Die Marke Maggi hat schon seit jeher eine hohe Bedeutung im deutschen Handel, da sie hier zu einer der stärksten Marken zählt.

In den 1990er Jahren war die externe Ausrichtung bei Maggi besonders ausgeprägt. Im Bereich Kaffee und Schokolade lag der Fokus hingegen eher auf internen Aktivitäten, wie der Vertriebssteuerung und der Planung von Promotions. Eine strategische Ausrichtung existierte in diesem Bereich ebenfalls, war aber noch nicht in dem Maße vorhanden, wie es bei der Maggi-Unit der Fall war.

Die erste große Veränderung im Trade-Marketing fand gegen Ende der 1990er Jahre statt. Man erkannte zu diesem Zeitpunkt, dass es nicht nur wichtig war, Produkte für den Konsumenten und den Kunden zu entwickeln, sondern dass es noch eine weitere bedeutende Person gibt – den Shopper. Ab diesem Zeitpunkt fand somit eine Unterscheidung des Verbrauchers in Consumer und Shopper statt und man begann, Produkte gezielt auf Shopper- und Kanalbedürfnisse anzupassen.

In der nachfolgenden Zeit, d. h. zwischen 2002 und 2003, begann man das Trade-Marketing auch für die Bereiche außerhalb von Maggi strategischer aufzubauen. Es war in dieser Zeit so, dass man gefühlt wirklich fantastische Strategien und Visionen entwickelte, aber sich der Erfolg noch nicht in der gewünschten Form einstellte.

Ungefähr zur gleichen Zeit entstand global der Bereich CCSD (Channel Category Sales Development). Diese Einheit beschäftigte sich verstärkt mit Shopper- und Trade-Marketing und erzielte bald nach der Einführung große Erfolge. Der Grund hierfür lag darin, dass es nicht nur bewerkstelligt wurde, eine Marketingstrategie konsequent in den Handel zu übersetzen, sondern dass auch in Bezug auf Kunden und Shopper mit einer integrierten Planung begonnen wurde. Die ursprünglich eher autark arbeitenden Bereiche Marketing und Vertrieb verstärkten ihre Zusammenarbeit und kombinierten sowie planten Maßnahmen gemeinsam. Es wurde so begonnen, kontinuierlich mehr Shopper-Know-how aufzubauen und dies in den Maßnahmen zu berücksichtigen. Dieses Vorgehen erwies sich als extrem erfolgreiches Modell.

Natürlich spielte hierbei ebenfalls die Handelsstruktur eine bedeutende Rolle. Will man neue Maßnahmen durchsetzen, braucht man Retailer, die erstens gegenüber solchen Maßnahmen aufgeschlossen sind und zweitens auch viel Erfahrung im Marketing besitzen – mit denen also eine gute Zusammenarbeit möglich ist.

In Deutschland zeichnete sich ab dem Jahr 2005 ein Wandel im LEH ab. Die Marketingmaßnahmen des Handels verbesserten sich erheblich, die Investitionen in das Retailer Branding wurden erhöht und es setzte sich das Verständnis durch, dass Shopper-Marketing hohe Potenziale birgt. Diese Entwicklung wurde von Nestlé erkannt und so entschied man sich, mit dem Aufbau von CCSD in Deutschland auf diese Veränderung zu reagieren.

Der Aufbau der CCSD-Einheit begann im Jahr 2005 zunächst für Kaffee und Schokolade. Hier wurden die notwendigen Veränderungen Schritt für Schritt umgesetzt. Marketingmaßnahmen wurden integriert geplant und es begann die Suche nach Möglichkeiten, die Kanal-, Kategorie- und Shopper-Strategien gezielt weiterzuentwickeln. Nach den Erfolgen von CCSD wurde das Konzept dann auch auf die anderen Operativen, wie Maggi, Schöller, Wagner etc. ausgeweitet, die heute über einen eigenen CCSD-Bereich verfügen.

Da wir bei Nestlé davon überzeugt sind, dass über das tiefe Verständnis der Kanäle und der darin einkaufenden Menschen die Möglichkeit besteht, neue Business Opportunities zu schaffen, spielt CCSD auch in Zukunft in der Organisation eine große Rolle und soll übergreifend und für die einzelnen Units weiterentwickelt werden.

Was ist konkret die Aufgabe der CCSD-Abteilung?

Wenn wir über CCSD sprechen, können wir mehrere konkrete Aufgabenfelder formulieren, welche die Kernaufgaben dieses Bereiches darstellen. Beginnen wir zunächst mit der Mission, diese lautet, dass wir sowohl für unsere Marken als auch für die Kategorien – und somit für unsere Kunden – Wachstum addieren wollen.

Aus Unternehmensperspektive übernimmt CCSD Aufgaben wie beispielsweise die Erstellung des Activitiy Plans, d. h. die Durchführung der Jahresplanung. Der Activity Plan umfasst sämtliche vertriebsrelevanten Instrumente von der Erstellung der Verkaufsmaterialien bis hin zur direkten Steuerung des Vertriebs. Das zweite Aufgabenfeld umfasst die Handelsinvestitionen. Hier geht es darum, die zur Verfügung stehenden Ressourcen effizient auf die entsprechenden Handelsaktivitäten zu allokieren. Des Weiteren ist es von Bedeutung, den kommerziellen Planungsprozess zu leiten, d. h., eine integrierte Planung gemeinsam durchzuführen.

Die nächste Aufgabe im Rahmen der Planung besteht im Channel Category Planning. Pläne sind nicht nur für Marken oder Kunden zu entwickeln, sondern vielmehr für Kanäle. Die Gemeinsamkeiten der Unternehmen in den verschiedenen Kanälen wie beispielsweise im Discountkanal können hierbei effizient genutzt werden, um den Kanal mit ähnlichen Maßnahmen zu bedienen.

Innerhalb der Kategoriestrategie – die das Konzept des Category Growth umfasst – müssen zunächst grundlegende Dinge über die Kategorie geklärt werden, d. h., wie kann die Kategorie aus Konsumentensicht definiert werden? Danach müssen Treiber und konkrete Maßnahmen entwickelt werden, mit denen die Kategorie weiterentwickelt werden kann, und zwar gemeinsam mit unseren Kunden.

Schließlich ist es unsere Aufgabe, den Menschen, der einkaufen möchte, zu verstehen und bei seinem Einkauf auf einen spezifischen Nutzen anzusprechen. Auf diese Weise schaffen wir neue Business Opportunities.

Lassen Sie uns noch über das Thema Shopper-Marketing aus einer eher theoretischen Sicht reden. Würden Sie das Shopper-Marketing als Teil des Trade-Marketing begreifen oder als eigenständiges Marketingkonzept?

Lassen Sie mich die Antwort etwas entwickeln. Meine Sicht zu diesem Thema hat sich über die Zeit etwas gewandelt. Zunächst war ich der Auffassung, dass Shopper-Marketing bzw. CCSD durchaus als Teil des Marketing eingegliedert sein könnte – aus meiner Erfahrung, die ich mittlerweile in diesem Bereich gemacht habe, bin ich aber zu der Auffassung gelangt, dass Shopper-Marketing nicht im Marketing integriert sein sollte. Die Aufgabe vom Marketing ist es, un-

311

sere Assets, die Marken weiterzuentwickeln. Es muss auf der Basis eines tiefen Konsumentenverständnisses Marken führen, eine tolle Kommunikation machen und erfolgsfähige Innovationen entwickeln. Im Bereich CCSD stehen hingegen die Planung und Entwicklung der Kanäle und Kategorien sowie der Aufbau von Shopper-Know-how im Mittelpunkt. Natürlich bestehen erhebliche Interdependenzen zwischen den Bereichen. Beide Formen, insofern man diese als Denkansätze begreift, beschäftigen sich mit dem Verbraucher. Trotzdem sollten nicht alle Verantwortlichkeiten in einem Bereich gebündelt werden – dies empfiehlt sich nur, wenn eine relativ kleine Unit vorliegt.

Wie funktioniert die Zusammenarbeit mit dem Handel im Rahmen von Shopper-Marketing? Inwieweit kann Ihre Organisation von den Erfahrungen der Händler profitieren?
Die Handelslandschaft in Deutschland ist zwar sehr konzentriert, es bestehen jedoch immer noch große Unterschiede zwischen den einzelnen Absatzkanälen und Unternehmen.

Betrachten wir zum Beispiel den Impulskanal. Ein Kioskbetreiber ist der Experte im Bereich Shopper-Marketing, denn er weiß alles über seinen Kunden. Er weiß, wann die Stoßzeiten in seinem Geschäft sind, wer seine Stammkunden sind, welche Produkte sich um welche Uhrzeit besonders gut verkaufen, welche Verbundkäufe getätigt werden etc. Dies trifft auch für die selbstständigen Kaufleute im Einzelhandel zu. Sie verfügen ebenfalls über eine genaue Kundenkenntnis und wissen, welche Wünsche und Bedürfnisse die Shopper in ihrer Region haben. Bei diesen Organisationstypen trifft man auf ein tiefes Kundenverständnis, wodurch die Zusammenarbeit um ein Vielfaches intensiviert und verbessert wird.

Darüber hinaus existieren auch Handelsorganisationen, die Kundenkarten verwenden und durch die Sammlung und Aufbereitung der hierbei anfallenden Daten ein ausschöpfendes Wissen über den Shopper generieren. Auf diese Weise können Kategorien, Sortimente und Promotions eng an Shopperinteressen ausgerichtet werden.

Dass auf der Handelsseite ein Umdenken stattgefunden hat, zeigt sich auch beispielsweise dadurch, dass ehemalige Führungspersonen von Herstellern jetzt in Handelsunternehmen tätig sind und hier eigene Bereiche leiten, wie z. B. das Shopper-Marketing.

Auf der anderen Seite existieren natürlich auch Handelsorganisationen, bei denen Shopper-Marketing wenig Platz findet, und so braucht man eine gewisse Zeit, bis man für Maßnahmen in dieser Richtung Gehör findet. Man kann aus diesem Grund hier nicht gleich das gesamte Sortiment optimieren, aber wenn man z. B. ein Mischtray anbietet, sodass man dem Shopper eine höhere Auswahl bietet, dann ist dies auch eine Art von Shopper-Marketing.

Sehen Sie Potenzial im Shopper-Marketing, die Beziehung zwischen Hersteller und Handel zu verbessern?

Das Potenzial wird davon beeinträchtigt, in welcher Form Shopper-Marketing betrieben wird. Dies lässt sich recht gut an den Umständen im deutschen Markt veranschaulichen. Hier besteht eine generelle Herausforderung – die deutschen Haushalte geben im Vergleich zu anderen Ländern sehr wenig Geld für Lebensmittel aus. Wenn wir nun Shopper-Marketing nur für unsere Marken betreiben und unsere Marken in den Vordergrund stellen, dann erhöhen wir zwar unseren Umsatzanteil in der betrachteten Kategorie, der Umsatz für die gesamte Kategorie bleibt aber voraussichtlich gleich und so wird keine zusätzliche Wertschöpfung für den Handel erzielt. Wenn wir es aber schaffen, die gesamte Kategorie zu verbessern und den Shopper gemeinsam davon überzeugen, z. B. statt 12 % nun 15 % seines Einkommens für Lebensmittel aufzuwenden, dann tragen wir in Zusammenarbeit mit dem Handel erheblich zur Steigerung der Wertschöpfung bei, wodurch sich natürlich auch die Zusammenarbeit verbessert. Den Betrag, den man zusätzlich erzielt, kann man in den Jahresgesprächen wieder diskutieren. Hat man es dagegen nicht geschafft, die Kategorie zu verbessern, dann kann das Hauptthema des Jahresgesprächs auch die *nicht* erzielte Wertschöpfung sein – dies führt logischerweise eher zu Spannungen als zu einer konstruktiven Zusammenarbeit. Richtig umgesetztes und auf eine Win-win-Situation ausgerichtetes Shopper-Marketing birgt daher das Potenzial zur Verbesserung der wirtschaftlichen Hersteller-Handels-Beziehungen.

Wie setzen Sie so eine Maßnahme um?

Beim Shopper-Marketing geht es nicht nur darum, wenn wir Schokoladenprodukte vertreiben, die Kategorie Schokoware weiterzuentwickeln. Es können und sollen auch weitere Kategorien weiterentwickelt werden. Nehmen wir die Marke Maggi. Ziel ist es z. B., durch Cross Selling weitere Kategorien zu fördern. Maggi-Produkte haben eine hervorragende Verbindung zur Kategorie Frische wie Salat oder Fleisch, aber auch zu Nudeln. Durch gezielte Aktionen und die Kenntlichmachung des Verbundes für die Shopper kann die Kategorie gefördert werden.

313

Können Sie mir konkret eine besondere Maßnahme nennen, die im Rahmen konsequenten Shopper-Marketings umgesetzt wurde?

Gerade bei einem Unternehmen wie Nestlé, das aus unterschiedlichen Business Units besteht, gibt es eine Vielzahl von Maßnahmen, welche durch Shopper-Marketing vorangetrieben werden.

Im Bereich Kaffee und Schokolade erhielt beispielsweise vor einiger Zeit die Marke Smarties einen Relaunch. In einer Kombination von Shopper- und Consumer-Marketing wurden zunächst die Kaufentscheider definiert und geeignete bzw. für sie relevante Maßnahmen entwickelt, um diese anzusprechen und vom Kauf zu überzeugen. Das Resultat hieraus waren 40 % Wachstum.

Auch Nescafé Dolce Gusto ist ein gutes Beispiel. Hier wurde auch TV-Werbung geschaltet, ein großer Teil des Budgets wurde allerdings für Beratung am POS eingesetzt. Familien oder auch einzelne Personen, die in der nächsten Zeit eine Kaffeemaschine kaufen wollen, finden am POS so die richtige Beratung.

Für die Marke Maggi wird mit den Maggi Kochstudios schon seit vielen Jahren eine solche Politik betrieben. Menschen beim Einkaufen für Kochideen zu gewinnen und ihnen Hilfestellungen zu bieten, ein Essen zuzubereiten, das möglicherweise schmackhafter, aber auch gesünder ist und sie als besseren Gastgeber kennzeichnet, dient dazu, die Menschen für die Marke zu begeistern.

Im Impulskanal haben wir beispielsweise die Präsentation des Produktsortiments nach Kaufmotiven gruppiert. So soll es z. B. Männern nicht so schwer gemacht werden, wenn sie einen Riegel suchen, der den Hunger stillen oder einen anderen Bedarf befriedigen soll, diesen auch in relativ kurzer Zeit zu finden.

Sie sehen, hier wurde und wird bereits sehr viel getan.

Eine letzte Frage: Wodurch zeichnet sich aus Ihrer Sicht gutes Shopper-Marketing aus?

Am Ende ist es das Ziel von Shopper-Marketing, den Kunden, d. h., den einkaufenden Menschen, so gut zu verstehen, dass die hinter seinem Handeln liegenden Bedürfnisse genau erkannt werden, um daraus wirklich spannende Bereiche und inspirierende Maßnahmen abzuleiten.

Die Erfolgsfaktoren sind dabei einerseits, das wirkliche Interesse am Shopper-Marketing zu haben und die Energie einzusetzen, den einkaufenden Menschen in den unterschiedlichsten Situationen immer wieder neu zu verstehen sowie andererseits die Kreativität und das Entrepreneurship zu besitzen, das Wissen in die richtigen Ideen und diese in die richtigen Maßnahmen umzusetzen. Das verstehe ich unter gutem Shopper-Marketing.

1 Shopper-Marketing – eine Einführung

Seit einigen Jahren ist zu beobachten, dass das Thema Shopper-Marketing zuneh-mend in den Fokus der FMCG-Industrie und des Handels rückt. Große, global agie-rende Markenartikelhersteller wie Nestlé, Procter & Gamble, Kimberly Clark etc., aber auch Handelsunternehmen wie Walmart erkannten frühzeitig die Potenziale dieses „neuen" Marketingansatzes und verstärkten ihr Engagement in diesem Be-reich. So wurden beispielsweise die Ausgaben für Point-of-Sale-Aktivitäten zwi-schen den Jahren 2005 und 2006 kurzerhand verdoppelt und es wurde mit weiter ansteigenden Raten für 2010 gerechnet (vgl. *Pincott* 2010, S. 9). Doch was genau wird unter „Shopper-Marketing" verstanden und welche Bedeutung hat es für Her-steller- und Handelskonzerne? Diese Fragestellung wird im Folgenden näher be-leuchtet.

Bevor der Bereich definitorisch abgegrenzt wird, soll zunächst auf die Entstehung von Shopper-Marketing im Rahmen der Handelsmarketingevolution näher einge-gangen werden. Die Entwicklung des Handelsmarketings wurde von sechs großen Trends, die von *Harris* auch als „The Big Waves of Retail Marketing" bezeichnet werden, maßgeblich geprägt. (Vgl. *Harris* 2010, S. 29 f.)

Ausgangspunkt bildete die **Scannertechnologie**, die Mitte der 1970er Jahre ein-geführt wurde. Durch die Möglichkeit, reale Verkaufsdaten in Echtzeit vom POS ab-

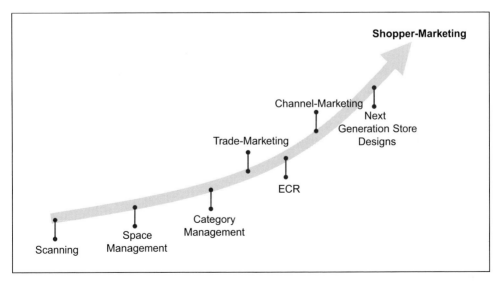

Abbildung 55: Die großen sechs Wellen im Einzelhandel (Quelle: Harris 2010, S. 29)

zufragen, konnte das Handelsgeschäft effizienter gestaltet werden. Unternehmen der Konsumgüterindustrie konnten erstmals das Kaufverhalten der Shopper wesentlich detaillierter analysieren, Nachfrage und Produktion synchronisieren, Promotionsmaßnahmen besser planen und rationalisieren sowie der gesamten Entscheidungsfindung reale Daten zugrunde legen. Zudem bildete sich hiermit der Grundstein für erste Partnerschaften zwischen Industrie und Handel.

Die zweite große Welle rollte ca. zehn Jahre später über die Handelslandschaft – das **Space Management**. Getrieben von der fortschreitenden Weiterentwicklung der Informationstechnologien, begann mit Programmen wie Apollo (GfK) oder Spaceman (AC Nielsen) das Zeitalter der Flächenplanung und Regaloptimierung. Ende der 1980er Jahre folgte die Einführung des **Category Managements**, welches durch die Entstehung der **Efficient Consumer Response(ECR)**-Partnerschaften eine immer wichtigere Rolle im Handel spielte.

Parallel hierzu gewann auf Herstellerseite das **Trade-Marketing** seit Ende der 1980er Jahre an Bedeutung. Den Händler nicht nur als Abnehmer und Distributeur der eigenen Produkte, sondern als fordernden Kunde bzw. Partner zu begreifen, wurde von der Industrie zunehmend verstanden und man versuchte, dies in zielgerichtete Strategien und Maßnahmen umzusetzen. Um der Segmentierung der Märkte sowie der fortschreitenden Dynamik Rechnung zu tragen, entwickelte sich im Zeitablauf als Teilaspekt des Trade-Marketings das **Channel-Marketing**. Unter Channel-Marketing sind sämtliche Aktivitäten zu verstehen, die sich auf einzelne Absatzkanäle beziehen.

In einer breiteren Sichtweise sind die Marketingmaßnahmen im Rahmen des Channel-Marketings auf einen bestimmten Absatzkanal ausgerichtet, wie beispielsweise auf den Absatzkanal SB-Warenhaus. In einer engeren Definition zielt Channel-Marketing auf den Absatzkanal eines bestimmten Händlers ab, z. B. auf den Discountkanal von Rewe (hierbei das Unternehmen Penny). Ziel des Channel-Marketings ist es, die Kanäle unter Berücksichtigung kanalspezifischer Besonderheiten profitabel weiterzuentwickeln. Durch die Betrachtung einzelner Kanäle können daher Strategien verbessert geplant und kontextspezifisch adaptiert werden.

Nach der Weiterentwicklung der Store Designs existiert seit etwa 2005 ein neuer/weiterer Marketingansatz: das **Shopper-Marketing.** Dieses Forschungsgebiet ist noch sehr jung und es hat sich bislang in der Literatur keine einheitliche Begriffsdefinition etabliert. Nachfolgend sind einige Definitionen aus Theorie und Praxis aufgeführt:

Shopper-Marketing stellt eine einkaufende Person in den Mittelpunkt und analysiert, plant, setzt um und kontrolliert die konzeptionellen und operativen Maßnahmen, mit denen das Verhalten beim Einkaufen in einem bestimmten Einkaufskanal einer bestimmten (Handels-)Organisation beeinflusst werden kann – mit dem Ziel, eine profitable (Hersteller- und Händler-)Markenentwicklung und Kategoriewachstum sicherzustellen.

Prof. Dr. S. Czech-Winkelmann
Wiesbaden Business School

Shopper marketing is the employment of any marketing stimuli, developed based on a deep understanding of shopper behavior, designed to build brand equity, engage the shopper (i.e. an individual in "shopping mode") and lead him/her to make a purchase.

Deloitte LLC.
Wirtschaftsprüfungsgesellschaft

Shopper-Marketing ist der Prozess der systematischen Analyse, Planung, Steuerung und Kontrolle aller Maßnahmen und Aktivitäten, die auf einem breiten und tiefen Shopper-Understanding basierend darauf ausgerichtet sind, das Kaufverhalten der Shopper am Point of Purchase so zu beeinflussen, dass eine überzeugte, nachhaltige und profitable Kundenbeziehung aufgebaut und gefestigt wird.

David Klöckner
Key Account Director, Nestlé Deutschland AG

Shopper marketing: The use of strategic insights into the shopper mindset to drive effective marketing and merchandising activity in a specific store environment. Key elements of effective shopper marketing include:

- an organizational culture that embraces shopper insights as a key component of the marketing strategy;
- strong collaboration between retailer and brand marketer, in which both sides work toward mutually beneficial objectives;
- the development of programs that, in addition to driving sales, can build brand equity for both product and retailer by engaging shoppers in relevant ways

In-Store Marketing Institute
Glossary

2 Die Bedeutung von Shopper-Marketing in der Marketingpraxis

Die Bedeutung von Shopper-Marketing ergibt sich insbesondere aus einem Aspekt, dessen Wichtigkeit auch in der Literatur oder fachspezifischen Studien fortwährend unterstrichen wird: Durchschnittlich werden nahezu **70 % aller Kaufentscheidungen am Point of Purchase** getroffen. Dies betrifft nicht nur die klassischen als Impulsprodukte verstandenen Waren, wie beispielsweise Süßwaren – diese Erkenntnis lässt sich auf alle Kategorien, d. h. auf das gesamte Sortiment, übertragen.

Hinzu kommt: 73 % der Shopper kaufen in mehr als fünf Absatzkanälen, nur 26 % sind „loyal gegenüber einem gewöhnlichen Händler. Betrachtet man die **Loyalität** gegenüber Herstellermarken, so können nur 5 % der Shopper als „markentreue" Shopper identifiziert werden. (Vgl. *IRI Times and Trends* 2007; *General Mills*, S. 6; *POPAI/Nymphenburg Gruppe* 2007)

Stellt man die Frage nach dem Grund dieser **geringen Herstellermarkentreue**, zeichnet sich ab, dass dieses Problem zum Teil „hausgemacht" ist. Die Marketingkampagnen der Hersteller wurden traditionell über Medien wie Radio, Fernsehen und Print und seit einigen Jahren auch verstärkt über das Internet umgesetzt. Auf unterschiedlichste Weise wurde versucht, die Aufmerksamkeit des Konsumenten zu gewinnen, um die Markenbekanntheit kontinuierlich zu steigern oder zu behaupten. Diese Werbeanstrengungen führten dazu, dass ein Verbraucher mittlerweile mit ca. 2500 bis 6000 Werbenachrichten täglich konfrontiert ist. Diese nicht mehr zu verarbeitende Informationsmenge resultiert in **massiven Sättigungserscheinungen und sinkender Wahrnehmung** seitens der Konsumenten (vgl. *Langner* 2009, S. 13, *Dannenberg/Wildschütz* 2006, S. 5). Dennoch konzentrierten sich die Marketingaufwendungen weiterhin schwerpunktmäßig auf die Out-of-Store-Werbung.

In-Store-Maßnahmen fanden dagegen vergleichsweise nur geringe Beachtung. Wenn In-Store-Maßnahmen umgesetzt wurden, so waren dies meist **Verkaufsförderungsmaßnahmen**. Doch sowohl in der Theorie als auch in der Praxis wurden diese allenfalls als unterstützende Maßnahmen bzw. als sog. Folgeinstrumente im Marketing-Mix angesehen. So wurden Verkaufsförderungsaktionen insbesondere bei Produkteinführungen und zudem **als Mittel zur schnellen Erzielung zusätzlichen Umsatze**s verwendet. Eine durchdachte Eingliederung in ein Overall-Marketingkonzept war nur selten und bei wenigen Unternehmen zu beobachten.

Durch das **geringe Engagement für In-Store-Werbung** wurde der Shopper im entscheidensten Moment des Kaufaktes – aus der Marketingperspektive – nahezu allein gelassen. Der „Moment of Truth", d. h. der Punkt, an dem sich der Käufer für Kauf oder Nicht-Kauf des Produktes entscheidet und sich in einer Produktpalette zwischen **800 und 80.000 SKUs** (Stock Keeping Units) entscheiden musste, blieb in seiner Bedeutung für die Wertschöpfung des Unternehmens verkannt. So endete das Marketing oftmals dort, wo die Kaufentscheidung beginnt.

Ein weiterer Aspekt dieser Problematik ist, dass Unternehmen nur relativ wenig über die Shopper ihrer Produkte wissen. Wer das Produkt verwenden soll (Konsument), wird vom Marketing oft sehr genau analysiert, **die Frage aber, wer das Produkt kauft und welche Aspekte dem Käufer wichtig sind und wie dieser seine Kaufentscheidung fällt, bleibt unbeantwortet.**

Die mangelnde Kenntnis des Shoppers (aber auch des Konsumenten!) zeigt sich auch in den hohen **Flopraten von Neuprodukten.** Oft nur getrieben vom Expansionsdenken entwickeln Konsumgüterkonzerne Produkte, die Substitute zu den bisherigen Artikeln darstellen und dem Shopper, aber auch dem Konsumenten keinen Mehrwert liefern. Auf der anderen Seite werden Produkte vom Handel ins Sortiment aufgenommen, wenn diese dem Handel hohe Konditionen bringen, auch wenn diese für das Sortiment aus Shoppersicht keinen zusätzlichen sachlichen oder emotionalen Nutzen liefern.

Diese vielfältige Problematik wird in ihrer Gesamtheit vom Shopper-Marketing-Ansatz aufgegriffen und zu lösen versucht. Shopper-Marketing stellt den einkaufenden Menschen in den Mittelpunkt. Es ist ein ganzheitliches, Kooperation voraussetzendes Konzept, das sich über den gesamten Einkaufsprozess erstreckt. Der Shopper bzw. dessen Verhalten soll in den einzelnen Phasen des Einkaufsprozesses tiefgreifend verstanden werden, um auf dieser Grundlage auf ihn zugeschnittene **wertschöpfende Marketingaktivitäten** zu entwickeln.

Betrachtet man das Spannungsfeld, in dem sich Shopper-Marketing befindet, so kann dieses in zwei Komponenten unterteilt werden. Shopper-Marketing ist sowohl eine **Disziplin** als auch **ein Marketingansatz.** (Vgl. *Lucas* 2010, S. 13 f.)

Als **Disziplin** dient Shopper-Marketing insbesondere dazu, Shopper Insights zu gewinnen. Mit diesem Begriff werden Erkenntnisse über einen Shopper bezeichnet, die direkt oder indirekt Aufschluss über dessen Motive, Einstellungen und/oder Verhaltensweisen geben und für den Kaufentscheidungsprozess von mittlerer bis hoher Relevanz sind. Die Erhebung, Auswertung und Nutzung dieser Insights stellt die Grundlage des Shopper-Marketings dar. Die rein quantitative Erhebung leistet jedoch nicht automatisch *den* Erfolgsbeitrag zum Shopper-Marketing. Insights sind zum Teil nicht sofort ersichtlich, sondern müssen z. B. durch tiefenpsychologische Untersuchungen oder aber auch besonders durch ein feines Gespür für den Markt und Markttrends erschlossen werden.

Für die Erhebung der grundlegenden Shopper Insights kann man sich der üblichen Methoden der Marktforschung bedienen. Über Fokusgruppen und Tiefeninterviews können zunächst Pilotstudien durchgeführt werden, um generelle Informationen über die aktuellen Meinungen, Einstellungen und Verhaltensweisen der Shopper zu erhalten. Im Markt können dann Befragungen, Beobachtungen oder auch Verhaltensmessungen durchgeführt werden.

Befragung	Beobachtung	Analyse von Verhaltensdaten
Mapping	Videobeobachtung (Geschäft, Gang, Regal)	Panel
Fokusgruppen	Eyetracking (Regal)	Kundenkartendaten
Interviews (z. B. Cognitive Map Interviews)	Virtuelle Realität	POS-Daten
Entry-Exit-Befragung	Kundenlaufstudie (Geschäft)	

Tabelle 58: Methoden zur Untersuchung des Shopper-Verhaltens

Die Erhebung dieser Daten beansprucht die **Ressourcen** eines Unternehmens erheblich. Zum einen muss die Durchführung solcher Studien finanziert werden. Zum anderen müssen personelle Kapazitäten (intern bzw. extern) verfügbar sein. Von den Verantwortlichen wird hohe Kompetenz, ein ausgeprägtes Marktforschungsverständnis, analytisches und abstraktes Denkvermögen sowie Kreativität verlangt.

Als **Marketingansatz** fokussiert Shopper-Marketing beim Einkaufsprozess im Wesentlichen auf die drei großen „S": S-hopper, S-tore und S-helf (vgl. *Lucas* 2010, S. 13). Diese werden im folgenden Kapitel beleuchtet.

3 Die drei großen „S" des Shopper-Marketing

3.1 Shopper

Eine Studie der Unternehmensberatung Deloitte aus dem Jahr 2008, die sich mit dem Thema Shopper-Marketing befasst, trägt den Titel: „Shopper Marketing – Capturing the Shopper's Heart, Mind and Wallet." Diese Beschreibung des Shoppers ist äußerst treffend und wird hier als Leitlinie verwendet, um den Shopper näher zu beschreiben.

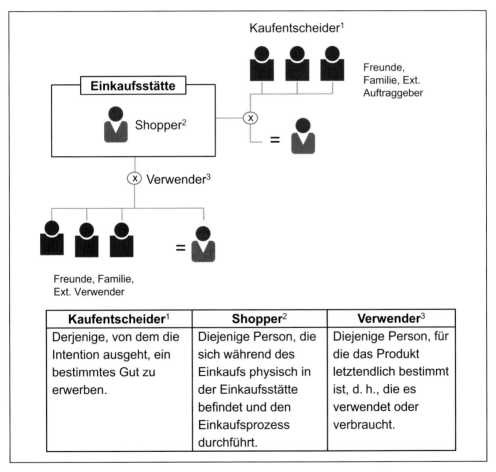

Kaufentscheider[1]	Shopper[2]	Verwender[3]
Derjenige, von dem die Intention ausgeht, ein bestimmtes Gut zu erwerben.	Diejenige Person, die sich während des Einkaufs physisch in der Einkaufsstätte befindet und den Einkaufsprozess durchführt.	Diejenige Person, für die das Produkt letztendlich bestimmt ist, d. h., die es verwendet oder verbraucht.

Abbildung 56: Who is who: Shopper, Kaufentscheider, Verwender

3.1.1 The Shopper's Mind

„It doesn't really matter what *we* think; it only matters what the shopper/consumer thinks." (*Howell* 2007, S. 29)

Zu den Grundkonzepten, die dabei helfen, den Shopper ganzheitlich zu verstehen, gehört der **„Path to Purchase"** (**Einkaufentscheidungsprozess**). Dieser Prozess umfasst vier Stufen (siehe Abb. 57).

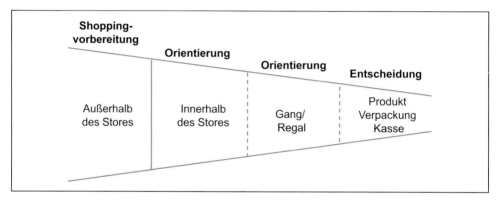

Abbildung 57: Der „Path to Purchase"

Der Path to Purchase erstreckt sich von der Kaufvorbereitung bis zum Kaufabschluss und verdeutlicht sämtliche relevanten Beeinflussungspunkte, die der Shopper bei seinem Einkaufsprozess durchläuft.

Die erste Phase dieses Kaufentscheidungsprozesses findet außerhalb des Stores statt. In der Shoppingvorbereitung, die durch den Einkaufsanlass angestoßen wird, bereitet sich der Shopper mental auf den Einkauf vor. Dies reicht von der Absicht einzukaufen bis hin zur konkreten Planung des Kaufs bestimmter Kategorien, Produkte oder Marken und zur Wahl des Absatzkanals und der jeweiligen Vertriebsschiene.

Bereits außerhalb des Stores begegnet dem Shopper „Ladenatmosphäre" in Form von Parkplatzgegebenheiten, Zugangswegen zum Laden, Werbung usw. Innerhalb des Stores wird der Shopper mit der Einkaufsatmosphäre konfrontiert, die sich u. a. aus der Gestaltungskonzeption des Marktes (dem Ladenlayout), dem Personal sowie den In-Store-Marketingmaßnahmen zusammensetzt. Geleitet vom Einkaufsgrund sowie durch die vorgegebenen Produktanordnungen und Gänge beginnt die Orientierung des Shoppers im Markt, die sich am Regal fortsetzt.

Am Regal erfolgt im ersten Schritt die grobe Orientierung nach Produktgruppen. Der Shopper verschafft sich so zunächst einen Überblick über die angebotenen Segmente und wählt dann im zweiten Schritt die für ihn relevanten Marken aus, indem er das Regal vertikal absucht.

An diesem Punkt trifft er die vorläufige Entscheidung für ein bestimmtes Produkt mit einer speziellen Verpackung. Die Entscheidung für oder gegen ein Produkt wird immer auch von dem Involvement determiniert. Je nach Art der Kaufentscheidung kann es sich um extensives, limitiertes, habitualisiertes oder impulsives Produktinvolvement handeln (vgl. *Wirtz* 2007, S. 95 ff. und die dort angegebene Literatur). So sind für impulsiv erworbene Produkte Platzierung und Promotions von höchster Bedeutung, während diese Maßnahmen für habitualisiert erworbene Produkte relativ gesehen eine eher untergeordnete Rolle spielen.

Die letztendliche Kaufentscheidung fällt an der Kasse, da der Kunde sich gegen eine Rückgabe des Produkts noch innerhalb der Einkaufsstätte entscheiden kann. Die Entscheidung wird durch den Bezahlvorgang letztendlich finalisiert.

Bricht man den Kaufentscheidungsprozess noch weiter auf, so lässt sich identifizieren, welche Aspekte sich im Einzelnen auf die Kaufentscheidung auswirken.

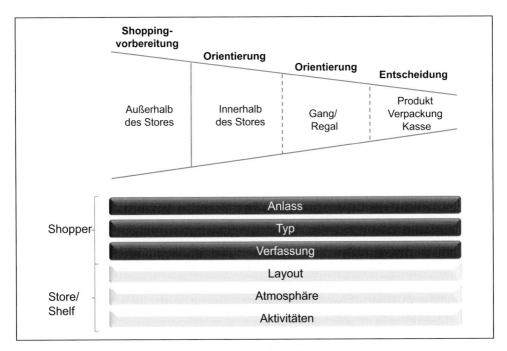

Abbildung 58: Einflussfaktoren auf den Path to Purchase

Der Path to Purchase wird von sechs Faktoren maßgeblich bestimmt, die bereits vor dem Betreten des Geschäfts greifen. Das sind der Kaufanlass, der Shoppertyp und die Verfassung des Shoppers. Diese werden gleich im Anschluss beschrieben. Weiterhin nehmen das Layout von Laden/Gang/Regal, die Atmosphäre und die Aktivitäten im Outlet Einfluss auf den Path to Purchase. Diese Faktoren werden in den Kapiteln 3.2 und 3.3 beschrieben.

Einkaufsanlass

Der Einkaufsanlass beschreibt die Ursache, die den Path to Purchase anstößt und notwendige Folgehandlungen auslöst. Nach *Trommsdorff* lassen sich diese Ursachen bzw. die Einkaufsmotive in sieben Gruppen clustern (siehe Tabelle 59).

Die hier aufgezeigten Gründe für den Kaufanlass werden auch als „Motive mittlerer Reichweite" bezeichnet, da diese für unterschiedliche Produkte und Zielgruppen gleichermaßen gelten (Motive niedriger Reichweite gelten hingegen nur für spezielle Produkte und Zielgruppen).

1	Ökonomik, Sparsamkeit, Rationalität
2	Prestige, Status, soziale Anerkennung
3	Soziale Wünschbarkeit, Normunterwerfung
4	Lust, Erregung, Neugier
5	Sex, Erotik
6	Angst, Furcht, Risikoneigung
7	Konsistenz, Dissonanz, Konflikt

Tabelle 59: Konsummotive mittlerer Reichweite (vgl. Trommsdorff 1998, S.115)

Nach Studien der Universität Essen konnten weitere Einkaufsmotive sowie die zugehörigen Bedarfe identifiziert werden. Diese wurden mit den von *Trommsdorff* ermittelten Ansätzen verglichen. Bei der Gegenüberstellung beider Studien kann die Schlussfolgerung gezogen werden, dass „Ökonomik, Sparsamkeit und Rationalität" sowie „Lust, Erregung und Neugier" die wesentlichen Einflussfaktoren des Einkaufsanlasses darstellen. „Die Kunden des Lebensmitteleinzelhandels befinden sich offenbar in einem Spannungsfeld zwischen versorgungs- und erlebnisorientiertem Einkauf." (*Feller* 2001, S. 19)

Konsummotive mittlerer Reichweite nach *Trommsdorf*	Einkaufs-motive nach *Feller*	Bedarf
1	Grundbedarfs-deckung	Grundnahrungsmittel, täglicher Bedarf
2,3,7	Frische	Obst und Gemüse, Frischfleisch, -käse, -fisch, Produkte mit geringer Haltbarkeit oder auch starkem Ver-brauch (Milch)
1,7	Ergänzung	a) kurzfristig fehlende Ware aus allen Bereichen b) Ergänzung im Schwerpunkt Frische
1,6,7	Auswahl	Drogerie (WPR, Kosmetik, sonstige drogerietypische Waren), Tee, Tier-nahrung
4	Erlebnis	Anregung, z. B. für Mahlzeiten a) aufwändiges Kochen b) Quick and Dirty (ggf. eigenes Segment „Convenience") c) besondere Atmosphäre, z. B. „die Welt des Tees" (Lifestyle)
4	Exotik	Artikel, die selten benötigt werden, aber etwas Besonderes darstellen und nicht überall erhältlich sind (exotische Gewürze), Tee
4	Innovation	Neuheiten, die ausprobiert werden
1,4	Schnäppchenjagd	gezielter Aktionskauf
1,6,7	Bevorratung	lagerfähige Ware
1	One-Stop-Shopping	Abdeckung des kompletten Bedarfs in der Regel für eine komplette Woche

Tabelle 60: Die Bedeutung von Konsummotiven nach Trommsdorf und Einkaufs-motive nach Feller für den Einkauf (vgl. Feller 2001, S. 20; vgl. Trommsdorf 1998, S. 115)

Shoppertyp

Um die Motive, Einstellungen und letztendlich die Kaufentscheidungen der Shopper zu verstehen, ist es zielführend, diese anhand relevanter Kriterien in Käufersegmente zu segmentieren. Auf diese Weise ergeben sich für bestimmte Branchen, Vertriebsschienen oder Warengruppen bestimmte Shoppertypen. (Siehe auch unterschiedliche Käufertypologien im Rahmen des Packaging im Abschnitt „Shelf".)

Eine beispielhafte Segmentierung, die von der Nestlé Deutschland AG im Rahmen der Nestlé Studie 2009 vorgenommen wurde, teilt die Lebensmittelkäufer im LEH in Deutschland nach bestimmten Kategorien ein und gibt zusätzlich deren Anteil an der Gesamtzahl der Einkäufer an (siehe Tabelle 61).

Shoppercluster	Anteil an Gesamt	Kurzbeschreibung
Family-Shopper	22 %	Möglichst gute Versorgung der Familie liegt ihnen am Herzen.
Gewohnheits-Shopper	17 %	Einkauf ist von Gewohnheiten und Vertrauen geprägt.
Premium-Shopper	17 %	Vielfalt und Exklusivität sind beim Einkauf wichtig.
One-Stop-Shopper	16 %	Lebensmitteleinkauf muss effizient und einfach sein.
Budget-Shopper	15 %	Hat weder Budget noch Interesse, sich mit dem Lebensmitteleinkauf zu befassen.
Gesundheits-Shopper	13 %	Einkauf von Lebensmitteln ist direkter Ausdruck der Lebensphilosophie.

Tabelle 61: „So is(s)t Deutschland" (vgl. Nestlé Deutschland Studie 2009)

Diese Shoppertypen müssen vor dem Hintergrund gesehen werden, dass es gemäß der Nestlé-Studie zudem sieben Ernährungstypen gibt. Mit anderen Worten: Es können in der Kombination Shoppertyp/Ernährungstyp 42 Shoppersegmente gebildet werden.

Diese Insights öffnen den Blick für die vielfältigen Möglichkeiten, die Shopper – je nach Vertriebsschiene und Händler – in einem Geschäft individuell anzusprechen.

Kritisch ist anzumerken, dass, parallel zum gestiegenen Interesse an Shopper-Marketing, vermutlich auch die Anzahl der unterschiedlichen Shoppertypen ansteigen wird. Das führt zu einer Unübersichtlichkeit, die für den Händler nicht zielführend ist. Das Interesse des Händlers wird darin bestehen, für seine Vertriebsschienen möglichst mit einer einheitlichen Shoppertypologisierung arbeiten zu können. Es ist zu erwarten, dass er für diese Analyse nur mit ganz wenigen ausgewählten Herstellern zusammenarbeiten wird. Innerhalb der einzelnen Warengruppen wird es jedoch vielfältige Möglichkeiten geben, die Shoppertypen der jeweiligen Vertriebsschiene noch einmal zu differenzieren und damit gezielt und individuell anzusprechen (analog zu den zuvor genannten sieben Ernährungstypen!).

Aber auch der Handel nimmt Shopperclusterungen vor, wie das folgende Beispiel aus den USA zeigt: Shopper segmentation: „For example, until recently Best Buy would target a soccer mom-type it named 'Jill' and an affluent professional IT named 'Barry'. CVS looks for 'Sophie', an older empty nester; 'Caroline', a young, single working woman; and 'Vanessa', who's married with children. Walmart doesn't name names, but looks for 'brand aspirationals', 'price value shoppers' and 'trendy quality seekers'" (vgl. o. V. 10/2010 www.instoremarketing.org)

Verfassung

Es stellt sich die Frage, warum der Shopper in unterschiedlichen Situationen unterschiedliche Outlets nutzt. Menschen durchleben bestimmte Situationen, diese bilden die Gemütsverfassungen und prägen das Mindset des Konsumenten.

So zeigt eine Untersuchung, dass es sechs Verfassungstypen geben soll, die sich beim Einkaufen folgendermaßen benennen lassen:

- Zeitüberbrückung
- Bedarfsdeckung
- Noteinkauf
- Schnäppchenjagd
- Wellness-Trip
- Ego-Boosting

Die Drogeriekette dm wirkt z. B. extrem sympathisch und makellos. Das implizite Markenbild ist: Mythos vom Jungbrunnen – ich kann regenerieren, wenn ich dort einkaufe. (Ich kaufe dort ein, wenn ich genau in der Verfassung bin, mir etwas Gutes/Regenerierendes leisten zu wollen.) In der Drogerie Müller dagegen kann man sich „verbesondern", das Ego-Boosting soll dort angesprochen werden. (Wenn ich in der Verfassung bin, mich verbesondern zu wollen, gehe ich zu Müller!) (Vgl. *Rogge* 2010, o. S.)

Verfassungen begründen auch, warum sehr unterschiedliche Persönlichkeiten in ein und demselben Outlet einkaufen; denn Verfassungen führen zu einer „Gleichschaltung" von unterschiedlichen Menschen.

Dass Gemütsverfassungen einen Einfluss auf die Einkaufsstättenwahl nehmen, ist sicherlich unbestritten. Allerdings ist in dieser Frage noch weitere Forschung notwendig, um zu konkreten umsetzbaren Aussagen zu kommen.

3.1.2 The Shopper's Heart

Die Forderung „Capturing the Shopper's Heart" zielt darauf ab, den Shopper emotional zu berühren. Dies betrifft zwei Bereiche: den Store an sich und die im Store angebotenen Marken.

Für die Entwicklung des emotionalen Markenkonzepts und die emotionale Aufladung innerhalb der verschiedenen kommunikativen Maßnahmen ist das Consumer-Marketing verantwortlich. Das Shopper-Marketing stellt sicher, dass die Emotionalität, die eine Marke verkörpert, auch am POS zum Ausdruck kommen kann. So sollten z. B. die Warenpräsentation, die Platzierung, die Anordnung der Produkte im Regal oder Promotionmaßnahmen die Markenpositionierung widerspiegeln und die Markenwelt erlebbar machen.

Der Store selbst muss auch die Positionierung der Händlermarke widerspiegeln und die Händlermarke erlebbar machen. Das Ladenlayout und die Aktivitäten im Outlet bis hin zu akustischen oder auch olfaktorischen Eindrücken sollten den Shopper emotional ansprechen.

Shopper-Marketing muss als kooperatives Konzept in der Zusammenarbeit von Hersteller und Handel den Einkauf zum Erlebnis werden lassen. Man spricht in diesem Zusammenhang auch vom „Retail-Tainment". Ein Beispiel dafür ist das Programm „Bright Ideas", das von Walmart im Februar 2009 initiiert wurde.

Walmart hatte sich zunächst das Ziel gesetzt, den Konsumenten eine bessere Einkaufsatmosphäre zu bieten. Dabei sollten die vorhandenen Kommunikationsinstrumente jedoch nicht vermehrt eingesetzt werden, sondern man wollte sich auf die Instrumente konzentrieren, die eine hohe Bedeutung für den Shopper haben. Dies zeigte sich zunächst darin, dass das Instore-TV an Bedeutung gewann, während von einem weiteren Engagement in das Einkaufsradio abgesehen wurde.

Die Kernidee von „Bright Ideas" bestand darin, Sampling und Produktdemonstrationen zu einem integrierten Bestandteil der Store-Erfahrungen werden zu lassen. Grundsätzlich war dies kein neuer Ansatz, da Promotions bereits in den Jahren zuvor durchgeführt wurden, doch man hatte das Konzept bis dahin nicht einheitlich organisiert. Wal-Mart trennte sich von den neun Eventagenturen, mit denen das Unternehmen bislang zusammengearbeitet hatte, da diese die Markt- und Promotionbearbeitung so unterschiedlich ausführten, dass es unmöglich war, dem Shopper eine einheitliche Markt- und Promotionerfahrung zu bieten. Wal-Mart arbeitet jetzt nur mit den beiden marktdominierenden Unternehmen im Bereich Sales and Marketing Services zusammen: Advantage Sales and Marketing, Irvine, Kalifornien, und Crossmark, Plano, Texas.

Das „Bright Ideas"-Konzept verfolgt einen relativ einfachen Ansatz. An festgelegten Tagen in der Woche (Donnerstag bis Sonntag) werden von 11.00 bis 16.00 Uhr Samplings oder Produktpräsentationen durchgeführt. In den Stores werden hierbei stets drei Promotions in den Kategorien Mopro, Feinkost, Backwaren, Frische, allgemeine Lebensmittel, Snacks, Papierartikel und WPR sowie eine weitere in einer hiervon unabhängigen Warengruppe, durchgeführt. Die Standorte der Aktionen werden dabei möglichst nah am Regal des jeweilig beworbenen Produkts platziert.

Das Programm weist drei wesentliche Unterschiede zu herkömmlichen Verkaufsförderungsaktionen auf.

Das Personal
Das Personal besteht aus „Eventspezialisten", die auf ihre Promotiontätigkeit eigens vorbereitet wurden. Darüber hinaus werden die Promotoren dauerhaft einer Einkaufsstätte zugewiesen und so ausgewählt, dass sie zum Shoppertyp der jeweiligen Einkaufsstätte „passen". Dieses Vorgehen soll dazu beitragen, dass zwischen Shopper und Verkaufsförderer eine persönliche Beziehung aufgebaut wird, die auch bestenfalls in einer langfristigen Kundenbindung resultiert.

Die Erfahrung
Die Shopper gewöhnen sich sowohl an die routiniert durchgeführten Samplings und Produktvorführungen als auch an die Promotoren. Hierdurch erhöht sich das Vertrauen der Shopper in die Aktionen und der Verkaufsförderer wird zum kompetenten Berater für den eigenen Einkauf. Durch die einheitliche Gestaltung der Promotionstände wird zudem deren Wiedererkennungswert erhöht. Die Akzeptanz

der Maßnahmen ließ sich bereits in hohem Shopper-Traffic rund um die jeweiligen Aktionsflächen nachweisen.

Lösungsorientiertes Denken

Die Aktionen müssen lösungsorientiert und wertschöpfend sein sowie mit dem von Wal-Mart angestrebten Konzept „live better" übereinstimmen. Hierzu gehört, dass dem Shopper relevante Hilfestellungen beim Einkauf zur Verfügung gestellt werden. So „schulte" Wal-Mart beispielsweise seine Kunden durch Flyer und Aktionen darin, wie sie reife Früchte erkennen konnten und wie sie eine Ananas richtig schälten. In diesem Zusammenhang fordert Wal-Mart auch verstärkt die Zusammenarbeit von Lieferanten, um lösungsorientierte Promotions generieren und ebenfalls Cross-Selling-Potenziale ausschöpfen zu können.

Übersicht: Das „Bright Ideas"-Konzept

Durchführungszeitraum: Jeden Donnerstag bis Sonntag von 11:00 bis 16:00
Durchschnittliche Dauer der Aktionen: 2 Tage
Durchschnittliche Anzahl an Promotions: 700.000 (350 pro Store pro Tag)
Kosten: $ 200 pro Store pro Tag ($ 220 für zwei Marken, $ 240 für drei)
Brand Impressions: 3 Millionen (1500 pro Store pro Tag)

Tabelle 62: Eckdaten zum „Bright Ideas"-Konzept von Wal-Mart (vgl. In-Store Marketing Institute Oktober 2009, S. 4)

3.1.3 The Shopper's Wallet

Die Marketingmaßnahmen im Shopper-Marketing müssen zur Wertschöpfung beitragen. Wie Norbert Reiter, Deutschlandchef der CCSD-Abteilung der Nestlé Deutschland AG beschreibt, muss es das Ziel der Hersteller werden, ganze Kategorien beim Handel weiterzuentwickeln. Der Fokus auf die alleinige Stärkung der eigenen Marken führt nicht ausreichend zum gewünschten Erfolg und wird vom Handel nicht akzeptiert.

Aktionen müssen daher für den Shopper und den Handel relevant sein, einen echten Mehrwert bieten und dazu führen, dass der Shopper von einer bestimmten Marke, aber auch von den anderen Angeboten in der Kategorie bei dem betreffenden Händler mehr kauft, d. h., mehr Geld ausgibt.

Das Controlling des Erfolgs der realisierten Maßnahmen ist daher von großer Bedeutung. Dass Shopper-Marketing erfolgreich ist, ist Abbildung 59 zu entnehmen. Sie zeigt den Return on Investment von Shopper-Marketing-In-Store-Aktivitäten im

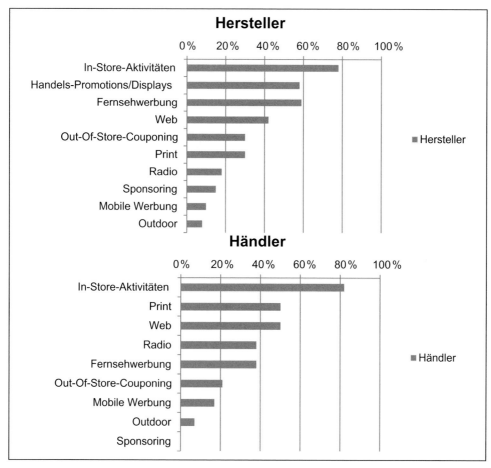

Hersteller

0%   20%   40%   60%   80%   100%

- In-Store-Aktivitäten
- Handels-Promotions/Displays
- Fernsehwerbung
- Web
- Out-Of-Store-Couponing
- Print
- Radio
- Sponsoring
- Mobile Werbung
- Outdoor

■ Hersteller

Händler

0%   20%   40%   60%   80%   100%

- In-Store-Aktivitäten
- Print
- Web
- Radio
- Fernsehwerbung
- Out-Of-Store-Couponing
- Mobile Werbung
- Outdoor
- Sponsoring

■ Händler

Abbildung 59: Bedeutung von ausgewählten Marketinginstrumenten für den Return on Investment (vgl. GMA/Deloitte Shopper Marketing Study 2008, S. 3)

Vergleich zu anderen kommunikativen Maßnahmen – und das sowohl aus der Sicht der Hersteller wie der Händler.

3.2 Store

Die Einkaufsstätte kann in mehrerer Hinsicht als Marketinginstrument verwendet werden. Betrachtet man die Möglichkeiten in der Kommunikationspolitik, bieten sich die unterschiedlichsten Varianten, den Verbraucher im Laden anzusprechen: In-Store-TV, In-Store-Radio, Regalstopper, Deckenhänger, Plakate, Tafeln, Handzettel usw. Die Annahme, Shopper-Marketing sei dann erfüllt, wenn diese Mittel einfach nur verstärkt verwendet werden, ist jedoch ein Trugschluss. Shopper-Marketing fordert vielmehr, das Einkaufen zum Erlebnis werden zu lassen und die Gestaltung der Einkaufsstätte den Bedürfnissen der Shopper anzupassen. Als Umsetzungstool hierfür bietet sich Visual Merchandising an. Durch die Verwendung von Licht, verschiedenen Materialien, Musik, Gerüchen etc. sollen viele verschiedene Sinne des Konsumenten erreicht werden – der Shopping Mode, d. h. der Zustand, in dem sich der Konsument beim Kauf befindet, soll auf diese Weise positiv stimuliert werden.

Es müssen Erlebniswelten inszeniert werden, die dem Image der Einkaufsstätte aus Käufersicht entsprechen. Ein gutes Beispiel hierfür ist Edeka. In der Fernsehwerbung wird anhand des Slogans „Wir lieben Lebensmittel" eine freundliche und offene Atmosphäre suggeriert sowie ein Schwerpunkt auf den Bereich Frische gelegt. Dies wird konsequent im Store umgesetzt. So befindet sich am Eingang sofort sichtbar eine große, attraktiv gestaltete Frischeabteilung sowie ein in der Regel übersichtlicher und offen wirkender Store. Durch das Storedesign bedient Edeka gezielt den Anspruch, qualitativ hochwertige Produkte zu führen und setzt dies auch im Sortiment um. Trends wie Regionalität werden bedient – durch diese Maßnahmen gelingt es dem Unternehmen, das in der Werbung kommunizierte Bild auch in der Praxis umzusetzen.

Generell muss das Konzept an die jeweilige Vertriebsschiene angepasst werden. Vergleicht man beispielsweise die Warenpräsentation des Wein- und Spirituosensortiments der Edeka GmbH mit dem der Penny GmbH, so zeigt sich deutlich der von den Unternehmen verfolgte Ansatz. Die Edeka GmbH, welche das Konzept der Leistungsführerschaft anstrebt, konzentriert sich auf hochwertige wirkende Platzierungen sowie die Inszenierung des Weinsortiments als Vinothek. Das Unternehmen Penny hingegen unterstreicht mit dem Verkauf von Weinflaschen direkt aus Kartons und einer gewöhnlichen Regalplatzierung die angestrebte Preisführerschaft und pflegt somit das Preisgünstigkeitsimage.

Es ist also nicht automatisch so, dass man bei einer hochwertigen Platzierung der Ware oder Gestaltung des Stores von gutem und umgekehrt von schlechtem Shopper-Marketing spricht. Shopper-Marketing wird dann erfolgreich umgesetzt, wenn der Markt ein konsistentes Abbild von dem liefert, was der Konsument im Absatzkanal erwartet. Dies erstreckt sich von der Gestaltung des Stores über das Sortiment, die Platzierung der Produkte, die Preise, die Berücksichtigung von Trends, die Aktionen und die Freundlichkeit der Mitarbeiter bis hin zum Umgang mit Reklamationen. Der Store muss die Erwartungshaltung des Shoppers befriedigen, die er in einer bestimmten Verfassung hat.

Neben der reinen Inszenierung von Themenwelten und der attraktiven Ausrichtung von Shops sollte Shopper-Marketing aktuelle Trends berücksichtigen und zielgerichtet umsetzen. So müssen beispielsweise Märkte gemäß der demografischen Entwicklung altersgerecht gestaltet werden. Oder sie müssen den Wunsch nach Ethno-Food-Produkten befriedigen, d. h. die Nachfrage von Menschen mit Migrationshintergrund.

---

dm montiert Lupen an Einkaufswagen

Freitag, 11.09.2009 LZINET. Der Drogeriemarktbetreiber dm führt bundesweit an Einkaufswagen montierte Lupen ein. Die Lupen sollen allen Kunden das Lesen der Verpackungsaufdrucke erleichtern. Die neuen Lupen an Einkaufswagen werden seit Februar in 90 dm-Märkten in ganz Deutschland getestet. Jetzt soll dieser Service flächendeckend in allen rund 1100 dm-Märkten eingeführt werden.

Mit der Lupe möchte dm einerseits auf die demografische Entwicklung eingehen und andererseits sicherstellen, dass jeder Kunde die Inhaltsangaben auf den Produkten genau lesen kann. „In Zeiten, in denen die Verbraucher Sorgen haben, Analogkäse, minderwertigen Schinken und unechte Garnelen einzukaufen oder sich vor versteckten Preiserhöhungen fürchten, ist Transparenz für uns ganz besonders wichtig", sagt Erich Harsch, Vorsitzender der dm-Geschäftsführung.

(Quelle: *o. V.* 9/2009, lebensmittelzeitung.net)

3.2.1 Flächenplanung

Eines der Ziele von Shopper-Marketing besteht darin, der Wertschöpfung gerecht zu werden. Dafür muss das Einkaufserlebnis nicht nur gesteigert werden, die Einkaufsstätten sind darüber hinaus auch effizient zu planen. Vor einigen Jahren vertraten viele Händler die Ansicht, dass Einkaufsdauer und Bonsumme positiv korreliert seien. Man versuchte also, die Shopper durch Suchartikel, verwinkelte Loops etc. so lange wie möglich im Geschäft zu halten. Aktuellen Erkenntnissen zufolge verbringen Shopper jedoch lediglich 20 % der Zeit mit dem Einkaufen, während 80 % für die Wege durch das Geschäft sowie für das Suchen aufgewendet werden. Bei einem Einkaufsakt von 20 Minuten sind demnach 16 Minuten „verschwendete" Zeit für den Händler und für den Shopper und fördern beim Kunden auch noch den Einkaufsstress (vgl. *Sorensen* 2009, S. 41 f.).

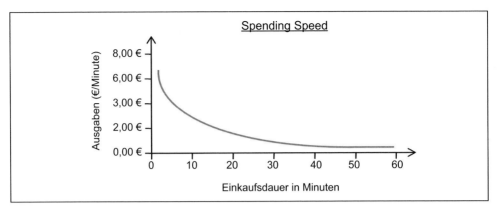

Abbildung 60: Spending Speed (vgl. Sorensen 2009, S. 42)

Betrachtet man den „Spending Speed" – d. h. die Geschwindigkeit, in der Geld ausgegeben wird, ist festzustellen, dass die Shopper, die die wenigste Zeit in der Einkaufsstätte verbringen, am meisten Geld ausgeben. Es liegt somit im beiderseitigen Interesse (Handel und Shopper), den Einkaufsprozess straffer zu gestalten und
den Lauf- und Suchaufwand zu reduzieren. Shopper Insights sind hier sehr hilfreich.

Der Händler sollte daher u. a. folgende Fragen beantworten können:

- Wie bewegen sich die Shopper durch den Markt?
- Welche Regale werden besucht und welche werden gar nicht frequentiert?
- Gibt es „Dead Ends"?
- Was sind die Hot Spots/Cold Spots in meinem Geschäft?
- Welche POS-Impulse werden wahrgenommen?
- Wie können zusätzliche Kaufimpulse geschaffen werden?
- Wie ist das Einkaufserleben – was wurde im Store empfunden?
- Wie sieht der optimale Store aus Sicht des Konsumenten aus?
- Wo werden bestimmte Produktkategorien und Marken erwartet?
- Welche Kategorien und Marken werden gemeinsam verortet?
- Wie können Verbundkäufe generiert werden? Wo gibt es Cross-Selling-
  Potenziale?
- Wo sollten Ankerprodukte platziert sein?
- Welche Hilfestellung wünschen sich die Konsumenten beim Gang durch den
  Store?
- Sind Erwartung und Wahrnehmung des Stores kongruent?

Die Frequenzmessung ist eine ganz wichtige Methode zur Klärung dieser Fragen.
Abbildung 61 zeigt schematisch eine Situation, die sehr oft vorzufinden ist.

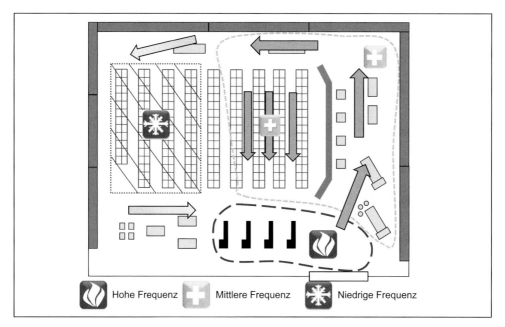

Abbildung 61: Shopperfrequenz in einem Store (in Anlehnung an Sorensen 2009, S.16)

Die Grafik zeigt, dass der „Shopper-Traffic" gegen den Uhrzeigersinn verläuft, weil es sich um ein linksdrehendes Ladenlayout handelt. Die Bewegung gegen den Uhrzeigersinn entspricht der menschlichen Orientierung und ist auch häufig im Tierreich zu beobachten. (Vgl. *Sorensen* 2009, S. 76)

Die Bereiche mit der höchsten Frequentierung ist der Eingang, also der Bereich, den alle Kunden durchlaufen müssen, um in das Innere des Geschäfts vorzudringen. Insofern ist es logisch, dass hier die höchste Frequenz zu finden ist, genauso wie am Ausgang im Bereich der Kassenzone. Weitere stark frequentierte Zonen sind die hinteren Bereiche und die Gänge in der Mitte des Geschäfts. Der Grund hierfür ist folgender: Die Laufwege der Shopper werden maßgeblich von einer Tatsache determiniert – „Shoppers come through the front door with a goal in mind. That goal is the checkout and exit (and beyond), and they behave as if drawn by an irresistible force toward it." (*Sorensen* 2009, S. 79)

Nachdem der Shopper den ersten Bereich der Einkaufsstätte durchquert hat, orientiert er sich bereits wieder Richtung Ausgang. In der Beispielgrafik sind es die stark frequentierten Mittelgänge, die eine Sicht auf den Ausgang ermöglichen. Dies erklärt dann auch, warum die Regale links von den Mittelgängen (siehe markierte Fläche) besonders wenig durchlaufen werden.

Für Händler und Hersteller ist das Verständnis der Laufwege essenziell. Auf diese Weise können Hot Spots, d. h. hochfrequentierte Bereiche in der Einkaufsstätte, zunächst erkannt und dann besser geplant werden und der Einkaufsprozess kann effizienter und wertschöpfender gestaltet werden.

3.2.2 Clean Store Policy

Der Begriff „Clean Store Policy" beschreibt eine bestimmte Denkhaltung des Handels, die besagt, dass sich die Inszenierungen am POS einem einheitlichen, vom Händler vorgegebenen Gestaltungskonzept unterwerfen müssen. Mehr Übersichtlichkeit, stärkeres Branding der Händlermarke und Reizreduktion beim Shopper (nach der Maßgabe, den Einkaufsstress zu reduzieren) sind die Ziele.

Von essenzieller Bedeutung ist die Auswahl des Partners. Dies bedeutet, dass es nicht mehr jedem Hersteller möglich ist, beliebige Promotions durchzuführen oder jegliches Produkt zu listen, wenn nur die Listungsgebühr stimmt.

In den USA ist bereits zu beobachten, dass Händler eine Clean Store Policy verfolgen, wie z. B. das bereits vorgestellte „Bright Ideas"-Konzept von Wal-Mart zeigt. In der Schweiz bahnt sich eine ähnliche Herangehensweise an. Und auch bei Edeka und Rewe gibt es Projekte, die darauf abzielen, die Anzahl der Werbemittel zu reduzieren und insgesamt einen „ordentlicheren" Point of Sale anzubieten.

Händler werden zukünftig mehr darauf achten, dass die Produkte mit dem Gesamtkonzept des Marktes übereinstimmen. Auch Hersteller befassen sich mit diesem Thema. Unterstützt das Image der Einkaufsstätte mein Produkt? Entsprechen die dortigen Käufer meiner Zielgruppe? Diese und ähnliche Fragen sollten bei der Partnerwahl geklärt werden.

3.2.3 Kooperation von Handel und Hersteller

Die Einkaufsstätte bzw. die Vertriebsschiene bildet die Schnittstelle zwischen Handel und Hersteller. Hersteller sind auf die Daten des Handels sowie auf dessen Expertise in der Führung von Filialen, der operativen Umsetzung von Maßnahmen und auf dessen detailliertes Know-how über einzelne Kunden angewiesen. Händler wiederum benötigen von den Herstellerkonzernen deren Analysen, ihre Fähigkeit zur strategischen Planung und das Know-how im Marketingbereich.

Trotz dieser offensichtlichen Notwendigkeit bestehen im Rahmen des Shopper-Marketings nur wenig überzeugende Kooperationen. Eine Studie von GMA und

Deloitte ergab, dass weniger als 20 % der Unternehmen die Zusammenarbeit mit dem Handel als „entwickelt" bis „weit entwickelt" ansahen. Es fehlen oftmals die richtigen Partner, die richtigen Strukturen und Prozesse sowie eine glaubwürdige Intention, zusammenzuarbeiten. Es hat sich jedoch bereits das Verständnis durchgesetzt, dass Shopper-Marketing in der Zukunft eine immer größere Rolle spielen wird. So sind auch schon hohe Investitionen oder Investitionsvorhaben auf Hersteller- und Handelsseite zu beobachten. (Vgl. GMA/Deloitte 2008, S. 5 ff.) Die Problematik wird von Deloitte und GMA wie folgt betitelt: "As organizations race to catch the 'shopper marketing train', many are jumping aboard without checking their destination. Others might be catching the right locomotive, but have failed to pack the right supplies for the journey" (vgl. GMA/Deloitte 2008, S. 6).

Wie können nun die Unternehmen zielführend zusammenarbeiten? Ähnlich wie beim Category Management oder CPFR erleichtert es die Zusammenarbeit dann erheblich, wenn ein Plan aufgestellt wird, der die Zusammenarbeit in bestimmte Schritte unterteilt und somit genau festlegt.

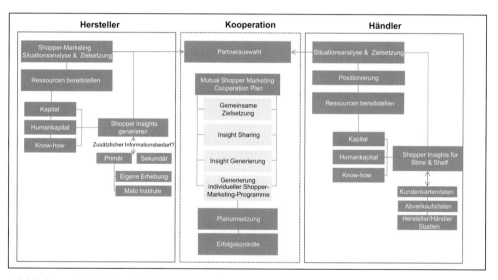

Abbildung 62: Ablaufschritte im Kooperationsprozess zwischen Händlern und Herstellern im Shopper-Marketing

Die Vorgehensweise ist in eine interne und eine externe Sichtweise zu untergliedern. Zunächst müssen sich die Beteiligten darüber Klarheit verschaffen, welche Ziele mit Shopper-Marketing verfolgt werden. Hilfreich ist es in diesem Zusammenhang, eine Situationsanalyse durchzuführen. Die Kooperationspartner sollten ebenfalls eigene Insights generieren, weshalb von jeder Seite dafür Ressourcen bereitgestellt werden sollten.

Die Partnerwahl ist die entscheidende Phase im Shopper-Marketing-Prozess. Dabei ist es vorteilhaft, diejenigen Partner auszuwählen, die bereits über Erfahrungen im Shopper-Marketing sowie über eine hohe Kompetenz im jeweiligen Absatzkanal oder der Kategorie verfügen.

Im nächsten Schritt ist ein Mutual (gemeinsamer) Shopper-Marketing-Plan zu erstellen. Bei der Festlegung der entsprechenden Ziele ist es notwendig, dass die Abteilungen schnittstellenübergreifend arbeiten und die Kommunikation nicht durch eine Schnittstelle dominiert wird. Der Austausch der Insights, bzw. allgemeiner formuliert, der Austausch von Know-how ist hierbei sehr bedeutend. Die Phase des Insight Sharings hilft dabei, den Shopper umfassend zu verstehen und dementsprechend effektive und effiziente Maßnahmen umzusetzen. Auf dieser Basis können neue Insights generiert werden, die Auskunft über die Shoppertypologien der jeweiligen Vertriebsschiene geben. Im nächsten Schritt schließt sich die Strategiefestlegung an, in der bestimmt wird, wie diese Shoppererkenntnisse optimal zu bedienen sind. Nun werden die individuellen Shopper-Marketing-Programme generiert.

Die Planumsetzung erfolgt im vorletzten Schritt. Wichtig ist, dass das Ziel, das mit der Maßnahme verfolgt wird, allen beteiligten Organisationen oder Personen, besonders auch in der Fläche bekannt gemacht wird, damit die operative Umsetzung erfolgreich verläuft. Die Kontrolle des Prozesses findet im letzten Schritt statt. Hierbei können die Abverkäufe sowie der Return on Investment als geeignete Kennzahlen verwendet werden, um der Erfolgskontrolle die gewünschte Aussagekraft zu verleihen.

3.3 Shelf

Am Regal, als zentraler Schnittstelle zwischen Angebot und Nachfrage, findet der sog. „Moment of Truth" statt, d. h. die Entscheidung des Shoppers für (oder gegen) ein bestimmtes Produkt.

3.3.1 Konversionsrate der Entscheidungen

Der Shopper findet im Geschäft nicht nur eine große Anzahl unterschiedlichster Kategorien, sondern ist darüber hinaus noch mit Hunderten von Produkten innerhalb der Warengruppen und der Segmente konfrontiert. Die Konversionsrate der Entscheidungen tritt in Kraft. Ähnlich wie beim Gesetz des abnehmenden Grenznutzens nimmt auch der Umsatz mit steigender Anzahl der Auswahlentscheidungen,

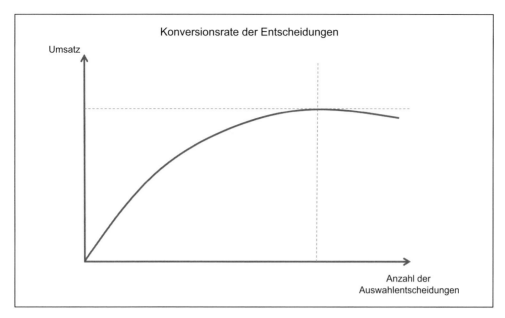

Abbildung 63: Konversionsrate der Entscheidungen (vgl. Lucas 2010, S.15)

sobald sie einen Grenzwert überschreiten, kontinuierlich ab. (Vgl. *Lucas* 2010, S.14 f.)

Für ein erfolgreiches Shopper-Marketing aus „Shelf-Perspektive" ist daher die Bereinigung des Sortiments sowie die Herausstellung von Produkten, die für den Shopper relevant sind, absolut notwendig. Es existieren beispielsweise auf der Großfläche im Bereich Milch-Mix-Getränke (d. h. Kakao und Fruchtmilch) mindestens 30 verschiedene Sorten mit unterschiedlichen Grammaturen, Zusätzen und Verpackungsarten. Diese Sortimentspolitik trägt nicht dazu bei, eine zusätzliche Wertschöpfung zu erzielen, sondern fördert nur den Verdrängungswettbewerb, der im Zweifel wiederum über die Preispolitik ausgetragen wird.

Was erwartet der Shopper im Sortiment? Welche Auswahl ist für ihn wirklich relevant? Am Regal müssen zwei Trends miteinander vereint werden – einerseits der Wunsch nach (großer) Auswahl und andererseits der Wunsch nach „Simplicity", d. h. einem möglichst einfachen, unkomplizierten und stressfreien Einkauf.

Wichtig ist natürlich die Listung relevanter Produkte. Doch abgesehen davon stellt sich die Frage, inwieweit Regale an die Bedürfnisse des Shoppers angepasst werden können.

Hierbei ergeben sich u. a. folgende Ansatzpunkte:

- Regal und Gang
- Produktanordnung im Regal
- Verpackung der Produkte

3.3.2 Regal und Gang

Das Regal selbst ist ein wesentlicher Gestaltungspunkt im Store. Die Ausgestaltung nach Länge, Breite und Höhe sowie der Abstand zum parallel angeordneten Regal bzw. die Breite der Gänge haben enormen Einfluss auf das Shopperverhalten. *Herb Sorensen*, einer der Pioniere im Bereich der Retail-Forschung, misst diesem Thema eine herausragende Bedeutung bei: „This is one of the most powerful motivators to shoppers – open space. This means that adding a foot or two to the width of any aisle is likely to generate more traffic" (*Sorensen* 2009, S. 80).

Shopper bevorzugen demnach einen übersichtlichen Markt, der sich durch breite Gänge sowie durch Regale auszeichnet, die in ihrer Höhe und Breite begrenzt sind. Der Markt soll nicht das Gefühl vermitteln, in einem Lager einzukaufen – diese Empfindung widerstrebt dem Shopper.

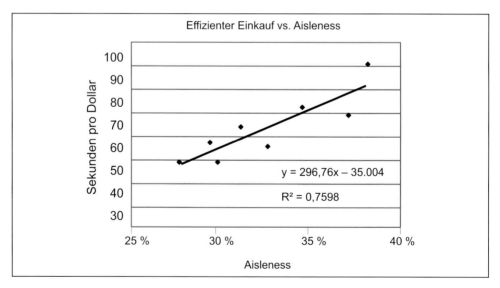

Abbildung 64: Effizientes Shopping vs. Aisleness; je höher die Aisleness, d. h. der Grad, zu dem ein Markt in Gänge unterteilt ist, desto mehr Sekunden verstreichen pro ausgegebener Geldeinheit (vgl. Sorensen 2009, S. 83)

Für Gänge liegt noch ein weiterer Insight vor. Es besteht eine positive Korrelation zwischen der Enge der Gänge und den Dollars, die pro Sekunde ausgegeben werden. Je enger die Gänge sind bzw. je mehr Regale auf einer gegebenen Fläche platziert werden, umso länger dauert der Einkauf und es wird pro Sekunde weniger Geld ausgegeben. *Sorensen* bezeichnet dies auch als „Aisleness" und meint damit den Grad, zu dem eine Einkaufsstätte in Regale unterteilt ist. Je höher die Aisleness, desto ineffizienter verläuft der Einkauf (vgl. *Sorensen* 2009, S. 81).

3.3.3 Produktanordnung im Regal

Die Regale sind eingeteilt in eine Reck-, Sicht-, Greif- und Bückzone. Während sich in der Bückzone meist die Preiseinstiegsmarken befinden, werden in der Greifzone Markenprodukte positioniert. Früher war es oftmals üblich, dass Handelsmarken in der Bückzone positioniert waren. Durch die fortschreitende Bedeutung der Handelsmarken und die Bedienung der drei Segmente Preiseinstiegs-, Mittel- und Premiummarke hat sich dieses Konzept jedoch gewandelt.

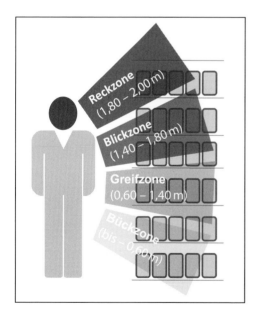

Abbildung 65: Regalzonen (vgl. Czech-Winkelmann 2010, S. 26, S. 31; S. 83; S. 166)

Insights über das Suchverhalten der Shopper müssen ebenfalls bei der Regalplanung berücksichtigt werden. Das Suchverhalten erfolgt zunächst in der Horizontalen. Der Shopper verschafft sich auf diese Weise einen Überblick über die Produkte. Es ist der sog. Orientierungsblick, mit dem er über die Regale schaut. Aus diesem Grund sollten die Regale in klar abgegrenzte Segmente untergliedert werden. Innerhalb eines Segmentes verläuft die Suche des Shoppers vertikal, von oben nach

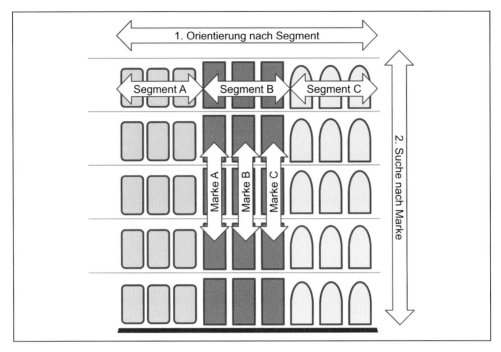

Abbildung 66: Orientierungsblick und Suchblick am Regal – Segmentblock und Markenblock (in Anlehnung an GS1 – o. V. www.cm-toolbox.de)

unten. Er hat jetzt den sog. Suchblick. Aus diesem Grund ist es sinnvoll, Markenblöcke zu bilden. Auf diese Weise ist gewährleistet, dass der Shopper alle Varianten einer Marke wahrnehmen kann.

Der Kreuzblock sieht eine Blockplatzierung nach beiden Kriterien vor. Horizontal werden Produktgruppen gebildet und vertikal die Markenblöcke. (Für weiterführende Informationen zur Optimierung des Regals siehe: GS1 Germany – o. V. www.cm-toolbox.de.)

3.3.4 Produktverpackung

Shopper Insights sollten auch bei der Gestaltung der Verpackung Berücksichtigung finden. Bedeutende Marken sind insbesondere deshalb erfolgreich, weil sie charakteristisch und sofort und überschneidungsfrei wahrnehmbar sind. Verpackungen müssen ein konsistentes Bild der Marke repräsentieren.

Beim erfolgreichen Design von Produkten und Verpackungen ist es zweckmäßig, Erkenntnisse des Neuromarketing mit einzubeziehen, um Produkte auf die Bedürfnisse der Shopper maßzuschneidern. Die Nymphenburg-Gruppe hat hierzu das Limbic Packaging entwickelt. (Vgl. o. V. *Pro Carton Deutschland/Nymphenburg Consult AG* 2008)

„Limbic" bezieht sich auf das limbische System im Hirn des Menschen. Dieses reguliert die Emotionen und beeinflusst durch bestimmte Motivfelder unbewusst das Verhalten eines Menschen. Ziel von Limbic oder Brain Packaging ist es, zu verstehen, was die Treiber für den Kaufimpuls sind und Verpackungen „gehirngerecht" zu gestalten.

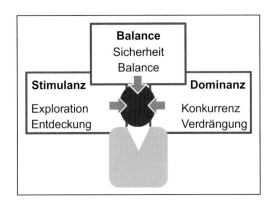

Abbildung 67: Die drei limbischen Motivbereiche im Menschen (in Anlehnung an o. V. Pro Carton Deutschland/Nymphenburg Consult AG 2008, S. 6)

Durch gezielte Forschung konnten drei für die Einstellungen und Entscheidungen eines Menschen wesentliche Motivbereiche identifiziert werden. Diese Bereiche teilen sich auf in Dominanz, Stimulanz und Balance. Während Dominanz für Status, Macht und Durchsetzung, Konkurrenz und Verdrängung steht, bezieht sich Stimulanz auf Entdeckung, Belohnung, Neugierde und Exploration und Balance auf das Streben nach Sicherheit, Geborgenheit und Harmonie.

Bei jedem Menschen sind diese Bereiche in ihrer Intensität unterschiedlich ausgeprägt und beeinflussen das Verhalten auf eine bestimmte Art. So sind Menschen, die durch den Bereich Stimulanz geprägt sind, besonders aktiv, kreativ und spontan und suchen das Abenteuer.

Auf Grundlage dieses Limbic® Map-Modells wurden von der Nymphenburg-Gruppe 700 Probanden online befragt. Es wurde u. a. untersucht, wie sich Verpackungsformen in ihrer emotionalen Wirkung unterscheiden und ob es Zielgruppenpräferenzen in Bezug auf die Verpackungsform gibt. Als Ergebnis der Studie wurden sieben Limbic Types, d. h. Zielgruppensegmente identifiziert und deren Präferenzen in Bezug auf die Verpackungsart dargestellt. (Vgl. *o. V. Pro Carton Deutschland/Nymphenburg Consult AG* 2008.)

345

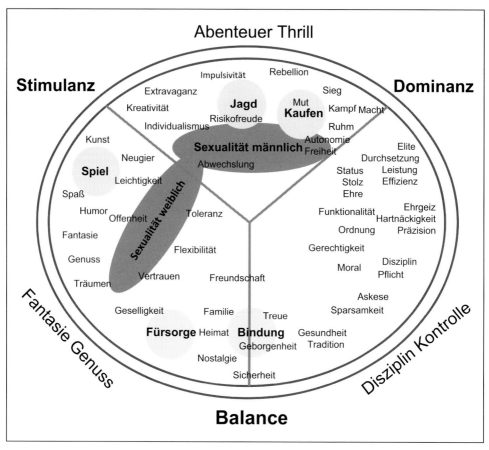

Abbildung 68: Die Limbic® Map (in Anlehnung an o. V. Pro Carton Deutschland/ Nymphenburg Consult AG 2008, S. 7)

Diese sieben Typen sind in Tabelle 63 dargestellt.

Limbic Type	Favorisierte Verpackungsform
Abenteurer betonen Unkonventionalität, Spontaneität und Führerschaft. Risiken ziehen sie an, das Neue, Modische, die Szene, attraktive Marken mit Mehrwert oder Leistungsappeal. Sie legen viel Wert auf Weiterbildung, eher wenig auf Kultur.	Diese Zielgruppe reagiert beispielsweise gern auf ungewöhnliche Verpackungen, die sie in ihrem Anspruch bestätigt, anders als die anderen zu sein.

Limbic Type	Favorisierte Verpackungsform
Eher verstands- als gefühlsbetont sind die **Performer**: Durchsetzungsstark, überdurchschnittlich ehrgeizig und sehr verantwortungsbereit. Sie legen Wert auf Exklusivität und lehnen günstige Marken ab. Sportlich aktiv und fit zu sein, ist ihnen sehr wichtig. Familienaktivitäten dagegen und ein einfaches Leben bedeuten ihnen nicht besonders viel. Sie schätzen Prestigemarken.	Kraftvolle Designanmutungen und geordnete Gestaltung, die symbolisch Kontrolle signalisiert, überzeugen sie besonders. Da es ihnen sehr um Selbstwert geht, kommt Wertiges hervorragend an.
Bei **Hedonisten** kommt an, was den Körper und das Selbst betont und inszeniert, z. B. Markenlabels, Tattoos, Piercings, Auffallen in der Szene, Disco-Nachtleben. Der Hedonist ist ehrgeizig, schätzt Trends, aber auch die eigene Kreativität. Das Konsumverhalten ist von Impulskäufen und dem Hang zu Teurem und Modischem geprägt. Diese wenig markentreue Klientel lässt sich gern von immer neuen In-Marken verführen.	Verpackungen für diesen Personenkreis kombinieren erfolgreich Fun-, Trend- und Luxussignale, etwa indem sie zugleich Neuheit und Marke betonen. Auch Schrilles findet hier besondere Beachtung.
Disziplinierte unterscheiden sich von Traditionalisten dadurch, dass sie nicht so sehr aufs Bewährte, dafür noch mehr aufs Schlichte, Unkomplizierte setzen und gleichzeitig etwas emotionaler sind. Auch sind sie modisch noch zurückhaltender, mit selbstgenügsamem Purismus achten sie recht wenig darauf, vor anderen gut dazustehen. Von Marken erwarten sie Qualitätsgarantien – und ein ausgezeichnetes Preis-Leistungs-Verhältnis.	Ihnen gefallen z. B. vernünftige, clevere, genial einfache Verpackungslösungen.
Besonders konsumfreudig sind die **Genießer**. Sie leisten sich gern Teures, finden Einkaufen unterhaltsam, folgen der Mode, bewegen sich gern in Szenen. Als spontane, kreative Menschen gehen sie positiv, flexibel und lösungs-	Die Genießer-Zielgruppe spricht unter anderem auf Verpackungen an, die sinnliche Reize mit Qualitätssignalen verbinden oder betonen, dass der Inhalt etwas „Echtes für echte Kenner" ist.

Limbic Type	Favorisierte Verpackungsform
orientiert vor. Weiterkommen und Bildung – auch in Form von Genuss-Kennerschaft – sind ihnen wichtig. Die idealen Marken für diese Klientel haben Erlebnischarakter.	
Traditionalisten führen gern ein einfaches und bescheidenes Leben und betätigen sich am liebsten in Haus und Garten. Neuem, Risiken, Spontaneität und Lockerheit begegnen sie mit Skepsis. Auch gegenüber Produktinnovationen haben sie eher Vorbehalte und sie investieren nur selten in beste Qualität. Von Marken erwarten sie vor allem, dass sie Sicherheit und Vertrauen vermitteln.	Klassisch bis traditionell dürfen Verpackungen hier daherkommen, und sie sollten auch Bequemlichkeit bieten, z. B. leicht zu handhaben und funktional sein. Die Wiedererkennung von Marken spielt eine wichtige Rolle.
Harmoniser sind sehr aufs Privat- und Familienleben orientiert und haben ebenso Interesse am Leben anderer – auch dem Leben von Prominenten. Sie entscheiden nach Gefühl, sind empathisch, schätzen Ausgleich und Wellness. Technische Ansprüche, politisches Engagement, beruflichen oder sportlichen Ehrgeiz und das Eingehen von Risiken lehnen sie eher ab. Ihre Marken müssen positive Emotionen und Vertrauenswürdigkeit signalisieren.	Diese Zielgruppe hat Freude an liebevoll Verpacktem, an positiven, freundlichen Anmutungen, an harmonischen Gestaltungen.

Tabelle 63: Limbic Types und Verpackungspräferenzen (Quelle: o. V. Pro Carton Deutschland/Nymphenburg Consult AG 2008, S. 9 ff.)

Neben diesem wissenschaftlichen Ansatz ist eine weitere erfolgreiche Strategie in der Produktgestaltung die der „Unterbrechung". Dieser Begriff bezeichnet das Abheben von den restlichen Artikeln eines Sortiments durch bewusste Differenzierung vom allgemeinen Gestaltungsschema. Die Produkte von Apple waren insbesondere deswegen so erfolgreich, weil sie das gewohnte Bild eines Elektromarktes unterbrachen. Während der Markt früher nur durch die Farben Silber und Schwarz dominiert waren, setzten sich die weißen Apple-Produkte deutlich vom restlichen Sortiment ab. Auf diese Weise wurde die Wahrnehmung der Shopper erregt und die Zahl der Abverkäufe gesteigert. (Vgl. *Pincott* 2010, S.11)

4 Implementierung des Shopper-Marketing-Konzepts in die Organisation

Shopper-Marketing steht aktuell im Zentrum des Interesses von Industrie und Handel. Dennoch existiert die Gefahr, dass diese allgemeine Zustimmung schnell der Frustration weicht, wenn zeitnahe Erfolge bei hoher Ressourcenbeanspruchung ausbleiben sollten. Eine wichtige Voraussetzung für den Erfolg von Shopper-Marketing ist, dass dieses Konzept sich sowohl in der Unternehmensorganisation als auch in der Unternehmenskultur wiederfindet. Doch genau darin liegt oftmals das Problem. Sehr aufschlussreich ist in diesem Zusammenhang eine Befragung der Unternehmensberatung Deloitte aus dem Jahr 2007. 53 % der befragten Unternehmen gaben zwar an, dass die Shopper-Marketing-Aktivitäten von der Unternehmensleitung unterstützt würden – es fanden jedoch bis zu diesem Zeitpunkt weder Änderungen in der Organisation oder der Kultur statt, noch wurde das Budget für diesen Bereich erhöht. Ferner gaben 95 % der Unternehmen an, das Konzept Shopper-Marketing noch nicht vollständig nachvollzogen zu haben.

Bei Shopper-Marketing handelt es sich jedoch um einen Ansatz, bei dem – auch wenn es sich um ein noch sehr junges Marketinggebiet handelt –, die Schnelligkeit der Umsetzung einen kritischen Erfolgsfaktor darstellt. Aktuell besteht bereits ein Gap zwischen Unternehmen, die Shopper-Marketing sehr professionell betreiben, und den Unternehmen, die sich hier noch am Anfang befinden. Je weiter die Unternehmen voranschreiten, umso stärker wird der Zusammenschluss zwischen ausgewählten Herstellerunternehmen und Handelspartnern sein, wodurch es für nachrückende Unternehmen zunehmend schwieriger werden wird, freie Schnittstellen zu finden und zu besetzen.

Wie weit vorangeschritten ein Unternehmen im Rahmen des Shopper-Marketings ist, lässt sich anhand des Shopper-Marketing-Entwicklungszyklus veranschaulichen.

Shopper-Marketing ist ein sehr vielversprechendes Konzept in gesättigten Märkten. Es bietet für Hersteller und Händler gleichermaßen die Chance, neues Wachstum zu erzielen. Es ist deshalb davon auszugehen, dass dieses Konzept auch in Zukunft eine große Bedeutung hat und insbesondere von den Handelsunternehmen gefordert werden wird.

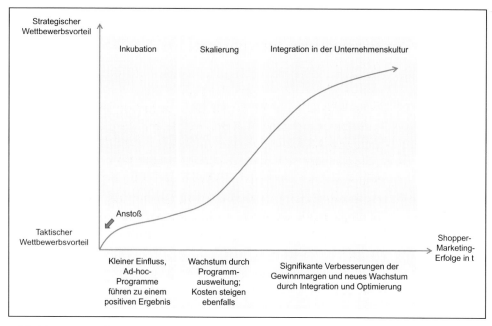

Abbildung 69: Shopper-Marketing-Entwicklungszyklus (in Anlehnung an GMA/Deloitte Shopper Marketing Study 2008, S. 10)

Phasen (1–3)	Beschreibung
1. Inkubation	Die Inkubation bildet die erste Phase im Shopper-Marketing-Entwicklungszyklus. Diese Phase ist dadurch gekennzeichnet, dass Unternehmen hier beginnen, zunächst Shopper-Marketing-Pilotprojekte zu initiieren, um erste Erfahrungen auf diesem Gebiet zu gewinnen. Hierbei ist es notwendig, dass die Unternehmen in die Generierung von Insights investieren sowie weitere Ressourcen bereitstellen, um eine solide Grundlage für diese ersten Ad-hoc-Projekte zu legen. Eine organisatorische Implementierung wie z. B. durch feste Shopper-Marketing-Teams ist zu diesem Zeitpunkt noch nicht nötig und in den meisten Fällen auch noch nicht vorhanden. Die Impulse zur Durchführung von Shopper-Marketing-Ad-hoc-Maßnahmen werden zumeist von der Unternehmensführung, dem Marketing oder den Vertriebsteams gesetzt. Die Pilotprojekte zeigen den Unternehmen auf, welches Potenzial Shopper-Marketing birgt, auch wenn zu diesem Zeitpunkt

Phasen (1–3)	Beschreibung
	relevante Kennzahlensysteme zur detaillierten Erfolgsmessung noch nicht vorliegen. Während der Umsetzung der Maßnahmen werden in der Regel erste organisatorische Probleme offengelegt. Durch Kompetenzüberschneidungen in den Bereichen Brand Management, Category Management und Vertrieb kommt es zu Konflikten zwischen den Abteilungen und Widerständen gegenüber Shopper-Marketing-Maßnahmen. Zudem ist es insbesondere für Brand Manager eine erhebliche Umstellung, sich von einer ehemals strategischen und oftmals auch internationalen Ausrichtung auf operative und nationale sowie zum Teil auch regionale Bereiche zu fokussieren. Je schneller es den Unternehmen gelingt, diese Konflikte zu lösen, umso schneller wird die nächste Stufe erreicht. **Schätzungen zufolge befinden sich etwa 40–45 % der Hersteller in der Inkubationsphase.**
2. Skalierung	In der Skalierungsphase ist Shopper-Marketing in die Unternehmen integriert. Es werden Shopper-Marketing-Teams oder eigene Units installiert, Prozesse standardisiert und Tools wie z. B. Scorecards entwickelt, um die Shopper-Marketing-Erfolge besser zu planen und zu kontrollieren. Zudem werden effektivere Kennzahlen wie der Return on Investment oder Konversionsraten zur Messung verwendet. In dieser Phase steigen jedoch auch die Kosten, da die Investitionen in Insights zunehmen werden und zusätzliche Ressourcen bereitgestellt werden müssen. Der kritische Punkt liegt hierbei in der Erzielung von Skaleneffekten. Dies ist besonders schwierig für die Generierung von Insights, da diese zum Teil spezifisch auf die Region oder den Geschäftstyp zugeschnitten sind und sich nicht auf alle anderen Geschäftstypen übertragen lassen. Unternehmen sollten daher zwei verschiedene Strategien umsetzen. Für besonders wichtige Kunden sollten weiterhin sehr kundenspezifische Insights generiert werden, während für die restlichen Kunden versucht wird, generelle Insights für Shopper-Marketing-Maßnahmen anzuwenden.

Phasen (1–3)	Beschreibung
	Die Umsätze durch Shopper-Marketing nehmen in dieser Phase stark zu, werden jedoch von den hohen Kosten zu einem bestimmten Teil kompensiert. **Schätzungen zufolge befinden sich etwa 50 % der Hersteller in der Skalierungsphase.**
3. Integration in die Unternehmenskultur	Mit Eintritt in die dritte Phase wurde die Skalierung erfolgreich abgeschlossen. Der Fokus liegt nun auf der Optimierung der Programme. Partner und Investitionen werden auf Basis von ganzheitlichen Steuerungssystemen bewertet und es wird versucht, eine kontinuierliche Weiterentwicklung und Verbesserung aller Maßnahmen zu erreichen. Dies betrifft auch den HR-Bereich, in dem durch Jobrotations versucht wird, die Shopper-Skills der Mitarbeiter zu erweitern. Es erscheint wahrscheinlich, dass in dieser Phase die Ausdehnung der Shopper-Marketing-Teams abnehmen wird und die Mitglieder wieder in ihre ehemaligen Funktionen zurückkehren. Die Shopper-Marketing-Abteilung bleibt erhalten und wird auf wenige Spezialisten beschränkt, welche die anderen Units des Unternehmens als eine Form von Inhouse Consultants beraten und unterstützen. Die Frage, wieso die Abteilungen reduziert werden, lässt sich wie folgt beantworten: Aufgrund der Durchführung des Prozesses hat sich der Shopper-Marketing-Gedanke im gesamten Unternehmen durchgesetzt. Auch wenn die Personen wieder in ihre ursprüngliche Position zurückkehren, obliegt ihnen die Aufgabe, Konzepte für Shopper und Consumer zu entwickeln. Shopper-Marketing hat sich zu einem holistischen Konzept entwickelt, welches sich über die gesamte Wertschöpfungskette, d. h. von der Produktentwicklung bis hin zum Absatz an den Endkunden und den After Sales Service, erstreckt. **Schätzungen zufolge sind etwa 5–10 % der Hersteller in diese Phase eingetreten.**

Tabelle 64: Die drei organisatorischen Entwicklungsstufen des Shopper-Marketing (vgl. GMA/Deloitte 2008, S.10 f.)

Die in der Skalierungsphase (vgl. Tabelle 64) erwähnten Widerstände in der Organisation stellen Hürden für die Implementierung des Konzepts in den Unternehmen dar. Zudem ist zu berücksichtigen, dass für den Hersteller der Erfolg von Shopper-Marketing immer auch stark von dem jeweiligen Handelspartner abhängt, da dieser bestimmt, inwieweit er sich mit dem Shopper-Marketing-Konzept selbst identifiziert und Shopper-Marketing-Maßnahmen durch den Hersteller überhaupt zulässt.

Ein positiver Aspekt ist, dass sich dieses Konzept nicht ausschließlich für große Konzerne eignet. Auch kleine und mittelständische Unternehmen können von einem Engagement in diesem Bereich profitieren. Nur ist es aufgrund der geringeren Ressourcenausstattung dieser Unternehmen oftmals nicht möglich, hohe Budgets für die Generierung von Insights bereitzustellen.

Für große Unternehmen ist es von besonderer Bedeutung, sich möglichst frühzeitig zu engagieren. Denn für Shopper-Marketing könnte sich eine Redensart bewahrheiten: „Nicht die Großen fressen die Kleinen, sondern die Schnellen die Langsamen".

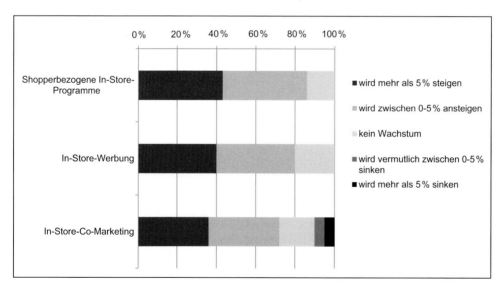

Abbildung 70: Zukünftige Bedeutung von Shopper-Marketing im Marketing-Mix in den nächsten drei Jahren – ab 2008 (vgl. GMA/Deloitte Shopper Marketing Study 2008, S. 6)

5 Ausblick: Internationales Kundenmarketing – The Siemens Key Account Management

Ein „Blick über den Zaun" hilft dabei, die eigene Perspektive zu erweitern. Abschließend soll dazu ein Blick auf ein Industriegüterunternehmen beitragen. Das erscheint legitim – zumal der Begriff „Key Account Management" aus dem Industriegüterbereich stammt und von der Konsumgüterindustrie übernommen wurde.

Der Kunde „Handel" wird sich zunehmend internationalisieren, Transparenz über die Märkte der Welt bekommen und dafür sorgen, dass die Lieferanten weltweit einheitlich auftreten, handeln und Konditionssysteme anbieten. Das alles geschieht vielleicht noch nicht morgen – aber übermorgen! Und dabei wird man den regionalen Aspekt, z. B. in der Warenversorgung, nicht vernachlässigen dürfen.

Welche organisatorischen Implikationen die Internationalisierung der Kunden für das Key Account Management mit sich bringt, soll das Beispiel der Siemens AG anschaulich erläutern.

Basis-Facts
Die 1847 gegründete Siemens AG mit Sitz in Berlin und München ist ein weltweit agierender integrierter Technologiekonzern mit Beziehungen zu Kunden in über 190 Ländern der Welt. Das Kerngeschäft von Siemens gliedert sich in drei Sektoren: Industry, Energy und Healthcare. Hinzu kommen die sektorenübergreifenden Geschäfte der Informationstechnologie und der Finanzdienstleistungen. 405.000 Mitarbeiter kümmern sich um etwa eine Million Geschäftskunden weltweit, davon ca. 40.000 im Vertrieb. Im Geschäftsjahr 2009 erzielte das Unternehmen einen Umsatz von rund 77 Mrd. Euro.

So manaagt Siemens seine Key Accounts
Die Ausweitung des Großkundengeschäfts ist wesentlicher Bestandteil der aktuellen Wachstumsstrategie der Siemens AG. „Wir wollen bei den Großkunden weitere Marktanteile gewinnen", gibt CEO Peter Löscher im September 2010 im Gespräch mit der Frankfurter Allgemeinen Zeitung die Richtung vor. „Kundenorientierung erhält bei uns einen noch höheren Stellenwert", so der Vorstandsvorsitzende weiter.

Besondere Bedeutung kommt dabei den Key Account Managern zu, die als Schnittstelle zwischen Kunden und Anbieter fungieren. Sie greifen bei Bedarf auf Support-Organisationen innerhalb des Hauses zurück, die über eine hohe Branchenexpertise verfügen. Mit dieser Form des Key Account Managements bietet Siemens Kunden aus insgesamt 14 Branchen maßgeschneiderte Lösungen – von Brauereien über Automobilbauer bis hin zu Unternehmen aus den Bereichen Chemie, Metall und Bergbau, Öl und Gas, Pharma sowie Zellstoff und Papier. Sog. „Market Development Boards" (MDBs) unterstützen die Key Account Manager bei der konzernübergreifenden Bedienung dieser Märkte. Die Teams in den MDBs entwickeln die Geschäftsmöglichkeiten für Siemens in den einzelnen Branchen und steuern auf dieser Basis die dafür zuständigen Key Account Manager.

Das Key Account Management bei Siemens unterscheidet drei Rollen, die die unterschiedlichen Anforderungen der Kundenstruktur abdecken (siehe Abb. 71):

- **Corporate Account Manager** (CAM) betreuen 150 große, weltweit tätige Kunden. Sie sind zentrale Ansprechpartner für das gesamte Portfolio von Siemens für diese ausgewählten multinationalen Organisationen und Unternehmen.
- **Global Account Manager** (GAM) betreuen globale Kunden mit spezifischer Ausrichtung auf das Portfolio einzelner Siemens-Units. Als solche können sie auch Teil des Teams eines Corporate Account Managers sein (siehe Abb. 72). Das ist z. B. in der IT der Fall, wo in der Regel die Organisation des Chief Information

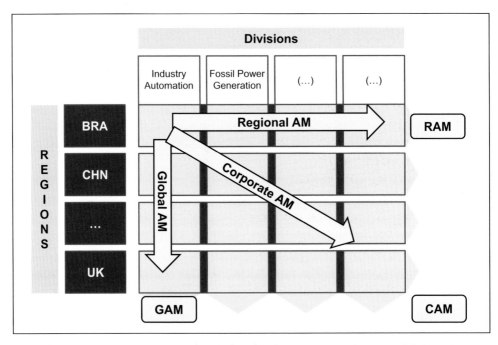

Abbildung 71: Verantwortungsbereiche der Siemens Key Account Manager (© Siemens AG, 2010)

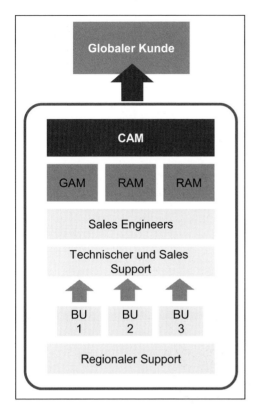

Abbildung 72: Beispielhafter Aufbau eines kundenspezifischen Account Teams der Siemens AG (Quelle: Siemens AG, 2010)

Officer zentral die Investitionsentscheidungen trifft und sich nur für das IT-relevante Portfolio der Siemens AG interessiert.

- **Regional Account Manager** (RAM) betreuen Kunden mit begrenzter regionaler Präsenz – je nach Kundenbedarf – für eine oder mehrere Business Units. Bei diesen Kunden handelt es sich z. B. um Kommunen oder auch um regionale Versorgungs- oder Industrieunternehmen.

Die Verankerung des Key Account Managements in der Siemens AG
Interview mit Dr. Hajo Rapp, Head of Account Management and Market Development bei Siemens One

Dr. Hajo Rapp studierte Business Administration und promovierte im Fachbereich Wirtschaftsethik. Er übernahm bei Siemens unter anderem folgende Positionen:

- Sales Representative für Siemens Nixdorf
- Key Account Manager für DaimlerChrysler und EADS
- Corporate Account Manager für die Bosch Gruppe

Seit 2007 bekleidet Herr Dr. Rapp die Position „Head of Account Management and Market Development" bei Siemens One.

Herr Dr. Rapp, die Siemens AG hat ihr Key Account Management in den letzten Jahren von unkoordinierten Bereichsorganisationen zu einem harmonisierten Ansatz hin verändert. Was war hierfür der Auslöser?
Das Key Account Management in der Industrie hat seinen Ursprung bereits in den 1990er Jahren. Die Wurzeln liegen bei den IT-Organisationen wie Siemens Nixdorf oder IBM. Die Einführung eines Key Account Managements per se war hier notwendig, da die Großkunden dies einforderten.

Für Siemens begann die Einführung des Key Account Managements in den 1990er Jahren. Wesentlicher Treiber der Einführung und Weiterentwicklung war der ehemalige Vorstandsvorsitzende von Siemens, Klaus Kleinfeld. Nachdem dieser nach seiner Entsendung in die USA in den Konzernvorsitz nach Deutschland zurückkehrte, begann er die Geschäftsprozesse zu standardisieren. Da hierdurch das Unternehmen näher an das Geschäft herangeführt wurde, bot sich für Peter Löscher, nach dessen Übernahme der Unternehmensführung, die Möglichkeit, die Prozesse weiter zu standardisieren und das Key Account Management straffer zu gestalten.

Den mir zugesandten Unterlagen konnte ich entnehmen, dass die vollständige Zentralisierung des Key Account Managements nach 2008 abgeschlossen werden sollte. Inwieweit ist der Prozess beendet?
Wir betreiben Key Account Management seit mehr als zwölf Jahren. Ein Prozess wie die Gestaltung des Key Account Managements kann nie als vollendet betrachtet werden. Die Märkte ändern sich und parallel hierzu ändert sich unser Unternehmen. So haben wir beispielsweise in den letzten Jahren drei Market Development Boards geschlossen, aber auch drei neue geschaffen. Der wesentliche Vorteil, über den Siemens verfügt, sind die standardisierten und ganzheitlichen Prozesse. Hierauf können wir aufbauen, wenn Veränderungen durchgeführt werden.

Die Siemens AG unterscheidet drei Rollen von Account Managern (Corporate, Global und Regional Account Manager). Wie ist die operative und die strategische Arbeit unter den Managern geregelt?
Zunächst ist anzumerken, dass sehr unterschiedliche Key Accounts existieren. So gibt es kleine Accounts von jährlich 20 Millionen Euro Umsatz und größere Accounts, die bis zu 2 Mrd. Euro p. a. generieren.

Bei der Betreuung eines globalen Großkunden übernimmt der Corporate Account Manager (CAM) die Führung des Account Teams. Dabei wird er von Global und Regional Account Managern (GAM bzw. RAM) unterstützt. Geführt wird er vom Market Development Board, das auch die branchenspezifische Strategie für Siemens festlegt. Neben dieser starken strategischen Ausrichtung arbeitet der Corporate Account Manager aber auch im operativen Geschäft mit, wie beispielsweise bei der Preisgestaltung.

Wichtig für das Verständnis der Tätigkeit des CAM ist, dass dieser sich in den nationalen Rechtsmänteln des jeweiligen Landes bewegt. Aus diesem Grund ist die strategische Ausrichtung des CAM zwar global, er agiert jedoch in Bezug auf die Kundenbetreuung national und stützt sich hierbei auf die Kompetenz der Kollegen des jeweiligen Landes.

Bei der Betreuung eines regionalen Kunden erhält der Regional Account Manager dann die volle Verantwortung – oder inwieweit ist hier der Corporate Account Manager involviert?
Der Corporate Account Manager gibt die kundenspezifische Geschäftsstrategie vor, in der sich die globalen und die regionalen Key Account Manager bewegen. Es versteht sich nahezu von selbst, dass der Corporate Account Manager nicht Ansprechpartner für alles sein kann. Aus diesem Grund übernehmen Regional und Global Account Manager hier die Verantwortung.

Inwieweit kommt es in diesem Modell zu Schnittstellenproblemen? Wie überwinden Sie diese Probleme, um wieder Einigkeit zu erzeugen?
In einer Organisation wie Siemens sind ständig Entscheidungen zu treffen, bei denen es zu Problemen kommen kann. Grundsätzlich haben Sie in der Führung immer einen Trade-Off. Entweder Sie führen sehr dezentral und nehmen die Gefahr des Silodenkens im Vertrieb in Kauf, oder Sie führen sehr zentral, verlieren damit jedoch die Bindung zu den operativen Geschäftseinheiten und lokalen Vertrieben. Bei Siemens gehen wir hierbei einen Mittelweg. Wir verfügen über starke Prozesse und unsere Manager sind in der Organisation legitimiert. Auf diese Weise können wir Probleme bei der Entscheidungsfindung und insbesondere -durchsetzung überwinden.

Diese Stärke hilft nicht nur bei Problemen mit unternehmensinternen Schnittstellen, sondern auch bei der externen Schnittstelle zum Kunden. Der Kunde möchte wissen, wer von Siemens ihn als Key Account Manager betreut, und ob diese Person hierzu fähig ist. Die Key Account Manager bei Siemens werden mit einem Legitimierungsschreiben von einer Führungsperson bei Siemens offiziell ernannt und hierdurch intern und extern legitimiert.

Sie haben vorhin die Market Development Boards angesprochen. Können Sie näher ausführen, was die Funktion dieser Einheiten ist?

Die Market Development Boards fungieren in der Organisation als eine Art „interne Joint Ventures". Gestartet wird mit der Frage, welche der Business Units Interesse an einem bestimmten Geschäftsbereich, wie beispielsweise Automotive, haben. Die verschiedenen Business Units gründen ein Market Development Board und lassen hierbei Ressourcen aus ihrer Unit, wie Finanzierungsmittel und Personal, in die MDBs einfließen und steuern einen Account Manager. Dieser bekommt daraufhin für die Erfolge des Market Development Boards bei seinem Kunden ein Incentive.

Wie ist das Marketing in dieser Organisation aufgehängt?

Das Marketing wird durch die jeweiligen Marketingverantwortlichen, die aus den Business Units in die Market Development Boards entsendet werden, in diese eingegliedert. Für den Gesamtkonzern besteht jedoch noch eine Abteilung, die für die Corporate Communication verantwortlich ist.

Sie führen dieses System nun ja seit einiger Zeit durch. Was sind Ihre Erfahrungswerte? Haben Sie Daten über die Kundenzufriedenheit vorliegen?

Die Erfolgsmessung in diesem Bereich ist natürlich sehr schwer. Dies liegt daran, dass für die Ursache-Wirkungs-Zusammenhänge weiche, schwer zu ermittelnde psychologische Faktoren zu berücksichtigen sind. Bezüglich der Kundenzufriedenheit ist Folgendes festzuhalten – ein Kunde einer bestimmten Größe verlangt condicio sine qua non das Vorhandensein eines funktionierenden Key Account Managements. Für Großkunden ist eine an ihren spezifischen Bedürfnissen ausgerichtete Betreuung unabdingbar.

Eine konkrete Messung der Zufriedenheit haben wir bislang nur in einzelnen Unternehmensbereichen durchgeführt. Im Jahr 2009 haben wir den Net Promotor Score (NPS)* zur Messung der Kundenzufriedenheit Siemens-weit eingeführt. Die Ergebnisse hierzu liegen vor, wir arbeiten mit den Kunden aufgrund

---

* Net Promotor Score (NPS): Der NPS ist ein Instrument zur Messung der Kundenzufriedenheit auf Basis der Wahrscheinlichkeit der Weiterempfehlungsrate der Kunden. Der NPS wird aus der Differenz der prozentualen Anzahl von Promotoren und Kritikern gegenüber dem Unternehmen, seinen Produkten und/oder Dienstleistungen gebildet. Basis des NPS sind Befragungen, bei denen die Probanden auf einer 10-stufigen Ratingskala angeben müssen, wie wahrscheinlich es ist, dass sie das Unternehmen, seine Produkte und/oder Dienstleistungen an einen Freund oder Bekannten weiterempfehlen (10 = sehr wahrscheinlich; 0 = sehr unwahrscheinlich). Die Probanden werden anhand des Ergebnisses wie folgt kategorisiert: 9–10 Promotoren; 7–8 Passiv Zufriedene (entfallen bei der Berechnung) und 0–6 Kritiker. Der NPS ergibt sich wie folgt:
NPS = Promotoren (%) – Kritiker (%)
($-100 \leq NPS \geq 100$)
Die Bewertung des Ergebnisses erfolgt dann über eine definierte Benchmark.

von deren Feedback an Verbesserungen. Die Veränderung der NPS-Werte im Zeitablauf wird uns unseren Erfolg zeigen. Insgesamt können wir aber heute schon sagen, dass die Zufriedenheit unserer Kunden im Branchenvergleich sehr ordentlich ist.

Rein quantitativ ist zu beobachten, dass unser Konzept erfolgreich ist. Dies zeigt sich beispielsweise darin, dass die Market Development Boards stärker gewachsen sind als der Gesamtkonzern – und in der Krise war ein geringerer Umsatzrückgang bei den MDBs zu verzeichnen.

Wir haben nun viel über die verschiedenen Verantwortlichkeiten und Kompetenzen der Key Account Manager bei Siemens gesprochen. Wie rekrutieren Sie die richtigen Personen für diese Tätigkeit?
Wir wissen von unseren Wettbewerbern, dass diese bis zu. 75 % ihrer Account Manager extern rekrutieren. Diesem Ansatz folgen wir nicht. Es ist zwar offensichtlich, dass für eine erfolgreiche Arbeit im Key Account Management eine gute Branchenkenntnis sehr wichtig ist, für uns ist jedoch umso bedeutender, dass der Key Account Manager Siemens verstanden hat, die Siemens-Produkte sehr gut kennt und innerhalb der Siemens AG ein Netzwerk hat, auf das er bauen kann.

Der wesentliche Unterschied zur Konsumgüterindustrie ist daher darin zu sehen, dass in unserem Unternehmen niemand direkt nach dem Abschluss der Universität als Key Account Manager anfängt. Zunächst ist eine reguläre Arbeit im Vertrieb nötig. Diese Phase der Ausbildung ist wichtig, da man hier einerseits Erfahrungen sammeln kann, sich aber darüber hinaus noch sein Netzwerk aufbauen kann. Für erfolgreiches Key Account Management brauchen Sie dieses Netzwerk unbedingt.

Literaturverzeichnis

A

Ahlert, Dieter (1981): Absatzkanalstrategien des Konsumgüterherstellers auf der Grundlage vertraglicher Vertriebssysteme mit dem Handel. In: Ahlert, Dieter (Hrsg.): Vertragliche Vertriebssysteme zwischen Industrie und Handel. Gabler Verlag, S. 43–98

Ahlert, Dieter (1982): Vertikale Kooperationsstrategien im Vertrieb. In: ZfB, 52. Jg., Heft 1, S. 62–93

Ahlert, Dieter (1985): Distributionspolitik. Gustav Fischer Verlag

Ahlert, Dieter/Borchert, Stefan (2000): Prozessmanagement im vertikalen Marketing. Springer Verlag

Ammann, Paul (2000): Entwicklung des Distributionssystems. In: Pepels, Werner (Hrsg.): Distributions- und Verkaufspolitik. Fortis Verlag, S. 47–67

Angerer, Alfred (2006): The Impact of Automatic Store Replenishment on Retail. Technologies and Concepts for the Out-of-Stocks Problem. Deutscher Universitäts-Verlag

Appleton, Edward (o. J.): Smart shopper. Hrsg. v. Grey Strategic Planning

Arend-Fuchs, Christine (1995): Die Einkaufsstättenwahl der Konsumenten bei Lebensmitteln. Deutscher Fachverlag

Atli, Cem (2007): Beschaffung elektronischer B2B-Marktplätze: wettbewerbliche Wirkungen auf Unternehmen. VDM Verlag Dr. Müller

Ausschuss für Definition zu Handel und Distribution, Hrsg. (2006): Katalog E, Definitionen zu Handel und Distribution, 5. Ausgabe.

B

Backhaus, Klaus (2010): Industriegütermarketing. 9. Aufl., Verlag Franz Vahlen

Barowski, Mike/Müller, Achim (2000): Online-Marketing. Cornelsen-Verlag

Bautz, Daniela (2001): Ernährungskrisen beflügeln Bio-Handelsmarken. In: Lebensmittel Zeitung 15 v. 12.4.2001, S. 52

Becker, Jochen (2009): Marketing-Konzeption. 9. Aufl., Verlag Franz Vahlen

Behrenbeck, Klaus/Schiemann, Sven (2001): E-Enabling im Handel. In: Akzente 20 v. Juli 2001, S. 16–23

Bendl, Harald (2000): Planung, Steuerung und Kontrolle leistungsbezogener Konditionen – eine empirische Analyse zwischen Industrie und Lebensmittelhandel. Manuskript: http://elib.uni-stuttgart.de/opus/volltexte/2000/689/pdf/Dissertation_Harald_Bendl.pdf.

Biehl, Bernd (1995): Die Entdeckung des einfachen Weges. In: Lebensmittel Zeitung 43 v. 27.10.1995, S. 38–40

Biehl, Bernd (1995b): Eine Idee nimmt Formen an. In: Lebensmittel Zeitung 51 v. 22.12.1995, S. 27–28

Biehl, Bernd (1997): Gute Gründe für ein Category Management. In: Lebensmittel Zeitung 10 v. 7.3.1997, S. 42–43

Biehl, Bernd (1999): Die Herren des Strichcodes. In: Lebensmittel Zeitung 5 v. 5.2.1999, S. 36–38

Biehl, Bernd (1999a): Der Verbraucher weiß, was er will. In: Lebensmittel Zeitung 15 v. 16.4.1999, S. 41–43

Biehl, Bernd (1999b): Schwarze Löcher stopfen. In: Lebensmittel Zeitung 39 v. 1.10.1999, S. 58–60

Biehl, Bernd (1999c): Lever setzt auf eigene CM-Tools. In: Lebensmittel Zeitung 12 v. 26.3.1999, S. 48–49

Biehl, Bernd (2000): Mehr Engagement am POS. In: Lebensmittel Zeitung 12 v. 24.3.2000, S. 48–50

Biehl, Bernd (2000a): Weniger bringt mehr. In: Lebensmittel Zeitung 7 v. 18.2.2000

Biehl, Bernd (2001): Berater statt Verräumer. In: Lebensmittel Zeitung 10 v. 9.3.2001, S. 41–44

Biester, Silke (1999): Gemeinsamer Blick zum Kunden. In: Lebensmittel Zeitung 46 v. 19.11.1999, S. 40

Biester, Silke (2000): Eismann kennt seine Kunden. In: Lebensmittel Zeitung 39 v. 29.9.2000, S. 50

Biester, Silke (2000a): Marken mit Licht- und Schattendasein. In: Lebensmittel Zeitung 19 v. 12.5.2000, S. 41–42

Björn, Georg (2006): CPFR und elektronische Marktplätze: Neuausrichtung der kooperativen Beschaffung. Deutscher Universitäts-Verlag

Blank, Oliver (2004): Entwicklung des Einzelhandels in Deutschland: der Beitrag des Gebietsmarketings zur Verwirklichung einzelhandelsbezogener Ziele der Raumordnungspolitik. Deutscher Universitäts-Verlag

Blettner, Klaus/Knopp, Peter/Schmidt, Axel G. (1998): Strukturwandel in der Warendistribution. Hrsg. von INMIT, Institut für Mittelstandsökonomie an der Universität Trier

Böhlke, Eckhard (1995): Trade-Marketing. In: Tietz, Bruno/Köhler, Richard/Zentes, Joachim (Hrsg.): Handwörterbuch des Marketing (HWM). 2. Aufl., Schäffer-Poeschel Verlag, Sp. 2483–2494

Borchert, Stefan (2001): Führung von Distributionsnetzwerken – Eine Konzeption der Systemführung von Unternehmensnetzwerken zur erfolgreichen Realisation von Efficient Consumer Response-Kooperationen. In: Ahlert, Dieter et al. (Hrsg.): Unternehmenskooperationen und Netzwerkmanagement. Deutscher Universitäts-Verlag

Bottler, Stefan (2000): Vorstoß ins Premiumsegment. In: W & V 21/2000, S. 68–70

Boy, F. E. (1986): Alternative Marketingstrategien von Herstellern mit schwacher Marktposition in Märkten mit hoher Nachfragemacht. Unveröffentl. Diplomarbeit, Münster

Brauer, Urban (1989): Die vertikale Kooperation als Absatzwegestrategie für Herstellerunternehmen: dargestellt am Beispiel der Konsumgüterindustrie. Verlag V. Florentz

Braunschweig, Stefan (1979): Gesucht wird: der Smart Shopper. In: Media & Marketing 12/97, S. 58–61

Bruhn, Manfred (1997): Marketing. 4. Aufl., Gabler Verlag

Bruhn, Manfred (2001): Bedeutung der Handelsmarke im Markenwettbewerb – eine Einführung. In: Bruhn, Manfred (Hrsg.): Handelsmarken. 3. Aufl., Schäffer-Poeschel Verlag, S. 3–48

Bruhn, Manfred (2010): Marketing. 10. Aufl., Gabler Verlag

Bülow, Peter (1999): Handelsrecht. 3. Aufl., C. F. Müller Verlag

Bürgerliches Gesetzbuch (2010). Beck-Texte im dtv, 66. Aufl.

Bundesverband Großhandel, Außenhandel, Dienstleistungen (BGA) e. V. (01/2009): Trends und Analysen im Großhandel

Busch, Rainer/Dögl, Rudolf/Unger, Fritz (1995): Integriertes Marketing. Gabler Verlag

Busch, Rainer/Fuchs, Wolfgang/Unger, Fritz (2008): Integriertes Marketing – Strategie – Organisation – Instrumente, 4. Aufl., Gabler Verlag

Bußmann, Wolfgang F. (1994): Lean Selling. Verlag Moderne Industrie

C

CCG Centrale für Coorganisation (o. J.): Logistikverbund für MTV. Hrsg. von Centrale für Coorganisation

CCG Centrale für Coorganisation (1/2001): Verpackungslogistik, Sonderdruck aus Coorganisation 1/2001. Hrsg. v. Centrale für Coorganisation

CCG Centrale für Coorganisation (2001a): Efficient Replenishment Upstream. www.ecr.de/Inhalt/e21/e24/e71, Stand 8.10.2001

CCG Centrale für Coorganisation (2001b): Logistikverbund für Mehrweg-Transportverpackungen. www.ecr.de/Inhalt/e21/e33, Stand 27.8.2001

CCG Centrale für Coorganisation (2001c): Standard-Kleiderbügel-Rückführ-System (SKRS). www.ecr.de/Inhalte/e116, Stand 13.8.2001

CCG Centrale für Coorganisation (2001d): EAN.UCC veröffentlichen globalen eBusiness-Standard (08/2001). www.ccg.de/Inhalt/e4/e595, Stand 18.9.2001

CCG (2001e): Nummernsysteme – Prüfziffernrechner EAN-13/ILN. In: www.ccg.de: 8080/ean/Inhalt/e2/e9 (Stand 28.5.2001)

Cederlund, Jerold P./Kohli, Rajiv/Sherer, Susan A./Yao, Yuliang (2007): How Motorola Put CPFR into Action. In Supply Chain Management Review, 10.2007, S. 28–35

Coca-Cola (1997): Category Management. Stand 9/97. Hrsg. v. Coca-Cola

Corsten, Daniel/Pötzl, Julian (2002): ECR-Efficient Consumer Response. Carl Hanser Verlag

Corstjens, Judy/Corstjens, Marcel (2000): Store Wars. Verlag John Wiley & Sons

Creischer, Cornelia (1999): Der Mensch als Faktor. In: von der Heydt, Andreas (Hrsg.): Handbuch Efficient Consumer Response. Verlag Franz Vahlen, S. 302–311

Czech-Winkelmann, Susanne (2010): Lexikon Sortimentspolitik – Gestaltung – Schnittstellen – Management – Kennzahlen. Deutscher Fachverlag

Czech-Winkelmann, Susanne (2010a): Von Shopper Insights zu betriebswirtschaftlichen Erfolgskennziffern. In: STI Group, Lauterbach (Hrsg): Greif zu und kauf mich – Move people to buy more. Deutscher Fachverlag 2010, S. 166–176

D

Dannenberg, Marius/Wildschütz, Frank (2006): Erfolgreiche Online-Werbung: Werbekampagnen planen, umsetzen, auswerten. BusinessVillage GmbH

DHI (1992): Auf dem Weg zur Direkten Produkt-Rentabilität. Hrsg. v. DHI, Deutsches Handelsinstitut Köln (jetzt EHI), Verlag Deutsches Handelsinstitut

Dichtl, Erwin/Bauer, Hans H. (1978): Die Idee der Partnerschaft zwischen Hersteller und Handel. In: Markenartikel, 40. Jg., Nr. 7, Juli 1978, S. 255–258

Dichtl, Erwin/Raffe, Hans/Niedertzky, Hans-Manfred (1981): Reisende oder Handelsvertreter. Verlag C. H. Beck

Dietz, Dirk (1999): Ohne Rücksicht auf Verluste. In: LZ Spezial 4/1999, S. 18–20

Diller, Hermann (1992): Trade-Marketing. In: Diller, Hermann (Hrsg.): Vahlens Großes Marketinglexikon. Verlag Beck/Verlag Franz Vahlen 1992, S. 1151

Drake, Matthew, J./Marley, Kathryn A. (2010): The evolution of quick response programs. In: Cheng, T. C. Edwin/Choi, Tsan-Ming (Hrsg): Innovative Quick Response Programs in Logistics and Supply Chain Management. Springer Druck-Gesellschaft mbH, S. 3–22

Drews, Gerald (1998): Einkaufen mit Rabatt. Cormoran Verlag

E

ECR D-A-CH (7/2001): Managementinformation Collaborative Planning, Forecasting and Replenishment CPFR®. In: www.ecr.de/daten/Files/management papier_cpfr.pdf

Ehrl, Alexander (1997): Efficient Consumer Response. FGM-Verlag

Engelhardt, Werner H./Kleinaltenkamp, Michael (1988): Marketing-Strategien des Produktionsverbindungshandels. In: Engelhardt, Werner H./Hammann, Peter (Hrsg.): Arbeitspapiere zum Marketing. Nr. 23, Ruhr-Universität Bochum

Engelhardt, Werner H./Witte, Petra (1990): Direktvertrieb im Konsumgüter- und Dienstleistungsbereich. Schäffer-Poeschel Verlag

EHI Retail Institute (1995): Handel Aktuell 1995. Verlag EHI

EHI Retail Institute (2000): Handel Aktuell 2000. Verlag EHI

EHI Retail Institute (2008): Handel Aktuell 2008/2009, Verlag EHI

EHI Retail Institute (2009): Handel Aktuell 2009/2010, Verlag EHI

Erdem, T./Zhao Y./Valenzuela, A. (2004): Performance of Store Brands: A Cross-Country Analysis of Consumer Store-Brand Preferences, Perceptions, and Risk. In: Journal of Marketing Research, Vol. 41 (02/2004), S. 86–100

Ester, Birgit/Mostberger, Petra (2002): Supply Chain Planning bei dm-drogerie markt. dm Drogeriemarkt GmbH + Co. KG

F

Feller, Marc (2001): Informationen über das Kaufverhalten als Grundlage zur Steuerung von Categories im Lebensmittel-Einzelhandel. Universität Essen (Hrsg.)

Fiesser & Partner (o. J.): Begriffe und Kennziffern, die man zum Thema Category Management kennen sollte. www.key-account-management.de

Figgen, Berthode (1999): Category Management und Efficient Promotions – Der Verbraucher steht im Mittelpunkt. In: von der Heydt, Andreas (Hrsg.): Handbuch Efficient Consumer Response. Verlag Franz Vahlen, S. 181–193

Fischer, Eduard (1998): Supply Chain Management bei Knorr. In: Thexis, Nr. 1, S. 31–35

Förster, Horst (1996): Informationstechnische Grundlagen. In: Töpfer, Armin (Hrsg.): Efficient Consumer Response (ECR), Ergebnisse 1. CPC Trend Forum. SFV-Verlag, S. 57–68

Franke, Werner/Dangelmaier, Wilhelm (Hrsg.) (2006): RFID – Leitfaden für die Logistik: Anwendungsgebiete, Einsatzmöglichkeiten, Integration, Praxisbeispiele. Gabler Verlag

Frey, Ulrich D. (1998): Verkaufsförderung – Die neue Qualität der Kooperation. In: Absatzwirtschaft 8/97, S. 42–44

Frey, Ulrich D. (2001): Co-Marketing – Wertschöpfungsinstrument für Handel und Industrie. In: Frey, Ulrich, D. (Hrsg.): POS-Marketing – Integrierte Kommunikation für den Point of Sale. Gabler Verlag, S. 273–281

Frey, Ulrich D. (Hrsg.) (2002): Verkaufsförderung und Kooperatives Marketing-Management – Co-Marketing Trendstudie 2002

Fuchs, Wolfgang (2000): After Sales Communication. Cornelsen Verlag

Fuchs, Wolfgang/Unger, Fritz (1999): Verkaufsförderung. Gabler Verlag

G

Gahleitner, Sonja/Stoll, Reiner (2001): Day-to-Day Category Management, Theorie und Praxis. Vortrag gehalten anlässlich 2. ECR-Tag, 5.9.2001, Bonn, www.ecr.de/Inhalt/e39/e224

Gaitanides, Michael/Diller, Hermann (1989): Großkundenmanagement – Überlegungen und Befunde zur organisatorischen Gestaltung und Effizienz. In: DBW, 49. Jg., Heft 2, S. 185–197

Gegenmantel, Rolf (1996): Key-Account Management in der Konsumgüterindustrie. Deutscher Universitäts-Verlag

General Mills/TNS Global (Hrsg.) (2007): Applied Shopper Insights – Best In Class Shopper Loyality, London

GfK (o. J.): CatmanGuide. www.gfk.de/presse/broschueren/produkte/CatmanGuide_D.pdf

GfK (o. J.): Das Stufenmodell der GfK. http://194.175.173.244/gfk/gfk_studien/ret_0399/r039901.htm

GfK ConsumerScan (2009), Handelsmarken (100 Warengruppen). In: GfK Consumer Index (2009), S. 6

GfK Consumer Index (2009): Wer zahlt den „Preis" der Krise? Jahresrückblick 2009 – Ausblick 2010, GfK ConsumerScan (12/2009)

GMA/Deloitte Shopper Marketing Study (2008): Delivering the Promise of Shopper Marketing: Mastering Execution for Competitive Advantage

Godefroid, Peter/Pförtsch, Waldemar (2008): Business-to-Business-Marketing. 4. Aufl., Friedrich Kiehl Verlag

Gomes, Peter/Zimmermann, Tim (1993): Unternehmensorganisation. 2. Aufl., Campus Verlag

Gourville, John T. (2006): Wann Kunden neue Produkte kaufen. In: Harvard Business Review, 08.2006, S. 44–57

GS1 Germany (Hrsg. und Verlag) (2008): Supply Chain Management – Effiziente Prozesse im Fokus. GS1 Germany

GS1 Germany (Hrsg.) (2009): ECR-Umsetzungsstudie 2009 – Messung der Implementierung von GS1 Standards und Lösungen in Deutschland. GS1 Germany

Günther, Martin/Vossebein, Ulrich/Wildner, Raimund (2006): Marktforschung mit Panels: Arten – Erhebung – Analyse – Anwendung. 2. Aufl., Gabler Verlag

Günther, Thomas/Mattmüller, Roland (1993): Möglichkeiten und Grenzen der Regaloptimierung im Handel. In: Marketing-ZFP, Heft 2, 2. Quart., S. 77–86

H

Haller, Sabine (1997): Handels-Marketing. Kiehl Verlag

Hambuch, Peter (1992): Space Management. In: Deutsches Handelsinstitut Köln e. V. (Hrsg.): Auf dem Weg zur Direkten Produkt-Rentabilität. Verlag Deutsches Handelsinstitut, S. 57–65

Hambuch, Peter (1993): Space Management. In: Irrgang, Wolfgang (Hrsg.): Vertikales Marketing im Wandel. Verlag Franz Vahlen, S. 390–420

Hanke, Gerd (1996): Procter & Gamble spaltet den Handel. In: Lebensmittel Zeitung v. 19.1.1996, S. 4

Hanke, Gerd (1999): Durchforstung des WKZ-Dickichts. In: Lebensmittel Zeitung 23/1999, S. 4

Hanke, Gerd (2000a): Preiskampf findet prominentes Opfer. In: Lebensmittel Zeitung 28 v. 14.7.2000, S. 4

Hanke, Gerd (2000b): Zeitbombe tickt in Osteuropa. In: Lebensmittel Zeitung 40 v. 6.10.2000, S. 48

Happel, Heinrich (2000): Marken ohne Identität. In: Lebensmittel Zeitung 14 v. 7.4.2000, S. 44–46

Harris, Brian (2010): Bringing Shopper into Category Management. In: Ståhlberg, Markus/Maila, Ville (Hrsg): Shopper Marketing – How to increase purchase decisions at the point of sale. Kogan Page, S. 28–32

Hildebrandt, Andreas (2010): Vor- und Nachteile der Etablierung einer Matrix-Organisation im Einkauf – wann verspricht diese Organisation den größten Mehrwert? In: Fröhlich, Lisa/Lingohr, Tanja (Hrsg.): Gibt es die optimale Einkaufsorganisation? – Organisatorischer Wandel und pragmatische Methoden zur Effizienzsteigerung. Gabler Verlag, S. 59–77

Holland, Felix (2000): Der Kampf um den Preis für Europa. In: Lebensmittel Zeitung 40 v. 6.10.2000, S. 46

Holland, Heinrich (1998): Der Direktvertrieb im Business to Comsumer-Bereich. In: Pepels, Werner (Hrsg.): Absatzpolitik. Verlag Franz Vahlen, S. 55–79

Holland, Heinrich/Herrmann, Jürgen/Machenheimer, Gerald (2001): Efficient Consumer Response. Deutscher Fachverlag

Homburg, Christian/Schneider, Janna/Schäfer, Heiko (2001): Sales Excellence. Gabler Verlag

Howell, Dina (2007): Moments of Truth, In: The Hub Magazine, (Mai/Juni 2007), S. 27–32

I

Innovationsreport 2001, LPV Lebensmittel Praxis Verlag/Madakom (Hrsg.)

Institut der deutschen Wirtschaft Köln (2000): Zahlen zur wirtschaftlichen Entwicklung der Bundesrepublik Deutschland. Deutscher Instituts-Verlag

In-Store Marketing Institute (2009): Transforming Sampling into Shopper Marketing: Wal-Mart's "Bright Ideas" Event Program

IRI/GfK (2001): Grundgesamtheiten Deutschland 2001. Hrsg. von IRI/GfK Retail Services, Nürnberg

IRI/GfK (2001a): Lexikon. www.iri-gfk.de/home/lexikon

IRI Times and Trends: Channel Migration 2007

Irrgang, Wolfgang (1992): Strategien im vertikalen Marketing der Industrie. In: Irrgang, Wolfgang (Hrsg.): Vertikales Marketing im Wandel. Verlag Franz Vahlen, S. 1–24

J

Jauschowetz, Dieter (1995): Marketing im Lebensmitteleinzelhandel: Industrie und Handel zwischen Kooperation und Konfrontation. Ueberreuter Verlag

K

Kalka, R./Ziehe, N. (1999): Dem Preisdruck des Handels proaktiv begegnen. In: Lebensmittel Zeitung 15 v. 16.4.1999, S. 70

Kalmbach, Ulf (1999): ECR Europe und ECR Deutschland – Ein Überblick. In: von der Heydt, Andreas (Hrsg.): Handbuch Efficient Consumer Response. Verlag Franz Vahlen, S. 24–40

Kellermann, Kerstin (2005): Elektronische Beschaffungslogistik bei KMU – Chancen, Risiken, Spannungsfelder. Deutscher Universitäts-Verlag

Kettern, Alois/Heim, Eugen (1999): Category Management als zentrales Element zur Implementierung von Efficient Consumer Response im LEH. In: von der Heydt, Andreas (Hrsg.): Handbuch Efficient Consumer Response. Verlag Franz Vahlen, S. 159–169

Kirsch, Jürgen (1987): Handelsorientiertes Herstellermarketing. Diss., Hohenheim

Klammer-Schopper, Marion/Schulz, Bettina (2001): Der automatische Vertrieb. In: Absatzwirtschaft, Science Factory, 2. Jg., Ausgabe 1 (www.absatzwirtschaft.de)

Kleining, Gerhard/Prester, Hans-Georg (1999): Familien-Lebenswelten. Eine neue Marktsegmentation von Haushalten. In: Jahrbuch für Absatz- und Verbrauchsforschung, Nr. 45, S. 4–25

Klumpp, Matthias/Jasper, Anke (2007): Efficient Consumer Response (ECR) in der Logistikpraxis des Handels. In: FOM Arbeitspapier Nr. 6, MA Akademie Verlags- und Druck-Gesellschaft mbH

Klöckner, David (2010): Experteninterview, Nestlé Deutschland AG

Kotler, Philip/Keller, Kevin Lane/Bliemel, Friedhelm (2007): Marketing-Management. 12. Aufl., Pearson Studium

Kramer, Siegfried (1993): Neues leistungsorientiertes Konditionssystem. In: Irrgang, Wolfgang (Hrsg.): Vertikales Marketing im Wandel. Verlag Franz Vahlen, S. 355–373

Kroeber-Riel, Werner (1994): Integrierte Kommunikation. In: Diller, Hermann (Hrsg.): Vahlens Großes Marketing Lexikon. Verlag Franz Vahlen, S. 468–471

Kroeber-Riel, Werner/Weinberg, Peter (1996): Konsumentenverhalten. Verlag Franz Vahlen

Küpper, Jörn/Kopka, Udo/Sänger, Frank (2006): Leistungsbasierte Logistikkonditionen erhöhen die Effizienz. In: Akzente 1'06, McKinsey & Company Inc.

L

Lange, Manfred (1993): Rabattpolitik. In: Irrgang, Wolfgang (Hrsg.): Vertikales Marketing im Wandel. Verlag Franz Vahlen, S. 326–336

Langner, Sascha (2009): Viral Marketing: Wie Sie Mundpropaganda gezielt auslösen und Gewinn bringend nutzen. 3. Aufl., Gabler Verlag

Laurent, Monika (1996): Vertikale Kooperationen zwischen Industrie und Handel. Deutscher Fachverlag

Lebensmittel Zeitung (LZ/o. J.): Studienreihe: Kommunikation mit dem Handel

Lebensmittel Zeitung (LZ/1999): Die marktbedeutenden Handelsunternehmen 1999

Lebensmittel Zeitung (LZ/2000): Die marktbedeutenden Handelsunternehmen 2000

Lebensmittel Zeitung (LZ/2001): Die marktbedeutenden Handelsunternehmen 2001

Lebensmittel Zeitung/AC Nielsen (Hrsg.) (LZ/ACN/o. J.): Wirtschafts- und Handelsstrukturen

Lebensmittel Zeitung/AC Nielsen (Hrsg.) (LZ/ACN/1997): Wirtschafts- und Handelsstrukturen 1997

Lebensmittel Zeitung Spezial (LZ Spezial 4/99): Alles Umsonst. Deutscher Fachverlag

Lehnen, A./McKinsey Studie (1999): Schlechter Stil prägt die Verhandlungen. In: Lebensmittel Zeitung Nr. 31 v. 6.8.1999, S. 28

Leitz, Stefan/Ney, Florian (2000): „Customer Business Development"-Teams bei Procter & Gamble. In: Thexis 4/2000, St. Gallen, S. 26–28

Lenz, T. (2008): Supply Chain Management und Supply Chain Controlling in Handelsunternehmen. In: Kramer, Jost W. et al. (Hrsg.): Wismarer Schriften zu Management und Recht, Band 16, CT. Salzwasser Verlag

Lietke, Britta (2009): Efficient Consumer Response: Eine agency-theoretische Analyse der Probleme und Lösungsansätze, Gabler Verlag

Lingelbach, Gernot/Kirschner, Markus (1997): Was geht wo im LEH? In: Absatzwirtschaft 5/98, S. 120–123

Lucas, Jim (2010): Shopper Marketing, the discipline, the approach. In: Ståhlberg, Markus/Maila, Ville (Hrsg): Shopper Marketing – How to increase purchase decisions at the point of sale. Kogan Page, S. 13–20

M

Markant AG (o. J.): Synergie in der Leistungspartnerschaft (Unternehmensbroschüre)

Mau, Markus (2000): Supply Chain Management – Realisierung von Wertschöpfungspotenzialen durch ECR-Kooperation zwischen mittelständischer Industrie und Handel. Fachverlag Moderne Wirtschaft

Meerkatt, Heino (1999): Den Werthebel ansetzen. In: Lebensmittel Zeitung 39 v. 1.10.1999, S. 61

Meffert, Heribert (1994): Marketing-Management: Analyse, Strategie, Implementierung. Gabler Verlag

Meffert, Heribert (1998): Marketing: Grundlagen marktorientierter Unternehmensführung. 8. Aufl., Gabler Verlag

Meffert, Heribert/Kimmeskamp, G. (1983): Industrielle Vertriebssysteme im Zeichen der Handelskonzentration. In: Absatzwirtschaft 3, S. 214–231

Mehler, Klaus (1999): Debakel auf Raten. In: LZ Spezial 4/99, S. 6–11

Metrix Lab/LebensmittelZeitung (2010): Eigenmarkenstudie 2010; http://www.lebensmittelzeitung.net/studien/pdfs/155_.pdf

Metro Group (2010): Metro Handelslexikon 2010/2011

Mierdorf, Zygmunt (2001): ECR wird massentauglich. In: LZ Spezial 1/2001, S. 13–35

Milde, Heidrun (1996): Kategorie-Management in der Praxis: In: M & M, Marktforschung & Management, 1/96, S. 10–16

Modrow, Klaus (1992): Zentralregulierung: Aktuelle Anforderungen und alternative Formen: In: Der Verbund, S. 4–9

N

Nestlé Deutschland AG/Institut für Demoskopie Allensbach/The Boston Consulting Group (2009): Nestlé Studie 2009 – So is(s)t Deutschland – Ein Spiegel der Gesellschaft. Nestlé Deutschland AG und Deutscher Fachverlag GmbH

Nielsen (1985): Universen 1985 Deutschland. The Nielsen Company (vorher: AC Nielsen)

Nielsen (1990): Universen 1990 Deutschland. The Nielsen Company (vorher: AC Nielsen)

Nielsen (2005): The Power of Private Label 2005 – A Review of Growth Trends Around the World; Executive News Report from AC Nielsen Global Services September 2005

Nielsen (2009): Universen 2009 Deutschland – Handel und Verbraucher in Deutschland. The Nielsen Company

Nielsen (2010): Universen 2010 Deutschland – Handel – Verbraucher – Werbung. The Nielsen Company

Nieschlag, Robert/Dichtl, Erwin/Hörschgen, Hans (2002): Marketing. 19. Aufl., Duncker und Humblot

Nymphenburg-Gruppe (Hrsg.) (o. J.): Effiziente Promotions – Traum oder Wirklichkeit?

O

Oehme, Wolfgang (2001): Handels-Marketing. 3. Aufl., Verlag Franz Vahlen

Oesterle, Jörg-Michael/Laudien, Sven (2008): Messkonzepte der Internationalisierung. In: Czech-Winkelmann, S./Kopsch, A. (Hrsg.): Handbuch International Business. Erich Schmidt Verlag, S. 25–42

Olbrich, Rainer (2006): Marketing – Eine Einführung in die marktorientierte Unternehmensführung. 2. Aufl., Springer Verlag

Otto, Fred (2001a): Schwächere Marken stehen unter Beschuss. In: Lebensmittel Zeitung 15 v. 12.4.2001, S. 50

Otto, Fred (2001b): Kein Grund zur Panik. In: Lebensmittel Zeitung 15 v. 12.4.2001, S. 50

o. V. (ohne Verfasser) – diverse Medien, nach Erscheinungsdatum sortiert

o. V. (o. J.a): Bofrost, aktuelle Zahlen Wirtschaftsjahr 99/00

o. V. (o. J.): Unterstützte Nachrichten je Firma. Hrsg. v. EDI-Anwenderkreis Handel, www.edi-ak-handel.de

o. V. (1992): Bundesverband Deutscher Vertriebsfirmen/BDV Verkaufsfahrten Studie

o. V. (1995): Der Lebensmittelhandel in Europa 95. Hrsg. v. Lebensmittel Zeitung

o. V. (1997): Efficient Consumer Response (ECR). Hrsg. v. Centrale für Coorganisation (CCG), Köln

o. V. (1997a): Europäischer Verhaltenskodex für Franchising gültig ab 1.1.1992. In: Dt. Franchise Verband (Hrsg.): Jahrbuch Franchising 1996/97. Deutscher Fachverlag, S. 237–242

o. V. (9/97): Category Management. Hrsg. v. Coca-Cola, Stand 9/97

o. V. (1998): 1. Verkaufsförderungs-Barometer, Grundlagenstudie zum Thema Verkaufsförderung – eine Initiative der Lebensmittel Zeitung. Hrsg. von MSU – Institut für angewandte Marktforschung, Bad Homburg

o. V. 1998: Die Top Ten der Versender: Otto und Quelle bleiben vorn. In: sales-profi 10/98, S. 6

o. V. (3/1999): Markenartikel-Preise im Lebensmitteleinzelhandel. In: AC Nielsen Handels-Info, Ausgabe 3/1999, S. 23

o. V. (8/1999): Untersuchungen am Point-of-Purchase: POPAI-Studie informiert über das Verbraucherverhalten. In: AC Nielsen Handels-Info, Ausgabe 8/1999, S. 12–13

o. V. (2/2000): Auf gute Zusammenarbeit. In: Marktplatz, Kaufring Kundenzeitung Nr. 19 v. Februar 2000, S. 1

o. V. (7/2000): Handelsmarken auch auf etablierten Märkten erfolgreich. In: AC Nielsen Handels-Info, Ausgabe 7/2000

o. V. (12/2000): ECR D-A-CH. In: ECR Nachrichten, Ausgabe 1, Dezember 2000. Hrsg. v. ECR-Initiative Deutschland c/o CCG, Köln

o. V. (16/2000): Händler haben kein Profil. In: Werben & Verkaufen, 16. KW 2000, S. 34

o. V. (19/2001): Co-Marketing schafft Mehrwert. In: Lebensmittel Praxis 19, Sept. 2001, S. 99–100

o. V. (9/2001): Faktoren der Kundenbindung: Einkaufsverhalten im deutschen LEH und in Drogeriemärkten. In: AC Nielsen Handels-Info, Ausgabe 9/2001, S. 16–19

o. V. (2001): Grundlagen CAS-Software: So unterstützen Sie Ihren Vertrieb. In: CRM Forum, www.crmforum.de/grundlagen/cas_software

o. V. (2001b): EAN-Standards zu Identifikationszwecken. In: Arbeitsbericht 2000, Ausblick 2001. Hrsg. v. Centrale für Coorganisation GmbH, Köln, S. 15

o. V. (2001c): Mitglied von EAN International. In: Arbeitsbericht 2000, Ausblick 2001. Hrsg. v. Centrale für Coorganisation GmbH, Köln, S. 10

o. V. (2001d): Politikfelder Branchenfokus. Hrsg. v. Bundesministerium für Wirtschaft und Technologie, www.bmwi.de/textonly/Homepage/Politikfelder/Branchenfocus/Handel/Handel.jsp

o. V. (2001e): Die Viererbande auf einen Blick. In: LZ Spezial 1/2001, S. 16–17

o. V. Nielsen (2005): Business Issue Promotion Management – Promotion Planner Modelling. http://de.nielsen.com/products/documents/FactsheetPromotion Planner.pdf

o. V. GMA/Deloitte (2007): Shopper Marketing: Capturing a Shopper's Mind, Heart and Wallet

o. V. Nielsen (2007): Business Issue Promotion Management Promotion Planner/ Promotion Simulator (10.7.2007). The Nielsen Company

o. V. (09/2007): ECR Award: Globus frischt Mopro auf. in: lebensmittelzeitung.net

o. V. Pro Carton Deutschland/Nymphenburg Consult AG (2008): Verpacken Sie limbisch! – Brain Pacs: Mit Methoden der Hirnforschung Verpackungen gezielter, wirkungsvoller und erfolgreicher gestalten. http://www.nymphenburg.de/index.php/studien.html

o. V. Trade Dimensions (2008): Pressemeldung – Top-Firmen 2009 – das Standardwerk über den deutschen Lebensmitteleinzelhandel. The Nielsen Company

o. V. Trade Dimensions (2009): Pressemeldung – Top-Firmen 2010 – das Standardwerk über den deutschen Lebensmitteleinzelhandel. The Nielsen Company

o. V. (02/2009): Lidl bleibt TV treu und plant neue Spots. In: horizont.net

o. V. Private Label Manufacturers Association (2010): PLMA Consumer Research Report, Recession, Recovery & Store Brands: What Consumers Are Saying Now

o. V. 12/2009: Der Konsument ist die Jury, in Markenartikel (12/2009) S. 84

o. V. The Nielsen Company (2010): Nielsen Universen 2010 Deutschland

o. V. Trade Dimensions (2010): Pressemeldung – Lebensmittelhandel in Deutschland 2009. The Nielsen Company

o. V. GS1 (06/2010): Transparenz der Warenströme – Efficient Consumer Response in der Praxis

o. V. (08/2010): GS1 Germany; http://www.gs1-germany.de/standards/strichcodes/gs1-128/transportetikett/index-ger.html

o. V. (09/2010): Siemens nimmt die Großkunden stärker in den Fokus, in: faz.net

o. V. (ohne Verfasser) – Artikel aus der Lebensmittel Zeitung, chronologisch sortiert

o. V. (LZ 96): Tegut verbannt Procter-Produkte aus den Regalen. In: Lebensmittel Zeitung v. 9.2.1996, S. 4

o. V. (LZ 42/96): Handel will mehr Geld. In: Lebensmittel Zeitung 42 v. 18.10.1996, S.1 und S. 3

o. V. (LZ 14/97): Der Konditionendruck wächst weiter. In: Lebensmittel Zeitung 14 v. 14.4.1997, S. 4

o. V. (LZ 43/97): Zuwachs an Kisten und Paletten. In: Lebensmittel Zeitung 43 v. 24.10.1997, S. 60–61

o. V. (LZ 40/98): Die Automaten kommen. In: Lebensmittel Zeitung 40 v. 2.10.1998, S. 50–51

o. V. (LZ 45/98): Kartellwächter warten auf Antwort. In: Lebensmittel Zeitung 45 v. 6.11.1998, S. 26

o. V. (LZ 45/98a): Quelle erhält Abmahnung. In: Lebensmittel Zeitung 45 v. 6.11.1998, S. 4

o. V. (LZ 4/2001): Transpondertechnik – CCG beschreibt Anwendungsfelder. In: Lebensmittel Zeitung 4 v. 26.1.2001, S. 65

o. V. (ohne Verfasser) – Artikel auf lebensmittelzeitung.net, chronologisch sortiert

o. V. (11/2003): Masterfoods: Tierische Internetplattform. In: lebensmittelzeitung.net

o. V. (09/2008): Rewe überwacht Promotions mit RFID. In: lebensmittelzeitung.net

o. V. (01/2009): Beiersdorf erzielt Rekordergebnis. In: lebensmittelzeitung.net

o. V. (09/2009): dm montiert Lupen an Einkaufswagen. In: lebensmittelzeitung.net

o. V. (10/2009): Schlecker droht mit Auslistung. In: lebensmittelzeitung.net

o. V. (11/2009): Eigenmarken im Strudel der Aktionen. In: lebensmittelzeitung.net

o. V. (03/2010): Händler stecken wieder mehr Geld in IT. In: lebensmittelzeitung.net

o. V. (05/2010): Aldi setzt Nachzügler auf die Strafbank. In: lebensmittelzeitung.net

o. V. (08/2010a): Henkel steigert Gewinn und Umsatz. In: lebensmittelzeitung.net

o. V. (08/2010b): Nestlé legt bei Umsatz und Gewinn zu. In: lebensmittelzeitung.net; Rubrik: Marktnews

o. V. (09/2010a): Lidl-Fabrik macht die Branche nervös. In: lebensmittelzeitung.net

o. V. (09/2010b): Rewe analysiert mit Gicom Konditionen. In: lebensmittelzeitung. net

o. V. (03/2011): lebensmittelzeitung.net – Rankings

P

Pabst, Oliver/Brambach, Gabriele (1999): Kontrovers diskutierte Vertriebsformen: Off Price Stores, Factory Outlets und Factory-Outlet-Center in der Modebranche. In: Tomczak, Torsten/Belz, Christian/Schögel, Marcus/Birkhofer, Ben (Hrsg.): Alternative Vertriebswege. Thexis Verlag, S. 164–185

Parjaszwski, Peter (1993): Gestaltung von Werbemitteln im vertikalen Marketing. In: Irrgang, Wolfgang (Hrsg.): Vertikales Marketing im Wandel. Verlag Franz Vahlen, S. 374–389

Petersson, K. (10/2007): In: o. V.: Die Effizienz von Promotions rückt in den Blick. In: lebensmittelzeitung.net

Pielenhofer, Thomas (2001): Erfolgreiches Preis- und Konditionenmanagement im Markenartikelvertrieb. Hrsg. v. UGW AG, Wiesbaden, Beilage. In: Lebensmittel Zeitung 38 v. 21.9.2001

Pieringer, Matthias (2006): System-Wettbewerb. In: Logistik Inside 09/2006, S. 48–52

Pietersen, Frank et al. (2001): Status quo und Perspektiven im deutschen Lebensmittelhandel. Hrsg. v. KPMG

Pincott, Gordon (2010): Point of view on Shopper Marketing. In: Ståhlberg, Markus/Maila, Ville (Hrsg): Shopper Marketing – How to increase purchase decisions at the point of sale. Kogan Page, S. 9–12

Plettner, Nicole (2001): VA 2001, Loyalitäten und Markentreue: Eine Trendanalyse aus VA 93 bis VA 2001. Hrsg. v. Bauer Media KG, www.bauermedia.de

PLMA (o. J.): Homepage der PLMA, www.plmaintemational.com, Stand 5.10.2010

POPAI/Nymphenburg Gruppe (Hrsg.) (2007): Consumer Buying Habits Study 2007

Puhlmann, Heinz (1998): Ein Job zum Älterwerden? In: Lebensmittel Zeitung 12 v. 20.3.1998, S. 30–40

R

Rapp, Hajo (2010): Experteninterview, Siemens AG

Rehbach, Kerstin (2010): Die Einbeziehung von Handelsmarken in das kooperative Category Management: Möglichkeiten und Grenzen, Diplomica Verlag

Rehe, H. (1975): Marketing-Aktivitäten. Vortrag gehalten an der Universität Mannheim am 13.5.1975, unveröff. Manuskript

Reiter, Norbert (2010): Experteninterview, Nestlé Deutschland AG

Rode, Jörg (1999): „CPFR": Zauberformel für Turbo-ECR. In: Lebensmittel Zeitung Nr. 3 v. 22.1.1999, S. 50–51

Rode, Jörg (1999a): Forum für Global Leader. In: Lebensmittel Zeitung Nr. 14 v. 9.4.1999, S. 36

Rode, Jörg (2000): Händler empfehlen WebEDI. In: Lebensmittel Zeitung 32 v. 11.8.2000, S. 34

Rode, Jörg (2001): CPFR steigert die Transparenz. In: Lebensmittel Zeitung 37 v. 14.9.2001, S. 28

Rode, Jörg (2002): GNX: Auktionen für 2,1 Mrd. USD. In: Lebensmittel Zeitung 3 v. 18.1.2002, S. 28

Rodens-Friedrich, Brigitta (1999): ECR bei dm-drogerie markt – Unser Weg in die Wertschöpfung. In: von der Heydt, Andreas (Hrsg.): Handbuch Efficient Consumer Response. Verlag Franz Vahlen, S. 205–221

Roeb, Thomas (o. J.): Der große Schlager. In: Lebensmittel Zeitung: Dokumentation: Lebensmittelhandel in Europa, S. 32–35.

Rogge, Oliver (2010): Einstellungen und Erwartungen: Was die Kunden in das Geschäft treibt. Vortrag gehalten in Frankfurt am 3.11.2010, anlässlich der Tagung „ECR live, Shopper Marketing – Strategien für den POS", veranstaltet von GS1 Germany

Rohwetter, Marcus (2004): Was aus der Fabrik kommt, wird gegessen! In: Die Zeit Nr. 06/2004 S. 20–21

Rosbach, Britta (2001): Die Reifeprüfung. In: LZ Spezial 1/2001, S. 20–23

Ruda, Walter (1998): Fester Platz in der Handelslandschaft. In: Lebensmittel Zeitung 2 v. 9.1.1998, S. 38–42

S

Scharf, Andreas/Schubert, Bernd (2001): Marketing. 3. Aufl., Schäffer-Poeschel Verlag

Schemm, Jan W. (2009): Zwischenbetriebliches Stammdatenmanagement: Lösungen für die Datensynchronisation zwischen Handel und Konsumgüterindustrie. Springer-Verlag

Schenk, Hans-Otto (1991): Marktwirtschaftslehre des Handels. Gabler Verlag

Schenk, Hans-Otto (1994): Handels- und Gattungsmarken. In: Bruhn, Manfred (Hrsg.): Handbuch Markenartikel. Band 1. Schäffer-Poeschel Verlag, S. 57–78

Schenk, Hans-Otto (2001): Funktionen, Erfolgsbedingungen und Psychostrategien von Handels- und Gattungsmarken. In: Bruhn, Manfred (Hrsg.): Handelsmarken im Wettbewerb. Schäffer-Poeschel Verlag/Deutscher Fachverlag, S. 71–98

Schenscher, J./Möller, T. (1998): Wenn die Konditionen-Zeitbombe tickt. In: Lebensmittel Zeitung Nr. 17 v. 24.4.1998, S. 64

Schmid, Günter (2000a): Grundlagen des Indirektabsatzes. In: Pepels, Werner (Hrsg.): Examenswissen Marketing. Band 5: Distributions- und Verkaufspolitik. Fortis Verlag, S. 107–124

Schmid, Günter (2000b): Ausgewählte Fragen der Zusammenarbeit zwischen Industrie und Handel. In: Pepels, Werner (Hrsg.): Examenswissen Marketing. Band 5: Distributions- und Verkaufspolitik. Fortis Verlag, S. 167–189

Schmidt, Josef (1995): Viele Produkte, zu wenig Neues. In: Lebensmittel Zeitung 46 v. 17.11.1995, S. 38

Schobert, Frank (1996): Procter & Gamble's „Neuer Weg". In: Marketing Journal Nr. 4, S. 264–270

Schoch, Hans (1999): Der lebensmittelführende Handel. Vortrag gehalten an der Fachhochschule Wiesbaden am 16.6.1999

Schögel, Marcus (2001): Das Management mehrerer Vertriebskanäle. In: Loseblattwerk Verkauf, Kap. 05.01, sowie in www.verkauf-aktuell.de, Symposion Publishing

Schwetz, Wolfgang (2000): Customer Relationship Management. Gabler Verlag

Seifert, Dirk (2001): Efficient Consumer Response. 2. Aufl., Rainer Hampp Verlag

Seifert, Dirk (2002): Collaborative planning, forecasting and replenishment: ein neues Konzept für state of the art supply chain Management. Galileo Press-Verlag

Seminara, Greg (2000): Leading Consumer Products Distributors of the World. Vortrag gehalten bei Acosta, Lombard Illinois, Mai 2000

Serex, Pierre-Francois (1998): Vom Rohstoff bis zum Hamburger – Supply Chain Management bei McDonald's. In: Thexis, Nr. 1, S. 24–29

Simacek, Karl (1999): Vendor Managed Inventory (VMI) – Oder wer in Zukunft disponieren sollte. In: von der Heydt, Andreas (Hrsg.): Handbuch Efficient Consumer Response. Verlag Franz Vahlen, S. 129–140

Sondermann, Peter-Alexander (1997): Daten und Fakten zur Entwicklung des Franchisings in Deutschland. In: Dt. Franchise Verband e.V. (Hrsg.): Jahrbuch Franchising 1996/97. Deutscher Fachverlag, S.10–15

Sorensen, Herb (2009): Inside the mind of the Shopper – The Science of Retailing. Wharton School Publishing

Specht, Günter (1998): Distributionsmanagement. 3., überarb. u. erw. Aufl., Kohlhammer Edition Marketing

Speer, Franz (1999): Category Management: Organisatorische Ansätze eines integrierten Marketing- und Vertriebskonzeptes. In: von der Heydt, Andreas (Hrsg.): Handbuch Efficient Consumer Response. Verlag Franz Vahlen, S. 222–234

Stark, Rolf (o. J.): SINFOS – Der zentrale Artikelstammdaten-Pool der CCG. In: Eurohandelsinstitut (Hrsg.): Flächenmanagement. Verlag Deutsches Handelsinstitut, S. 40–41

Statistisches Bundesamt (2001): Definitionen. wwwv.zr.statistik-bund.de/def/def0550.htm

Staudacher, Frank (1993): Auswirkungen der Herstellerkonzentration auf das vertikale Marketing. In: Irrgang, Wolfgang (Hrsg.): Vertikales Marketing im Wandel. Verlag Franz Vahlen, S. 25–48

Steffenhagen, Hartwig (1995): Konditionengestaltung zwischen Industrie und Handel. Ueberreuter Verlag

Stollowsky, Florian (2009): Nachfragemacht im Lebensmitteleinzelhandel, Igel Verlag GmbH

Swoboda, Bernhard/Foscht, Thomas/Pennemann, Karin (2009): HandelsMonitor 2009 – Internationalisierung des Handels – Erfolgreiches „Going" & „Being" International, Deutscher Fachverlag

T

Theis, H. J. (2006): Handbuch Handelsmarketing: Erfolgreiche Strategien und Instrumente im Handelsmarketing. Deutscher Fachverlag

Thies, Gerhard (1976): Vertikales Marketing. Verlag Walter de Gruyter

Thurow, Wolfgang (1993): Integration des Vertragshändlers in die CI-Politik. In: Irrgang, Wolfgang (Hrsg.): Vertikales Marketing im Wandel. Verlag Franz Vahlen, S. 314–325

Tietz, Bruno (1992): Eurostrategien im Einzelhandel. In: Marketing-ZFP, Heft 4, 4. Quart., S. 233–238

Töpfer, Armin (2002): B2B-Marktplätze: Wo liegt der strategische und operative Nutzen? TrendForum Verlag

Tomczak, Torsten/Gussek, Frank (1992): Handelsorientierte Anreizsysteme der Konsumgüterindustrie. In: ZfB, 62. Jg., Heft 7, S. 783–806

Trommsdorff, Volker (1998): Konsumentenverhalten. Kohlhammer Verlag

Twardawa, Wolfgang (2009): Der Handel im Wandel. In: Markenführung, Markenartikel Sonderheft (1/2009), S. 78–79

U

Ulmer, Peter (1969): Der Vertragshändler. C.H. Beck'sche Verlagsbuchhandlung

Universität St. Gallen (2007): Studie „Best Practice in Marketing". In: GründerZeiten Nr. 37 „Kunden gewinnen"

Unterbusch, Barbara (2010): Mit Eigenmarken gegen Austauschbarkeit. In: LZ (16/10) o. S.

V

Voigt, Kai-Ingo/Landwehr, Stefan/Zech, Armin (2003): Elektronische Marktplätze: E-Business im B2B-Bereich, Physica-Verlag

von der Heydt, Andreas (1998): Efficient Consumer Response (ECR). 3. Aufl., Peter Lang Verlag

von der Heydt, Andreas (1999): Efficient Consumer Response – So einfach und doch so schwer. In: von der Heydt, Andreas (Hrsg.): Handbuch Efficient Consumer Response. Verlag Franz Vahlen, S. 3–23.

Vossen, Manfred (1998): Der Frische-Plus geht jetzt in Serie. In: Lebensmittel Zeitung Nr. 45 v. 6.11.1998, S. 4

W

Wannewetsch, Helmut, H./Nicolai, Sascha (2004): E-Supply Chain Management – Grundlagen – Strategien – Praxisanwendung. 2. Aufl., Gabler Verlag

Weber, Björn (2001): Internet-Marktplätze dämpfen die Erwartung. In: Lebensmittel Zeitung Nr. 37 v. 14.9.2001, S. 32

Weber, Björn (2004): Metro verpflichtet alle Captains – Lieferanten müssen Sortimentsvorschläge einheitlich auf Plattform des Handelskonzerns abgeben. In: Lebensmittel Zeitung, 56. Jg., Nr. 18, S. 28

Wehrle, Friedrich (1990): Chancen und Risiken für Fachzeitschriften im europäischen Binnenmarkt. In: Bruhn, Manfred/Wehrle, Friedrich (Hrsg.): Europa 1992. 2. Aufl., Landwirtschaftsverlag

Weis, Hans Christian (2000): Verkauf. 5. Aufl., Friedrich Kiehl Verlag

Werner, Hartmut (2006): Lieferantenlagerkonzepte: VMI & Co. im Vergleich. Beitrag zu dem schriftlichen Managementlehrgang „Moderne Disposition", Eschborn 2006

Wiefels, Josef (1976): Handelsrecht. Verlagsgesellschaft Recht und Wirtschaft

Wiezorek, Heinz (2000): ECR – eine gemeinsame Aufgabe von Hersteller und Handel. In: Ahlert, Dieter/Borchert, Stefan (Hrsg.): Prozessmanagement im vertikalen Marketing. Springer Verlag, S. 193–207

Winkelmann, Peter (1999): Marketing und Vertrieb. Oldenbourg Verlag

Winkelmann, Peter (2000): Vertriebskonzeption und Vertriebssteuerung. Verlag Franz Vahlen

Winkelmann, Peter (5/2000): CRM-Studie: Kein Grund zur Panik. In: sales profi 5/2000, S. 36–37

Wirtz, B. W. (2007): Handbuch Multi-Channel-Marketing. Gabler Verlag

Wirtz, Bernd/Mathieu, Alexander (2001): B2B-Marktplätze – Erscheinungsformen und ökonomische Vorteile. In: WISU 10/01, S. 1332–1344

Witt, Jürgen (1996): Prozessorientiertes Verkaufsmanagement. Gabler Verlag

Wöhe, Günter (1993): Einführung in die Allgemeine Betriebswirtschaftslehre. 18. Aufl., Verlag Franz Vahlen

Wolfskeil, Jürgen (1999): Nie wieder Roherträge. In: Lebensmittel Zeitung Spezial 4/99, S. 12

Wolfskeil, Jürgen (1999a): Arbeiten am „Preiskorridor". In: Lebensmittel Zeitung 26 v. 2.7.1999, S. 34–36

Wolfskeil, Jürgen (2001): Trade-Marketing gefordert. In: Lebensmittel Zeitung 32 v. 10.8.2001, S. 2

Wolter, F. H. (1978): Steuerung und Kontrolle des Außendienstes. Deutscher Betriebswirte-Verlag

Z

Zentes, Joachim (1989): Trade-Marketing. In: Marketing-ZFP, Heft 4, 4. Quart., S. 224–229

Zerres, Christoph/Zerres, Michael P. (2005): Handbuch Marketing Controlling. Springer Verlag

Zerres, Simone/Eggert, Ulrich (1998): BBE-Trendstudie Konsum, Gesellschaft, Handel. Hrsg. v. BBE-Unternehmensberatung

Ziegelmeier, Gert (1999): Näher an den Kunden. In: Lebensmittel Praxis, 51. Jg., Nr. 17, S. 14–16

Ziemainz, Peter (2001): Präsentationsunterlagen MAC & T, Darmstadt

Webseiten der Unternehmen, alphabetisch sortiert

www.agentrics.com

www.akhandel.de

www.aldi.de

www.anwr.de

www.auma.de

www.bga-online.de

www.bdv-aktuell.de

www.bueroring.de

www.bundeskartellamt.de

www.cm-toolbox.de

www.covasearch.com

www.destatis.de
www.ede.de
www.edeka.de
www.einzelhandel.de
www.eismann.de
www.ek-servicegroup.de
www.emv.de
www.europafoto.de
www.garantschuh.com
www.gicom.org
www.gs1.org
www.gs1-germany.de
www.gs1us.org
www.ideeundspiel.de
www.intersport.de
www.instoremarketer.org
www.katag.net
www.lidl.de
www.markant.de
www.metro-group.de
www.mhk.de
www.nielsen.com
www.ottogroup.com
www.plmainternational.com
www.rewe-group.de
www.ringfoto.de
www.statista.de
www.vedes.de
www.walmart.com
www.tupperware.com
www.vorwerk.de

Susanne Czech-Winkelmann

Susanne Czech-Winkelmann promovierte an der Johann-Gutenberg Universität in Mainz zum Dr. rer.pol. Mit dem Thema ihrer berufsbegleitend geschriebenen Dissertation über das Marketing für Selbstmedikationsmittel begann ihr Einstieg in die OTC- und Konsumgüterindustrie.

Sie war im Marketing- und Vertriebsmanagement u.a. als Geschäftsführerin Marketing/Vertrieb tätig. Berufspraktische Erfahrungen sammelte sie sowohl bei internationalen amerikanischen Unternehmen wie Wick Pharma/Procter & Gamble, Much/American Home Products (heute Wyeth), als auch in deutschen Unternehmensgruppen wie Fribad und Milupa.

Seit 1997 ist sie Professorin für Vertriebsmanagement/International Sales Business sowie Marketing am Fachbereich Wirtschaft/Wiesbaden Business School der Hochschule RheinMain, University of Applied Sciences, Wiesbaden.

Zusammen mit ihrer Kollegin Prof. Dr. Bettina Fischer leitet sie dort auch die wissenschaftlichen Arbeitsgruppen „The UnExpected Company – die Campus Analysten und Konzeptionisten" (www.the-unexpected-company.de) sowie das „Research Center Nation Branding" (www.research-center-nation-branding.de), das sich mit Fragen der Vermarktung von Ländern, Regionen und Städten befasst und ein einzigartiges Modell zur Ermittlung des Markenwertes von Ländern entwickelt hat.

Janis Denne

Jg. 1986, studierte Betriebswirtschaftslehre an der Johann Wolfgang Goethe-Universität Frankfurt am Main sowie an der Hochschule RheinMain und schloss sein Studium im Juni 2009 mit dem Grad Bachelor of Arts ab. Seit März 2008 ist Herr Denne im Masterprogramm „Marketing and Sales" der Wiesbaden Business School an der Hochschule RheinMain und als wissenschaftlicher Mitarbeiter am Lehrstuhl Vertriebsmanagement und International Sales Management von Frau Prof. Dr. Czech-Winkelmann tätig.

Praxiserfahrungen im Themenbereich des vorliegendes Werkes sammelte Herr Denne durch ein Praktikum im Category Channel Sales Development (CCSD) bei der Nestlé Deutschland AG sowie durch Projekte in der hochschulnahen Unternehmensberatung „The Unexpected Company" unter Leitung von Prof. Dr. Czech-Winkelmann und Prof. Dr. Bettina Fischer.